행복을 추구한 세대

Beat Generation

철학 업적 유산

역사의 격동기에
한때 유배지였던
제주도에서 태어나
큰 뜻을 가졌으나
좌절과 고난의 삶을
살다 타계하신 부모님
고창무(1905-1982)와
김이환(1909-1993)에게
그리고
삶의 반려자 차정원
두 딸 원렬 원실에게
깊이 감사하고 사랑하는
마음으로

행복을 추구한 세대

Beat Generation

철학 업적 유산

고지문 지음

전남대학교출판부

저자는 10여년 전에 행복을 추구한 세대(Beat Generation)의 대표적 소설이론가 겸 작가, 윌리엄 에스. 버로우즈(William S. Burroughs)가 미국소설사에 새 지평을 연 *뚜껑이 열려 있는 도시락(Naked Lunch)*을 고찰하는 논문에서, 그가 포우스트모던 미국소설의 초석을 쌓았다고 주장했다. 그와 그의 가르침을 받은 후배들은 소설창작에서 인간의 주체성, 개체성, 솔직성, 그리고 본능과 욕구를 절대시했다. 또 그들은 실존에서 미국인들의 의식을 지배했던 입신양명, 축재 그리고 명예욕을 무시하고, 자아탐구와 실현의지를 가장 중요시했다. 그들은 이런 절대시와 중요시를 구체화하는 유례없는 새로운 소설주인공을 창조하기 위해, 현학적인 상아탑문학과 역동적인 길거리문학을 융합했다. 그들이 이 융합을 바탕으로 창조한 삶의 열정, 활력 그리고 생동감이 넘치는 소설과 주인공은 대중의 큰 호응과 갈채를 받아, 미국인들의 의식개혁을 선도했다. 이렇게 그들은 미국문학사에 새로운 이정표를 세웠다. 그러나 그때 저자는 그들이 미국소설사에서 차지하는 이처럼 중요한 위상을 인지하지 못했다. 그러다가 최근에 가장 탁월한 포우스트모던 미국소설가라고 정평이 있는 토머스 핀천(Thomas Pynchon)이 그들의 소설철학과 버로우즈의 창작기법을 계승하여 집필한 세 소설 — *비.(V.)*, *제49호 품목의 경매(The Crying of Lot 49)*, 그리고 *메이선과 딕선(Mason & Dixon)* —에 관한 논문을 쓰면서 그의 단편집, *더디 배우는 사람(Slow Learner)*의 서문을 읽고, 그가 행복을 추구한 세대 소설가들의 지대한 영향을 받았음을 깨달았다. 이 깨달음으로 행복을 추구한 세대의 소설철학과 버로우즈의 창작기법의 깊은 이해가 오늘의 미국소설을 더욱 쉽게 파악할 수 있는 첩경이라고 저자는 확신하게 되었다. 따라서 오늘날 미국소설의 양대 산맥 — 전통소설과 포우스트모던소설 — 중의 하나인 포우스트모던 미국소설 음미에 필수적인 행복을 추구한 세대 소설가들의 소설철학과 작품들에 관한 몇편의 논문으로는 미국소설 연구자와 학습자들의 큰 관심을 유발해서 장기간 끌게 하기는 어렵다고 판단하고 저서를 출판하기로 마음먹었다. 짧은 기간에 한권의 저서를 출판할 분량의 논문들을 쓰기는 불가능하다.

그러므로 저서를 출판하는 하나의 방편으로 저자는 네 편의 논문 — 행복을 추구한 세대의 소설철학을 규명한 "윌리엄 에스. 버로우즈의 소설론과 그 영향력," 이 세대를 대변하는 첫 소설, *열광하자*(*Go*, 1952)를 논의한 "죤 클렐른 호움즈: 자기긍정과 보존," 힙스터를 소설 주인공으로 처음 등장시킨 소설, *쾌락주의자들의 휴양지*(*The Deer Park*, 1955)를 고찰한 "노먼 메일러: 자아고수와 성숙," 그리고 이 세대의 미국서부를 대표하는 소설, *기러기가 뻐꾸기 둥지 위로 날아갔다*(*One Flew Over the Cuckoo's Nest*, 1962)를 기존 논문들의 논지와는 다르게 분석한 "켄 키지: 통제 그러나 자유의 승리" —을 썼다. 이 네 편의 논문에 이미 저서에 수록되었던 네 편의 논문 — *최근미국소설론과 작품세계: 삶 예술 자아창조*(서울: 신아사, 2000)에 수록된 "잭 케러왝: 삶의 활력은 깨달음과 자유"와 "죤 엎다이크: 영혼과 육체는 하나," *포우스트모던 미국소설론과 작품세계: 언어 상상력 자아창조*(서울: 신아사, 2005)에 포함된 "윌리엄 에스. 버로우즈: 의식개혁과 확장," 그리고 *포우스트모던 미국소설론과 작품세계2: 언어 상상력 자아창조*(광주: 전남대학교출판부, 2013)에 실려 있는 "토머스 핀천: 실존목적 왜곡과 상실의 극복" —을 더하여 이 책을 만든다. 이 책의 철학은 윌리엄 에스. 버로우즈의 소설론이고, 업적은 죤 클렐른 호움즈(John Clellon Holmes), 노먼 메일러(Norman Mailer), 잭 케러왝(Jack Kerouac), 윌리엄 에스. 버로우즈, 그리고 켄 키지(Ken Kesey)의 소설이며, 그리고 유산은 죤 엎다이크(John Updike)와 토머스 핀천의 작품이다.

오늘날 미국소설의 양대 산맥 — 전통소설과 포우스트모던소설 —은 저자가 최근미국소설 연구와 이해 그리고 독자의 선호에 따른 작품의 취사선택을 돕기 위해 임의적으로 양분한 발상이다. 제2차세계대전 후에 미국소설가들은 개인의 자아고수와 성숙, 자기긍정과 예찬, 독립성과 주체성, 그리고 공동체의식의 확장을 핵심주제로 부각시켰다. 게다가 행복을 추구한 세대 작가들은 이 핵심주제에 개인의 솔직, 깨달음, 성본능과 욕구, 성적 황홀경, 그리고 성의 긍정적 역할을 추가했다. 그들은 이 모든 주제를 전통소설 창작기법으로 탐구해서 표현했으며, 각자의 출신배경에 따라 선호하는 소설의 언어, 소재 그리고 장면들을 달리하는 개성과 특징을 과시했다. 그렇지만 그들의 소설창작 목적과 기법은 대체로 유사했다. 행복을 추구한 세대를 대변하는 첫 소설, *열광하지*와 선풍적인 인기를 끌어 미국사람들의 뇌리에 이 세대를 각인시킨 소설, *떠돌이 삶*(*On the Road,* 1957)도 전통소설 기법으로 창작되었다. 그들의 소설은 독자들의 큰 공감을 불러일으키면서 폭발적인 인기를 누렸다. 그 후 그들의 전통소설론을 부정하는 윌리엄 에스. 버로우즈를 필두로 하여 포우스트모던소설가들이 등장했다. 그들은 서구예술론에 핵심적 역할을 하는 이원론과 절대진리를 부정할 뿐 아니라 이 두 철학에서 연유하는 양자대립과 적대관계의 시작과 고조 그리고 해소로 끝나는 예술구성원리를 폐기했다. 그들은 소설의 핵심주제로 개인의 자아탐구와 실현 그리고 자유로운 실존을 위한 열린 마음을 가장 중요시하기 때문에, 자아탐구와 실현의지 그리고 열린 마음을 일관성 있게 표현하려 하지 않고 상상력에 의존하여 파격적으로 창조했다. 그들의 작품은 처음에 독자들의 큰 반응을 얻지 못했지만, 서서히 그 진가를 인정받아 지금은 열렬한 환영과 사랑을 받는 반열에 올랐다. 이렇게 최근미국소설의 양대산맥이 형성되었다.

종전 후에 쏟아진 전쟁소설 그리고 일약 유명소설가로 급부상한 유대인, 흑인 그리고 남부출신 작가들의 소설 홍수로 20세기 중기 미국소설은 크게 전쟁소설, 유대인소설, 흑인소설 그리고 남부소설로 분류되기 시작하여 지금도 이 방식이 그대로 계승되고 있다. 듀크대학교출판부(Duke University Press)가 해마다 출판하는 *미국문학연구개관*(*American Literary Scholarship*)도 "소설: 1960년도부터 지금까지(Fiction: The 1960s to the Present)"장에서 최근미국소설에 대한 연구서와 논문들을 개괄하면서, 이 방식에 따라 원주민소설, 남부소설, 흑인소설, 유대인소설, 동남아미국인소설, 중남미미국인소설, 사실주의소설, 포우스트모던소설, 과학소설, 그리고 전쟁소설로 세분화한다. 이렇게 세분화된 원주민소설, 남부소설, 흑인소설, 유대인소설, 동남아미국인소설, 그리고 중남미미국인소설 항에 있는 작가들은 전통소설가와 포우스트모던소설가로 구별되어 있지 않다. 따라서 우리는 이 항들에 거명된 작가들이 전통소설가, 혹은 포우스트모던소설가인지 바로 판별할 수 없다. 만약 그들이 구별되어 있다면 우리는 그들의 작품성격을 더욱 쉽게 파악할 수 있을 것이다. 그러므로 최근미국소설을 양대산맥으로 구별하는 작업은 미국일반인들 그리고 외국인 연구자와 학생들에게 큰 도움이 될 것이라고 저자는 믿는다. 최근미국소설가들 중에는 처음부터 전통소설가, 아니면 포우스트모던소설가로 창작활동을 시작하는 경우가 대부분이다. 드물게 전통소설가로 등장했다가 포우스트모던소설을 창작하는 작가들도 있는데, 그 대표적 소설가가 노먼 메일러(1923-2007)와 필맆 로스(Philip Roth, 1933-)이다. 혼란이 있을까하는 기우로 부연하면, 전통소설가와 포우스트모던소설가는 동일 주제 즉, 나의 주체성과 독립성 그리고 나의 긍정과 예찬을 창작하는 기법에서 차이를 드러낼 뿐이다. 마치 스님이 깨달음을 돈오점수, 아니면 돈오돈수를 통해 얻느냐의 차이와 같다. 미국소설가와 스님의 최종목표는 동일하지만 단지 목표를 달성하는 방법을 달리하고 있다.

제2차세계대전 중 그리고 후에 미국소설가들이 발아시켜 행복을 추구한 세대 작가들과 함께 그들의 핵심주제로 부각시킨 "나"의 주체성 그리고 긍정과 찬가는 이미 19세기 미국문학에 구현되었다. 랠프 왈도우 에머선(Ralph Waldo Emerson)은 나의 주체성을, 그리고 왈트 휘트먼(Walt Whitman)은 나의 긍정과 예찬을 실존에서 가장 중요시했다. 이처럼 19세기 미국문학에서 중요시되었던 인간의 주체성과 독립성 그리고 자기긍정과 예찬은 미국이 개인 중심의 농업사회에서 조직과 기계 중심의 산업사회로 변화하면서 매몰되어버렸다. 이렇게 인간으로서 독립성과 자기정체성을 빼앗긴 노동자 대중은 자연주의와 사실주의소설에서 사회의 피조물 겸 극심한 피해자로 묘사되었다. 이 소설은 지배계층인사들의 만행과 횡포를 폭로하고 고발했지만, 대중의 분노, 좌절, 실의 그리고 절망을 극복하는 방도를 제시하지 못했다. 즉 이 소설이 대중의 실존에 생동감, 활력 그리고 희망을 불어넣지 못했다는 의미이다. 또 제1차세계대전 후에 등장한 길을 잃어버린 세대(Lost Generation)작가들은 미국이 민주주의를 수호하기 위해 참전했던 전쟁의 참상을 직접 체험하고 스스로 확신했던 정치적 자유, 경제적 기회, 종교, 명예, 신성 그리고 희생과 같은 용어들이 무용지물임을 절감했다. 그들이 미몽과 환상에서 깨어나 절망감과 허무감에 압도당해 창조한 소설주인공은 자포자기와 퇴폐주의에 빠진 비참하고 무기력한 인물이었다. 그들이 주축을 이룬 모던이즘소설가들은 티. 에스. 엘리엇(T. S. Eliot)의 *황무지*(*The Waste Land*, 1922)와 오스왈드 스펭글러(Oswald Spengler)의 *서구의 몰락*(*Decline of the West*, 1926-28)의 지대한 영향을 받아 인생관과 세계관이 매우 비관적이었다. 또 그들은 인간을 신과 절대진리에 의존해야 하는 타율적, 유한적 존재로 정의했다. 따라서 그들의 소설주인공은 이념과 조직이 최우선시되는 사회에서 주체성과 개체성을 박탈당한 무기력하고 절망적인 외로운 인간이었다. 요컨대 20세기 중기부터 미국소설은 이념과 조직보다는 개인 그리고 그의 본능과 욕구를 더욱 중요시했다. 따라서 이 소설은 19세기 미국문학에 구현되었던 "나"의 주체성, 긍정 그리고 찬가를 재발견하고 재강조하기 시작한다고 볼 수 있다.

그러나 이 재발견과 재강조는 19세기 미국문학이 고정관념, 확실성, 객관성, 그리고 개인의 본능과 욕구의 억압을 기조로 했음에 반해 변화, 불확실성, 주관성, 그리고 억압으로부터 해방을 전제로 했다. 19세기에 미국소설가들은 대체로 일정 기간을 틀림없이 생존한다는 믿음을 갖고 실존했다. 20세기에 들어서서 미국작가들은 제1차세계대전, 세계 대공황, 그리고 제2차세계대전이 일으킨 격변의 소용돌이에 말려들어 고정관념, 확실성, 그리고 객관성을 상실했다. 특히 그들은 유대인 집단학살과 원자폭탄 투하로 생명이 덧없음을 실감했다. 이러한 환경에서 그들은 어느 순간에 엄습할지 모르는 위기일발과 극한상황 그리고 자신들의 독립성과 정체성을 박탈하려는 거대 이념과 조직을 극복하면서 실존해야 했다. 따라서 그들은 소설의 핵심주제로 자기긍정과 보존, 그리고 자아고수, 성숙, 탐구와 실현, 그리고 개인의 독립성, 개체성, 자발성, 깨달음, 그리고 본능과 욕구충족을 가장 중요시하여 부각시켰다. 요컨대 그들은 인간을 의존적, 타율적, 유한적, 독존적 존재로부터 무한한 가능성과 활력이 소용돌이치는 사회적 자아탐구와 실현자로 정의했다.

무한한 가능성과 활력이 넘치는 사회적 자아탐구와 실현자는 유독 행복을 추구한 세대 작가들이 심혈을 기울여 창조했던 소설주인공이다. 그들이 이런 주인공을 창조할 수 있었던 원동력은 실존에서 돈오와 성적 황홀경을 가장 중요시하면서 언제나 자유를 염원하고 향유하려고 한 데 있다. 이 주인공이 노먼 메일러가 창안한 하얀 흑인(White Negro), 즉 힙스터(Hipster)로 어떤 극한상황에서도 패배하지 않고, 돈오와 긍정적 성의식으로 무장하여 집요하게 도전하는 용기가 충만한 이상적인 인간이다. 힙스터는 자신의 주체성, 개체성 그리고 본능과 욕구를 부정하고 억압하는 이념과 제도에 반항하면서 자아를 고수하고 성숙시켜 자신의 가능성과 잠재력을 마음껏 발휘하려고 최선을 다한다. 그러기 위해 그는 실존에서 무엇 때문에보다도 어떻게 사느냐를 더욱 더 중요시하여, 돈오와 삶의 활력소인 성적 황홀경을 최우선시한다. 그는 성적 황홀경을 만끽하기 위해 먼저 자신에게 정직하고 상대방을 존중하고 배려하여 공감하는 공동체의식을 확장하려고 심혈을 기울인다. 또 그는 종교와 성을 동일시하여 돈오를 여자의 육체에서 실감한다. 이처럼 그는 어떤 여건에서도 세속적 욕망보다도 정직한 자아를 고수하고 황홀한 삶을 예찬하는 낙천주의자가 되려고 한다. 그러려면 그는 언제나 실존에서 홀로 살기보다는 더불어 사는 삶을, 집단과 조직보다는 자기와 개인을, 비관과 부정보다는 낙관과 긍정을, 과거보다는 현재를,

유폐보다는 개방을, 고정불변보다는 변화를, 확실성보다는 불확실성을, 명료함보다는 애매모호함을, 객관성보다는 주관성을, 현학적 사고보다는 행동을, 현실도피보다는 수용을, 타율과 의존보다는 자율과 자립을, 억압적인 도덕과 인습에 순응하기보다는 반항하기를, 답습보다는 도전을, 영혼과 육체의 분리보다는 합일을, 그리고 이원론보다는 통합을 더욱더 중요시한다. 그러므로 행복을 추구한 세대 작가들이 창조한 힢스터 소설주인공은 그들의 위대한 업적일 뿐 아니라 다음 세대 소설가들이 계승해야할 큰 유산이다.

저자는 오로지 이 책을 출판하기 위해 집필한 네 편의 논문을 학술지에 게재하지 않았다. 이 책은 여러 사람의 도움이 있었기에 빛을 볼 수 있다. 이 네 편의 논문과 머리말을 삶의 반려자 차정원이 정독하고 조언했다. 또 광주중앙여자고등학교 교감 강의섭 박사는 이 네 편중에서 "노먼 메일러: 자아고수와 성숙"과 기존 저서에 수록되었던 네 편의 논문을 과중한 학교업무의 와중에도 바쁜 시간을 할애하여 읽기 편하게 수정했다. 그리고 전남대학교 영어영문학과 강의강사 김현아 박사가 머리말과 나머지 세 편의 논문을 읽기 쉽게 다듬었다. 논문집필에 필요한 자료들을 두 딸 원렬, 원실이 수집했다. 이들에게 깊이 감사하는 마음으로 이 저서를 헌정한다.

2015년 8월

고지문

차례

머리말 _5

1. 윌리엄 에스. 버로우즈의 소설론과 그 영향력 __15

2. 죤 클렐른 호움즈: 자기긍정과 보존 __42

3. 노먼 메일러: 자아고수와 성숙 __67

4. 잭 케러왝: 삶의 활력은 깨달음과 자유 __98

5. 윌리엄 에스. 버러우즈: 의식개혁과 확장 __196

6. 켄 키지: 통제 그러나 자유의 승리 __226

7. 토머스 핀천: 실존목적 왜곡과 상실의 극복 __255

8. 죤 업다이크: 영혼과 육체는 하나 __286

찾아보기 __362

1

윌리엄 에스. 버로우즈의 소설론과 그 영향력

I

이 연구는 행복을 추구한 세대(Beat Generation)의 대표적인 소설이론가 겸 작가인 윌리엄 에스. 버로우즈(William S. Burroughs)의 창작철학과 기법이 포우스트모던 미국소설가들에게 지대한 영향력을 발휘했다는 논지를 전제로 한다.[1] 행복을 추구한 세대는 20세기 중반부터 미국사람들의 의식개혁을 선도하여 미국사회의 변화와 혁신에 중대한 역할을 했다. 앨런 긴즈버그(Allen Ginsberg)의 주장에 따르면, "행복을

1 자타가 공인하는 가장 탁월한 포우스트모던 미국소설가인 Thomas Pynchon은 단편집, *Slow Learner* (Boston: Little, Brown, 1984)의 서문에서 천명하기를, "It was not a case of either/or, but an expansion of possibilities. [. . .] Against the undeniable power of tradition, we were attracted by such centrifugal lures as Norman Mailer's essay "The White Negro," the wide availability of recorded jazz, and a book I still believe is one of the great American Novels, On the Road, by Jack Kerouac. [. . .] I enjoyed only a glancing acquaintance with the Beat movement. [. . .] I had wandered into a bookstore and discovered issue one of the *Evergreen Review,* then an early forum for Beat sensibility. It was an eye-opener. 7-8.

추구한 세대는 동성애자의 권리확장과 차별폐지, 흑인공민권운동 그리고 여성해방운동에서부터 언어(문학작품)의 검열로부터 해방 . . . 그리고 환경의식의 고취와 확장으로까지 [미국사회의] 모든 분야에 변화와 개혁을 촉발했다."[2] 이처럼 행복을 추구한 세대의 긍정적인 영향에 관한 평가와 논의는 활발하게 전개되었다. 또 이 세대의 문학활동도 소상하게 기술되었다. 그러면서도 그 소설론이 포우스트모던 미국소설 철학의 연원이 된다는 연구는 적극적으로 수행되지는 않았다. 따라서 이 논문은 포우스트모던 미국소설 창작철학과 기법이 윌리엄 에스. 버로우즈의 소설론에 연유하고 있음을 규명하고자 한다. 그러기 위해 논문은 먼저 행복을 추구한 세대의 창립자들은 누구이며, 그들은 실존철학으로 무엇을 탐구했으며, 그들의 철학 구현에 큰 역할을 한 사람은 누구이고, 행복을 추구한 세대는 어떻게 명명되었는가를 상술한다. 또 논문은 이 세대의 소설가들이 소설에서 창조하려고 한 주인공은 세대와 관련이 있는 노먼 메일러(Norman Mailer)[3]가 창안한 새로운 인간형 하얀 흑인(*White Negro*)[4]이며, 그들이 이런 주인공을 소설화한 창작철학과 기법이 종전소설론과 어떻게 다른가를 고찰하게 위해, 버로우즈의 소설철학과 창작기법을 규명할 것이다. 끝으로 포우스트모던 미국소설가들이 이 소설창작철학과 기법을 어떻게 계승하고 있는가를 구체적으로 제시하고자 한다.

---

2 Barry Miles, *Ginsberg: A Biography* (New York: Simon, 1989), 532.

3 Ann Charters, "Foreword," in *The Beats: Literary Bohemians in Postwar America Part1: A-L*, Ed. Ann Charters (Detroit: Gale, 1983), xiv. 노먼 메일러는 사실과 상상력을 융합하는 창작기법을 능숙하게 활용하여 *The Armies of the Night: History as a Novel, the Novel as History*, 1968)와 *The Executioner's Song* (1979)을 창작한 포우스트모던소설가로 분류되기도 한다.

4 하얀 흑인은 실존에서 사회의 도덕, 인습, 그리고 규범보다도 감각, 본능, 그리고 욕망을 더욱 중요시하기 때문에 사회의 지탄을 받아 지하에 숨어 움츠리고 생존한 히피(Hippie) 혹은 힙스터(Hipster)에 붙인 메일러의 새 명칭이다.

II

앨런 긴즈버그가 어머니의 정신착란 때문에 암울한 가정 분위기에서 고독하게 성장하여 세상물정에 어두운 채 열일곱 살에 컬럼비어대학교(Columbia University) 신입생이 된 1943년 겨울방학에도 기숙사에 남아 있다. 어느 눈 내리는 날 오후에 대부분의 학생들이 떠난 적막한 기숙사 복도에서 흘러나오는 *브람즈 클래러넬 오중주곡*(*Brahms Clarinet Quintet*)을 듣고 찾아간 방에서 천사처럼 보이는 미남, 루시언 카(Lucien Carr)의 환영을 받는다. 긴즈버그보다 두 살 많은 카는 세인트 루이스(St. Louis)의 유명가문 출신으로 책임감은 없으면서도 조숙한 10대로 고등학교에서 퇴학당해 특수학교를 졸업하고, 쉬카고우대학교(University of Chicago)를 1년 다니다가 자퇴하고 방랑생활을 하다가 가을학기에 컬럼비아대학교에 입학해서 여유 있게 대학생활을 즐기고 있다. 그는 순진하게 학구열만 강하고 여자와 술에는 관심이 없지만 문학토론 지기로 사귄 긴즈버그를 황홀하게 하면서도 두렵게 하는 그리니쥐 빌리쥐(Greenwich Village, 예술가와 작가들의 거주지구)로 데려가, 긴즈버그에게 늙게 보이는 서른 살의 동향선배 버로우즈를 소개한다. 버로우즈는 부유한 가정출신으로 하버드대학교(Harvard University)에서 1936년에 영문학학사를 취득하고, 대학원에서 인류학을 전공하다가 비에너(Vienna)에 가서 6개월 동안 의학을 공부했다. 그는 명문대학 출신 배경과 해박한 학식으로 보수가 좋은 안정된 직장을 구할 수 있었지만, 금전과 사회적 지위보다는 폭넓은 삶을 체험하기 위해 장래성 없는 시원찮은 일자리를 선호한다. 그래서 그는 작은 광고회사와 공장에서 하급사원으로 종사했고, 심지어 살충제를 살포하는 인부로 일했으며, 술집 종업원으로도 근무했다.

그렇지만 카와 긴즈버그는 그의 해박한 지식을 높이 평가하고 신뢰한다. 따라서 두 사람은 논쟁하다가 상대 주장을 도저히 수긍할 수 없으면, 버로우즈에게 그의 견해를 묻는다. 긴즈버그가 "예술은 사회적이고 어떤 목적에 도움이 되어야 한다"고 주장하자, 카는 "예술은 그 자체가 근원이고 [목적이다]"고 반박한다. 별수 없이 두 사람은 버로우즈에게 자문을 구한다. 그는 일반의미론의 창시자, 코르집스키(Korzybski)의 강의를 수강하여 습득한 지식으로 설명하기를, art(예술)는 세 글자일 뿐이라고 설명한다. 단어는 그것이 지시하는 사물이 아니고, 개개인이 그 단어를 사용하여 표현하려는 의미이다. 그는 두 사람에게 자신의 견해를 밝히기를, "그것은 내가 처음 받았던 가장 어리석은 질문이다. 그것은 두 사람이 '예술'을 무엇으로 정의하고 싶은 의사에 달려있다. [. . .] 단어들은 고정된 정의를 가지고 있지 않다. 너희가 이것을 예술로 정의하고 싶으면, 이것을 예술로 정의한다. 너희가 예술을 그런 의미와 상황으로 사용하고 싶지 않으면, 사용하지 않으면 된다. 그러나 그것이 예술이냐 아니냐의 논쟁은 분명히 용어(사용)의 혼란이다."[5] 긴즈버그는 마치 그가 "컬럼비어대학교에 만연되어 있는 지적 독소, 다시 말하면 개념들이 절대적 의미를 가지고 있는 것처럼 개념들에 집착하는 반지성적 분위기를 쇄신하는 것"[6] 같다. 따라서 그는 이제 자신을 구속하는 용어의 고정관념과 고지식한 학문으로부터 스스로 해방되려고 최선을 다하게 된다.

또 카는 여자 친구를 통해 과거 컬럼비어대학교 미식축구(football) 장학생이었다가 감독과 싸우고 무릎 부상으로 축구팀에서 퇴출당한 잭 케러왝(Jack Kerouac)을 만났다. 그는 퇴교당해 축구선수로 입신하기를 갈망한 사업실패자인 아버지의 기대를 저버린다. 그는 사회적 지위향상과 경제적 이익추구를 포기하고, 1942년 12월 해군에 입대했다가 부적응 성격으로 명예제대하고, 1943년 여름부터 상선선원으로 일했다. 더욱이 그는 문학과 음악을 독자적으로 이해하고 감상하려는 주관성과 개체성을 무시하고 부정하는 저명 학자들의 권위적인 견해와 주장들에 도전하고자 했다. 그는 이런 암담한 여건 가운데서도 소설창작에 열중했다. 카는 케러왝과 예술과 문학을 토론하다가, 긴즈버그와 케러왝이

---

5 Miles, 46-47.

6 Ted Morgan, *Literary Outlaw: The Life and Times of William S. Burroughs* (New York: Henry Holt, 1988), 90.

좋은 지기가 될 거라고 믿고, 1944년 5월에 두 사람의 만남을 주선했다. 긴즈버그는 운동선수였던 케러왝이 토로하는 시에 대한 깊은 이해와 감수성에 감탄하여 바로 그에게 완전히 매료당했다. 서로 지기가 된 긴즈버그와 케러왝은 버로우즈를 방문하여, 그의 환대를 받을 뿐 아니라 서재에 있는 다양한 분야의 장서를 보고 놀랐다. 이렇게 카를 통해 만난 세 사람은 미국문학사에 소설창작철학과 기법을 변화시키는 이정표가 된 행복을 추구한 세대를 태동시키는 데 주도적 역할을 하게 된다. 버로우즈의 지도를 받으면서 카, 긴즈버그 그리고 케러왝은 "행복을 추구한 세대의 이론적 원천이 되는 [예술과 문학의] 신철학(New Vision)"[7] 정립에 각고의 노력을 쏟는다.

이 네 사람은 "반항자들이 아니라 금전 만능주의에 매몰된 사회와 절연하고 [홀로 진리를 탐구하는] 선각자들이다"[8] 따라서 그들은 인간의 주체성, 개체성, 감수성, 그리고 본능을 부정하고 억압하는 사회현실과 제도 그리고 전통예술과 문학을 그대로 수용하여 거기에 순응하려고하기보다는 오히려 도전하여 반발하려고 했다. 카는 전통예술론과 문학론에 반발하는 예술과 문학의 신철학을 정의하기가 불가능하다고 실토한다. 그러면서도 그는 주장하기를, 신철학은 "사회를 새로운 시각에서 이해하려는," 다시 말하면 사회에 새로운 가치와 의미를 창조하여 파급하면서 사회를 변화시키려는 시도이다. 신철학은 사회변화와 개혁을 촉발할 수 있는 원동력이다. 긴즈버그는 예술은 사회적이고 어떤 목적에 도움이 되어야 한다는 주장을 철회하고, 신철학은 카의 이런 예술론에 있다고 확신한다: "예술은 궁극적으로 그 자체의 표현이기 때문에, 가장 개인적이고 객관적이며 자유스러운 솔직한 표현이 진정한 예술이다라고 우리는 단정한다." 또 그와 케러왝은 신철학은 "모든 사람의 영혼의 진수를 공감적으로 이해하려는" 의도라는 데 동감한다. 더욱이 두 사람은 신철학을 "만물은 하나이다"라는 사상으로 정의한다. 이뿐만 아니라 그들은 버로우즈로부터 영감을 얻어 관념론을 초월하여,

---

7 Miles, 47.

8 Morgan, 272.

이제 "의식의 본질을 연구하고 개혁하고 탐구하는 자신들이 새롭게 창안한 방법"[9]의 유도에 따라 실존하려고 한다. 신철학의 이런 요지를 정리하면 다음과 같다: "1. 솔직한 자기표현이 창조력의 원천이다. 2. 예술가의 의식은 [자신의] 감각들을 일상과 무딤으로부터 신기함, 경이감, 그리고 민감하고 예민함으로 바꾸려는 의지와 능력에 비례하여 확장된다. 3. 예술은 구태의 인습과 도덕을 타파한다."[10]

이 신철학을 구현하는데 결정적인 역할을 한 두 사람, 허버트 헝크(Herbert Huncke)와 닐 캐서디(Neal Cassady)가 있다. 버로우즈는 1945년에 타임즈 광장(Times Square)의 남창, 마약상용자 그리고 절도범인 헝크를 긴즈버그와 케러왝에게 소개한다. 그는 대학생과 절도범, 다시 말하면 현학적인 지식인과 어떤 역경에서도 생존할 수 있는 시정잡배를 연결시킨다. 이리하여 그는 상아탑문학과 길거리문학, 또 고급문화와 대중문화를 구별하지 않고 하나로 통합시키려고 한다. 긴즈버그는 헝크를 만나 순진, 학문 그리고 보도 위주의 세계에서 벗어나 경이와 활력이 넘치는 시정잡배의 삶을 직접 목격한다. 케러왝은 헝크로부터 의식전환의 계기를 얻는다. 헝크는 부모의 버림을 받아 열두 살부터 절도행각을 벌이면서 홀로 떠돌이 삶을 살 수 밖에 없었다. 따라서 그는 교도소를 자주 드나든 공권력의 피해자이다. 그렇지만 그는 타임즈 광장에서 싹트기 시작한 매춘부와 휴대품 보관소 여직원들의 억압적인 사회체제에 도전하는 운동의 태동과 방향을 제시한 반항아이다.[11] 그는 반항하면서도 이렇게 고독, 절망 그리고 비행으로 얼룩진 과거를 극복하고 자제하면서 소망과 사랑이 넘치는 현재를 창조하려고 한다: "고독, 수치심 그리고 죄의식이 자주 그를 엄습하는 격정이다. 그는 이런 격정에 휩싸이면서도 자신의 고통을 극복하고 초연하는 능력을 결코 상실하지 않는다. 그는 가장 절망적인 순간에도 자비를 베푼다."[12] 케러

9 Miles, 47, 58, 72-73.

10 Steven Watson, *The Birth of the Beat Generation: Visionaries, Rebels, and Hipsters, 1944-1960* (New York: Pantheon, 1995), 313-14.

11 Morgan, 123.

왝은 그가 실존의 악조건 가운데서도 언제나 자성하려는, 더욱이 사랑하려는 삶과 정신에 깊은 감명을 받는다. 그래서 케러왝은 그가 *실망하다* 혹은 *녹초가 된* 의미로 사용하는 "비트(beat)"에서 다른 가능성, *행복이 넘침*을 발견한다. 조만간 이 단어는 두 가지 뜻으로 통용되었다. "비트"는 자신의 진실한 자아와 자아해방을 탐구하려면, 너는 먼저 네 심장, 영혼, 육체 그리고 의식의 가장 비밀스럽고 탕진 뒤에 남아 있는 부분을 탐색해야 한다는 견해를 대변하게 되었다. 따라서 "비트"는 냉철함과 사랑스러움, 성적임과 정신적임을 동시에 함축했다.[13] 케러왝도 천주교신자로서 교리해석을 활용하면, "'비트'는 마치 순교처럼 실존이 막다른 골목에 빠지면 의식이 기진맥진이나 좌절을 넘어서는 상태를 함축한다."[14] 이런 깨달음으로 케러왝은 악몽과 비행의 과거에서 벗어나 사랑과 자비를 베풀 수 있는 현재를 중요시하는 헝크를 *떠돌이 삶*(*On the Road,* 1957)에서 엘모 하설(Elmo Hassel)로 소설화한다.

닐 캐서디도 여섯 살 때 부모가 이혼하자, 술 중독자인 아버지와 함께 싸구려 여인숙에서 기거한다. 그는 소년시절을 당구장, 화물야적장 그리고 유흥가의 어두운 세계에서 보내면서 비행을 저지른다. 그가 열네 살부터 훔치기 시작한 자동차 대수가 7년 동안 500대가 넘는다. 그는 절도 목적이 오로지 여학생들을 태우고 돌아다니는 즐거움에 있으므로 훔친 자동차를 팔려고 하지 않는다. 그는 절도죄로 여섯 번이나 소년원에 수감된다. 그러나 그는 헝크와 같은 공권력의 피해자가 되지는 않는다. 그는 세상과 주변상황을 기민하게 파악하는 생존방법에 익숙한 데다 출중한 체격, 절륜한 체력 그리고 비범한 재능의 소유자로 자기 잠재력을 계발하여 꿈을 실현하려고하기 때문이다. 그는 "10

12 Arthur Winfield Knight, "Herbert Huncke," in *The Beats: Literary Bohemians in Postwar America Part I*: A-L, 266.

13 Mikal Gilmore, "Allen Ginsberg, 1926-1997," in *The Rolling Stone Book of the Beats: The Beat Generation and American Culture*, Ed. Holly George-Warren (New York: Hyperion, 1999), 231-32.

14 Joyce Johnson, *The Voice is All; The Lonely Victory of Jack Kerouac* (New York: Viking, 2012), 190-91.

대 초기에 표우더르 미카일러비취 도스터예프스키(Fyodor Mikhaillovich Dostoevsky), 챨즈 디킨즈(Charles Dickens), 이매뉴얼 캔트(Immanuel Kant), 그리고 프리드릭 빌헬름 니체(Friedrich Wilhelm Nietzsche)를 정독하여 자기를 경멸하려고 하는 선생님과 부자 친구들의 환심을 산다. 이 뿐만 아니라 그는 자기 느낌에 좋아하게 될 거라는 일들에 성심성의를 다해 열중하기 시작한다. 그는 몇년 안에 충심으로 작가가 되고 싶어한다. 그가 작가가 되지 못하면 그의 기독교 도덕관의 마지못한 고수를 포함한 다른 잠재력들의 소산만큼의 죄의식에 시달릴 것이다"고 생각한다. 이런 그가 1946년 12월에 갑자기 뉴욕(New York)에 와서 긴즈버그와 케러왝을 만나고, 케러왝에게 소설창작법 강의와 지도를 간청한다. 이렇게 간청하는 입장이지만 사실상 그는 행복을 추구한 세대의 문학과 문화 활동이 지향할 방향을 제대로 제시한 특출한 인물이다. 그는 "잭 케러왝, 앨런 긴즈버그 그리고 죤 클렐른 호움즈(John Clellon Holmes)에게 그들이 대학에서 체험하지 못했던 실존과 사고방식의 실감 있는 실례를 제시한다. 자발적인 캐서디는 어떤 길을 선택할 것인가를 [현학적으로] 깊이 생각하지 않고, 모든 길을 보이는 대로(본능적으로) 따라간다. 따라서 그의 실존탐구는 도로 위에서도(실생활에서도), 더욱이 문학과 종교연구 그리고 의식을 일변하는 환각제들의 사용을 통한 자기앎의 확장 과정에서도 결코 중단되지 않는다. 캐서디의 실존이 분출하는 무한한 정력과 역량은 행복을 추구한 세대의 창립자들에게 인간행동을 일반적으로 평가하는 법률과 제약들을 검토하고, 우주 속의 인간 위상과 책무에 대한 새롭고 더욱 의미 있고 더욱더 낙관적인 개념을 명확하게 정립하라고 권유한다."[15] 이렇게 캐서디는 창립자들에게 새로운 인간 정의를 전제로 자아와 실존을 탐구하고, 삶과 학문을 통합하여 종교, 도덕 그리고 제도를 창의적으로 재검토하라고 조언한다. 요컨대 그는 그들에게 폐쇄적 학문 위주의 사고와 행동에서 벗어나 본능과 직관력을 바탕으로 자아와 우주를 탐구하라고 격려한다. 이럼

---

15 Gerald Nicosia, "Neal Cassady," in *The Beats: Literary Bohemians in Postwar America Part I: A-L*, 95, 92.

으로써 그는 그들의 의기소침하고 무기력한 의식과 실존에 생기와 활력을 불어넣는다.

캐서디는 그들의 의식과 실존에 생기와 활력을 불어넣기 위해, 성을 적극 긍정하고 예찬한다. 그가 행복을 추구한 세대에 기여한 정곡은 성의식을 일변시킨 데 있다. 성은 억압과 부정의 대상으로 금기시되어, 누구도 성을 공개적으로 언급할 수도 논의할 수도 없었다. 이런 풍토에서 그는 케러왝과 긴즈버그에게 자신의 실존에서 성이 창조적 역할을 하는 실례를 제시하여, 그들의 성의식을 개혁한다. 그는 그들에게 "성은 '남녀가 하나가 되는 융합'"이라고 설파한다. 그는 다른 사람들의 시선이나 비난을 조금도 개의치 않고 오로지 자기 본능을 충족시키기 위해 세번 결혼하고, 두번 이혼하면서 "행복한 융합"을 만끽한다. 그는 이 만끽으로 자신의 불행과 비행으로 점철된 과거 삶을 극복할 수 있다고 일방적으로 믿기 때문에, 여자 마음의 상처를 조금도 고려하지 않는다. 그는 오로지 성이 어떤 극한상황도 극복할 수 있는 삶의 활력소라고 역설한다. 그의 영향을 받아 케러왝은 "닐 [캐서디]에게 '성은 삶의 가장 성스럽고 중요한 활력'이다"[16]라는 주장을 인정하고 수용한다. 긴즈버그도 "성은 [자기]정체성을 재확인하고 고수하는 역할을 한다"[17]고 강조한다. 두 사람은 성의 긍정과 예찬을 넘어 창조적 역할을 중요시하는 경지에 다다른다. 노먼 메일러는 그들의 성의식보다 더 비약하여 "성적 황홀경은 당신이 [자아와] 삶을 속일 수 없는 순간이다"[18]라고 갈파한다. 한 사람의 거짓 자아와 삶은 자신과 상대방, 심지어 인류와 세계를 순식간에 파멸시킬 수 있다. 그런데 메일러의 견해에 의하면, 남녀를 하나로 융합하는 성이 이 파멸을 방지할 수 있다는 개연성을 암시한다. 이렇게 우리 실존에 결정적인 역할을 하는 성의식을 개혁한 선각자, 캐서디는 *떠돌이 삶*에서 딘 모리아티(Dean Moriarty)로, 그리고 존

---

16 Watson, 84, 80.

17 Morgan, 378.

18 Norman Mailer, *Pontifications* in *Pieces and Pontifications* (Boston: Little, 1982), 43.

클렐른 호움즈의 *열광하자*(*Go,* 1952)에서 하트 케니디(Hart Kennedy)로 소설화된다.

이처럼 헝크와 캐서디의 과거 비극적 실존과 현재 긍정적 자유분방한 의식은 케러왝의 소설철학을 구현시키는 데 결정적인 역할을 한다. 호움즈도 캐서디가 자유분방하게 성적 황홀경을 만끽하려는 열의에 감탄한다. 더욱이 호움즈는 제2차세계대전 후의 작가로서 자기정체성, 특히 자기 세대의 정체성을 탐구하여 정립하려고 한다. 그는 자기 세대의 특징은 1940년대 유행하기 시작한 봎(bop)을 즐기는 데 있다고 생각한다. 봎은 "우리[세대]가 느끼는 불협화음과 복잡성의 표현일 뿐 아니라 우리를 분명하게 바로 지난 세대의 사람들과 구별시킨다. 왜냐하면 우리의 30년대 재즈 우상들이 거의 봎을 극도로 싫어하기 때문이다." 30년대 재즈를 즐겨 들었던 사람들은 일차원적 의식에 유폐되어 있으므로 음악을 음악으로 들으면서 봎을 감상하고 이해하려고 하지 않는다. 따라서 그들은 봎이 우리 세대에 의미하는 진의와 감정을 이해하여 수용할 수 없다. 우리 세대도 봎을 이해하는 사람을 만나야 "그의 성생활, 문학과 예술에 대한 감수성, 그리고 즐거움, 폭력, 흑인, 그리고 깨달음에 대한 마음의 단면을 이해할" 수 있다. 이런 정신의 소유자인 호움즈가 1948년 가을에 케러왝과 대화하면서, 조심스럽게 자기를 드러내지 않으면서도 탐구심이 강한 타임즈 광장의 젊은 힙스터[19]들의 의식 특징은 무엇인가하고 그에게 질문한다. 케러왝은 대답하기를, "그 특징은 일종의 내밀함이다. 마치 우리가 내밀한 세대의 사람들인 것처럼. 당신도 알다시피, 자기앎에 관심을 쏟으면 공개적으로 [자기를] 과시할 필요가 없다. 내 의미는 일종의 적나라함, 다시 말하면 우리는 우리가 어디에 있는가를 확실히 알기 때문에 진심(眞心)의 극대화, 즉 우

---

19 흑인은 생과 사, 생존과 전멸, 자유와 구속, 그리고 인간중심주의와 사회본위의 갈림길에서 실존하는 인간을 상징한다. "The Hipster had absorbed the existentialist synopses of the Negro, and for practical purposes could be considered a white Negro." Norman Mailer, *Advertisements for Myself* (Cambridge: Harvard University Press, 1992), 341.

리 자신에게 정직함이다. 모든 형식들과 세상의 인습들에 대한 반항이다. [. . .] 힙스터들의 의식 특징은 이런 것들이다. 그래서 나는 당신이 우리는 행복을 추구한 세대라고 말해도 좋다고 생각한다."[20] 이렇게 행복을 추구한 세대가 명명되어 탄생한다.

호움즈가 행복을 추구한 세대를 대변하는 첫 소설, *열광하지*를 1952년에 출판하여 호평을 받는다. 그러자 일반 독자들은 그가 소설 여러 곳에서 언급한 행복을 추구한 세대의 정의를 필요로 한다. 이에 부응하여 그는 정의를 내리기 위해, 먼저 "비트"의 의미를 이렇게 밝힌다. "'비트'의 어원은 불분명하지만 그 의미는 대부분의 미국사람들에게 너무나 명확하다. 비트는 단순히 녹초가 되었음을 넘어 완전히 탈진된 뒤에 느끼는 그대로의 감정을 함축한다. 비트는 정신의, 궁극적으로는 영혼의 적나라함, 다시 말하면 무아의 경지에 이른 황홀경을 내포한다." 이처럼 비트는 극심한 좌절과 절망 뒤에 있는 그대로의 자기긍정, 극한 상황 가운데서도 생존의지와 능력을 지탱하려는 자기보존, 의식개혁, 영혼정화, 그리고 무아의 황홀경을 상징한다. 행복을 추구한 세대는 이런 비트의 의미와 상징을 금과옥조로 확신하고 현실화하려고 한다. 또 행복을 추구한 세대는 "어떻게 사느냐"를 "왜[무엇을 위해] 사느냐보다 더욱더 중요시한다."[21] 따라서 행복을 추구한 세대의 소설가들은 이런 비트의 의미와 상징을 구현하는 주인공들을 어떻게 사느냐에 치중하여 창조하려고 한다. 그들이 창조한 주인공들은 실존에서 집단과 조직보다는 자기와 개인을, 비관과 부정보다는 낙관과 긍정을, 소유보다는 무소유를, 유폐보다는 개방을, 과거보다는 현재를, 사고보다는 행동을, 그리고 현실도피보다는 수용을 선호한다. 또 그들은 타율과 의존보다는 자율과 자립을, 과시적인 질서정연보다는 자유분방을, 억압적인 도덕과 인습에 순응하기보다는 반항하기를, 답습보다는 도전을, 그리고 세속적인 성공보다는 자기앎을 더욱더 중요시한다. 더욱이 그들은 진솔, 공존,

---

20 John Clellon Holmes, *Nothing More To Declare* (New York: Dutton, 1967), 105, 107.

21 앞책, 110, 112.

자유, 사랑, 성본능 충족, 영혼과 육체의 합일, 자아탐구와 실현, 그리고 돈오를 절대시한다. 이렇게 반항, 도전 그리고 탐구정신으로 자신을 성숙시켜 돈오하려는 주인공들의 실존과 언행에는 인과관계, 일관성 그리고 연속성이 있을 수 없다.

이런 주인공들의 대표적 인물이 노먼 메일러가 창안한 하얀 흑인, 즉 힙스터이다. 하얀 흑인이라는 별명을 가진 힙스터는 메일러가 세계 지도자들의 광기로 야기된 인류의 실존 위기를 극복하는 진단과 처방에서 잉태되어 탄생한다. 메일러는 제2차세계대전 중에 무자비하게 자행되었던 유대인 집단학살과 원자폭탄 투하에 경악을 금치 못한다. 또 그는 이런 학살과 투하와 같은 극한상황에서 모든 사람은 자기도 모르게 자신의 생명이 어느 순간에 박탈당할 수 있다는 불안감에 휩싸여 있는 현실에 큰 충격을 받는다. 그는 자신의 경악과 충격이 서구사회의 큰 지주였던 기독교, 합리주의, 그리고 과학과 기술의 경이와 기적을 맹신했던 지배계층인사들의 자아탐구 결여, 무감각, 권력과 금전지상주의, 단일화성향, 반항기질 결핍, 그리고 성 억압에서 연유한다고 진단한다. 그의 처방은 인간을 "반항자"이고 "가능성과 활력의 분출자"로 정의하고, 실존에서 자각, 깨달음 그리고 성을 가장 중요시하는 힙스터를 창조한다. 힙스터는 전례가 어디에도 없는 새로운 인간형으로 사회보다는 자아에 더 큰 비중을 두고, 인간의 본성을 탐구하는 미국의 실존주의자이다. 그의 실존주의는 "육체의 신비에 바탕을 두고 있으며, 그 근원은 미국생활의 저의(底意)와 암흑가, 다시 말하면 우리가 흑인, 군인, 반사회적 정신병자, 마약상용자, 재즈음악가, 창녀, 배우, — 우리가 그런 가능성을 가시화할 수 있다면 — 창녀와 정신분석학자의 결혼에서 발견하는 실존의 본능적 이해와 음미에서 추적될 수 있다. [. . .] 힙스터는 미국적 현상으로 정신적 지도자 없이 탄생했다. 힙스터는 아직도 철학사전에 없는 실존상태를 기술하는 언어이다."[22] 요컨대 힙스터는 메일러가 우리에게 새롭게 제시한 이상적인 인간이다.

---

22 Norman Mailer, *Advertisements For Myself* (Cambridge: Harvard University Press, 1992), 305, 362, 314.

힙스터는 "자아가 내리는 반항적 명령"에 따라 미지의 세계를 탐구하려고 한다. 그러므로 그는 인간의 본성과 존엄성은 자아의 이런 실존철학에 있다고 확신한다: "그는 행동한다, 실존한다, 사랑한다, 그리고 궁극적으로 존재의 신비를 통찰하기 위해 본래면목을 찾는다. 만약 우리가 인간 탐구(. . .)의 일부로서 어떤 방식으로든지 본래면목을 찾지 않는다면, 우리는 사회의 하수인으로 전락하여 우리 자신을 기만하고 있을 뿐이다." 힙스터는 본래면목을 돈오를 통해 찾으려고 한다. 그래서 그는 선불교에 관심을 갖고, 깨달음의 경지에 다다르려고 한다. 그런데 그는 "여자의 육체에서 돈오를 체감하려고" 한다. 그러므로 그는 "현재에, 과거나 미래, 다시 말하면 기억이나 계획된 의도가 없는 [이 절대적으로 중요한] 현재에 [본래면목을 찾으면서] 실존하려고"[23] 최선을 다한다. 이처럼 돈오를 통해 본래면목을 찾으려는 힙스터의 실존과 언행에는 인과관계, 일관성 그리고 연속성이 있을 수 없다.

이렇게 힙스터는 자아탐구와 실현의지 그리고 성본능을 억압하는 사회체제, 규범 그리고 인습에 집요하게 반항한다. 그러면서도 그는 실존에서 성적 황홀경의 만끽과 본래면목의 탐구와 실현을 가장 중요시한다. 이 만끽 그리고 탐구와 실현은 그가 오로지 현시점에 영혼과 육체를 합일하면 최고조에 이른다. 이처럼 그는 지금 실존에서 전통소설에 필수적인 갈등과 대립보다는 합일과 돈오를 더욱더 강조한다. 전통소설은 주인공들 사이의 대립과 적대의 인과관계, 일관성 그리고 연속성을 유지하면서, 한쪽을 승자로 가시화시켜 대립과 적대를 해소하는 플롯의 역할을 중요시한다. 그런데 힙스터가 주인공인 소설은 등장인물들의 과거와 미래의 복잡다단한 사건과 사실들보다는 현재의 실현의지에 더욱 큰 비중을 두기 때문에 플롯의 역할을 무시한다. 메일러는 자신의 소설창작기법을 이렇게 천명한다: "일반적으로 나는 플롯에 의존하지 않는다. 나의 주인공들이 어떤 행동을 시작하면 사건들이 일어난다. 이 행동에서 이따금 플롯의 작은 부분들이 이야기에 섞여 드러난

23 앞책, 339, 325, 373.

다. 나는 플롯을 [복잡하게] 전개시키려고 안달할 필요가 없다. 나는 소설을 그런 방법으로 착상하지 않기 때문이다."[24] 메일러는 소설창작에서 플롯보다는 오히려 구사하는 단어들을 더욱더 중요시한다. 그는 주장하기를, "소설가들은 단어들이 강한 호소력을 발휘한다면 삶을 변화시킬 수 있다고 확신해야 한다. 단어들은 [창작 중인] 소설의 열애 대상이다."[25] 그가 이런 주장을 하는 본의는 삶과 소설을 동일시하려는 데 있다. 그는 소설을 창작하면서 자신을 변화시키고, 자신을 성숙시키면서 소설을 창작한다. 따라서 그의 소설가로서의 일생을 평가하면, 그는 "삶이 마치 문학인 것처럼 실존을 탐구했다. 그는 문학에서 부단하게 자아를 창조할 수 있었다."[26] 요컨대 그는 삶과 문학을 통합하면서 실존과 소설의 새로운 지평을 연다. 그는 실존에서 부정보다는 긍정을, 비관보다는 낙관을, 성의 억압보다는 해방을, 무기력보다는 활력을, 그리고 돈오를 절대시한다. 또 그는 소설창작에서 이런 실존을 탐구하는 소설주인공, 힙스터를 창조한다. 이 실존탐구와 주인공창조가 행복을 추구한 세대 소설가들의 소설창작철학과 기법의 궁극적 목적이다. 그들은 이 목적달성에 필수적인 의식개혁과 확장을 극대화하기 위해 전통소설론과 아주 상이한 창작철학과 기법을 창안한다.

III

이 창안의 대표적 이론가 겸 소설가가 윌리엄 에스. 버로우즈이다. 그의 포우스트모던 미국소설론의 근간이 되는 소설철학은 애리스토틀(Aristotle)의 양자택일철학과 동일성의 원리의 부정에서 연유한다. 그가 이렇게 갑자기 서구예술론의 핵심을 부정하는 까닭은 코르집스키의

---

24 Steven Marcus, "Norman Mailer: An Interview," in *Conversations with Norman Mailer*, Ed. Michael Lennon (Jackson: University Press of Mississippi, 1988), 88.

25 Mailer, *Pontifications*, xiii.

26 Carl Rollyson, *The Lives of Norman Mailer: A Biography* (New York: Paragon, 1991), xxii.

일반의미론 강의를 수강하고 깊은 감명을 받아 크게 깨닫고, 그대로 인정하고 수용하려고 하기 때문이다. 코르집스키는 일반의미론 강의에서 "에리스토틀의 양자택일철학을 매도했다. 그런 구분은 불가능하다고 설명했다. 주관적/객관적 그리고 지적/본능적인 두 요소는 언제나 같이 있기 때문에, 누구도 두 가지를 완벽하게 구별할 수 없다. 또 코르집스키는 이런 언어철학을 강조한다: '단어는 단어가 나타내는 사물이 아니다. 단어들은 당신이 단어들로 표현하려는 뜻을 의미한다. 의자는 의자이지만, 의자라는 단어는 단어에 불과하다.' '독재자,' '공산주의자,' '인문주의자,' '윤리학자'와 같은 단어들이 너무나 일반적일 때, 그 단어들은 아무런 의미를 갖지 않는다고 그는 주장했다. 버로우즈는 그런 단어들을 다시는 결코 사용하지 않았다. 그의 일방적인 판단을 하지 않는 자세가 가장 매력적인 특징들 중의 하나였다."[27] 이처럼 버로우즈의 소설철학은 서구사회를 지배했던 양자택일철학을 뒷받침하는 이원론과 단어와 사물이 일치한다는 동일성의 원리의 타파에서 비롯된다.

서구의 이원론은 인간과 사물을 양분하여 대립과 적대관계로 귀결시킨다. 이원론은 인간을 두 부류로, 부연하면 남자와 여자로, 지배자와 피지배자로, 유산계급과 무산계급으로, 신분이 높고 낮은 사람으로 구별한다. 이 두 부류는 전자가 후자와 사이좋게 공존하려 하지 않고 자기이익을 극대화하려고 후자를 무시하고 억압하기 때문에 항시 대립과 적대관계에 있다. 또 전자는 후자가 천부의 잠재력과 가능성을 계발하여 발휘하려는 꿈을 무산시키는 악행을 자행하여, 후자에게 엄청난 실망, 좌절감 그리고 심적 갈등을 증폭시킨다. 게다가 이원론은 영혼과 육체를 구분하여, 인간에게 무조건 전자를 정화하라고 강요한다. 이 강요에 응해야 함으로 인간은 자신의 본능과 욕구를 억압해야하는 고통과 갈등을 극복하거나, 아니면 육체의 쾌락을 은밀하게 즐기고 양심의 가책에 시달려야 한다. 이원론 때문에 인간은 자신의 본능과 욕구를 억제하면서 기독교교리에 순응하느냐, 아니면 교리를 배반하고 솔직하고

27 Barry Miles, *William Burroughs* (New York: Hyperion, 1992), 32.

적나라하게 자신의 본능과 욕구를 충족시키느냐의 기로에 서 있다. 더욱이 이원론은 선과 악을 대립시켜, 인간에게 선을 행하고 악을 퇴치시키라고 권장한다. 따라서 인간은 선과 악의 싸움에서 선을 승자로 악을 패자로 가시화시켜야 한다. 이처럼 애리스토틀의 양자택일철학을 주축으로 하는 전통소설론은 대립과 적대 그리고 해소로 귀결되는 창작기법을 활용한다. 이 기법은 대립과 적대가 싹트는 시작, 그 절정으로 치닫는 중간 그리고 해소로 귀착하는 끝으로 구성되는 플롯을 절대시한다. 또 기법은 대립과 적대를 부각시키는 등장인물들의 성격과 행동의 일관성, 행동과 거기에 따른 사건들의 연속성, 그리고 해소로 영혼을 정화하고 선을 찬송하는 절대진리를 중요시한다. 요컨대 대립과 적대 그리고 해소를 복잡다단하게 구성하는 플롯, 등장인물들의 성격과 행동의 일관성, 행동과 거기에 따른 사건들의 연속성, 그리고 절대진리가 전통소설 창작에서 핵심역할을 한다.

절대진리는 동일성의 원리에 의해 더욱더 공고화되고 절대시된다. 동일성의 원리 "이다"는 단어와 사물, 단어와 개념은 일치한다는 철학이다. 이 철학에 따르면, 단어는 어떤 사물을 지시하고, 어떤 개념을 표현한다. 이 지시와 표현은 분명하고 확실하다. 그러므로 단어는 고정불변의 지시와 의미를 내포한다. 따라서 모든 사람은 사회에서 객관적, 추상적으로 통용되는 영혼, 육체, 선, 그리고 악에 대한 고정개념을 절대진리로 인정하고 수용해야 한다. 이처럼 동일성의 원리는 모든 사람에게 단어에 대한 개인적인 이해와 판단을 무시하여 포기하고, 사회의 객관적, 추상적 개념을 무조건 절대진리로 수용하라고 강요한다.

그렇다면 버로우즈가 양자택일철학의 세 핵심 요소 — 이원론, 절대진리, 그리고 동일성의 원리 —를 왜 반박하는가를 밝혀, 그가 서구 전통소설론을 부정하는 이유를 제시하고자 한다. 그가 반박하는 까닭은 이원론이 모든 사람의 공존과 전인적 실존을 불가능하게 하고, 절대진리는 허위의식이고, 동일성의 원리는 창조의 원동력이 되는 개인의 주관적인 이해와 판단을 도외시한다고 판단하기 때문이다. 먼저 실존에 백해무익한 이원론이 서구 전통소설론에 결정적인 역할을 했을 뿐 아니라 지금도 많은 사람들의 의식에 영향력을 발휘하고 있는 실례들을 들어본다. 버로우즈의 확신에 따르면, 선과 악은 도저히 양립할 수 없으므로 서로 상대를 파멸시켜야 한다. 선과 악의 경우처럼 첨예하지는 않지만, 인간의 두 부류, 남자와 여자, 지배자와 피지배자, 그리고 유산계급과 무산계급은 서로 대립과 적대관계에 있다. 전자는 자기 이익 추구에만 급급하여 "실존은 연대의식이다"[28]라는 자명한 진리를 모르거나 무시하고 후자의 인격, 존엄성 그리고 생명을 부정하고 억압하려고 한다. 전자의 억압과 착취는 후자의 격렬한 반발과 저항을 촉발하여 서로 싸우기 때문에 모든 사람의 실존에 반드시 있어야 하는 공존이 불가능하다. 또 영혼과 육체의 분리는 인간의 본능과 욕구를 억압하여 많은 사람들을 정신분열증, 변태성욕, 그리고 자기기만의 나락에 떨어지게 하여, 그들의 전인적 실존을 불가능하게 한다. 그러므로 버로우즈는 실존에서 영혼과 육체 그리고 지성과 감성이 분리되어 어느 한쪽만 더욱 중요한 역할을 하지 않고 유기적으로 통합하여 상호작용하고 있다고 이렇게 주장한다: "정신적 체험들도 인간이 그 체험들을 육체적 감각들을 통해 체험하고 있어야만 지각된다. 사람들은 유령들을 보거나 듣고 다양한 모습의 출현과 존재를 감지한다."[29] 이처럼 그는 자신의 소설철학에서 이원론을 통합하여, 주인공이 성적 황홀경을 만끽하면서 돈오에 정진하는 힙스터소설 창작의 이론적 토대를 구축한다.

다음은 절대진리는 허위의식임에도 불구하고, 허위의식이 전통소설철학을 지배했고, 지금도 지배하고 있음을 지적해본다. 버로우즈는 모든 사람이 허위의식에서 해방되어야 한다고 강조한다. 그는 실존은 항시 변화의 소용돌이 속에 있으므로 고정불변을 전제로 하는 절대진리는 있을 수 없는 데도 절대진리를 확신함은 허위의식이라고 매도한다. 실존은 변화무쌍하고 세상은 제행무상하기 때문에, 모든 사람의 자신과 주위에는 확실성, 지속성, 고정불변, 그리고 영구성이 있을 수 없

---

28 James Grauerholz and Ira Silverberg, *Word Virus* (New York: Grove, 1998), 227.

29 Daniel Odier, *The Job: Interviews with William S. Burroughs* (New York: Grove, 1974), 48.

다. 이런 여건에서 그들이 절대진리를 믿고 거기에 의존하려함은 자신을 기만하는 행위이다. 그들이 자기기만으로 자아를 탐구하려 하지 않을 뿐 아니라 탐구할 수 없을 때 허위의식에 유폐된다. 그들이 이렇게 스스로 유폐되면 실존에서 주체성과 독립성을 상실한 피동적 존재로 전락한다. 그러므로 버로우즈는 절대진리를 확신하고 주장해서는 안된다고 이렇게 갈파한다: "아무 것도 진리가 아니라고 말할 때, 모든 것이 허용되고 용납된다. 우리가 모든 것이 환상이라고 깨달을 때, 어떤 환상도 허용된다. 우리가 어떤 것이 진리이다 사실이다고 주장하면, 곧바로 많은 사상과 사실들은 허용되고 용납되지 않는다." 더욱이 그는 모든 사람이 허위의식에서 해방될 수 있는 구체적 방법을 제시한다. 그들이 거기서 해방되려면 그들을 지배하는 "구태의연한 언어 쓰레기를 버려야 한다: 하나님이 말한다, 신부가 말한다, 어머니가 말한다, 가족이 말한다, 사랑이 말한다, 당이 말한다, 국가가 말한다, [그들은] . . . 종교, 국가, 지원자들 없이 [독자적으로] 실존하는 방법을 배우지 않으면 안된다. [그들은] . . . 선입관 없이 실존에 있는 그대로를 보고 [수용하는] 방법을 배워야한다."[30] 이처럼 버로우즈는 소설창작에서 절대진리에 의존하려는 자아를 포기한 냉혈 주인공을 배척하고, 주체적 자아를 고수하고 탐구하면서 다른 사람을 배려하고 사랑하려는 힢스터소설 주인공을 선호한다.

그 다음은 개인의 감정, 이해, 판단, 그리고 영혼을 부정하는 사회의 객관적, 추상적 개념이 전통소설철학에 큰 영향력을 발휘했고, 지금도 발휘하고 있는 해악을 지적해본다. 버로우즈는 동일성의 원리가 개개인의 이해와 판단을 전적으로 부정하고 사회의 객관적, 추상적 개념을 무조건 수용하라는 강요는 모든 사람을 그런 개념에 유폐시켜 일방적으로 통제하려는 불순한 저의가 있다고 단정하고, 거기에 반발한다. 그가 반발하는 까닭은 모든 사람이 일단 그런 개념에 유폐되면, 독자적 판단 능력과 자유 의지를 상실하고 그 개념의 하수인 겸 노예로 전락하

30 앞책, 97, 223-24.

여, 아무런 생각과 감정 없이 무자비한 만행을 자행하기 때문이다. 그러므로 그는 동일성의 원리에 반기를 들어 단어는 지시하는 사물도, 나타내는 의미도 아니라고 주장한다. 그의 주장에 따르면, 의자라는 단어는 어디까지나 하나의 단어일 뿐이어서 실제 의자는 아니고, 눈앞에 있는 실제 의자가 의자이다. 또 부호들도 그것들이 대변하는 사물들이 아니다. 모든 사람이 부호들을 논의할 때, 특히 구체적 지시나 내용이 없는 민주주의, 공산주의, 그리고 독재주의와 같은 추상개념을 언급할 때, 상대에게 구체적 사물이나 내용을 가시화시켜 실감하도록 하지 못한다.[31] 따라서 그들은 무지하여 감정도 판단도 없이 갑자기 민주주의와 공산주의의 하수인으로 전락하여 서로 좌고우면 없이 무자비하게 싸우면서 죽음도 불사한다. 지배계층인사들은 이렇게 모든 사람을 우롱하면서 자신들의 이익과 목적을 위해 그들에게 추상적인 공허한 개념과 구호들을 무조건 수용해서 지지하라고 강요한다. 그렇지만 버로우즈는 동일성의 원리를 반박하면서, 그들은 이런 "강요된 의식으로부터 해방되어 천부적 자아"[32]를 탐구해야 한다고 역설한다. 그러기 위해 그들은 단어는 개개인이 그 단어로 나타내려는 뜻을 의미해야지 일반적으로 통용되는 추상적인 고정개념을 대변해서는 안되고, 더욱이 단어의 이런 개념이 강제적으로 수용되고 전파되어서는 절대로 안된다고 그는 주장한다. 따라서 그는 소설창작에서 집단과 조직보다는 개인을 더욱 더 중요시하고 옹호하는 힙스터소설 주인공을 창조한다.

이 뿐만 아니라 버로우즈는 종전에 피동적인 현실의 반영자 또는 진리의 표현자였던 소설가를 능동적인 미지 세계의 창조자로 둔갑시킨다. 그는 소설창작은 새로운 세계의 창조라고 이렇게 공언한다: "소설을 창작할 때 나는 지도제작자, 정신세계의 탐구자 . . . 영혼세계의 비행사 역할을 하고 있다. 나는 이미 철저하게 규명되었던 영역을 탐구하는 목적을 알지 못한다."[33] 이처럼 버로우즈는 소설창작 목적은 기존

31 앞책, 49.

32 앞책, 89.

33 Grauerholz and Silverberg, 272.

사실과 사상의 기술로 독자의 의식을 제약하여 그를 통제하려는 데 있지 않고, 상상세계의 창조로 그의 소망과 자유를 실현시킬 수 있다는 기대감과 가능성을 제시하는 데 있다고 천명한다. 그의 천명에 따르면, 독자는 비록 상상세계에서라도 자아탐구와 실현에 정진하면서, 성적 황홀경을 만끽하고 돈오의 경지에 다다를 수 있어야 한다. 독자는 이런 상상적 체험을 바탕으로 자신의 의식을 최대한으로 개혁하고 확장하여, 본래면목을 찾으려는 의지를 실천하려고 최선을 다해야 한다. 따라서 버로우즈는 소설창작에서 제약적인 현실보다는 자유스러운 상상의, 그리고 과거의 사실과 사건들보다는 현재 있는 그대로의 세계를 창조하여, 독자 의식을 둔감에서 예민함으로, 비관에서 낙관으로, 부정에서 긍정으로, 폐쇄에서 개방으로, 학문위주의 사고와 행동에서 본능과 직관력으로, 그리고 굴레에서 자유로 급변시키려고 한다.

이렇게 버로우즈는 양자택일철학, 절대진리, 그리고 동일성의 원리를 핵심으로 하는 소설철학을 부정하기 때문에, 이 철학을 구현하기 위한 이상적인 창작기법으로 활용되었던 대립과 적대의 인과관계, 일관성 그리고 연속성을 지탱시킨 플롯을 무시한다. 다시 말하면 그는 시간과 공간을 분리했던 애리스토틀의 예술론을 부정한다. 그가 부정하는 까닭은 시간과 공간을 통합하는 우주시대에 살고 있는 사람들에게 애리스토틀의 예술론은 아무런 쓸모가 없기 때문이다. 따라서 그는 우주시대에 타당한 소설창작기법을 모색한다. 그의 모색이 잘라내기기법(cut-up)과 끼워넣기기법(fold-in)의 활용이다. 이 두 기법은 그의 독창적인 창안이 아니고 과거에 이미 미술과 영화에서 활용되었다. 그의 주장에 따르면, "러셔(Russia) 과학자가 언급하기를, 우리는 공간 뿐 아니라 시간에서 여행할 것이다. 공간에서 여행함은 시간에서 여행함이다. 소설가들이 공간-시간에서 여행하면서 우주시대에 개방된 영역을 탐구하려면, 나(버로우즈)는 그들이 우주여행의 물리적 기술처럼 아주 새롭고 정확한 기법들을 계발해야 한다고 생각한다. 미국화가 브리온 기신(Brion Gysin)은 . . . 50년 전에 미술에서 사용되었던 컬라즈(collage)기법을 소설가들이 마음대로 활용할 수 있는 잘라내기기법으로 이용했다. 작품의 쪽수들이 절단되어, 단어와 심상을 자유롭게 결합하기 위해 다시 배열된다. 다시 말하면 한 쪽이 가위로 보통 네 부분으로 절단되어 순서가 다시 정해진다. [. . .] 끼어넣기기법은 소설창작에서 영화에서 사용되었던 플래쉬백(flashback)기법을 원용한 것이다. 소설가는 이 기법으로 자신의 시간 궤도에서 앞뒤로 이동할 수 있다."[34] 버로우즈는 이런 실험적인 잘라내기기법과 끼워넣기기법이 다른 작가들에게 크게 도움이 될지 안될지 모르지만, 자신의 소설창작에 매우 중요한 역할을 한다고 천명한다.

그의 잘라내기기법과 끼워넣기기법은 단어, 구절, 문장, 그리고 이야기들을 수평관계로 병렬하여 결합시킨다, 이런 수평관계가 언어구사에서 선택, 종속 그리고 수직관계를 절대시한 종전 서구소설철학과 기법을 극복하여 초월하는 이상적인 방법이다.[35] 또 버로우즈는 "언어구사에서 '하나의' 그리고 '유일한'을 상징하는 정관사 The를 삭제하고 그 자리에 부정관사 A와 저것(That)을 사용하려고, 존재(Be)동사를 생략하려고 할 뿐 아니라 거나(Or)대신에 그리고(And)를 사용하여 두 개념을 병치시키려고 최선을 다한다."[36] 이처럼 그는 소설창작에서 언어구사를 가장 중요시하기 때문에, "소설가들은 화가들이 색채로 그림을 그리는 것처럼 단어와 음성들로 소설을 창작한다"[37]고 갈파한다. 그는 단어와 음성들로 창작된 소설로 많은 사람들의 개체성, 독립성, 자발성, 민감성 그리고 가능성과 잠재력을 부정했던 이원론, 절대진리 그리고 동일성의 원리를 주축으로 했던 서구소설철학과 기법을 극복하려고 한다. 그는 이런 소설로 많은 사람들이 자아를 탐구하고 실현하면서 다른 사

---

34 Eric Mottram, "Rencontre avec William Burroughs," in *Conversations with William S. Burroughs*, Ed. Allen Hibbard (Jackson: University Press of Mississippi, 1999), 14-15.

35 Ihab Hassan, *The Postmodern Turn: Essays in Postmodern Theory and Culture* (Columbus: Ohio State University Press, 1987), 91.

36 고지문, *포우스트모던 미국소설론과 작품세계: 언어 상상력 자아창조* (서울: 신아사, 2005), 45.

37 William S. Burroughs, *The Adding Machine* (New York: Arcade, 1993), 19.

람, 종교, 문화, 그리고 국가를 인정하고 수용하려는 의식을 확장할 수 있기를 기대한다. 요컨대 그의 이렇게 특이하게 창작된 소설과 그 위력은 많은 독자들의 의식을 개혁하고 확장하는 원동력, 다시 말하면 포우스트모던 미국소설론의 근원으로 계승된다.

Ⅳ

포우스트모던 미국소설가들은 버로우즈의 소설론을 계승하고, 더욱더 심화시켜 자신들의 독창적인 소설철학과 창작기법을 창안하여 활용한다. 그들의 소설철학은 애리스토틀의 양자택일철학, 절대진리, 그리고 동일성의 원리에서 비롯된 고정불변, 확실성 그리고 객관성을 핵심으로 했던 전통소설론을 부정하고, 변화무쌍, 애매모호성 그리고 주관성을 전제로 한다. 그들은 20세기에 괄목할 만하게 발전한 과학 그리고 그 영향을 받은 철학의 지원을 받으면서 소설철학을 탐구하고 구체화한다. 그들은 이 소설철학으로 인간성을 도외시하여 실존보다 소설을 그리고 개인보다 조직을 더욱 중요시한 전통소설론을 반박한다. 더욱이 그들은 전통소설론으로 왜곡된 실존목적을 바로 세우려고 한다. 그러기 위해 그들은 삶과 소설은 동일하다고 주장하면서도 삶을 소설보다 더 우위에 둔다. 또 그들은 공존보다 지배를 절대시한 상류계층인 사들이 자아를 탐구하지 않으면서 자신들의 이기적 목적을 달성하려고 다른 사람, 종교, 문화, 그리고 국가를 무자비하게 탄압한 만행을 폭로하여 고발한다. 그들의 폭로와 고발목적은 그 자체에 있지 않고, 사람들을 탄압과 억압으로부터 해방시키려는 데 있다. 그들의 소설창작의 궁극적 목적은 독자들에게 촉발한 불가사의한 위력으로 그들이 모든 굴레에서 해방되어 스스로 천부적인 개체성, 독립성 그리고 가능성을 발견하고, 자아탐구와 실현에 정진할 수 있도록 하는 데 있다. 요컨대 그들은 소설창작에서 모든 사람의 본래면목 탐구와 공동체의식 고취에 중점을 둔다.

이러한 버로우즈의 소설론을 계승하여 적극 지지한 대표적인 포우스트모던 미국소설가는 레어먼드 페더만(Raymond Federman)이다. 그도 전통소설론의 절대진리를 배격하면서, 많은 사람들이 사회적 통념으로 전수되어 수용되는 진리를 맹목적으로 답습하고 확신하는 위험성을 이렇게 경고한다: "우리는 진리라고 확신하는 것에 끊임없이 이의를 제기하고 도전하여 반항하지 않는다면, 언제나 허위의식, 왜곡된 사실들 그리고 미화된 환상들에 압도당한 삶을 살 것이다." 그러므로 그는 자신의 소설창작은 "어떤 인물과 사물의 복사가 아니라 일찍이 존재하지 않았던 인물과 사물을 창조하려는 의지"[38]의 실천이라고 천명한다. 또 그는 부연하기를, "소설창작은 언어의 발광과 정신착란을 야기시켜, 언어를 그 사회적, 심리적, 지적 속박으로부터 해방시킴이다. 이렇게 함으로써 당신은 세상과 자신의 진면목을 더욱더 분명하게 보고 깨닫는다. 당신은 자신을 창작하라. 당신은 자신에 대한 창작을 하지 말고, 자신을 창작하라"[39]라고 말한다. 이처럼 그는 소설창작에서 주체적 자아를 창조하려고 한다. 그러기 위해 그는 동일성의 원리를 부정하는 이런 철학 — "언어는 미리 의미를 내포하지 않는다"[40] —을 주장한다. 이 철학은 작가와 독자가 언어의 고정된 사회적 의미로 제약받지 않고, 마음대로 언어의 의미를 창출하는 자유를 보장한다. 게다가 그는 소설창작의 영역을 무한정으로 확장하기 위해 "언어가 소설이다"[41]고 정의한다. 그가 이 정의를 바탕으로 창작하는 소설은 "소설의 가능성을 탐구하려는 소설, 또 소설을 지배하는 전통에 도전하는 소설, 더욱더

38 Larry McCaffery, "An Interview with Raymond Federman," in *Anything Can Happen: Interviews with Contemporary American Novelists*, Ed. Tom LeClair and Larry McCaffery (Urbana: University of Illinois Press, 1983), 142, 131.

39 Larry McCaffery, "An Interview with Raymond Federman," *Contemporary Literature* 24. 3(1983): 303.

40 Raymond Federman, "Surfiction — Four Propositions in Form of an Introduction," in *Surfiction: Fiction Now and Tomorrow*, Ed. Raymond Federman (Chicago: Swallow, 1975), 8.

41 McCaffery, *Contemporary Literature*, 300.

끊임없이 인간의 상상력에 대한 우리의 신념을 새롭게 하는 소설이다"[42] 요컨대 페더만은 버로우즈의 소설철학과 창작기법을 계승하여 포우스트모던 미국소설론의 기초를 다진다.

버로우즈의 소설론에 동조하여 전통소설론의 정수인 플롵을 과격하게 부정한 대표적인 또 다른 포우스트모던 미국소설가는 존 혹스(John Hawkes)이다. 그는 소설은 현실의 반영도 진리의 표현도 아니고, 모든 사람이 실존에서 자신의 가능성과 잠재력을 계발하여 이룬 창조물이라고 이렇게 역설한다: "소설은 창조물 — 인간의 창조물이다. [. . .] 소설의 유일한 효용은 . . . 우리의 전인적인 성숙과 [매우 밀접한] 관계를 맺는 기능이다. [. . .] 실존하는 행위는 더 이상 변경할 수 없는 방식으로 상상력을 발휘하여 활용하는 행위에 지나지 않는다고 해도 무방하다. 소설 읽기는 특별한 방식으로 삶의 가능성들을 탐구하는 행위일 뿐이라고 해도 괜찮다."[43] 그는 상상력을 바탕으로 지금까지 탐구되고 발휘되지 않았던 실존의 가능성을 계발하여 자아를 괄목할 만하게 성숙시킬 수 있는 소설을 창작하기 위해, 전통소설론의 핵심 요소들을 배격한다. 그는 자신의 파격적인 소설창작법을 천명하려고 이런 주장을 한다: "나는 소설의 진정한 적들은 플롵, 주인공, 배경, 그리고 주제였다는 가정을 전제로 소설을 창작하기 시작했다. 소설에 대한 이런 인습적인 사고방식을 방기해버리자, 상상력, 다시 말하면 구성의 전체성이 실제로 현존해 있는 전부였다. 구성, 즉 언어적 그리고 심리적 일관성이 여전히 소설가로서 나의 최대관심사이다."[44] 요컨대 그는 상상력과 언어구사로 모든 사람이 어떤 극한상황도 극복하고 전인적 인간으로 성숙하면서 실존할 수 있다는 희망과 자신감을 고취시키는 데 소설창작의 목적을 둔다.

---

42 Federman, 7.

43 Robert Scholes, "A Conversation on *The Blood Orange* between John Hawkes and Robert Scholes," *Novel* 5. 3(1972): 202-03.

44 John Enck, "John Hawkes: An Interview," *Wisconsin Studies in Contemporary Literature* 6. 21(1965): 149.

더욱이 모든 포우스트모던 미국소설가는 버로우즈의 소설론의 핵심이고 위대한 공헌인 이원론의 극복을 소설철학으로 계승하여 자신의 소설에 구현한다. 이원론의 극복은 개인과 사회의 긍정적, 실리적, 창조적 차원에서 고찰되어야 한다. 개인적 차원에서 가장 중요한 의의를 갖는 이원론의 극복은 영혼과 육체의 합일이다. 영혼과 육체의 분리는 인간의 본능과 욕구를 억압함으로써 많은 사람들을 양심의 가책과 인내의 고통에 극도로 시달리게 했을 뿐 아니라 파멸로 치닫게 했다. 행복을 추구한 세대의 소설가들은 사람들을 이런 가책과 고통으로부터 해방시켜 삶을 활력과 황홀로 충만시키기 위해, 실존에서 성의 긍정적 역할을 중요시하여 힙스터의 성 행위를 최대로 예찬한다. 힙스터는 "성행위와 하나님, 다시 말하면 성적 체험과 종교적 체험을 융합시켜 하나의 통합체로 승화시킨다." 힙스터는 성행위를 "정신적 활력을 증폭하는 은유"[45]로 생활화한다. 이렇게 버로우즈와 모든 포우스트모던 미국소설가의 소설론은 개인적 차원에서 영혼과 육체의 합일을 구현하는 데 중점을 둔다.

또 버로우즈의 이원론을 초월하는 소설철학은 사회적 차원에서 모든 인간은 다른 사람, 종교, 문화, 그리고 국가를 인정하고 수용하여 공존하려고 최선을 다해야 한다고 역설한다. 토머스 핀천(Thomas Pynchon)은 자신의 소설철학을 천명한 적이 없지만 소설창작에서 어느 작가보다도 인정, 수용 그리고 공존의식을 가장 중요시한다. 그는 이 의식을 *메이선과 딕선*(*Mason & Dixon,* 1997)에서 탁월하게 구현했다. 이 소설의 두 주인공, 메이선과 딕선은 출신과 성장배경, 종교 그리고 직업이 상이하고 대조적이면서도, 서로 인격, 능력 그리고 의견을 존중하고 협력하여 온갖 역경과 난관을 극복하고 메이선-딕선 경계선 긋기를 성공적으로 완수한다. 이 완수는 사람들이 주체적 자아를 고수하면서 다른 이념과 종교를 신봉하는 이단자들을 존중한다면, 그들과 함께 평화스럽게 공존하면서 본래면목 탐구에 정진할 수 있다는 가능성과

---

45 Helen Weinberg, *The New Novel in America: The Kafkan Mode in Contemporary Fiction* (Ithaca: Cornell University Press, 1970), 128.

확신을 시사한다. 이 시사는 사람들이 아무리 상이하고 적대적인 의견, 사상, 종교 그리고 문화에 편향되었다 할지라도, 인정, 수용 그리고 공존의식을 확장하려고 최선을 다한다면, 나와 너의 이원론을 극복할 수 있다는 신념과 자신감을 고양시킨다. 이처럼 서로 다른 이념과 종교로 나와 너를 구별하여 적대시하는 이원론극복이 사회적 차원에서 버로우즈와 다른 포우스트모던 미국소설가들의 소설론의 정곡이다.

V

지금까지 윌리엄 에스. 버로우즈의 소설론이 포우스트모던 미국소설가들의 소설철학과 창작기법에 지대한 영향력을 발휘하고 있다는 논지가 고찰되었다. 그의 소설론은 행복을 추구한 세대의 소설가들이 구현하려는 이상적인 소설주인공, 하얀 흑인, 즉 힢스터를 창조하는 데 결정적인 역할을 한다. 그러나 양자택일철학, 절대진리, 그리고 동일성의 원리를 핵심으로 인과관계, 일관성 그리고 연속성을 필연시하는 전통소설론은 이런 주인공을 창조할 수 없다. 왜냐하면 이 주인공은 삶의 목적을 돈오 그리고 정신과 육체의 합일에 두고, 이원론과 절대진리를 부정하기 때문이다. 또 이 주인공은 어떤 극한상황에서도 과거보다는 현재를, 비관보다는 낙관을, 부정보다는 긍정을, 위선보다는 솔직을, 이론적인 사고와 행동보다는 본능과 직관력을, 타율보다는 자율을, 그리고 굴레보다는 자유를 생활철학으로 실천하려고 한다. 그래서 그는 본래면목을 탐구하면서 성적 황홀경을 만끽하려고 한다. 그는 성적 황홀경의 만끽은 상호 존중과 협력이 있어야만 극대화될 수 있다는 철학을 몸소 실천한다. *남자와 천사들*(*Men and Angels,* 1985)의 남녀주인공은 서로 존중하고 협력하면서 이렇게 성적 황홀경을 만끽한다: "그들은 서로의 욕구를 조화시켰다. 때로는 자기가 남편을 황홀경 속으로 이끌어 갔고, 어떤 때는 그가 자기를 그렇게 해주었다."[46] 더욱이 힢스터는

---

[46] Mary Gordon, *Men and Angels* (New York: Random, 1985), 138.

이런 개인적 차원을 넘어 이념, 종교 그리고 문화가 전혀 다른 사람들을 인정하고 수용하여, 사랑과 자비를 바탕으로 그들과 공존하려고 한다. 그러므로 힙스터를 창조한 행복을 추구한 세대의 소설가들은 우리 모두가 실존목적을 본래면목 탐구 그리고 나와 너의 하나됨에 두어야 한다고 설파한다. 또 그들은 우리가 이런 실존목적을 달성하려고 쏟는 열정과 노력이 행복이라고 시사한다. 게다가 그들의 대부 격인 윌리엄 에스. 버로우즈는 힙스터형 소설주인공창조에 가장 적합한 소설론의 창안자로서 포우스트모던 미국소설가들의 사표 역할을 하고 있다. 따라서 우리는 실존에 귀감이 되는 힙스터와 버로우즈의 소설론을 각별히 주목할 필요가 있다.

2

존 클렐른 호움즈: 자기긍정과 보존

I

존 클렐른 호움즈(John Clellon Holmes, 1926-1988)의 처녀작, *열광하자*(*Go*, 1952)는 행복을 추구한 세대(Beat Generation)를 대변하여 대중화시킨 첫 소설로서 비록 미국문학사에서 언급되고 있지 않지만,[1] 우리가 결코 간과해서는 안될 매우 중요한 작품이다. 그 중요성은 제2차 세계대전 후에 미국사람들의 실존에서 다시 발아하기 시작한 나 자신의 찬가와 자립 그리고 삶의 긍정과 예찬을 절대시하는 데 있다.[2] 또 그 중요성은 인간의 주체성과 개체성보다는 이념과 조직을 더욱 중요시하는 기존 종교, 도덕 그리고 제도에 반항하여, 이를 혁신하려는 데 있다. 이러한 혁신의 출발은 이념과 제도가 사람들, 특히 자의식이 강한 젊은이

---

1 Richard Ruland and Malcolm Bradbury, *From Puritanism to Postmodernism: A History of American Literature* (New York: Viking, 1991) 그리고 HarperCollins가 1996년에 출판한 *The Harper American Literature, Second Compact Edition*에는 *Go*에 대한 언급이 없다.

2 Frederick R. Karl, *American Fictions 1940-1980* (New York: Harper, 1983), 198-99.

들의 본능과 삶을 억압하여 질식시키고 있다는 그들의 확신 때문이다. 이처럼 *열광하자*는 제1차세계대전 후에 등장한 길을 잃어버린 세대(Lost Generation) 작가들의 작품과는 매우 대조적이다. 그들은 전후에 스스로 의존했던 실존철학과 제도의 무의미함과 무력함을 절감하고 극도의 절망감과 허무감에 압도당해, 자포자기하고 퇴폐주의에 안주하여 실존을 왜곡했다. 이들을 뒤따르는 공산주의와 사회주의에 동조한 작가들은 조직을 우선시하여 개인의 독립성과 개체성을 무시하고 부정했다. 이런 실존 왜곡, 그에 따른 절망감과 무기력, 그리고 인간의 주체성을 부정하는 조직에 반기를 든 윌리엄 에스. 버로우즈(William S. Burroughs), 잭 케러왝(Jack Kerouac) 그리고 앨런 긴즈버그(Allen Ginsberg)가 바로 행복을 추구한 세대의 창시자들이다. 호움즈는 이들의 후배로서 행복을 추구한 세대는 삶을 긍정하면서 어떻게 사느냐의 문제에 지대한 관심을 쏟는다[3]고 주장한다. 또 그는 행복을 추구한 세대의 근원은 미국문학전통에서 랠프 왈도우 에머선(Ralph Waldo Emerson)에서 시작하여 허먼 멜빌(Herman Melville)과 헨리 데이비드 소로우(Henry David Thoreau)를 거쳐 왈트 휘트먼(Walt Whitman)으로 이어졌다[4]고 단언한다. 그 근원은 오늘까지 계승되어, "캐러왝이 불꽃을 일으킨 비트[소설] 철학을 토머스 핀천(Thomas Pynchon)이 실천했다."[5] 이렇게 미국문학의 전통인 인간의 주체성과 자발성 그리고 여기서 분출되는 삶의 활력과 역동성을 부정했던 문학과 풍토에서 자기를 다시 긍정하고 보존한 첫 작품이 *열광하자*이다. 이러한 의미에서 이 소설의 진가는 미국문학사에서 자기긍정과 예찬의, 그리고 삶의 변화무쌍과 역동성의 절대적 중요성을 다시 한 번 조명하고 부각시킨 데 있다.

우선적으로 이 조명과 부각에 큰 도움이 되는 *열광하자*의 성격을

---

3 John Clellon Holmes, *Nothing More to Declare* (New York: Dutton, 1967), 112.

4 Ann Charters and Samuel Charters, *Brother-Souls: John Clellon Holmes, Jack Kerouac, and the Beat Generation* (Jackson: University Press of Mississippi, 2010), 401.

5 Jonathan Franzen, *Farther Away* (New York: Farrar, 2012), 307.

규명해보면, 이 작품은 호움즈가 스물세 살이던 1949년 8월에 집필하기 시작하여 1951년 9월 스물다섯 살에 탈고한 미숙한 습작소설이다. 호움즈가 천명하기를, "*열광하자*는 엄밀히 말하면 글자 그대로 실화소설(roman a clef)이다. 왜냐하면 *열광하자*에는 소설화된 부분이 거의 없음으로, 이 작품은 통상적인 의미의 실화소설이라고 주장할 수 없기 때문이다. 그러나 나는 지금 이 소설이 얼마나 사실적으로 실제사건들과 인물들을 기술했는가를 보고 깜짝 놀란다. 모든 대화들까지도 실제로 나누었던 그대로 기록되어 있다." 따라서 이 소설에는 "문학에서 가장 중요시하는 유일한 진리"[6]인 시적 진리가 없다. 이렇게 된 연유는 상상력을 가미하지 않고 사실위주로 집필되었기 때문이다. 호움즈는 소설 주인공, 폴 홉즈(Paul Hobbes)를 자기 분신으로 하여 실존 인물들을 소설화한다. 실례를 들면 그는 소설에서 잭 캐러왝을 쥔 패스터낵(Gene Pasternak)으로, 앨런 긴즈버그를 데이비드 스타프스키(David Stofsky)로, 닐 캐서디(Neal Cassady)를 하트 케니디(Hart Kennedy)로, 허버트 헝크(Herbert Huncke)를 앨버트 앤키(Albert Ancke)로, 윌리엄 에스, 버로우즈를 윌 데니선(Will Dennison)으로, 그리고 빌 캐너스트러(Bill Cannastra)를 빌 애겉슨(Bill Agatson)으로 등장시킨다. 그가 뉴욕(New York)에서 소설을 집필하는 동안 이들과 교제하면서 자주 다녔던 술집들, 일어났던 사건들, 함께 나누었던 대화들, 그리고 이들의 자유분방하고 무절제한 삶이 작품의 근간을 이룬다.

호움즈는 *열광하자*가 전적으로 사실위주의 실화소설이라고 주장하면서도, 집필 당시에는 "모든 분야의 지식을 갈망했다"고 실토한다. 또 그때 그는 "젊고 정력적이고 상상력이 풍부하고 호기심이 매우 강하고 헌신적이어서 대단한 감동, 흥분 그리고 희열"[7]을 만끽했다고 술회한다. 이 만끽은 그의 소설창작철학에서 연유한다. 그는 *열광하자*를 이런 철학을 바탕으로 집필했다고 천명한다: "우리의 문명사회가 인간

---

[6] John Clellon Holmes, "Introduction," in *Go* (New York: Thunder's, 1997), xviii, xvii. 앞으로 이 작품에서의 인용문은 괄호 안에 쪽수만 표시함.

[7] Charters, 401.

은 법의 통제를 받아야 하는 무질서이다는 사상을 전제로 하고 있지만, 우리의 본성은 파괴적이기보다는 오히려 창조적이다. 우리가 속박으로부터 해방되어 순수한 본질적인 자아를 발견하려면 . . . 창조[행위]와 일치한 삶을 살아야 할 것이다. 그런데도 오늘날 속박은 [우리 의식 속에] 내재되어 있다. 그래서 우리를 구속하는 주범은 법이 아니라 우리 자신의 정체된 의식이다." 그는 정체된 의식에서 벗어나 창조적인 인간이 되려는 소설주인공들을 창조하려고 한다. 그러기 위해 그는 창조적인 인간이 되는 첩경은 "사회에 순응하는 데 있지 않고 [독자적으로] 삶의 활력을 찾는 데 있다"[8]고 주장한다. 또한 그는 삶의 활력과 역동성은 소설주인공들이 자아를 탐구하고 실현하려는 강한 의지와 실천력에서 솟아나온다고 본다. 이 의지와 실천력의 구현이 미국문학의 전통이다.

그럼에도 소설주인공들이 인간의 본능과 독립성을 부정하는 이념과 조직에 의존하는 삶을 살려고 하면, 거기에 압도당해 극도의 절망감과 허무감에 빠져 자아를 상실하고 부정한다. 바로 이들이 길을 잃어버린 세대 소설가들의 주인공들이다. 이에 반해 *열광하자*의 주인공들은 "영혼의 문제들이 실존의 본질"(9)이라고 확신하기 때문에, 인간의 본능, 주체성, 개체성, 독립성, 그리고 자아탐구를 가장 중요시한다. 따라서 그들은 주체적 자아에 의존하여 실존하려고 하기 때문에, 극한상황에서도 자기를 긍정하고 보존하려는 특징을 보인다. 그들의 이런 능력은 실존위기에서도 포기하지 않는 자아성찰에서 연유한다. 이렇게 호움즈가 *열광하자*에서 창조한 주인공들은 미국문학의 전통을 또다시 계승한 인물들이다. 그는 이 소설로 길을 잃어버린 세대의 문학풍토를 청산하고, 행복을 추구한 세대의 선구자역할을 하면서 미국독자들의 의식개혁에 일조한다. 나아가 이 소설의 큰 업적과 공헌은 미국사람들의 의식개혁을 선도한 데 있다. 따라서 본론에서 주인공들이 자기긍정과 보존을 어떻게 실현하는지를 구체적으로 논의하고자 한다.

---

8 Holmes, *Nothing More to Declare*, 61, 45.

II

*열광하지*는 주인공 폴 홉즈가 소설창작으로 문장들을 타자기로 치는 장면으로 시작하는데, 그 중에는 "나는 정말로 삶이 편안하고 매력적이고 사랑으로 가득하기를 갈망한다"(3)는 문장이 있다. 그런데 그는 창작이 뜻대로 되지 않아 안절부절하면서도, 만물이 소생하는 봄의 향기에 취해 흥분하고 들뜬다. 이처럼 *열광하지*는 *그*가 비록 실현시키지 못하지만 이런 삶을 염두에 두고 작품을 탈고할 때까지 그리고 그 후에도 끊임없이 자신을 성숙시킨 성장소설이다. 그의 성숙은 경제적, 정서적으로 불안정한 결혼생활을 감내하고 거두는 자기긍정과 보존 과정이다. 이 과정은 그 자신과 지인들의 처신과 의식의 결정체이다. 그 의식은 지금까지 모든 사람의 생활방식과 작가들의 창작철학을 지배했던 양자택일을 강요하는 이념, 인습, 제도, 그리고 체제를 거부하고, 개인적 차원에서 갈등하고 고민하고 극복하면서 구체화시키려는 자기와 삶의 긍정과 예찬, 본능과 욕구충족, 성적 황홀경만끽, 확신과 회의, 반성과 성찰, 깨달음, 그리고 타인인정과 배려를 가장 중요시한다. 이런 의식이 행복을 추구한 세대 소설가들이 탐구하고 실현하려는 핵심주제이다. 따라서 그들은 인간을 피동적 객체가 아니고 능동적 주체로 정의하고, 어떤 극한상황에서도 삶을 포기하지 않고 생존하여 활력과 황홀감이 넘치는 순간을 포착하려는 존재로 긍정하고 예찬한다. 행복을 추구한 세대를 대변하는 첫 소설인 *열광하지*는 종전소설의 핵심이었던 대립과 적대관계를 고조시켰다가 어느 한쪽의 승리로 귀결시키는 플롯(plot) 없이, 홉즈의 염원인 "편안하고 매력적이고 사랑으로 가득"한 삶을 실현시키려고 안달하는 주인공들의 단편적인 이야기들의 결합체이다. 주인공들은 자신들에게 강요하는 사회의 억압적인 이념과 제도에 순응하지 않고, 자기본능과 욕망을 충족시키기 위해 자유분방하게 사고하고 행동하는 이방인들이다. 그러나 이들 중에는 모든 인습과 굴레로부터 해방되어 자기 욕구충족에만 급급하여 다른 사람들에게 혐오감, 허탈감 그리고 배신감을 유발하는 마땅히 비난받아야 할 기인들

도 있다. 이 이방인과 기인들에 대한 이야기들이 홉즈와 그의 부인 캐스런(Kathryn)의 삶을 중심으로 전개된다.

홉즈는 "보통은 내성적이고 의심이 많으면서도 쉽사리 믿고 흥분하는"(6) 성격이다. 그가 6년 전인 열아홉 살에 어머니의 반대에도 불구하고 결행한 캐스런과의 결혼은 그의 실존에 부정적인 역할을 하는 독소이다. 그의 결혼생활은 정서적으로 불안정하여, 창의력 발휘에 걸림돌이다. 왜냐하면 그의 결혼은 이런 사랑의 정의를 전제로 하지 않았기 때문이다: "사랑은 두 사람이 그들의 가장 핵심적인 실존문제로부터 의사소통이 될 때, 따라서 그들 각자가 그의 핵심적인 실존문제로부터 자기 자신을 체험할 때만 가능하다. 바로 이 '핵심적인 체험' 가운데 인간의 실재가 있으며, 오직 여기에 삶의 생동감이 있으며, 오직 여기에 사랑의 근원이 있다. 이렇게 체험한 사랑은 부단한 도전이다. 이런 사랑은 휴식처가 아니라, 함께 생동하며 성장하고 그리고 일하는 장소이다. [. . .] 사랑의 존재에 대해서는 오직 한 가지 증명이 있을 뿐이다. 그 증명은 관계의 깊이이며, 관계하는 각자의 생동감과 힘이다. 이것이 사랑을 알게 해주는 열매이다."[9] 이에 비춰 볼 때, 홉즈와 캐스런의 결혼생활에는 생동감과 활력이 없다. 두 사람은 실존에서 함께 노력하여 실현시키려는 공동목표를 공유할 수 없는 관계이기 때문이다. 그들은 이런 목표가 없기 때문에 함께 만끽할 성취감, 즉 공감을 서로에게 전이할 수 없다. 그들의 공감 전이불능은 주로 캐스런이 예술의 가치와 중요성, 더욱이 홉즈의 소설창작 욕구와 의욕을 존중하지 않으려는 마음에서 기인한다. 그녀는 사랑을 이해하고 체험하려고 하지 않는다: "우리는 사랑을 다른 사람의 존재로부터 느끼는 환희로 그리고 그의 가치와 성숙을 마치 우리 자신의 것처럼 긍정하는 것으로 정의한다. 이처럼 사랑에는 두 요소 — 다른 사람의 가치와 미덕의 요소 그리고 그와의 관계에서 우리 자신이 느끼는 환희와 행복의 요소 —가 있다."[10]

---

9 Erich Fromm, *The Art of Loving* (New York: Bantam, 1967), 86-87.

10 Rollo May, *Man's Search for Himself* (New York: New American Library, 1967), 206.

요컨대 그녀는 남편의 존재 그리고 그가 전념하는 소설창작에서 우러나는 흐뭇함을 느끼지 못함으로 그에게 어떤 감정도 이입할 수 없다.

홉즈의 이런 메마른 실존은 현실도피를 위해 아무런 계획도 이상도 없이 감행했던 결혼에서 비롯된다. 그가 열여섯 살 때 부모는 별거하여 부득불 어머니와 누이와 함께 부유한 동네로 이사했다. 어머니는 궁핍한 생활을 하면서도 아들이 이웃사람들에게 그런 행색을 드러내지 않도록 세심하게 보살폈다. 그러자 홉스는 어머니의 위선에 격분한다. 그러던 어느날 컬럼비아대학교(Columbia University)에 등교하려고 승차한 지하철에서 회사에 통근하는 두 살 연상의 캐스런을 만났다. 그녀도 이틀리(Italy)에서 이민자가정의 딸로 수치, 불만 그리고 분노의 소용돌이에 휘말린 채 가정과 사회에 반항하면서 성장했다. 그녀의 아버지는 무식한 일용직노동자로 부유한 학교친구들 집에서 정원을 가꾸고, 차고를 정돈하고 차를 운전했다. 그래서 그녀는 친구들의 경멸, 조롱 그리고 못된 장난의 대상이 되었다. 그렇지만 그녀는 친구들을 무시하고 교내활동에 적극 참여하고, 이민사회가 강요하는 관습과 사회적 신분에 도전하면서, 자기에게 창피를 주는 원인이라 할 수 있는 무지하고 무능력하고 무감각한 아버지를 비난하고 증오했다. 그녀가 홉즈를 만나기 몇개월 전에 아버지는 뇌막염으로 작고하고, 그 후부터 모든 사람을 냉소적, 공격적으로 상대했다. 이렇게 가정과 사회에서 소외된 홉즈와 캐스런은 실의에 빠진 공모자로 만나, 전설적인 지하조직과 연계할 희망을 포기하고, 고독감에 대처하기 위해 동맹을 맺고 연인이 되었다. 홉즈의 어머니가 너무 젊은 나이에 서두르는 결혼에 반대했지만, 그가 해군에 입대하기 전에 두 사람은 결혼했다. 그러나 예상과 달리, 캐스런이 그의 아내가 되어 억압적인 가정에서 해방된다고 믿고 시작한 신혼생활은 자기가 아닌 "다른 사람의 악몽 속으로 갑자기 던져진 것 같았다"(32).

전쟁이 그들에게서 빼앗아버렸다고 생각한 결혼생활의 즐거움과 안정감은 홉즈가 제대한 후에도 없었다. 그들의 편안하고 매력적이고 사랑으로 가득한 삶에 대한 꿈은 여지없이 무산된 것이다. 캐스런은 직장을 구하려고 여기저기 돌아다녔으며, 겨우 찾은 직장은 그녀를 너무 힘들게 하여 퇴근하기도 전에 이미 녹초로 만들어버렸다. 홉즈는 컬럼비어대학교에 복학하여 철학교과목들을 집중적으로 수강하면서, 시간이 있으면 어디서고 닥치는 대로 책을 읽었다. 그러나 그는 자신의 이런 노력에 상응하는 만족스러운 성과를 거두지 못해, 목적을 상실하고 방황했다. 이때 그는 앞으로 자신의 실존에 큰 위기를 초래할 스물네 살의 성질이 격하고 신경과민하고 불행한 결혼생활을 하고 있는 라이저 애들러(Liza Adler)를 강의실에서 만났다. 그녀는 열렬한 막스주의자(Marxist)로서 사회문제들을 예리하게 비판하면서 통합적인 세계관을 제시하여, 그를 매료시켰다. 그녀는 그의 이성적인 세계관을 논리적으로 공격하면서, 그를 자신의 동지로 포섭했다. 사실상 그는 자신의 지식과 세계관을 캐스런에게 신나게 토로하고 싶었지만, 그녀는 너무 피곤하여 그의 말을 경청하려고 하지 않았다. 그러므로 그는 대화할 수 있는 라이저를 사랑한다고 상상했다. 그녀가 신경쇠약에 걸려 치료받기 위해 타지로 떠나자, 그는 일주일에 두세 번 그녀에게 편지를 써서 논쟁을 유도했다. 그는 결코 답장을 받지 못하면서도, 그녀에게 자기가 읽은 책들의 서평, 독서계획 그리고 정치적 혹은 예술적 문제에 대한 자기 이론을 전했다.

이에 반해 그는 캐스런과 학문적 대화와 논의를 전개할 수 없을 뿐 아니라 자신의 핵심적 실존문제인 소설창작에서도 큰 격려와 지원을 기대할 수 없는 형편이다. 한편 그는 라이저와의 격렬한 논쟁의 산물인 막스주의에서 해방되었으며, 동시에 대학을 졸업하고 자기가 지적으로 상당히 성숙했다고 생각한다. 왜냐하면 그가 쓴 서평들이 평론 "동인잡지들"에 게재되고, 자신의 시와 단편소설이 잡지에 팔리기 때문이다. 그래서 이제 그는 생계를 전적으로 캐스런의 수입에 의존하고 소설집필에 착수하려고 한다. 그러나 그의 소설창작은 그녀의 적극적인 이해와 협력을 받지 못하기 때문에, 그는 궁지와 실의의 한가운데에서 집필을 계속한다. 그러기 위해 그는 그녀의 이질적인 의식과 성격을 인정하고 감내하려고 최선을 다한다. 이러면서 그는 희망과 희열 그리고 절망과 비애를 넘나들면서 실존하려고 한다.

왜냐하면 그는 자기와 그녀의 생활방식, 의식 그리고 대인관계가 너무나 대조적임으로, 서로 존중하고 배려하여 공감대를 형성하기가 어렵다고 생각하기 때문이다. 그녀는 홉즈의 기대에 어긋나는 언행을 삼가하지 않는다. 그는 그녀가 귀가하면 미안해서 거짓말을 해주기를 고대하면서 오늘도 힘들었느냐고 묻는다. 그런데 그녀는 월급 받는데 쉬운 일이 있겠느냐고 대꾸할 뿐이다. 또 그가 그녀에게 의자에 앉아 잠시 쉬하고 간청하는 데도, 그녀는 가방을 놓자마자 집안의 청소와 정돈상태를 점검한다. 그러더니 그녀는 탁자 위에 있는 책들을 정리하고 두세 개의 꽁초가 있는 재떨이를 비운다. 이런 부지런은 그녀가 본의 아니게 그의 마음을 무겁게 한다. 더욱이 두 사람이 저녁을 보내는 방식은 너무나 대조적이다. 그녀는 매우 피곤하기 때문에 집에서 조용히 쉬고 싶어한다. 반면에 그는 혼자 소설을 집필하면서 낮을 보냈기 때문에 저녁에는 밖에 나가 사람들을 만나고 여기저기 돌아다니고 싶어 안달한다. 이 뿐만 아니라 그녀는 일정한 수입도 없으면서 새벽까지 술 마시고 자기 집 거실의자에서 자다가 자기가 출근하면 침대에서 오후까지 잠만 자는 패스터낵을 무위도식하는 게으름뱅이라고 비난한다. 그러자 그는 패스터낵은 "대단한 소설을 탈고했고 타고난 재능을 가지고"(40)있어, 자기에게 소설창작법을 지도해줄 수 있는 선배라고 호언한다.

그렇지만 그도 자기와 너무나 대조적으로 사고하고 행동하는 패스터낵과 스타프스키를 처음 만났을 때, 교육을 잘못 받은 사람들이라고 혹평했다. 그들은 자기신뢰를 하면서도 매사를 이념과 제도를 근거로 단정하지 않았으며, 홉즈 자신이 가장 중요하다고 생각하는 도덕적 혹은 정치적 판단을 강요하지도 않았다. 그리고 그들은 결코 신문을 읽지 않았으며, 정치적 혹은 문화적 사건과 문제들에 관심이 없음으로 합리적 논쟁들을 기피했다. 오로지 그들은 감정과 반항심에 따라 행동하면서 재즈음악에 열광했다. 요컨대 그들은 실존과 진리탐구에서 주관성, 변화무쌍 그리고 불확실성을 가장 중요시했다. 그러므로 패스터낵은 홉즈가 아직은 고정관념의 포로로 완전히 전락하지 않았다고 믿기 때문에 그에게 말하기를, "당신이 알다시피 내가 아는 모든 사람은 약간 은밀하게 행복에 취해 있다. 그들은 숨어 다니지만 죄인은 아닌 것처럼 거리를 돌아다닌다. 나는 그들을 바로 알아볼 수 있다. 이런 현상이 전국적으로 모든 사람에게 일어나고 있다. 당신이 이 현상을 하나의 정신혁명으로 명명할 거라고 나는 생각한다." 홉즈는 이 말에 자기도 공감하고 있음을 이렇게 지각한다: "홉즈는 패스터낵과 스타프스키를 만나고 그들의 친구들에 대한 이야기들을 들으면 들을수록 자기가 한때 비난했던 무질서에 본의가 아니지만 더욱더 반응하고 있는 자신을 발견할 뿐 아니라 패스터낵은 옳고 그런 현상은 모든 사람에게 일어났었다는 결론을 내리지 않을 수 없었다"(36). 그의 이런 자발적인 공감은 앞으로 캐스런을 이해하고 상대하는 데 중요한 역할을 한다.

그는 마지못해 동행하는 캐스런과 함께 스타프스키가 초대한 파티에 참석한다. 스타프스키는 컬럼비어대학교 재학 중에는 잡지에 시도 발표했지만, 요즘은 무직으로 시창작도 하지 않고 하루 종일 사람들을 만나 그들의 근황을 다른 사람들에게 전하려고 돌아다닌다. 그의 어머니는 정신병원에 입원 중이고, 그도 정신분열증으로 치료를 받고 있는데, 성적 욕구충족이 올바른 진단과 치료법이라는 자기주장을 묵살하는 의사에게 항의한다. 그는 모든 사람을 이기적인 자아와 시간에 구속된 영혼이 없는 괴물로 간주한다. 그는 스스로 괴물이 되지 않으려고, 돈오의 순간이 영원이라고 믿고, 실존에서 일상적인 고정관념과 속박에서 해방될 수 있는 섬광적인 계시의 순간 그리고 거기에서 실현되는 의식변화, 삶의 활력 그리고 주관적 진리를 가장 중요시한다. 그는 이런 순간을 포착하기 위해 낯선 사람들을 만나 그들의 새롭고 기발한 삶의 이야기들을 들을 수 있는 격식 없는 파티를 좋아한다. 그래서 그는 돈을 빌리면서도 자기 집에서 파티를 열려고 친구들과 그들의 지인들을 초대한다. 그의 요구에 응해 술병을 들고 온 사람들은 아무렇게나 모여 술을 마시면서 자유스럽게 이야기를 나눈다. 이 모임에는 어떤 준비도 목적도 없고 오직 참석자들의 순진한 담소와 웃음만 있을 뿐이다.

그들은 담소와 웃음으로 허식과 긴장에서 해방되어, 자기와 다른 사람들에게 정직하고 친절할 뿐 아니라 자기 본연의 욕망을 충족시킬 기회도 포착한다.

비록 무위로 끝나지만 크리스틴(Christine)은 브양카(Bianca)를 따라온 파티에서 자신을 변화시킬 기회를 포착한다. 그녀는 비사교적이고 무감각한 남편 때문에 질식할 것 같은 칩거생활을 하다가 처음 참석한 파티에서 의외로 많은 낯선 사람들을 보고 당황한 기색을 드러낸다. 캐스런은 사람들과 어울리지 못해 어색해하는 그녀에게 다가가서, 대화를 나누다가 부모들이 이틀리의 같은 마을에서 살았음을 알고 더욱 친밀감을 느낀다. 이런데다 브양카가 캐스런과 홉즈에게 불행한 가정생활을 하는 것을 보고 측은한 생각이 들어 데려온 이웃인 크리스틴에게 친절하게 대해 달라고 부탁한다. 그러면서 그녀는 크리스틴이 "극단적인 보수주의자이니 그녀의 엉뚱한 주장에 너무 놀라지 말라"(21)고 당부한다. 그러자 크리스틴은 곧 평온을 되찾아 사람들과 활발하게 이야기하면서 패스터낵을 주시한다. 그도 이방인 같은 그녀에게 매료되어, 일언반구 없이 그녀를 춤추고 있는 사람들 사이로 이끌고 가서 춤을 추기 시작한다. 캐스런은 그녀가 우아하게 움직이는 동작을 보고 탄성을 지른다. 그녀는 패스터낵이 그녀의 손을 잡자 얼굴이 황홀경으로 달아올랐고, 그와 불륜관계를 갖고서라도 성적 욕망을 마음껏 충족시키고 싶어한다고 캐스런은 직감한다. 캐스런과 홉즈가 두 사람의 관계에 깊은 관심을 쏟자, 그녀는 자신의 타고난 음악재능을 발휘하고 대화와 소통이 있는 생활을 하기 위해 도저히 함께 살 수 없는 남편을 버리고 그와 멀리 떠나고 싶다고 말한다. 그도 탈고한 소설이 팔리면 그녀와 결혼하고 싶기 때문에 그녀의 남편과 담판을 지을 것이라고 공언한다.

그러나 유감스럽게도 그의 소설은 너무 앞서서 "자기긍정과 삶의 예찬"(3)을 주제로 집필되었기 때문에 팔리지 않는다. 그의 소설이 팔리지 않는 까닭은 종전소설이 전제로 했던 인간의 정의 — 이념과 조직에 지배당하는 타율적 존재 —를 부정하기 때문이다. 그는 너무 과감하게 여기에 반대되는 정의 — "인간은 결코 사회적 동물, 피해자, 피조물만은 아닌 근본적으로 정신적 존재이다"[11] —를 바탕으로 소설을 창작했다. 요컨대 그는 소설창작에서 주인공들의 실존목적으로 자아탐구, 무한한 가능성과 잠재력의 발휘, 그리고 공동체의식을 가장 중요시한 것이다. 이처럼 그가 주장하는 실존목적이 아직까지는 너무 전위적이고 급진적이어서 출판사의 편집인들의 공감과 동조를 얻지 못한다.

크리스틴의 사랑과 자유의 염원은 자금이 없어서가 아니라 패스터낵의 배신으로 무산되어버린다. 그녀가 그에게 임신했다고 말하자, 그는 태아가 자기 아이가 아니라고 일축하면서 지금까지 그녀와 만끽했던 성적 황홀경과 일체감의 극치에 큰 의미와 가치를 부여하지 않는다. 그녀는 그의 파렴치한 언행에 극도로 절망하여 살인하고 싶은 충동에 빠진다. 그러지만 그녀는 자제하고 이 절망과 실의의 모든 책임은 전적으로 자기에게 있다고 자인한다. 요컨대 그녀는 지금 자기가 극복해야 하는 고통, 시련, 그리고 불행의 근원은 독자적으로 자아를 변신시키려고 하지 않고 외부에 의존하려고 한 데 있었다고 깊이 자성한다. 그녀의 간절한 소망이 무위로 끝났음에 대해, 캐스런은 "그녀가 바보이다"(129)고 말하지만, 홈즈는 아무런 반응도 보이지 않는다.

스타프스키 파티를 즐긴 몇주 후에 홈즈는 집필에 열중하여, 캐스런이 과로로 피곤하여 일찍 귀가한지도 모른다. 방에는 온통 종이와 책들 그리고 담뱃재가 열려 있고, 아침식사 때 사용했던 그릇들도 식탁위에 그대로 있다. 그는 그녀의 조기 귀가를 알고, 그제야 부지런히 그릇들을 치우고 식탁을 닦으면서, 아무 효과가 없을 줄 알면서도 그녀를 위로하기 위해 직장에서 항시 빚는 갈등과 피로에 개의치 말라고 조언한다. 그녀는 조언을 아랑곳하지 않고, 이런 직장생활을 오래 해야 할 것 같아서 더 짜증이 난다고 불만을 토로한다. 그는 그녀를 달래려고 말하기를, "오래 하지 않는다. 왜 당신은 언제나 그렇게 말하느냐? 왜 당신은 언제나 앞날을 그렇게 보느냐? 나는 소설집필을 거의 끝내고 있다. 집필이 마지막 단계에 있다. 나는 오늘 아주 중요한 부분을 끝냈

---

11 Holmes, *Nothing More to Declare*, 121.

다.” 그녀는 이 말을 비웃으면서 반박하기를, “폴, 당신이 소설을 판다고 무엇이 달라지느냐? 우리 현실을 똑바로 보자. 당신이 소설을 팔아도 큰돈을 벌지 못한다. 당신 소설이 걸작이라도 돈 벌이는 되지 않는다. 나는 계속 직장생활을 해야만 할 것이다. [. . .] 나는 얼마나 더 오래 직장생활을 감내할 수 있을지 모른다.” 결국 그는 이 반박에는 어찌할 도리가 없다. 이때 그는 스타프스키의 만나자는 전화를 받지만 어떤 대꾸도 하지 못한다. 그녀는 남편의 마음을 알면서도, “당신은 나보다도 비상식적인 이상한 친구들을 더 좋아한다”(38, 40)고 비아냥거린다.

잠시 후에 그녀는 여전히 자신이 받았던 큰 충격이 완화되지 않아 긴장된 표정으로 그를 바라보면서 하소연하기를, “당신의 사고방식이 때로는 나를 두렵게 한다. [. . .] 당신은 내가 [당신이 탐구하는 이상한] 이념들을 심각하게 받아들이고 있음을 전혀 고려하지 않는다. 이 이념들이 가끔 나를 위협한다. [. . .] [게다가] 때로는 모든 것이 나를 무섭게 한다. 도시, 우리의 삶, 미래.” 그는 하소연을 듣고 경악하여 그녀를 안심시키려고, “나는 당신을 두렵게 하고 싶지 않다”고 단호히 말하면서, 그녀를 애무하기 시작한다. 그녀는 그의 오래 계속되는 정열적인 애무를 받고, 조금씩 긴장감, 불안감 그리고 반발심을 누그러뜨린다. 그들은 그녀의 이런 변화에 의해, 조금 전의 말다툼과 신경전으로 인한 살벌함과 기진맥진에서 점차 벗어나 성관계를 갖고 싶어 안달한다. 그들은 극도로 흥분하여 만끽하는 황홀한 성행위로 “서로를 인정하고 이해함으로써”(41, 42) 불안감과 공포감을 해소한다. 드디어 그녀는 성적 황홀경으로 외부 사건과 압력으로부터 해방될 뿐 아니라 과거의 악몽들을 잊고 행복했던 시간을 회상할 수 있다. 더욱이 그녀는 자기 “정체성을 재확인하고 고수하는 역할을 하는”[12] 성적 황홀경으로 삶의 의미와 활력을 되찾고 미소를 짓는다. 그러면서 그녀는 그에게 편안하게 휴식을 즐기려고 하니, 괴짜 친구들을 만나러 나가도 좋다고 말한다.

그가 집에서 나와 만난 패스터낵이 그에게 자기가 일찍이 거명했

---

12 Ted Morgan, *Literary Outlaw: The Life and Times of William S. Burroughs* (New York: Henry Holt, 1988), 378.

던 여자와 재즈음악에 열광하는 하트 케니디를 기억하느냐고 묻는다. 패스터낵은 자기실존에 하나의 신화적 존재이고 친구인 케니디가 며칠 후에 뉴욕에 온다는 연락을 받았다고 그에게 말한다. 예정대로 케니디는 전처 다이너(Dinah), 동행한 에드 쉰덜(Ed Shindel), 패스터낵, 그리고 스타프스키와 함께 그의 아파트에 나타난다. 그는 어떤 여건에서도 독서에 집중하여 쌓은 깊은 지식, 소설을 창작하려는 의지, 그리고 산악지대에서도 최고속도로 질주하는 자동차운전으로 패스터낵을 완전히 매료시켰던 케니디를 보는 첫 순간에, 그가 오직 흥과 낙에 취해 자기만의 황홀경 속에서 실존하려는 인간임을 직감한다. 그의 직감에 따르면, "삶 전부가 [언제 어디서나] 그(케니디)에게는 황홀이다." 그가 모든 방문객의 마음을 편안하게 하려고 봅 음반을 틀자, 케니디는 바로 눈빛이 환희로 이글거리고 싱글벙글하면서 이렇게 반응한다: "그는 전축 옆에 서서 몸을 앞으로 굽히고 그 자리에서 앞뒤로 흔든다. 아크 방전이 더 커짐에 따라 음악소리가 더 높아지자, 그는 손뼉을 치고 머리를 위 아래로 천천히 움직이다가 더 빠르고 힘차게 한다. 그는 입을 괴상야릇하게 벌리고 '열광하자! 열광하자!'고 중얼거린다. 패스터낵의 언급에 따르면 "여러 봅 클럽에서 케니디가 . . . 음악가들에게 '열광하라, 열광하라'고 고함지르면, 바로 거기 있는 모든 사람이 그에게 '열광하라'고 맞받아친다"(122, 115, 115-16). 소설의 제목이자 작가가 주장하려는 주제가 이 장면에 함축되어 있다.

홉즈는 케니디의 즉흥적인 행위를 목격한 데다 패스터낵의 그에 대한 일화를 듣고, 그에 대한 관심과 흥미가 고조된다. 따라서 홉즈는 그와의 상봉을 통해 자신의 사회인식과 생활방식에 어떤 변화를 촉발할 수 있을까를 궁리한다. 그는 자기를 무시하고 억압하는 사회를 부정하여 반항하려 하지 않고, 오로지 자신의 실존에 활력과 황홀감을 불어넣으려고 한다. 그러기 위해 그는 어떤 여건과 상황에서도 "매사에 '열광하자'고 고함지른다. 그는 외부사정과 압력을 도외시하고 언제 어디서나 자신의 현재여건과 삶을 있는 그대로 수용하여 가능한 한 낙관적으로 매순간을 즐기려고 최선을 다한다. 그는 이런 긍정적인 삶의 태도 때문에 주위 사람들에게 큰 영향력을 발휘한다." 패스터낵은 자발적으로 "그[의 실존방식]를 지지하고 모방하려고 한다." 요컨대 그는 실존에서 언제나 외부요인을 원망하고 증오하지 않고, 삶의 활력과 황홀감을 여자와의 관계에서 만끽하려고 한다. 홉즈는 케니디의 삶의 이런 방식과 의지를 실감한다. 따라서 홉즈는 삶을 인위적, 타율적으로 억압했던 과거 세대와는 달리 즉흥적, 자발적으로 긍정하고 예찬하는 케니디의 실존방식이 "행복을 추구한 세대, 즉 [아직은 공개적이지 않는] 지하[에서만 활발한] 생활"의 정수이다고 공언한다. 왜냐하면 그는 "행복을 추구한 세대가 [미국사회에] 태동했음을 모르고 있다가 이제야 팽배되고 있음을 알았기"(135, 149, 126, 211) 때문이다.

게다가 홉즈는 행복을 추구한 세대의 또 다른 정수를 다이너, 스타프스키, 그리고 패스터낵의 생활방식에서 인지한다. 다이너는 무작정 인기 있는 소녀가 되고 싶은 마음에 들떠 있던 열다섯 살에 케니디와 결혼하여, 그에게 전적으로 의존한 삶을 살았다. 처음에 그녀는 그가 자기를 꼼짝 못하게 하는 성적 황홀경의 노예였지만, 지금은 그렇지 않다. 그녀는 그가 왕성한 정력으로 많은 여자들과 부정을 저지르자 분노가 극도에 달해 헤어지려고 했다. 그러다가도 그녀는 그의 감언이설과 감미로운 애무에 속아 결단을 내리지 못했다. 그러면서도 그녀는 거듭 그에게 자신의 믿음을 저버리지 말라고 신신당부하면서, 그에게 이렇게 하소연했다: "당신 자신에게 진실하시오"(174). 그랬지만 그녀는 자기가 소개한 정말로 멋진 대학졸업생과 그가 열애에 빠져 그녀와 결혼하고 싶어 안달함으로 그와 이혼했다. 그러나 그녀는 여전히 그를 사랑하기 때문에 이혼은 그녀에게 큰 상처를 남겼고, 그래서 엄청난 양의 술을 마시지 않으면 하루도 보낼 수 없었다. 더구나 그녀는 열광하자고 고함지르는 그와 만끽했던 성적 황홀경을 어떤 남자하고도 체험하지 못했다. 그래서 그녀는 지금도 그를 사랑하기 때문에, 그가 뉴욕으로 가는 도중에 충동적으로 찾아와서 동행하자는 갑작스러운 요구에 응해 아무 채비도 없이 따라왔다. 그러나 그녀는 며칠 동안 뉴욕에서 그와 함께 생활하면서, 그가 여전히 자신에게 진실하지 않음을 알고 극도의 환멸과 절망에 빠진다. 그녀는 그의 이런 부정직함을 묵인함은 자신의 실존에 절대적인 정직 그리고 상호존중과 배려의 부정으로 귀결된다고 믿는다. 그러므로 그녀는 그에게 일언반구도 하지 않고 뉴욕을 떠난다. 이제 그녀는 그로부터 완전히 독립하여 주체적 인간으로 존립하려고 한다. 요컨대 그녀는 성적 황홀경을 만끽하려고 그의 노예가 되기보다는 오히려 주체적인 길을 가기로 결심한다. 홉즈는 그녀가 자기편의와 만족의 굴레로부터 해방되어 초연한 주체적 자아를 고수하려는 생활태도와 방식의 하나의 본보기임을 직감한다.

스타프스키는 미국사람들이 이기적 목적을 도모하기 위해 공정성과 보편성을 도외시한 일방적, 독선적, 단편적인 지식과 그 활용을 수용하지 않는다. 그는 그들이 이런 지식을 활용하여 인지한 모든 사실과 개념을 부정한다. 그는 그들이 실존과 진리를 통합적 맥락을 바탕으로 파악해야 한다고 주장한다. 그의 주장에 따르면, 실존과 진리의 이런 통합적인 파악은 영혼의 섬광적인 계시, 다시 말하면 돈오를 통해서만 실현될 수 있다. 그들이 실존에서 돈오를 도외시하고 단편적인 지식에만 의존하려고 하면 그들 자신을 괴물로 둔갑시킨다. 그들이 스스로 괴물이 되면, 성과 사랑의 위력을 제대로 이해할 수도, 활용할 수도 없다. 그들이 이해하고 활용해야 할 "성은 우리에게 종교처럼 절대적으로 필요하다. 성은 예술처럼 풍부한 의미를 나타내면서도 예술보다 더욱더 창조적이다. 성은 우리가 그 일부분인 우주의 활력에 그대로 합류되는 인간의 창조력이다."[13] 또 그들이 보편적으로 수용해야 할 사랑의 개념은 "삶을 긍정하고 향상시킬 수 있도록 해주는 마력이다."[14] 그들은 스스로 괴물이 되어 이런 위력적인 성과 사랑의 개념을 무시하고, 의미론적인 하나님과 사랑의 개념에 유폐되어 있다. 스타프스키는 그 실례를 들기 위해 홉즈에게 문의하기를, "당신은 하나님에 대해 말하면서 동시

---

13 Rachael C. Burchard, *John Updike: Yea Sayings* (Carbondale: Southern Illinois University Press, 1971), 124.

14 Gregory L. Morris, *A World of Order and Light: The Fiction of John Gardner* (Athens: University of Georgia Press, 1984), 226.

에 사랑과 고통을 언급한다. 이 세 단어 사이에 어떤 관련이 있는가? 하나님이 계신다면 왜 사랑은 없는가? 왜 고통은 있는가? 당신은 어떤 모순을 발견하지 못하는가?"(68). 스타프스키는 인간의 "성적 욕망과 신앙심은 바로 실존 활력의 표출 양식이다"[15]고 믿기 때문에, 하나님과 사랑을 동일시하고 싶어한다. 그러나 현실은 그의 간절한 염원을 인정하지도, 수용하지도 않는다. 이런 현실을 좌지우지하는 미국남자들은 일방적으로 윌리엄 블레이크(William Blake)의 시, "병든 장미(The Sick Rose)"가 상징하는 여자의 소망과 인권을 유린하고 있다.

스타프스키는 이런 현실을 극복하고 개선하는 계시를 받았다고 마음속으로 외친다. 그 계시는 미국사람들이 실존에 가장 중요한 역할을 하는 사랑을 지각하지도 체험하지도 못하고 있으며, 다른 나라 종교를 맹목적으로 부정하고 있다는 자신들의 깨달음이다. 그는 돈오로 이런 가능성을 자각한다: "하나님이 사랑이다. 세계는 구제될 수 있다." 그는 세계가 구제되려면 모든 사람이 사랑은 "당신에 대한 나의 책임이다"[16]는 철학을 실천해야 한다고 설파한다. 모든 사람이 이 철학을 실천하려면 자기를 긍정하고, 자기에게 정직해야 한다. 또 모든 사람이 이런 자아를 고수하려고 최선을 다할 때만, 다른 사람을 긍정하고 신뢰할 수 있을 뿐 아니라 그와 사이좋게 공존할 수 있다. 다른 사람을 인간으로서 존중하고 신뢰함이 사랑의 전제조건이다. 스타프스키는 꿈속에서 "어떤 도움이 없더라도 [혼자서 사람을] 사랑하라"(88, 246)는 하나님의 목소리를 듣는다. 따라서 그는 사회에서 버림받은 마약상습자 겸 절도범인 앤키를 인간으로 존중하고 보살펴준다. 그는 앤키의 신발을 벗기다가, 끔찍한 물집들과 고름이 나오는 상처들로 엉망진창인 맨발의 두 발과 피투성이가 된 발가락들을 보고 아연실색한다. 그는 앤키가 물로 발을 씻으면 따끔할 것 같아, 무릎을 꿇고 걸레로 발을 닦아준다. 이처럼 그는 사회적 약자를 인격적으로 존중하고, 사회적으로 보호하고, 경제적으로 지원하려고 한다. 홉즈는 스타프스키가 실존에서 깨달

---

15 John Updike, *S.* (New York: Knopf, 1988), 60.

16 Martin Buber, *I and Thou* (New York: Scribners, 1958), 15.

음, 돈오를 바탕으로 습득한 지식, 그리고 상호존중과 배려 그리고 공감을 확장하는 사랑의 위력을 가장 중요시하고 있음을 인지한다.

패스터낵은 시대에 앞서 자기긍정과 삶의 예찬을 소재로 소설을 창작한다. 그는 오로지 자기 자신 그리고 자신의 영혼을 위한 소설창작에 전념한다고 공언한다. 그는 출판사가 계속 자신의 원고 출판을 거절하기 때문에 좌절과 실의에 빠지면서도, 자기 소설에 대한 낙관과 확신을 포기하지 않는다. 그는 인간은 타율적 존재로 피조물이라는 지금까지의 망상을 극복하고, 주체적으로 자아를 탐구하고 창조하는 존재이다고 갈파한다. 그는 종전소설의 주인공과는 다른 주체적 자아를 긍정하고 고수하고 창조하려는 새로운 인간을 소재로 창작한 자신의 소설이 언젠가는 각광을 받을 거라고 믿는다. 또 그는 자신의 소설에 구현된 자기긍정과 삶의 예찬에 핵심역할을 하는 개인의 창조본능, 주체성, 독립성, 자발성, 창의력, 그리고 놀이와 즐거움이 미국사람들의 인간에 대한 잘못된 정의 그리고 여기서 기인하는 사회, 정치, 경제, 종교, 그리고 윤리의 왜곡된 의식을 개혁할 뿐 아니라 미국사회를 바른 방향으로 변화시킬 거라고 확신한다. 그의 이런 인간본성과 예술에 대한 통찰력이 그가 좌절과 실의를 극복하면서 소설이 출간될 때까지 기다릴 수 있게 해주는 근원지이다. 드디어 그의 소설은 우여곡절 끝에 출판된다. 그래서 그는 홉즈가 출판사로부터 원고 퇴짜를 맞고 진로 때문에 극도의 실의에 빠져 있을 때, 그를 이렇게 위로하고 격려한다: "당신이 알다시피, 당신은 정말로 소설가로서 생계를 세울 수 있다. 당신은 실제로 그럴 수 있다. 나도 일전에는 그럴 수 있다고 결코 믿지 않았다. 나는 [출판사로부터 선불로] 1천달러를 받는다. 딱 책 한권에 엄청난 금액이다. 헤어질 때 그의 미소에는 수줍어하는 기색이 역력했다"(255). 홉즈는 패스터낵의 실존에서 언제나 주체적 자아를 긍정하고 고수하면서 삶을 예찬하려는 의지, 인간과 예술에 대한 통찰력, 그리고 그 통찰력을 바탕으로 창작한 소설에 대한 무한한 애정과 자신감을 감지한다.

홉즈는 케니디, 다이너, 스타프스키, 그리고 패스터낵과의 만남과 대화를 통해 자신의 실존에서 일찍이 체험하지 못했던 이런 사실들 —

즐겁게 살려는 욕구, 성적 황홀경의 만끽, 단호한 주체적 결단, 고정관념으로부터의 해방, 돈오, 상호존중과 배려 그리고 공감을 자아내는 사랑, 자기긍정, 삶의 예찬, 인간과 예술에 대한 새로운 정의와 통찰력, 그리고 창작품에 대한 확신과 자신감 —을 인지한다. 따라서 그는 캐스런에게 이들이 행복을 추구한 세대의 철학을 몸소 실천한 선도자들이라고 의기양양하게 말한다. 또 이들이 미국사회에 실존의 새로운 규범과 기풍을 조성하고 있다고 그는 감탄한다. 그러나 캐스런은 그의 감탄을 듣고, 그들은 어디까지나 "당신을 위한 행복을 추구한 세대"의 선도자일 뿐이라고 반박하면서, 그를 아니꼽게 바라본다. 그녀는 그들은 오로지 자기본위로 생존하면서 다른 사람, 특히 여자를 고통스럽게 하는 건달들이라고 비아냥거린다. 그들은 체면도 염치도 없이 자기편의대로 충동적, 즉흥적 삶을 살면서 다른 사람의 처지나 입장을 조금도 고려하지 않는다. 실례를 들면 패스터낵은 노동자로 구두공장에 근무하는 노모의 수입에 의존하는 무위도식생활을 할 뿐 아니라 만취가 되면 새벽에도 홉즈의 아파트에 와서 거실의자에서 자다가 캐스런이 출근하면 침실 침대에서 오후까지 잠만 잔다. 그는 그녀의 당혹감, 부담감, 피로, 난처함, 그리고 불만을 조금도 개의치 않는다. 이 뿐만 아니라 케니디, 다이너 그리고 쉰덜이 느닷없이 홉즈의 아파트에서 이틀 동안 기식하면서 그와 캐스런의 삶을 혼란의 도가니로 몰아넣기까지 한다. 그러므로 그녀는 남편에게 불평불만을 토로하면서 분노와 적개심을 표출한다. 그들이 떠나자 그녀는 안도의 한숨을 내쉬면서 이렇게 말한다: "오 하나님, 우리 둘만의 생활로 다시 돌아와서 아주 좋습니다. 우리는 앞으로 그들을 다시 만날 필요가 없습니다. 결국 우리는 그들과 같은 사람이 아닙니다. 그들은 이 사실을 인정해야 할 것입니다. 그렇지 않소? 당신(남편)은 [내 말에] 동의하지 않소?"(166, 167). 그녀의 안도의 한숨은 홉즈의 마음을 대변하지 않는다.

이러므로 스타프스키는 홉즈와 캐스런의 부부생활에는 상호이해, 배려 그리고 공감이 없음을 감지한다. 다시 말하면 그들은 서로 사랑할 수 없다. 그들의 이런 비극의 일차적 책임은 홉즈에게 있다. 그는 캐스런을 있는 그대로의 여자로 인정하려고 하지 않기 때문에, 그녀의 작고 소박한 염원과 꿈을 실현시켜줄 수 없다. 이러한 환경에서 그녀는 삶에서 의욕과 활력을 느낄 수 없기 때문에 항시 권태와 피로에 지쳐 짜증을 부릴 때가 많다. 따라서 스타프스키는 홉즈의 부인에 대한 무감각과 냉담을 이렇게 비난한다: "당신은 그녀가 있는 그대로, 다시 말하면 그녀의 전부를 있는 그대로 [인정하면서] 그녀를 사랑할 수 없는 것 같다. 당신은 그녀를 [열정과 정성을 다해] 수용하지 않는다. 당신은 그녀를 보호한다는 미명으로 언제나 억압한다." 더욱이 홉즈는 성격이 내성적이어서 자신의 견해와 의견을 다른 사람들에게 당당하고 소상하게 피력하려고 하지 않는다. 그는 자신이 좋아서 탐구하는 대상과 세계에 홀로 빠져 있다. 그런데도 캐스런은 그의 소외감과 불안감 그리고 정신세계를 조금도 이해하려고 하지 않는다. 심지어 그녀는 관심도 가지려고 하지 않는다. 스타프스키는 그녀의 무관심하고 냉소적인 태도를 보고, 그녀에게 이런 충고를 한다: "당신 남편과 대화하시오! 홉즈는 자신의 고민을 결코 털어놓지 않는 사람이오, 그는 언제나 자기 말고 다른 사람들에 대해 이야기하고, 그들의 말을 경청하고, 농담을 즐겨합니다. 그는 아마 밤에 누구도 눈치 채지 못하게 하면서 큰 분량의 고백적인 일기를 쓰고 있을 것이오. [. . .] 나는 두 사람이 . . . 마음의 화해를 할 거라고 믿습니다"(151, 219). 그녀는 그의 충고를 듣고, 앞으로 남편과 대화하고 소통할 수 있을 거라고 그에게 화답한다.

그런데 반어적으로 그녀는 일기장을 찾지 못하고 모아둔 많은 편지들을 본다. 남편이 3년 동안 라이저에게 써서 우송하지 않은 연애편지들이다. 편지에는 "[우리는] 불운의 연인들이다. [. . .] 우리 결혼은 실패했다 . . . 나는 덫에 걸려 있다고 느낀다." 그녀는 파티에서 재미있는 시간을 즐기고 있는 남편에게 전화로 당신이 라이저에게 쓴 편지들을 읽고 있다고 절망과 울분에 휩싸인 채 말한다. 편지들이 그녀에게 발각된 사실은 홉즈에게 청천벽력과 같은 실존위기이다. 그는 그녀를 속일 수 있다고 믿었던 자신의 어리석음이 위기의 화근임을 깨닫고 후회한다. 그녀는 이글거리는 고통과 분노의 눈빛으로 급히 달려와 안절

부절못하는 남편을 노려보면서, 지금까지 나는 당신에게 하나의 인형에 불과한 존재였느냐고 매몰차게 따진다. 또 그녀는 그에게 이렇게 살벌하게 항의한다: "나는 내가 당신을 덫으로 잡았다고 생각한 적이 한 번도 없었다. 나는 내가 당신에게 그렇게 저주스러운 존재였음을 알지 못했다. [. . .] [그러지만] 홉즈, 당신은 사기꾼이다. [. . .] 내가 완전히 바보인 것처럼 나를 대하지 마시오! 당신은 3년 동안 나를 기만했다. [. . .] 당신은 내 일생을 파멸시켰음을 알지 못하느냐? 당신은 이기적이고 부정직하고 위선자이기 때문에, 당신은 이 사실을 이해하지 못하느냐?" 그러면서 그녀는 내일 아침 집을 나가겠다고 선언한다. 그러자 그는 울먹이면서 간절히 애원하기를, "캐스런, 제발 내 말을 들으시오 . . . 나는 당신을 사랑합니다. 당신은 이 사실을 알고 믿어야 합니다." 그녀는 그의 눈물을 보고 간절한 애원을 듣고, 마음의 충격을 누그러뜨린다. 그래서 그가 그녀를 포옹하려고 하자, 그녀는 거부하지 않는다. 그녀는 그의 격렬하고 오래 끈 포옹을 받고, "절망과 사랑의 무서운 절규로 혼자 신음한다"(221, 226, 227, 231, 233). 드디어 두 사람은 함께 깊은 잠에 빠진다.

그러나 두 사람의 관계는 여전히 냉전 상태로 서먹서먹하고 껄끄럽다. 홉즈는 스스로 자초한 캐스런과의 불화는 자신의 부덕과 이기주의에서 비롯되었다고 자성한다. 그는 자신에게 정직하지 않았기 때문에 계속 거짓말을 하면서 그녀를 기만했음을 인정한다. 지금 그는 경청하고도 망각하고 있었던 자기신뢰의 중요성을 이렇게 깨닫는다: "탁월한 사상과 업적을 남긴 위대한 인물들, 즉 다른 사람들의 존경을 받는 위인들은 영웅들이다. 애걸슨도 우리에게 영웅이었다. 적어도 그는 자기를 신뢰했고, 그 자기신뢰가 언제나 우리에게 영향력을 발휘했다." 또 그는 자기를 긍정하지도 못하고 자립의지도 약하기 때문에 그녀를 인간, 즉 여자로 인정하고 소통하면서 서로의 벽을 허물고 함께 성숙하려는 동반자로 존중하려고, 그녀의 꿈과 소망을 실현시켜주려 하지 않고, 오히려 이해심이 없다고 원망했었다. 이 뿐만 아니라 그는 주체성과 주관이 없어 독자적인 자아를 고수하지도 못했었다. 이러한 과오를 깨달으면서 이제야 그는 스타프스키가 자기에게 퍼부었던 이런 비난을 명심하게 된다: "당신은 실제는 전혀 동의하지 않으면서도, 언제나 당신 머리를 끄덕이면서, 모든 사람의 언행에 동의하는 것 같다"(194, 152). 이처럼 그는 깊이 자성함으로써 가정불화의 근원이 이기적인 의식과 행동에 있었음을 자각하고, 앞으로 캐스린을 이해하고 배려하며, 그녀와 소통하고 공감하면서 그녀에 대한 자기책임을 다하려고 결심한다. 그는 이 결심이 흔들리지 않게 하기 위해 자기신뢰, 긍정, 그리고 보존에 헌신하려고 한다.

마침 이때 패스터낵이 애걷슨이 지하철 사고로 사망했다는 소식을 홉즈에게 급히 알리면서 만날 술집을 말하고 전화를 끊는다. 그가 사실을 캐스린에게 말하자, 그녀는 눈물을 글썽이면서도 처음에 스타프스키인 줄 알았다가 아니어서 안도한다. 홉즈는 지인에게 비보를 전하고 캐스린과 함께 술집으로 간다. 애걷슨은 "명성이 어디서나 매우 높았던 유례없는 인물들 중의 한명이었다. 그의 기행들과 거기에 따른 일화들은 뉴욕의 많은 젊은이들에게 거의 전설적이었다." 그런데 누구도 고인의 부모가 어디 사는지 알지 못한다. 그래서 술집에 모인 고인의 많은 지인들은 별수 없이 나룻배를 타고 뉴 저지(New Jersey)주 해안가에 있는 술집 겸 식당으로 자리를 옮긴다. 그들은 고인의 비명횡사에 인생허무를 애통하면서 통음한다. 홉즈와 캐스린도 만취가 될 때까지 계속 술을 마신다. 그녀가 그에게 쓰러질 것 같으니 부축해 달라고 말하면서, "자신의 만취에 즐거움과 슬픔이 교차하는 웃음을 웃으면서 그에게 매달린다." 그는 그녀의 어린애 같은 중얼거림을 들으면서 그녀를 붙잡자, 갑자기 그녀에 대한 애정이 솟구친다. 두 사람은 서로 의지하고 어두운 거리를 비틀거리면서 달려가 마지막 나룻배를 탄다. 그녀는 배에서 머리카락을 가만히 그의 얼굴에 대고 묻기를, "당신은 나를 배 밖으로 떨어뜨리지는 않을 거지요?" 그는 어두운 강물 너머로 뉴욕 고층건물의 불빛을 보면서, 자신과 캐스린이 공유해야 할 "우리 집은 어디 있지?"(18, 311)하고 자문한다. 비록 집은 안보이지만 그는 지금부터 그녀에 대한 자기책임을 다하겠다고 혼자 맹세한다. 이 맹세가 소설의 끝이다.

III

지금까지 *열광하자*의 남녀주인공, 홉즈와 캐스런의 변신과 성숙에 대한 그리고 이들과 관련된 등장인물들의 자유분방한 삶에 관한 이야기들이 자기긍정과 보존의 논지에 입각해서 고찰되었다. 고찰은 홉즈와 캐스런이 상대방을 배려하지 않고 자기입장만 고집하기 때문에 빚어졌던 오해와 갈등을 극복하고 서로를 이해하고 존중하고 보호하려는 정신을 부각시켰다. 이 소설에는 종전소설에 으레 있기 마련인 등장인물들의 대립과 적대관계로 시작되어, 그 관계가 최고조에 달했다가 해소로 끝나는 플롵이 없다. 왜냐하면 *열광하자*는 행복을 추구한 세대의 대표적 소설이론가인 윌리엄 에스. 버로우즈의 소설창작철학과 기법으로 집필되었기 때문이다. 이 철학은 서구전통소설의 핵심요소인 양자택일철학, 절대진리, 그리고 동일성의 원리를 부정한다. 또 기법은 시작과 중간 그리고 끝으로 구성되는 플롵을 무시함으로써, 그것에 필수적인 인과관계, 일관성, 연속성 그리고 영구성을 중요시하지 않는다. 요컨대 *열광하자*는 전통소설론에 의존하지 않고, 시대에 앞선 소설과 삶의 전위적인 정의를 전제로 창작되었다. 소설은 "넘치는 활력을 내포하며, 감정, 활력, 그리고 흥분을 전도하면서 새로운 체험들을 촉발하기 시작한다."[17] 가장 이상적이고 바람직한 삶은 "놀라움의 연속이다. 삶에서 언제나 놀라움을 유발할 수 있는 유일한 원천은 자발적이고 즉흥적인 행위를 하는 데 있다."[18] 이처럼 *열광하자*에서 "삶과 소설은 하나"[19]가 되어 상호작용하고 있다. 결과적으로 *열광하자*는 삶과 소설을 구별하

---

17 Ronald Sukenick, *In Form: Digressions on the Act of Fiction* (Carbondale: Southern Illinois UP, 1985), 12.

18 Ronald Sukenick, *Narralogues: Truth in Fiction* (Albany: State University of New York Press, 2000), 39.

19 Jane Hill, *Gail Godwin* (New York: Twayne, 1992), 14.

여 무질서한 삶을 질서정연하게 가변시킬 수 있다는 소설을 우위에 두어야 한다는 주장을 뒤집는다.

그래서 *열광하자*에는 실의, 좌절, 그리고 절망에 빠져 염세적, 비관적인 삶을 사는 등장인물들은 없다. 왜냐하면 그들은 어떤 여건에서도 꿈, 염원, 그리고 소망을 포기하지 않고 삶을 긍정적, 낙관적으로 살려고 하기 때문이다. 이런 삶의 근원은 그들이 관념과 제도에 조종당하고 통제당하는 피조물이 아니고 자아를 창조하고 성을 찬미하는 주체적 존재 겸 다른 사람들과 사이좋게 공존하는 사회적 존재이다고 확신하는 데 있다. 실례를 들면 케니디는 어떤 여건에서도 삶을 즐겁고 흥겹게 살려고 할 뿐 아니라 성적 황홀경을 만끽하려고 한다. 다이너는 어떤 경우에도 얽매인 삶을 살려고 하지 않는다. 스타프스키는 실존에서 돈오와 사랑의 절대적 중요성을 강조하면서 사회적 약자를 몸소 보살피려고 한다. 패스터낵은 자기긍정과 삶의 예찬을 주제로 집필한 소설이 계속 출판을 거절당해도, 자신의 창작품에 쏟는 애정과 확신을 갖고 좋은 소식이 있을 때까지 기다리려고 한다. 홉즈는 깊이 자성하면서 상호이해, 존중 그리고 배려를 바탕으로 캐스런에 대한 자기책임을 다하려고 한다. 이처럼 그들은 자기를 믿고 자기에게 정직하려고 하기 때문에, 어떤 극한상황에서도 좌절하지 않을 뿐 아니라 압도당하지 않는다. 요컨대 그들은 실존의 패배자가 아니라 승리자이다.

마지막으로 *열광하자*가 미국문학사에서 언급되고 있지 않지만, 우리나라 미국소설 연구자와 학습자는 이 소설에 깊은 관심을 가질 필요가 있다고 필자는 생각한다. 이 작품에는 우리가 미국소설 연구에서 주목해야 할 몇가지 특징이 있기 때문이다. 첫째 *열광하자*는 우리가 답습하는 서구전통소설론을 부정하고 오늘날 큰 각광을 받으면서 깊이 연구되고 있는 포우스트모던 미국소설을 태동시킨 소설이다. 둘째 *열광하자*는 미국소설사에서 주인공들이 관념과 제도에 조종당하고 통제당하는 피조물이다는 멍에를 극복하고 주체적 자아를 긍정하고 확신한, 부연하면 그들의 의식을 지배했던 염세적, 비관적 인생관을 극복하고 긍정적, 낙관적인 실존의 가능성을 제시한 소설이다. 그들은 실존에서 집단과 조직보다는 자기와 개인을, 비관과 부정보다는 낙관과 긍정을, 타율과 의존보다는 자율과 자립을, 억압적인 도덕과 인습에 순응하기보다는 반항하기를, 그리고 답습보다는 도전을 더욱더 중요시한다. 셋째 *열광하자*는 영혼과 육체를 하나로 통합하여 미국사람들을 속박했던 양심의 가책으로부터 해방시킨 소설이다. 넷째 *열광하자*는 성에 대한 인식을 획기적으로 전환시켜, 억압되고 금기시된 성의 가치와 역할을 이렇게 중요시한다: "성은 즐거움의 원천이고 열망의 대상이기 때문에, 모든 인간사들 중에서 최고이다. 성이 [인간의 실존에서] 그처럼 강력한 힘을 발휘할 수 있는 이유는 [성에서 유발된] 흥분이 다양한 감정들로 그렇게 쉽게 전이될 수 있기 때문이다."[20] 다섯째 *열광하자*는 종전 소설의 주제였던 권력장악, 이익추구 그리고 입신양명 대신에 돈오와 사랑의 중요성을 역설한 소설이다. 그러므로 *열광하자*는 미국사람들의 의식개혁을 선도한 행복을 추구한 세대를 대변하는 첫 소설이고, 또 이 세대의 대표적 소설이론가인 윌리엄 에스. 버로우즈의 소설창작철학과 기법으로 집필된 소설이다. 이 세대의 창립자들은 요란한 집회와 구호 없이 오로지 자신들의 예술론과 작품으로 의식개혁과 사회변화에 큰 영향력을 발휘했고 지금도 그렇다. 따라서 *열광하자*는 우리가 미국사람들의 의식개혁, 사회변화, 그리고 포우스트모던 미국소설을 이해하는 데 큰 도움이 될 뿐 아니라 우리의 의식개력과 사회변화 방향에 매우 유익한 시사가 될 거라고 필자는 믿는다. 이러한 견해에서 우리의 입장과 시각에서 연구하고 논의할 미국소설을 선정할 필요가 있는 것이다.

---

20 Sukenick, *In Form*, 112.

3

노먼 메일러: 자아고수와 성숙

I

노먼 메일러(Norman Mailer, 1923-2007)는 1950년대 중반부터 1960년대 종반까지 자신이 창안한 새로운 인간형인 하얀 흑인(White Negro), 즉 힢스터(Hipster)를 소설주인공으로 구현하려고 혼신의 노력을 다하면서, '행복을 추구한 세대(Beat Generation)' 작가들의 예술론과 실존철학에 동조했다.[1] 이 작가들의 참신한 예술론의 요지는 다음과 같다: "1. 솔직한 자기표현이 창조력의 원천이다. 2. 예술가의 의식은 [자신의] 감각들을 일상과 무딤으로부터 신기함, 경이감, 그리고 민감하고 예민함으로 바꾸려는 의지와 능력에 비례하여 확장된다. 3. 예술은 구태의 인습과 도덕을 타파한다."[2] 이 예술론을 구현하려는 소설주인공이 바로 힢스터이다. 힢스터는 실존에서 지금까지 부정되고 억압당한 천부적

1 Joseph Wenke, "Norman Mailer," in The *Beats: Literary Bohemians in Postwar America Part 2: M-Z,* Ed. Ann Charters (Detroit: Gale, 1983), 362.

2 Steven Watson, *The Birth of the Beat Generation: Visionaries, Rebels, and Hipsters, 1944-1960* (New York: Pantheon, 1995), 313-14.

자아를 절대시한다. 또 그는 자아, 자결권, 잠재력계발과 발휘욕구, 그리고 성본능을 긍정하고 예찬한다. 그래서 그는 자아를 매우 강하고 예민하게 의식하고 고수하여 성숙시키려고 최선을 다한다. 그의 자아의식, 그것의 고수 그리고 성숙은 천부적 욕구와 본능을 마비시키고 퇴폐시키는 지배계층인사들의 이기적, 독선적인 허위의식에 대하여 그리고 억압적인 사회제도와 인습에 대하여 반항하려는 의지와 용기를 가질 때 실현될 수 있다. 그는 이 의지와 용기에 힘입어 자신의 무감각하고 무기력한 의식을 개혁하여 삶에서 경이감과 활력을 직감하고, 다른 사람을 배려하여, 바르고 열린 사회창조에 일익을 담당할 수 있다. 메일러가 힙스터를 소설주인공으로 처음 창조하여 등장시킨 작품이 그의 세번째 소설, *쾌락주의자들의 휴양지*(*The Deer Park*, 1955)이다.[3] 이 작품은 걸작은 아니지만,[4] 그의 첫 힙스터 소설로서 높은 위상을 갖기 때문에 "그의 가장 중요한 작품들 중 하나이다."[5] 이 소설은 "전적으로 성에 관한 이야기"이다. 메일러는 "성[과 실존에서 그 중요한 역할]이 19세기와 20세기 초기 소설가들에 의해 자세하고 깊이 있게 규명되지 않았던 소설의 마지막 남은 미개척 영역이다"[6]고 믿는다. 그의 이런 생각을 아직 수용할 수 없었던 서평가들은 이 소설을 지나치게 외설적이라고 혹평했다. 그렇지만 *쾌락주의자들의 휴양지*는 "용기, 융통성, 개방성, 그리고 자아성숙에의 집념이 융합된 새로운 실존방식"[7]을 모색한

---

3 Wenke는 노먼 메일러의 첫 힙스터 주인공은 이 소설에 등장하는 Marion Faye라고 주장하지만, 필자는 소설의 화자이고 주인공인 Sergius O'Shaugnessy를 힙스터 주인공으로 더 중요시한다. Wenke, 365.

4 메일러의 걸작으로 많이 논의되었던 작품은 *편집병자와 전사자*(*The Naked and The Dead,* 1948), *미국인의 꿈*(*An American Dream*, 1965), *밤의 군인들*(*The Armies of the Night*, 1968), 그리고 *사형집행자의 노래*(*The Executioner's Song*, 1979) 등이다.

5 Robert Merrill, *Norman Mailer Revisited*(New York: Twayne, 1992), 31

6 Lyle Stuart, "An Intimate Interview with Norman Mailer," in *Conversations with Norman Mailer*, Ed. J. Michael Lennon(Jackson: University Press of Mississippi, 1988), 21

7 Stanley T. Gutman, *Mankind in Barbary; The Individual and Society in the Novels of Norman Mailer*(Hanover: University Press of New England, 1975), 64-65.

소설이다. 이런 주장을 전제로 하여 이 논문에서는, 소설의 화자이고 주인공인 서쥐어스 오샤니씨(Sergius O'Shaugnessy)[8]가 유명한 영화감독인 챨즈 프랜시스 아이텔(Charlse Francis Eitell)의 실존에 관한 이야기를 창작하면서, 어떤 인간의 "실존은 [창작자나 독자에게] 활용되어야 할 교육"[9]이라는 말을 귀감으로 삼고서 어떻게 그 자신을 고수하고 성숙시키는가를 고찰한다.

독자의 이해를 돕기 위해 '행복을 추구한 세대'와 힢스터를 간략하게 설명한다. '행복을 추구한 세대'는 개인의 주체성과 본능을 도외시한 기존의 서구소설론의 핵심인 절대진리, 이원론 그리고 동일성의 원리를 부정한다. 또 이 세대는 개인의 독립성과 감수성을 무시하는 예술작품에 대한 사회적, 권위적, 독선적인 해설을 용납하지 않는다. 다시 말하면 이 세대는 오로지 예술품에 대한 개인적인 선호와 감상을 가장 중요시한다. 뿐만 아니라 이 세대는 선과 악 그리고 영혼과 육체를 구별하는 이원론에 입각해서 개인의 유한성과 피동성을 강조하면서 성적 본능과 쾌락을 억압하는 종교관에 반발한다. 그리하여 이 세대는 개인의 깨달음과 그 위력, 무한한 가능성과 잠재력계발과 발휘욕구, 그리고 성적 황홀경을 절대시한다. 또한 이 세대는 하수인으로서의 개인의 역할을 강조하는 산업사회의 능력과 성과제일주의를 배격한다. 나아가 이 세대는 정치와 경제체제가 우선시하고 있는 조직보다는 개인이 더 우위에 있어야 한다고 설파한다. 무엇보다도 이 세대는 실존에서 허위의식, 권력장악, 이익추구, 신분상승, 입신양명, 그리고 이런 세속적 목

---

8 필자는 Frederick R. Karl의 이런 주장 — "Set against this is the desire of Mailer's protagnist and narrator, Sergius O'Shaugnessy, not to capitulate but, among the fleshpots, to discover himself and stay the route as a writer"(*American Fiction 1940-1980*(New York: Harper, 1983), 239))-에 동감하여, 오샤니씨를 화자 겸 주인공으로 전제하고 글을 쓴다. 이 주장에 따라야 글이 행복을 추구한 세대의 소설창작철학을 구현할 수 있다고 필자는 믿기 때문이다. 많은 미국교수들의 논문은 오샤니씨를 화자로 그리고 아이텔을 주인공으로 분리하여 집필되었다.

9 Norman Mailer, *The Deer Park*(New York: Vintage, 1983), 353. 앞으로 이 작품에서의 인용문은 괄호안에 쪽수만 표시함.

적달성을 위한 자아포기와 상실보다는 자아와 그것의 고수와 보존, 영혼, 돈오, 사랑, 자유, 성숙, 감각, 놀이와 즐거움, 타인존중과 배려, 용기, 정직함, 그리고 솔직함 등에 더욱더 지대한 관심을 쏟는다. 이처럼 이 세대는 기존의 서구소설, 종교, 산업사회, 그리고 정치와 경제체제가 철저히 부정하고 억압했던 개인의 주체성, 본능, 욕구, 그리고 존엄성 등을 절대시한다.

이런 절대시를 부각시키기 위해, 기존의 서구소설론, 종교관, 그리고 사회인습과 체제 등에 반항하기 시작한 새로운 인간형이 바로 하얀흑인, 즉 힢스터이다. 그의 반항은 오우쉬비츠(Auschwitz) 유대인집단학살과 히로우쉬머(Hiroshima) 원자탄투하 여파로 어느 순간에 닥칠지 모르는 죽음에 직면해 있는 실존에서 자아탐구와 성의 긍정적 역할의 절대적 중요성과 필요성의 역설이다. 요컨대 힢스터는 반항함으로써 스스로 "현대판 법익피박탈자(法益被剝奪者)가 되면서 (원자탄과 문화에 의한) 전멸의 위협에 반응하는 미국적 실존주의자"[10]이다. 다시 말하면 그는 항시 어떤 극한상황에서도 "자기를 의식하면서 생존하려는" 실존주의자로서 "자신이 직면하는 위기일발의 순간을 포착하는 데 지대한 관심을 갖는다." 그가 법익피박탈자가 되면서까지 반항하는 까닭은 의식혁명을 일으켜 억압과 구속으로부터 자신과 다른 사람들을 해방시키려고 하기 때문이다. 그의 해방수단인 반항은 "인간은 가능성과 활력의 분출원이다"라는 인간 정의를 전제로 한다. 그는 이 인간정의를 확신하고 사회와 절연하여 자아를 탐구하려고 한다. 그러기 위해 그는 "행동한다, 실존한다, 사랑한다, 그리고 궁극적으로 존재의 신비를 통찰하기 위해 본래면목을 찾는다. 만약 그(우리)가 자아탐구(. . .)의 일부로서 어떤 방식으로든지 본래면목을 찾지 않는다면, 그는 사회의 하수인으로 전락하여 그 자신을 기만하고 있을 뿐이다." 그는 이 탐구를 실현하려고 "자아의 반항적 명령에 따라 미지의 세계를 탐험하기 시작한다. [. . .] 그는 과거나 미래, 다시 말하면 기억이나 계획된 의도가 없는

10 Jennifer L. Farber, "Mailer on Mailer," in *Conversations with Norman Mailer*, 338.

절대적으로 중요한 현순간에 본래면목을 찾으면서 실존하려고" 최선을 다한다. 그는 본래면목을 돈오를 통해 찾으려고 한다. 그런데 그는 "여자의 육체에서 돈오를 체감하려고"[11] 한다.

이처럼 힢스터는 실존에서 성을 가장 중요시한다. 그는 성을 금기와 억압의 대상으로부터 해방시켜 긍정적, 창조적인 차원에서 인식하고 수용한다. 그의 수용에 따르면 "성은 우리에게 종교처럼 절대적으로 필요하다. 성은 예술처럼 풍부한 의미를 나타내면서도 예술보다 더욱 더 창조적이다. 성은 우리가 그 일부분인 우주의 활력에 그대로 합류되는 인간의 창조력이다."[12] 그는 이런 성의식 때문에 아주 당당하고 공공연하게 성적 황홀경을 만끽한다고 자랑하면서, 그 황홀경의 위력을 이렇게 설명한다: "최고로 만끽한 성적 황홀경은 그[우리]의 가능성을 계발하여 확장하지만, 만족스럽지 못한 성관계는 그[우리]를 무기력자로 전락시킨다." 그는 스스로 "어떻게 하면 성적 불구자가 되고 어디에 성적 활력이 넘치는가"[13]를 탐구하면서 실존한다. 그런데 그가 여자와 성적 황홀경을 만끽할 수 있는 원천은 지식에 있지 않고 상호존중과 배려에 있다. 그가 자신의 가능성을 계발하여 확장하고 싶으면, 다른 사람들도 그렇게 할 수 있도록 지원하고 협조해야 한다. 그러므로 남녀가 서로 존중하고 협력할 때만 성적 황홀경을 극대화할 수 있다. 둘은 "서로의 욕구를 조화시켰다. 때로는 여자(자기)가 남편을 황홀경 속으로 이끌어갔고, 어떤 때는 그가 자기를 그렇게 해주었다"[14]고 하는 어느 부부의 모습은 서로 존중하고 협력하는 두 사람의 좋은 실례이다. 요컨대 힢스터는 성과 성역할을 새롭게 조명하면서, 우리가 자아탐구 그리고 인간의 가능성과 잠재력을 확장하여 실현시키려면 서로 존중하고 협력하지 않으면 안된다고 설파한다.

---

11 Norman Mailer, *Advertisements for Myself*(Cambridge: Harvard University Press, 1992), 379, 374, 362, 325, 339, 373.

12 Rachael C. Buchard, *John Updike: Yea Sayings*(Carbondale: Southern Illinois University Press, 1971), 124.

13 Mailer, *Advertisements for Myself*, 347, 349.

14 Mary Gordon, *Men and Angels*(New York: Random, 1985), 138.

'행복을 추구한 세대'와 힙스터의 실존철학에 대한 앞의 간략한 설명이 오샤니씨의 자아고수와 성숙추구의 골간을 이룬다. 그는 이 실존철학을 몸소 실천하는 훌륭한 작가 겸 자아고수와 보존자가 되려고 용감하게 온갖 체험과 모험을 감행한다. 그의 작가지망의 열의 그리고 자아고수와 성숙에 대한 추구를 가장 결정적으로 보여주는 역할을 하는 인물이 아이텔(eye-tell)이다. 오샤니씨는 항시 사회가 정직하고 자주적인 선각자들을 탄압하기 때문에 오늘날 선각자는 거의 없다고 생각한다. 그런데 그는 자기가 아는 한 아이텔이 그런 진귀한 인물이라고 믿고, 그를 자신이 본받아야 할 전형으로 삼고 존경하려고 한다. 그러나 아이텔은 부득불 자신의 재능을 파는 상업적인 영화감독이 되어 사회의 요구와 강요에 순응하는[15] 인간으로 전락한다. 오샤니씨는 자신의 기대와 믿음을 저버린 아이텔의 타락 그리고 그와 우여곡절 끝에 결혼한 "재능은 없지만 매우 관능적인" 플라멩코우 무희 엘러너 에스퍼지토우(Elena Esposito)에 관한 이야기를 중심으로 말한다. 그밖에도 자기와 한때 관계를 가졌던 "성의 여왕"[16]인 배우 룰루 마이어즈(Lulu Meyers), 뚜쟁이 매리언 페이(Marion Faye), 그리고 아이텔이나 그와 관련된 사람들의 실존에 막강한 영향력을 행사하는 영화제작자 콜리 먼쉰(Collie Munshin)과 그의 장인인 서프림영화사(Supreme Fictures) 사장 허먼 테피스(Herman Teppis), 그리고 자기 자신 등에 대한 이야기들을 말한다. 그는 그 이야기를 통해 타락, 방탕 그리고 욕심 때문에 자아를 상실한 이들의 "정신적, 성적 황무지"[17]를 극복하면서 자아를 고수하고 성숙시키는 과정을 부각시킨다. 다음의 본론에서는 그가 이들에게 어떻게 도전하여 자아탐구와 실현의 승리자가 되는가를 논의한다.

---

15 Stuart, 25.

16 Gutman, 45, 46.

17 Jean Radford, *Norman Mailer: A Critical Study*(New York: Harper, 1975), 20.

II

*쾌락주의자들의 휴양지*의 화자이고 주인공인 스물세 살의 고아 서쥐어스 오샤니씨 공군중위는 도교(Tokyo)에서 의병제대하고, 다른 비행사들과 미국행비행기를 기다리는 동안 지루한 시간을 때우기 위해, 평소에 즐겨 하지 않았던 도박을 하여 운 좋게 14,000달러를 딴다. 그는 방문할 가족도 찾아갈 친구도 없어, 거금을 갖고 편안한 휴식을 취하려고 휴양지 데저트 도(Desert D'or)로 간다. 이 휴양지는 미국영화산업의 중심지, 할리우드(Hollywood)에서 200마일 떨어져 있으며 온갖 타락, 퇴폐, 방탕 그리고 비행의 온상이며 "정신적, 성적 황무지"이다. 그 휴양지는 오로지 상업적인 이익을 극대화하려고 건설되었음에도 불구하고 그런 의도와 분위기는 전혀 드러나지 않는다. 그곳에는 중심가가 없고, 옷 상점에는 옷들이 진열되어 있지 않다. 옷을 사고 싶은 고객은 점원이 벽에 붙은 큰 문을 열 때까지 응접실에서 기다린다. 이 기이한 휴양지에 거주하거나 오가는 사람들은 모두가 이상한 성격과 생활방식 그리고 특이한 경력의 소유자들이다. 그들은 이기심, 과대망상 그리고 관능적 쾌락추구에 집착하면서 다른 사람들의 욕구와 의사를 인정하고 존중하려 하지 않고, 오직 자기목적을 위해 그들을 이용하고 억압하려고 안달한다. 그들은 자아인식과 탐구 그리고 공동체의식에는 관심이 조금도 없다. 따라서 그들은 자아를 상실하고, 자기본위로 사고하고 행동하는 비인간적인 비정한 사람들이다. 그들의 비인간성은 그들이 성장하면서 따뜻한 보살핌과 사랑을 받지 못해 형성된 자아상실과 포기 그리고 이상성격으로 말미암아 다른 사람들을 배려하고 존중하려는 의지와 실천력 부재에서 비롯된다.

오샤니씨는 어머니를 일찍 여의고 다섯 살부터 고아원에서 자랐다. 아버지는 직업상 여기저기를 돌아다녔기 때문에 몇년 만에 한번 고아원에 찾아왔고, 그와 함께 살고 싶어하는 아들의 꿈을 무산시켜버렸다. 또 그는 수녀들의 따뜻한 보살핌과 사랑도 받지 못했다. 더욱 불행하게도 그는 고아라는 이유로 급우들의 따돌림을 당해 그들과 어울릴 수 없었다. 그래서 그는 도서관에서 혼자 모험담들이나 영국의 중세 기사들, 용감한 사람들 그리고 로빈 후드(Robin Hood) 등에 관한 이야기들을 읽고 깊은 감명을 받았다. 이 감명으로 인하여 그는 언젠가 훌륭한 소설가가 되겠다는 야망을 품었다. 한편 그는 다행히도 다른 아이들보다 체력과 재능이 뛰어나 경찰서가 주관한 권투시합에서 우승했고, 성탄절연극에서 주연을 했으며, 열여섯 살에는 빌린 사진기로 찍은 작품을 출품하여 지역 사진전에서 상도 받았다. 그럼에도 불구하고 그는 자신과 자기능력을 신뢰하지 못할 뿐 아니라 자기도 다른 사람들과 똑같다는 확신을 갖지 못했다. 그래서 그는 언제나 자기가 간첩이나 사기꾼이라는 망상에 사로잡혔다. 그는 이처럼 자의식이 없는 이상성격을 가진 채 비행학교를 졸업하고 공군장교가 되었다. 그러나 그는 비행사가 된 후에는 전우들 덕에 소속감이 생겼고, 교전 중에는 위험을 무릅쓰고 위기에 빠진 동료비행사를 구조하려 애썼다. 그는 적기를 격추하려고 자신을 비인간화했다. 그는 출격명령을 받고 이륙할 때면 행복감마저 느꼈다. 그는 마을에 폭탄을 투하하고, 하늘에서 화염에 휩싸인 마을과 사람들을 내려다보았을 때 흐뭇함을 느꼈다. 이렇게 비인간적이고 비정한 오샤니씨가 어깨에서 팔꿈치까지 심한 화상을 입은 열다섯 살 배기 한 일본인 사동이 자기에게 식사를 가져온 모습을 보자 갑자기 측은한 생각이 들었다. 그가 동료 비행사들을 바라보고 자기는 저들과 다르다고 생각하자, 갑자기 고아원에서 자기에게 친절했던 로우즈(Rose)수녀가 떠올랐다. 그는 자기가 감행했던 비인간적인 폭격의 후유증으로 졸도하여 몇주 동안 병원에 입원했다가 퇴원하게 되었는데, 이때 바로 제대 통보를 받았다. 그 순간 그에게 두 개의 세계가 있다는 생각이 이렇게 떠올랐다: "내가 말하는 현실세계, 다시 말하면 전쟁, 권투시합, 그리고 뒷골목에 있는 어린이집들의 세계가 있었다. 이 현실세계에서는 고아들이 고아들을 태워 죽였다. 이런 세계를 생각하지 않는 편이 좋았다. 나는 모든 사람이 공존하는 다른 세계를 좋아했다. 상상세계"(47). 요컨대 그는 모든 사람이 평화스럽게 공존할 수 있는 사회를 염원한다.

오샤니씨는 자기가 직접 비참하게 체험했던 현실세계의 악몽에서 벗어나 편안한 휴식을 취하려고 휴양지로 간다. 그러나 그가 기대했던 모든 사람이 선량하게 실존하는 상상세계는 그 휴양지에는 없다. 그의 직감에 의하면 그 휴양지에는 어떻게 성실하게 인간적으로 사느냐를 고민하는 사람들이 없다. 그들은 자기기만과 망상, 지배욕, 이기심, 쾌락추구, 그리고 아집의 포로들이다. 따라서 그들의 실존에는 자의식, 양식, 타인 존중의식 그리고 사랑이 없다. 이처럼 자아를 탐구하고 실현하려는 의지와 실천력이 없는 그들의 실존에는 소모적, 퇴폐적인 현재는 있지만 건설적인 미래의 설계와 계획은 없다. 그러므로 그들의 실존에는 백해무익한 이념, 답습, 순종, 그리고 권태가 난무할 뿐이고, '행복을 추구한 세대'가 실현하려는 바람직한 실존에 필수적인 경이감, 활력, 탐구심, 그리고 주체성은 없다. 요컨대 그들은 오샤니씨가 염원했던 상상세계의 창조자가 아니고, "정신적, 성적 황무지"의 피조물이다.

오샤니씨는 황무지에서 자신과 아이텔을 포함해서 그가 접촉하는 사람들에 관한 이야기를 쓰면서 자아를 고수하고 성숙시킨다. 그의 성숙은 그가 극렬하게 비난하고 증오했던 현실세계를 수용하고, 거기에 "끊임없이 재적응하는 과정"[18]에서 이룬 자아탐구와 실현이다. 그는 우선 거금이 있으므로 한 일류 호우텔의 요트클럽(Yacht Club)에 투숙하고, 자아를 상실한 그 휴양지거주자들과 함께 생활한다. 그들은 비수기에는 주로 술집에서 소일하는데, 오후부터 술을 마시기 시작하여 자정을 지나 아침까지 계속 술을 마신 후 아침 해를 벗 삼아 귀가한다. 오샤니씨는 몇주 동안 술집에서 그들 중 몇몇과 자주 어울리다가, 그들이 자기에 대해 속삭이는 이런 허무맹랑한 말 — 동부의 부유한 가정출신의 공군조종사로 결혼에 실패하여 술로 시간을 보낸다 —을 엿듣는다. 그 휴양지에는 술을 무료로 마실 수 있는 한 궁전이 있다. 후하게 술을 대접하는 주인은 왕처럼 손님들을 좌지우지한다. 그들은 공짜 술의 대가로 주인이 말하는 이야기를 듣고 웃어야 하며, 그가 좋아하는 놀이를

---

18 Gutman, 46.

해야 한다. 오샤니씨도 도로시어 오우페이(Dorothea O'Faye)의 숙취궁전(Hangover)에 드나들었는데, 주인 여자가 만취가 되어 욕설을 퍼붓다가 그에게 남아 있으라고 한 뒤 잠들면, 그는 집으로 가지 못한다. 그녀는 자기와 결혼했다가 이혼한 주정뱅이인 전 남편을 심부름꾼으로 고용하여 상주시키고 있다. 그녀는 어머니가 술고래 아버지를 버리고 다른 남자와 도망가자, 열두 살부터 임대주택 관리인인 아버지를 도와 집세도 거두고 쓰레기도 치웠다. 그녀는 여러 직업에 종사하면서 흥망을 거듭하다가 결국은 명성 높은 나이트클럽가수로 일하여 큰돈을 벌어 그 휴양지에 투자하여 부자가 되었는데, 누구도 그녀의 재력을 알지 못한다. 그녀는 비천한 가정출신인 자기가 유럽 왕자와 관계를 갖고 출산한 사생아 아들이 있으며 그 애가 왕가의 혈통이라고 항상 자랑했지만, 아들 매리언 페이는 그 어머니를 크게 실망시켰다.

페이는 학교교육과 사업체를 부정하는 반항아로 어머니의 기대와 소망에 어긋나는 행동만 했다. 그는 고등학교를 졸업하기 전 부터 이미 문제아였다. 그는 어머니가 좋다는 한 사립고등학교에 어렵게 전학을 시켜주었지만 공부는 하지 않고 흡연, 음주, 과속운전에 탐닉하고 무책임하게 여자관계를 즐겼다. 그가 사고를 낼 때마다 어머니가 뒷수습을 해주었다. 그는 군 제대 후에도 어머니가 구해준 직장을 오래 다니지도 않았다. 그는 "사업체에 근무함은 예속이었다. [. . .] 노예생활은 의식을 왜곡시켰다"고 변명만 늘어놓았다. 그는 예속에서 벗어난 자유를 갈망했다. 그런데 그의 자유는 음주, 마약상용, 사막에서 즐기는 과속질주, 그리고 불법무기 소지와 같은 방탕생활의 만끽이었다. 그는 스스로 왜곡된 의식에 유폐되어 이렇게 엉터리 주장을 한다: "전 세계는 거짓말의 진원지이다. 이 때문에 사람들은 무기력하고 답답한 삶을 살고 싶어 한다"(15, 17). 그는 이렇게 왜곡된 의식의 노예가 되어 뚜쟁이로 혼자 살면서, 어머니의 궁전의 손님들을 미워한다. 그러면서도 그는 자기 말을 열심히 들어주는 오샤니씨를 좋아한다.

그는 한때 어머니와 관계를 가졌던 아이텔에 대해, "아이텔은 신과 악마가 다 들어있는 인간"이라는 자기생각을 오샤니씨에게 피력한다. 하지만 지금은 그를 싫어하지는 않는다고 덧붙인다. 오샤니씨는 아이텔의 이름이나 그에 관한 이야기를 처음 듣는다. 페이의 말에 의하면, 아이텔은 하원(공산주의협의자) 조사위원회에서 증언을 거부했기 때문에 더 이상 영화를 감독할 수 없다. 그러면서 페이는 오샤니씨에게 "애국심은 권력자들을 위한 미사여구이다"(23, 26)라는 문장이 들어 있는 증언록 복사본을 보여준다. 오샤니씨는 복사본을 읽고, 그의 증언은 모든 개인을 정부정책에 순응시키려는 미국정부의 횡포에 대한 반항이라고 단정한다. 한편 그는 이 증언이 그의 실존에서 지금까지 잠재되어 왔으나 미처 깨닫지 못했던 순수한 용기와 반항의 목표가 될 뿐 아니라 성숙과 창조의 원천이 될 것[19]이라고 예감한다.

이렇게 고무된 오샤니씨는 페이의 소개로 요트클럽에서 중년의 아이텔을 만난다. 그는 아이텔이 보기 드물게 정직하며 창의적이고 도전적인 사람이라고 믿고, 그를 자신의 사표로 삼으려고 한다. 그러면서 그는 아이텔의 실존으로부터 예지를 배우려고 그의 삶의 이야기를 쓴다. 이 이야기가 바로 *쾌락주의자들의 휴양지*이다. 이 소설은 "서쥐어스의 상상력의 산물이다. 소설은 그가 자신과 세계와 타협하면서 [자아를 고수하고 성숙시킨 과정을] 표현한다. [. . .] 아이텔의 이야기는 서쥐어스의 단어들로 구성된다. 아이텔이 이야기할 때 그 이야기는 오샤니씨의 비판적 견지의 문맥으로 구현된다."[20] 오샤니씨는 아이텔의 삶의 이야기를 쓰면서, 이를 반면교사로 하여 자신을 짓눌렀던 현실세계의 악몽에서 벗어나 점진적으로 자아를 탐구하고 실현한다. 그의 이야기 쓰기가 바로 솔직한 자기표현일 뿐 아니라 주체적 자아창조이다.

오샤니씨가 듣고 창작한 이야기에 의하면, 아이텔의 아버지는 오스트리어(Austria)에서 이민 온 부모의 아들로 태어나 고물상으로 시작하여 동부에 소재한 큰 도시의 자동차판매상이 되었다. 아버지는 이

19 Robert J. Begiebing, *Acts of Regeneration: Allegory and Archetype in the Works of Norman Mailer*(Columbia: University of Missouri Press, 1980), 37.

20 Carl Rollyson, *The Lives of Norman Mailer: A Biography*(New York: Paragon, 1991), 93-94.

민가정의 첫 대학생인 아들이 변호사가 되기를 갈망했다. 그러나 아이텔은 아버지의 기대를 저버리고 대학에서 자기가 좋아서 하고 싶은 연극에 열중했다. 그가 대학을 졸업할 때 아버지가 세계대공황(Great Depression)으로 큰 손실을 입었기 때문에, 자기 진로문제로 아버지와 싸울 필요가 없었다. 그는 뉴욕(New York)에서 직장을 구하려고 했지만 어려운 사회적, 경제적 여건에다 소심한 성격까지 겹쳐 실패했다. 다행히 그는 부모로부터 해방되고 싶은 여자를 만나 사랑에 빠졌는데, 그녀가 원해 결혼했다. 그는 그녀의 영향을 받아 문학과 정치에 급진적으로 접근했다. 그는 부인의 수입에 의존한 생활을 하면서 희곡을 썼고, 한 작은 극장에서 자신의 작품을 감독할 기회를 포착하게 되었는데, 이 작품에서 필요한 장면에서는 자기가 연기도 했다. 공연은 큰 성공이었다. 그는 일약 성공한 극작가, 감독, 배우가 되었으므로 바로 영화계의 부름을 받았다. 그는 할리우드로 가서 적은 비용으로 실험적인 영화를 만든다는 계약서에 서명했다. 그는 처음에 한 작품, 다음에 두 작품, 그 다음에 세 작품의 대본을 쓰고 감독했다. 마지막 세 작품은 지금도 높은 평가를 받고 있다.

아이텔은 1년 반 동안에 이처럼 탁월한 영화 세편을 감독하면서 천재라는 평을 듣는 한편 고집이 세고 독선적이고 자신만만하고 공격적이라는 평도 듣는 청년이었다. 이 영화들은 후에 다른 영화감독에게 큰 영향을 끼쳐서 많은 감독들이 모방하는 원전이 되었다. 이후 그는 더 큰 영화사와 더욱 좋은 조건으로 계약을 맺어, 막대한 제작비와 명성 있는 배우들을 출연시킨 영화들을 만들어 엄청난 수익을 올렸다. 그러나 그는 이 영화들이 솔직한 자기표현이 아니라 다른 사람들의 생각과 언행을 피상적으로 대변해야 했기 때문에 불만스러웠다. 그렇지만 그는 자본과 명성에서 정상급인 서프림영화사가 자기에게 파격적인 대우를 하겠다고 한 제안을 받아들여서, 자기가 원하는 영화를 독자적으로 감독하여 영화계의 거물이 되고 싶었다. 그러나 명성과 돈보다는 정치와 복지에 관심이 많은 부인은 할리우드를 싫어해서 그에게 그 제안을 거절하라고 요구했다. 마침내 그녀는 자기 요구를 묵살한 그와 이혼했다. 그는 한때 지적, 정서적으로 절실히 필요했던 자신의 스승이고 동지였던 그녀가 떠나자, 이미 마음속으로 갈망하고 있었던 더욱 매력적인 여배우와 재혼했다. 그는 자기표현을 포기한 많은 영화들을 감독하여 거부가 되자 초호화저택을 구입했다. 그는 이 저택에서 두번째 부인과 안락과 권태에 휩싸인 채 호사스러운 생활을 마음껏 즐기다가 결국은 이혼하고 군에 입대했다.

그는 전쟁에서 돌아와 여배우들의 육체에 탐닉하면서도, 영화를 계속 감독하였고, 감독으로서 호평을 받으며 최고의 대우를 받았다. 그러나 그의 영화에는 자아를 긍정하고 고수하기 위해 허위의식과 사회체제에 도전하는 예술적 표현은 없고, 이상한 인물들의 복잡하게 얽힌 행동만 있었다. 서프림영화사가 영화의 이야기, 구성 그리고 배우들을 제공하면, 그는 "아이텔 기법"으로 감독했다. 이 기법은 "관객들을 [예술적 공감과 승화 대신에] 공동묘지가 자아내는 이상야릇함으로 유인함"이었다. 다시 말하면 이 기법은 예술성을 도외시하고 오로지 공포심, 기괴함, 애욕, 그리고 비애를 고조시켜 관객들을 쉽게 흥분시켰다. 이 시기가 그의 전성기였다. 이때 그는 세번째 결혼을 하는데, 상대자는 "성의 여왕" 룰루 마이어즈였다. 그는 연민의 정으로 결혼을 했는데, 마이어즈가 자기를 필요로 한다고 생각했다. 그녀는 루메이니어(Romania)의 강제수용소에 감금되어 있을 때, 미군 협력자였으므로 종전 후에 미국으로 이민할 수 있었다. 그녀가 다른 아무것도 없이 오직 지독한 루메이니어 억양만 지니고 미국에 와서 결혼했던 첫 남편은 교통사고로 사망했고, 두번째 남편은 그녀의 돈을 훔쳐서 도망갔다. 결국 그는 동정심으로 결혼한 마이어즈와도 이혼했다. 그는 처음부터 그녀와의 "결혼은 영과 영의 만남"(33, 36)이었기 때문에 곧 파국을 맞을 거라고 예감했다.

아이텔은 전성기에 외부요인에 압도당해 자신의 예술적 정수를 표현하지 못한 채, "아이텔 기법"에만 의존한 영화감독에 전념했다. 따라서 그가 감독한 영화들은 이제 진부해져서 계속 흥행에 실패하게 되고, 서프림영화사는 막대한 경제적 손실을 입었다. 그런데 그는 주체적 자아를 포기한 채 영화를 감독할 때와는 정반대로 자신의 양심과 인격을 고수하고 과거 동지들을 보호한다는 명분으로 하원조사위원회에서 증언을 거부했다. 그는 이 거부로 서프림영화사에서 해고당했다. 더욱이 그는 요시찰인 명부에 올라 더 이상 어느 영화사에서도 영화감독을 할 수 없게 되었다. 그래서 그는 부득불 할리우드생활을 정리하고, 자신이 직접 쓴 대본을 가지고 언젠가는 다른 나라에서라도 영화를 감독하겠다는 의지를 갖고 이 휴양지에 왔다. 이것이 아이텔의 자가당착적인 의식과 행동에 관한 이야기의 끝이다. 요샤니씨는 이야기를 듣고 이렇게 반응한다: "나는 나 자신을 조금도 알지 못했기 때문에, 자기앎이 필수적이라고 언제나 생각했다"(44).

이제 오샤니씨의 성숙에 대해 고찰한다. 이 성숙은 오샤니씨가 아이텔과 그가 접촉하는 사람들의 언행을 직접 듣고 목격한 것들로부터 창작해 낸 아이텔의 타락과 패배의 삶에 대한 그의 구체적 반응에서 비롯된다. 이 고찰은 용기와 모험으로 무장한 오샤니씨가 독선적인 상류계층인사들의 탐욕과 횡포로 인하여 고통, 폭력 그리고 잔인성이 난무하게 된 현실세계를 창의적으로 극복하는데 반해, 아이텔은 스스로 주체성과 자주성을 포기하고 정치권력과 상업성에 굴복하게 되는 과정에 집중된다. 성수기가 되자 그 휴양지에 영화계의 거물들과 이들에 기생하는 사회의 여러 계층인사들이 모여든다. 오샤니씨는 콜린 먼쉰의 초대를 받은 아이텔을 동행하여 그를 만나게 된다. 아이텔은 타의 추종을 불허하는 아첨꾼이고 조종자인 먼쉰을 비꼬면서, 그가 "언젠가는 영화계 뿐 아니라 세계를 지배할 것이다"[21]고 말한다. 서프림영화사의 말단 직원이었던 그는 일약 사장인 허먼 테피스의 사위가 되어, 할리우드에서 가장 영향력 있는 영화제작자들 중의 한 사람이 되었다. 그는 아이텔을 만나자 자신에게 큰 골칫거리가 되고 있는 존재인 정부, 엘러너 에스퍼지토우를 버려야 하니 대신 보살펴 달라고 부탁한다. 그가 그녀를 방기하려 하는 까닭은 그녀의 사회적 신분과 재능이 자기수준에 맞

---

21 Wenke, 55.

지 않다고 여기기 때문이다. 그는 그녀가 자기주변 사람들과 어울리지 못한다고 실토하면서도 그녀를 적극 변호한다. 그의 변호에 따르면, 그녀는 정신적 고통과 상처가 많아 "현재의 자기보다 더 큰 인물이 되겠다는 허황된 생각에 사로잡혀 있어서"(57) 정서적 문제는 있지만, 결코 사악한 여자는 아니라는 것이다. 또 그녀는 다른 사람을 원망하고 비난하려고 하기보다는 오히려 자기를 나무라면서 자성하는 편이라고 그는 덧붙인다. 결국 아이텔은 먼쉬에게 그녀를 만나겠다고 약속한다.

먼쉬이 전화에서 엘러너가 우는 소리를 듣고, 두 사람을 방에 두고 나가자 허먼 테피스가 들어온다. 그는 아이텔의 과거 고용주로서 아이텔과 비우호적인 대화를 나누다가, 오샤니씨가 과거 공군 조종사였음을 알고 자신이 주최하는 파티에 그를 초대한다. 그의 서프림영화사는 "백해무익한 반공영화들을 제작하고 있는데, 회사 내부는 아주 권위주의적인 체계로 이루어져 있으며, 미국정부의 억압적인 반공정책들을 철두철미하게 지지한다. 이러한 지지를 바탕으로 이 영화사는 자원하여 하원조사위원회에 적극 협력하고 있기 때문에, 아이텔이 그들의 정치노선에 순응할 때까지 그를 재고용하지 않겠다는 방침을 극명하게 표명"[22]한다. 이렇게 그는 반공정책을 적극 지지하면서도 이 정책이 미국사람들에게 촉발하게 될 분열과 혼란을 재빨리 간파한다. 그는 이 점을 그의 영화제작의 밑바탕으로 삼고서, "사람들은 오늘날 혼란에 빠져 있다. 그래서 그들은 무엇을 원하는가? 그들은 자신들을 혼란시키는 영화를 원한다. 그들이 극도의 혼란에 빠질 때까지 기다려라. 그러면 그들은 자기들을 혼란에서 구원해줄 영화를 갈망할 것이다"고 주장한다. 그는 그들을 구원할 영화는 낭만적인 연인들이 등장하는 감상적인 작품이라고 확신한다. 그래서 그는 동성연애자인 남배우, 테디 포우프(Teddy Pope)와 "성의 여왕" 룰루 마이어즈에게 둘이 결혼해야 한다고 일방적으로 강요한다. 그는 두 사람이 결혼하면 "미국의 가장 멋진[이상적인] 부부"가 될 것이며, "미국이 세계이다"(72, 274)고 그들을 설

22 Radford, 56.

득하지만, 그 결과는 무위로 끝난다. 그는 표면적으로 가정을 가장 중요시하면서도 독선과 아집이 매우 강한 도덕주의자이나 실은 은밀하게 구강성교(fellatio)를 즐기는 위선적인 속물이다.

훤칠한 미남인 오샤니씨가 공군장교제복을 입고서 혼자 파티에 나타나니, 많은 참석자들은 그가 아직 배역을 받지 못한 남배우일 거라고 착각한다. 오샤니씨는 테피스로부터, "그(아이텔)는 그의 기회를 놓쳐버렸다"(93)고 공개적인 비난을 받는 아이텔이 당당하게 엘러너를 데리고 와서 차지하고 있는 탁자에 가서 합석한다. 오샤니씨는 먼쉰의 인물평과는 달리 엘러너에 대해, "도전적이고 용기가 넘친다. [. . .] 그녀의 용기는 . . . 동정심, 자존심 그리고 '그녀의 육체에 대한 자신감'의 총체에서 솟아나는 것 같다. 그녀는 '비상하려는 동물'처럼 보인다"[23]는 인상을 갖는다. 그는 그녀가 아이텔의 실존에 상당한 영향력을 발휘할 것이라고 예감한다. 그는 아이텔을 보고 찾아온 그의 전 부인인 "성의 여왕" 룰루를 소개받는다. 그는 그녀가 젊은 자기에게 관심을 쏟고 있음을 직감한다. 그래서 그는 많은 남자들의 연정과 소유욕의 대상인 그녀가 자기를 현실세계의 악몽에서 상상세계의 길몽으로 인도해주기를 기대한다. 오샤니씨는 그녀가 자신의 기대에 부응하여 줌으로써 자기에게 일어나는 변화를 의식한다. 그는 그녀와 춤을 춘 다음에 그녀의 승용차로 사막으로 가서 차 안에서 애무를 즐기곤 함으로써 거의 1년만에 자기가 정상적인 남자임을 인지한다. 이처럼 그가 즐기고 있는 그녀와의 관계는 "그의 육체적, 정신적 건강의 회복 뿐 아니라 . . . 그가 소설가가 되는 험난한 과정을 시작하는데 필수적인 입문에 결정적인 역할을 한다."[24] 그러나 이 관계는 그의 자아고수의지와 그녀의 현실세계와 영화세계에 대한 분별능력상실 등으로 인한 갈등으로 좋은 결실을 거두지 못한다.

아이텔과 오샤니씨는 뜻밖에 만난 여자와 관계를 맺음으로써, 일단 현실세계에 현명하게 적응하지 못한데서 비롯된 무기력하고 메마른

---

23 Begiebing, 38.

24 Wenke, 58.

실존을 극복한다. 그런데 두 사람의 현재의 이 극복은 실존 의식의 현격한 차이 때문에 매우 대조적인 결과를 초래한다. 아이텔은 세속적인 욕망에 지나치게 사로잡혀 자신에게 정직할 수 없으므로, 삶을 있는 그대로 수용하며 즐기지 못할 뿐 아니라 그를 사랑하는 엘러너의 간절한 욕구와 소망을 존중하려 하지도 않는다. 자아를 고수하기 위해, 오샤니씨는 깊은 사랑으로써 자신을 성 무기력자에서 능력자로 변신시켜준 룰루와 단호히 결별하는데 반해, 아이텔은 자기 갈등과 모순으로 말미암아 엘러너와 성적 황홀경을 만끽하면서도 우여곡절 끝에 마지못해 결혼한다. 그는 엘러너와의 성관계에서 지금까지 느껴보지 못했던 성적 황홀경을 만끽하면서 젊음과 성적 기교를 회복하고 싶어한다. 중년인 그와 성관계를 했던 다른 여자들은 그의 신체와 접촉할 뿐 그의 영육을 열정적으로 받아들이려고 하지 않았지만 엘러너는 그들과 완전히 다르다. 그는 체험을 통하여 여자를 이해하는 가장 좋은 방법은 성행위에 있다고 여긴다. 그가 엘러너와의 성관계에서 깨달은 바는, "그녀는 [성행위를 하면서] 매우 뛰어난 미모의 여인[으로 변신한다]. 그는 [성행위에서] 여자의 이런 면모를 본 적이 없었다"는 사실이다. 그녀도 "당신은 왕이다. 이런 황홀경은 처음이다"며 감탄한다. 그런데 그는 이런 황홀경의 극치에서도 만족감과 충만감보다는 자신이 발휘한 성교기술에 도취한다. 더욱이 그는 "누구나 [성적 황홀경을 만끽하는] 연인이 되려면 사랑에 빠져서는 안된다"(103)고 오샤니씨에게 설교한다. 이처럼 그는 다른 사람, 특히 엘러너를 사랑하고 배려하는 영혼을 경시한다. 따라서 그는 스스로 "변증법적인 주인공, 다시 말하면 비겁과 물질주의[에 빠진] . . . 자신의 단점들을 극복하는 투쟁을 전개하는 주인공으로 변신할 수 있는 가능성"[25]을 묵살해버린다.

이러면서도 그는 그녀와의 관계에서 성의 긍정적, 창조적 역할을 이렇게 기대한다: "성은 자비를 갈망하는 그의 꿈이었다. 성은 그에게 엘러너와의 관계를 통하여 그의 활력을 회복시킬 수 있고, 그의 용기를

25 앞책, 60.

용솟음치게 할 수 있고, 그가 한때 진정한 자기라고 믿었던 그런 인간이 될 수 있다는 희망을 일깨워줄 만큼 그를 성숙시켰다. 그는 자기 옆에 있는 엘러너와 함께 몇년 만에 처음으로 자신의 당면과업은 위대한 영화제작이라고 생각했다." 그러나 그의 기대는 실현될 수 없다. 그의 "성은 '남녀가 하나가 되는 융합',"[26] 즉 사랑을 전제로 하지 않기 때문이다. 그는 엘러너와 함께 성숙하면서 실현할 실존목적을 공유하려 하지 않는다. 사랑은 두 사람의 실존목적 공유와 그 달성의지이다. 또 사랑은 이런 실존철학 — "인간에게는 성숙하거나 그렇지 않으면 변함없이 존재하면서 더욱 큰 대가를 지불해야 하는 매우 무자비하지만 아주 당연한 생활법칙이 있다"(110, 346) —의 실천의지이다. 더욱이 사랑은 정치적 신념과 예술철학의 근원이다.[27] 그럼에도 엘러너가 그로부터 평생 처음 인간적인 대우를 받았다는 감격으로 바치는 사랑을 아이텔은 받아들이지 않는다. 그의 "내적 욕구와 충동으로 말미암아 그는 [인간으로서 반드시 추구해야 할] 자신의 이상을 실현하려하기보다는 오히려 현실세계와 타협"[28]하려 하기 때문이다.

그가 현실세계와 타협하여 영화감독으로서 거둔 성공은 독자적인 예술철학의 표현에서가 아니라 "굶주림과 분노에서 연유"했다. 죠우저프 웬키(Joseph Wenke)는 그가 주체적인 영화감독이 될 수 없는 이유를 이렇게 설명한다: "아이텔의 논리핵심은 사람들은 잠재재능을 타고났다는 주장이다 . . . 이 재능은 무용지물이 될 때까지 생활 속의 모든 현상에 의해 변화되고 자극받고 계발되었다. 사람들이 운이 좋고 용감하다면 때로는 똑같은 잠재재능을 갖고 자기들을 행복하고 강하게 해줄 수 있는 배우자를 찾았을 것이다. 적어도 상대적으로 그랬다. 또 반대되는 경우들도 있었다. 모든 사람이 잠재재능을 갖고 있다면 속물근성도 있었다. 속물근성이 보통 더 강했다. 속물근성은 잠재재능의 탄압자가 될 수 있었다." 한편 그는 이러한 논리에 사로잡힌 채, "언제나 현

26 Watson, 84.

27 Wenke, 60.

28 Begiebing, 37.

실세계에서 권력을 장악하려는 야욕과 예술세계에서 영향력을 발휘하려는 욕망으로 양분"된 예술가이다. 요컨대 그는 현실세계에 집착하는 속물근성의 영화감독이다. 그러면서도 그는 잠시 엘러너의 사랑에 빠져 그녀의 "용기, 존엄성 그리고 사랑 능력"[29]을 간과한 채 "그들은 함께 성숙할 것"(108, 121-22, 124, 123)이라고 확신한다. 그리하여 그는 심기일전하여 쓰고 있던 대본인 "오늘의 성자"의 집필에 전념한다. 이 프로그램의 주인공으로 나오는 한 성자는 어느 티비 프로우그램을 통하여 고통 받는 사람들에게 그럴듯한 조언을 해주면서 큰 명성과 부를 얻었으나 곧 이를 회개한 후에, 진실로 그들에게 충언을 아끼지 않게 되자 오히려 인기를 잃어 자멸하고 만다.

아이텔이 집필에 열중하면서 엘러너와 행복하게 동거하고 있는데, 그의 과거 조수였던 넬선 네빈스(Nelson Nevins)가 영화감독으로서 큰 명성을 얻어 부티를 풍기면서 찾아온다. 아이텔은 그의 작품을 대수롭게 평가하지 않으면서도, 그의 득의만면한 표정에 짜증이 난다. 그는 언짢아하는 아이텔에게 자기는 1년 동안 유럽에 체재하면서 영화를 감독했는데, "테피스가 그의 영화를 보고 눈물을 흘렸다"고 자랑한다. 더욱이 그는 거기서 보낸 1년은 자기 생애의 전성기로 많은 환상적인 활동을 했고, 유명 정치가와 식사도 했으며, 또 명성이 자자한 여배우와 동침도 했다고 뽐내면서, 아이텔에게 꼭 유럽에 한번은 가야 한다고 권유한다. 그가 가자 엘러너는 그를 부러워하는 아이텔에게, "당신이 유럽에 가고 싶으면 당장 갈 수 있다. 내가 당신을 붙잡고 있다고 생각하지 마라"고 큰 소리로 말한다. 아이텔은 그녀에게 여자 생선 장사처럼 새된 소리를 지르지 말라고 타이르면서, 자기는 여권도 압수당해서 가지고 있지 않다는 탄식의 말을 내뱉는다. 이어서 그는 그녀를 사랑한다고 하소연하지만 그녀는 그의 말을 믿지 않는다. 그래서 그는 극심한 의기소침과 외로움에 빠져든다. 그가 이런 처지의 자신을 되돌아보니 그의 "과거는 기억과 현재를 파괴하는 암"과 같았다. 또 그가 하는 일

---

29 Wenke, 59.

은 "과거를 망각시키고 현재를 의식하지 못하게 할 뿐 아니라 그가 미래를 창조할 수 있기 전에 먼저 엉망으로 만들어버린다"(164, 166, 171). 설상가상으로 그는 엘러너와 함께 과거 지인들로부터 소외된 채 일종의 정치적 망명자생활을 하고 있는데, 그녀는 자기를 찾아오는 몇몇 사람도 거만하다고 싫어하면서 오로지 오샤니씨만 반긴다. 마침내 아이텔은 내 일생은 이런 비극적 상태로 끝나버릴 것인가 하고 절망적으로 자문한다.

그가 이렇게 절망에 빠져 있을 때 그의 대본, "오늘의 성자"가 그를 절망의 수렁에서 구원한다. 먼쉰은 그 대본에 깊은 관심과 흥미를 표시한다. 그는 티비에서 일주일에 수천달러의 수익을 올리다가 갑자기 포기하는 주인공의 비상식적인 결행이 관객에게 폭발적인 인기를 끌 수 있으므로 흥행에 크게 성공할 것이라는 의견을 아이텔에게 개진한다. 이어서 그는 아이텔에게 주인공을 성직자로 하는 것이 좋을 것 같다고 조언한다. 이 성직자는 매력, 지성 그리고 균형감각을 지니고 있지만, 자비심이라고는 없다. 그는 신학교를 졸업하고 방송계로 진출해서 수익을 올리려고 모든 수단과 방법을 동원한다. 악인으로 살아가는 그는 그의 인기가 최고에 달했을 때, 갑자기 십자가를 보고 양심의 가책을 느껴 회개한다. 그가 천사의 목소리를 들으면서 신학교에 재입학함으로써 이 영화는 해피엔딩으로 끝난다. 아이텔이 먼쉰에게 자기는 교회를 인정하지 않는다고 난색을 표명하자, 먼쉰은 교회도 하원조사위원회와 유사한 성격을 가지고 있다고 주장한다. 그러면서 먼쉰은 대본을 4,000달러에 매입하는데 먼저 착수금으로 2,000달러를 바로 지급하고, 대본이 완성되면 완불한다는 계약서에 서명한다. 또 먼쉰은 아이텔이 지금은 자존심 때문에 하원조사위워회에 출석하여 증언하기를 거부하고 있지만, 만약 마음이 바뀌어 증언을 한다면 영화감독을 다시 할 수 있을 것이라고 말한다. 그런데 페이는 아이텔이 상업적인 영화대본을 써서 판다는 말을 듣고 그에게 "당신은 예술가였기 때문에 예술에다 [지금] 침을 뱉고 있다"(184)고 비난한다. 그는 아이텔이 더 이상 예술가로서 자신의 존경의 대상이 되지 못함을 직감한다.

아이텔은 먼쉰과 계약이 끝나자, 엘러너에게 지금 쓰고 있는 대본은 이미 자기 소유가 아니니까 다음에 더 좋은 대본을 쓰겠다고 말한다. 그녀는 그가 돈 때문에 대본을 팔았음을 알고 크게 실망한다. 그러나 그는 먼쉰에게 판 대본집필이 매우 순조롭게 진척되어서 깜짝 놀라기도 하고 기쁘면서도 불쾌하다. 그는 집필이 원만하게 완성되어 가면 갈수록 엘러너와의 관계가 더욱더 소원해지고 악화되어 감을 절감한다. 그런데 이 소원과 악화는 큰 반어이다. 그는 그녀가 사교적으로 성숙하기를 갈망하는 만큼 그녀는 그의 소망에 부응하여 이렇게 외치기 때문이다: "나를 사랑해요, 정말로 나를 사랑해요. 그러면 나는 당신이 원하는 것을 다 할 수 있습니다." 그럼에도 그는 그녀의 소망을 아랑곳하지 않고 자신의 실존여건이 달라지자 그녀를 버리고 싶어한다. 그가 이렇게 하려는 표면적인 이유는 다음과 같다: "왜 2류의 남자가 5류의 여자에게 그처럼 많은 시간을 할애해야 했는가? 이것은 비논리적이었다. 2류의 남자들은 2류의 여자들과 교제하기를 원했다. 사회의 상류층은 이런 사람들로 구성되어 있다"(183, 204). 이처럼 그는 자신의 능력을 다시 발휘할 계기가 마련되자 신분문제에 매우 민감해진다. 그의 판단에 의하면, 엘러너는 빈민출신으로 좋은 가정교육을 받지 못해 무뚝뚝하고 야비하다. 그녀가 성인이 되어서도 오로지 많은 남자들과 즐기는 관계가 실존의 전부이다. 따라서 그녀는 "유명한 영화감독의 부인으로서 갖추어야 할 재능"[30]은 물론이고 품위가 없는 하류계층이라는 출신성분은 여전하다. 아이텔은 신분상으로 자기와 어울리지 않는 그녀와 헤어지는 최선책은 결혼하고 이혼하는 데에 있다고 판단한다. 그러면 그녀는 한때 유명했던 영화감독의 이혼녀가 되기 때문이다. 그는 그녀에게 독신녀보다는 이혼녀 신분이 더욱 이로울 거라고 단정한다.

이처럼 아이텔은 사회적, 지적으로 엘러너보다 우위에 있으면서도, 페이가 그를 정확하게 진단한 것처럼 "정말로 무서움에 사로잡혀 있다." 그는 "도전적이고 용기가 넘치는" 그녀를 무서워한다. 그의 무

---

30 Merrill, 61.

서움의 근원은 그가 자신에게 정직하지 않고 주체성과 모험심이 약하기 때문에 자아를 고수하지 못하는 데에 있다. 그래서 그는 그녀를 사랑한다고 하면서도, 사랑 앞에서 용감하고 당당하고 진실할 수 없으므로 그녀를 마음과 몸을 다 바쳐 사랑할 수 없다. 왜냐하면 그는 그녀를 사랑한다고 말하면서 다른 여자와 부정을 저지를 생각을 하기 때문이다. 또 그는 피동적이고 우유부단한 성격이어서 실존에서 능동적으로 자립하면서 미래를 개척할 수가 없다. 그러므로 그는 무의식적으로 그녀로부터 도피하려고 한다. 그는 "그녀를 사랑했으면서도 사랑하고 있다고 느끼지 못했다. 그녀는 나이가 어렸지만, 그는 자신의 체험을 능가하는 경험담을 그녀로부터 들었다. 만약 그가 그녀와 계속 동거했었더라면, 그녀의 실존철학을 수용해야 했었을 것이다. 그런데 그는 평생동안 그 철학을 부정했다." 그가 생각하기에 자신의 "실존철학의 핵심은 생존여건을 향상시키려 하지 않고 위태롭게 (이기적으로 왜곡되게) 하는 상황의 선택이었다. 이 선택이 그가 인식한 세계를 제약하고 한정시켰다. 완전히 그는 도덕과 훈계가 동일한 세계의 지배를 받았지만, 그녀는 자유스러웠다. 그녀는 그가 더 이상 원하지 않을 때까지 그와 함께 있을 것이다. 그녀가 떠난 뒤에 어떤 결과가 나타날까 하는 생각이 그의 살을 실제로 부상당한 것처럼 아프게 했다"(204, 257). 요컨대 그는 용기, 도전정신 그리고 독자성이 강하지 못하기 때문에, 그녀를 무서워하면서 자기모순에 빠져 우왕좌왕하며 어찌할 바를 모른다.

이처럼 아이텔은 실존의식에서 자아고수보다는 경제적 안정과 사회적 신분을 더욱 중요시한다. 이에 반해 오샤니씨는 자아고수를 절대시하기 때문에 속박보다는 자유를 선호하여, 단호히 먼쉰의 유혹을 뿌리칠 뿐 아니라 룰루와 결별한다. 먼쉰은 테피스와 함께 그가 고아출신으로 공군조종사가 되어 하루에 네 대의 적기를 격추했다는 사실에 지대한 관심을 갖는다. 먼쉰은 그에게 그의 삶을 영화화하는 조건으로 20,000달러를 제시한다. 그가 이 조건을 수락하지 않자, 먼쉰은 그가 영화에서 남자주연배우를 할 수 있다는 제안을 한다. 그러면서 먼쉰은 그에게 영화는 입신할 수 있는 절호의 기회라고 하면서 이렇게 강조한다:

"당신은 영화로 큰돈을 벌고 체면을 차리며 위세를 부릴 기회를 잡는다. [. . .] 당신은 영화계로 진출해서 . . . 제작, 감독 그리고 대본쓰기를 할 수 있다. [. . .] 준비만 잘하면, 당신은 세상을 그리고 당신 자신을 이롭게 하는 매우 뚜렷하게 형상화된 인간이 될 수 있다. 스스로 기회를 포착한다면, 이러한 인간이 당신의 전형이다." 먼쉰은 그가 이런 설득에도 아랑곳하지 않자 그의 가장 절친한 친구, 아이텔의 문제를 끌어들인다. 아이텔이 영화감독을 하지 않고 있기 때문에, 그의 뛰어난 재능이 무수한 사람들의 사랑과 찬탄을 받지 못하고 사장되고 있다고 먼쉰은 흥분한다. 먼쉰은 그가 그의 삶을 영화화하는데 동의한다면, 테피스에게 사정하여 아이텔을 요시찰인 명단에서 빼게 하여, 그가 이 영화감독을 할 수 있도록 하겠다고 호언한다. 잠시 그는 먼쉰의 호언에 매료되어 계약서에 서명하고 싶은 유혹에 빠지기도 한다. 그러나 그는 그 유혹을 뿌리칠 수 있는 큰 힘을 어깨에서 팔꿈치까지 심한 화상을 입은 열다섯 살 배기 일본인 사동의 다음과 같은 말에서 얻는다: "저는 영화에 출연할 수 있을까요? 그들은 [저의] 피부 상처들과 거기서 나와 생긴 고름집들을 노출시킬까요?"(221-22, 224). 그는 자기의 삶을 다룬 영화에는 "고아들이 고아들을 태워 죽이는" 비극적인 장면이 틀림없이 촬영될 거라고 믿는다. 그는 이 믿음 때문에 서명을 망설인다. 망설이고 있는 그는 먼쉰의 말을 많이 들으면 들을수록 어떻게 해야 할지 더욱더 알 수가 없다.

그래서 그는 아이텔의 조언을 들으려고 그를 찾아간다. 아이텔은 그의 이야기를 듣고 자기는 어떤 의견도 개진하고 싶지 않다고 단호히 말한다. 그렇지만 그는 아이텔에게 절친한 친구로서 어떤 조언이라도 해주라고 강경하게 요구한다. 아이텔은 자기가 젊었을 때는 이런 경우에 받아들이느냐, 아니면 거부하느냐 중에 하나를 택일할 수 있었겠지만 지금은 그럴 수 없다고 말한다. 그러면서 아이텔은 그에게 이렇게 질문한다: "당신은 출세를 . . . 돈을 . . . 그리고 기타의 문제들을 원하지 않는다고 확신하느냐? 당신은 정말로 배우가 되고 싶지 않다고 확신하느냐?" 이어서 아이텔은, "당신이 [이런 세속적인 욕망을] 초월하여

하고 싶은 일이 있다면 [먼쉰의] 제의를 거부해야 한다. [. . .] 당신의 본능을 믿어라. [. . .] 당신이 [본능적으로] 갈망하는 일을 하라"(225, 226, 228)고 말한다. 아이텔은 그에게 이런 실존철학을 강조하면서도 자신은 실천하지 못하고 있음을 실토한다.

이렇게 오샤니씨가 먼쉰이 제시한 좋은 조건을 거부하자, 룰루는 그가 안정되고 안락한 삶을 모르는 바보라고 비난한다. 그러자 그는 자기 삶을 소재로 제작된 속물영화를 원하지 않는다고 대응한다. 그녀는 그에게, "당신이 정말로 나를 사랑했다면 . . . 나와 결혼하고 싶었을 것이다. 당신은 20,000달러로 경제적으로 안정될 것이다. 당신은 나를 사랑하지 않는다. 당신이 나를 사랑했다면 내 말을 경청했을 것이다"고 항변한다. 그는 이 항변을 무시하고, 그녀를 사랑한다고 진지하게 말하면서 청혼한다. 그녀가 그의 결정에 절망한 나머지 어떻게 살 것이냐고 따지자 그는, "우리 이곳을 떠나 멀리 가자. [. . .] 당신은 영화를 포기하고 연극을 할 수 있다. 나는 어떤 일이라도 할 수 있다"(218, 219, 229)고 대답한다. 그녀는 울면서 그럴 수 없다고 거세게 반발한다. 결국 두 사람은 결별한다. 그녀는 결코 영화를 포기할 수 없기 때문이다. 그녀에게 "연기는 현실이고, 실생활은 연기하는 중간에 일어나는 환상이다. 그녀는 자신의 행복은 작은 배역에라도 출연하는 데 있으므로 삶을 다양한 영화체험으로 변질시키려고 계속 시도"[31]하고 있다.

비록 두 사람은 결별하지만 오샤니씨는 룰루와 지극정성으로 사랑하는 관계를 갖고 마침내 자신의 인간성과 선천적 활력을 회복한다. 그는 그녀를 포옹하고 있으면서도 그녀가 멀리 있는 것 같고, 더욱이 그녀의 육체에 두려움을 느낌으로써 발기가 되지 않자 울기 시작한다. 그녀가 깜짝 놀라 왜 그러느냐고 묻고 나서 그를 애무하면서 진정시키자, 그는 자기가 이렇게 된 경위를 그녀에게 소상하게 설명한다. 그가 공군에 있을 때 작전명령을 받고 출격하여 비행기에서 마을에 휘발유를 뿌리고 폭탄을 투하하면, 화염이 치솟고 바로 참혹한 장면이 나타났

31 Gutman, 54.

다. 떨어진 휘발유 방울에 옷이 젖은 사람은 곧 불길에 휩싸인다. 그가 다음날 비행기에서 내려다보면 마을은 폐허가 되었고, 죽은 사람들의 눈은 쓰레기 소각장의 검은 재처럼 허공을 응시하고 있었다. 그는 작전을 수행하고 귀대하면 술집에 가서 여자들과 즐기면서 다른 조종사들과 서로 전공을 자랑했다. 그러나 그는 심한 화상을 입은 일본인 사동을 보고 더 이상 술집에 갈 수 없었다. 그는 술집여자들의 육체가 자기가 불태웠던 사람들의 살이라는 생각이 들었기 때문이었다. 그는 자면서, "나는 육체를 즐긴다. 나는 화염을 즐긴다. 나는 인간으로서 무자비하다"고 비명을 지르곤 했다. 그는 이후로 여자와 사랑을 포기하고 살았다. 그러나 그는 룰루의 깊은 이해, 애정 그리고 사랑이 넘치는 언행으로 자신의 정신적, 육체적 활력을 회복하고 그녀와 성적 황홀경을 만끽한다. 그는 그녀가 지르는 이런 탄성 — "나는 처음으로 여자임을 느낀다"(231) — 을 듣고, 이제 정상적인 남자가 되었음을 체감한다.

오샤니씨는 룰루와 관계를 통하여 인간성과 생명력을 회복하고, 자아를 고수하면서 어떤 극한상황도 극복할 수 있다는 자신감이 있으므로 먼쉰의 유혹을 뿌리친다. 그는 대담하게 유혹을 뿌리치고 나서, "나는 언제나 [어떤 모험도 마다하지 않는] 도박사일 것이다. 내가 이런 기회를 무시했다면, 돈이나 빠른 출세보다도 더욱 가치 있는 문제에 전념해야 한다는 깊은 생각 때문이었다"(228)고 그의 심정을 피력한다. 그는 자신의 실존에 경제적 안정과 사회적 신분이 절대적이지 않다는 사실을 보이기 위해, 거처를 값싼 방으로 옮기고 룰루와 자주 식사했던 고급식당에서 고된 접시 닦는 일에 종사한다. 그가 세척기에서 나온 뜨거운 접시들을 정돈할 때 손가락들은 열로 아프고 눈은 땀으로 충혈된다. 또 그는 주차장 일도 하면서, 매일 빈약한 식사를 한다. 그의 이런 고된 삶은 먼쉰이 그에게 자기가 제시한 조건을 거부하면 직면하게 될 거라고 경고한 시련이다. 그러나 그는 시련을 겪으면서도 낙관적으로 실존한다. 그는 아이텔에게는 의논상대가 되는 가장 절친한 친구이지만, 먼쉰에게는 힙스터, 즉 반사회적 정신병자로 보일 뿐이다.

오샤니씨가 무모할 정도로 자아를 고수하고 이상을 추구하는 도전적인 인간임에 비해, 아이텔은 너무 안이하게 자아와 예술을 포기하는 현실 타협형의 인간이다. 아이텔은 사회적 명예와 경제적 안정에 집착하여 자아와 사랑의 대상을 부정하기도 한다. 그는 이런 파괴적 자아를 변호하려고 자신의 파란만장했던 "실존이 자신을 결정론자로 전락시켰다"고 술회한다. 그러나 그는 시련과 위기에 도전하려는 강한 의지와 용기가 없었다고 고백하지 않는다. 그는 대본, "오늘의 성자"가 생각 외로 좋은 작품으로 완성되자, 계속 이곳에 먼쉰의 대본작가로 있을 것인가, 아니면 할리우드로 갈 것인가의 선택의 기로에 서 있다. 만약 그가 할리우드로 간다면 엘러너는 상업적인 영화감독인 자기에게 어울리는 상대가 아니라고 생각한다. 그가 이런 고민에 빠져있을 때 그녀가 그를 사랑한다고 말하자, 그는 "사랑은 요란한 소음이다"(368, 295)는 논리로 그녀의 간절한 마음을 무시하고 아프게 한다. 그러자 그녀는 그의 만류에도 불구하고 페이와 동거하려고 집을 뛰쳐나간다.

아이텔은 이런 와중에도 이미 먼쉰과 맺었던 계약조건으로는 이렇게 좋은 대본을 넘겨주기가 너무 아까워 계약을 갱신할 궁리를 한다. 그는 자신이 정치에 별로 관심이 없으면서도 하원조사위원회에 출석하여 증언하기를 계속 완고하게 거부할 필요가 없다고 자신을 설득한다. 더욱이 그는 자기가 증언을 거부하여 보호하려 했던 인사들이 자신을 비난하고 있음을 인지한다. 또 그는 이제 자기가 예술가가 아니고 상업적인 영화감독에 불과한데 굳이 정치적 신념을 고수해야 할 필요성을 느끼지 못한다. 따라서 그는 더 큰 이익을 챙기기 위해 먼쉰에게는 대본이 아직 완성되지 않았다고 거짓말을 하고, 하원조사위원회에 출석하여 증언하고 싶다는 의사를 전한다. 드디어 그는, "나는 . . . 조국을 수호하기 위해 모든 침입과 전복 음모에 대한 나의 정보를 제공할 수 있어 자랑스럽습니다. 나는 우리가 공유하는 민주주의 유산에 대한 확고한 지식을 바탕으로 모든 국민은 자기가 소유하고 있는 어떤 정보라 할지라도 숨김없이 하원조사위원회의 조사업무에 협조하는 것이 국민의 의무이라고 부언할 수 있습니다"고 증언한다. 그는 증언을 마친 다음 오샤니씨에게, "나는 평생 처음으로 완전한 매춘부라고 생각하고,

모든 공격과 항의를 . . . 받아들였다"고 자기심정을 토로한다. 한편 그는 먼쉰과 영화를 감독하고 흥행에서 나온 이익금을 양분하기로 합의한다. 이제 그는 오샤니씨에게, "나는 [영화감독에서] 당신을 나의 조수로 고용하겠다는 생각을 하고 있었다"는 자기의중을 내비친다. 오샤니씨는 그를 돕고 싶은 마음은 간절하지만 촬영소에서 룰루를 만나면, 그녀가 아이텔의 조수가 된 자기를 어떻게 대할까 하는 생각 때문에 사양한다. 이때 바로 그는 — "서프림영화사는 찰즈 프랜시스 아이텔과 칼라일 먼쉰이 공동집필한 원본, *성직자와 연인들*(*Saints and Lovers*)을 매입해서, 아이텔이 감독하고 먼쉰이 제작할 것이다"(305, 306, 308-09) — 는 발표문을 읽게 된다.

아이텔의 집에서 뛰쳐나왔던 엘러너는 페이와 동거하고 나서야 그가 사악하고 비정상적인 인간임을 인지한다. 그녀는 결혼하자는 그의 강요를 받으면서도 아이텔을 사랑한다. 또 그녀는 그가 충동질하고 있는 자살에 동조하지 않는다. 그녀가 그의 몰상식과 비인간성 때문에 그와 헤어지기로 결심하자, 그는 그녀를 공항으로 데려가는 중에 화물차와 추돌하는 교통사고를 낸다. 그는 그녀에게 차에 있는 불법 소지한 권총을 밖으로 던지라고 말하다가 의식을 잃는다. 그러나 그녀는 차 밖으로 끌려나올 때 부상으로 코에서 피를 흘리면서도 "오 찰리(아이텔) 나를 용서해줘요"라고 울부짖는다. 병원에서 페이는 경찰의 조사를 받고 있으며, 그녀는 오샤니씨의 문병을 받는다. 오샤니씨의 연락을 받고 모든 일정을 취소하고 달려온 아이텔에게 그녀는 불쑥, "오 찰리 나와 결혼해줘요. 이제 나는 모든 것을 다 배울 겁니다. 나는 다 배운다고 약속할 게요"(343, 346)라고 말한다. 이 말을 듣는 순간, 그는 전에 그녀를 포옹했을 때 돌처럼 차가움을 느낀 적도 있었지만, 이제 그녀를 포기할 수 없다는 생각이 들어 결혼하기로 작심한다. 그가 한때 그녀를 행복하게 해주었다는 기억과 그녀는 지금 가진 것이 병상 밖에 없다는 사실로 인해 그는 그녀와 결혼할 수밖에 없다고 여긴다. 그는 그녀가 퇴원한 1주일 후에 그녀와 결혼식을 거행한다.

두 사람의 결혼식에 참석하지 못했던 오샤니씨는 멕시코우 시티

(Mexico City)로 회송되어 온 청첩장을 받는다. 그는 아이텔에게 축하선물을 보내면서 이곳에서 고아에 대한 소설을 구상하고 있다고 전언한다. 또 그는 회송되어 온 페이의 엽서를 받는다. 엽서에는 그가 수감되어 있는 교도소의 깨끗한 방 그림이 들어있다. 그는 교도소생활에 잘 적응하고 있다고 썼다. 오샤니씨는 큰 호평을 받았던 *성직자와 연인들*을 개봉된 지 1년 6개월 후에 관람한다. 그도 이 영화가 장엄하지는 않지만 어색한 장면들 없이 탁월하게 구성되었다고 평가한다. 이렇게 그는 편안한 휴식을 취하려고 찾아간 데저트 도에서 아이텔을 사표로 삼아 새로운 실존에 도전했던 삶을 큰 성과 없이 마무리한다.

오샤니씨는 멕시코우 시티에서 투우를 즐겨 구경하다가, 스페인어 구사가 향상되자 투우사들과 사귄다. 그는 살해당할 위험성이 있다는 친구들의 경고를 무시하고 젊은 투우사의 연인과 관계를 갖는 대담한 모험을 한다. 다행히 그는 이 투우사의 다정한 친구가 되어 그로부터 투우를 배운다. 그는 투우를 배우면서, 가장 강한 공포심에 사로잡혀 있을 때 오히려 신체를 다양하게 움직이는 새로운 전술을 사용하는 방법을 터득할 수 있음을 직감한다. 다시 말하면 비겁과 공포가 어떻게 활용되느냐에 따라 오히려 새로운 실존전략이 될 수 있다. 따라서 그는 투우를 소재로 한 소설을 집필하려고 한다. 그러기 위해 그는 뉴욕에 정착하여 투우교실을 열어 강의하면서, 소설집필 준비 작업을 한다. 그는 자기를 스스로 무정부주의자로 정의하고서, 명작소설들이나 문학비평, 역사, 철학, 정신분석 그리고 인류학 서적들을 탐독하면서 끊임없이 자아를 성숙시키려 한다. 이제 그는 저자들 중 어느 누구도 자신의 귀감으로 삼지 않는다. 그는 그들의 체험과 자신의 체험 사이에 적합성이 없음을 알기 때문이다. 그래서 그는 기존 지식과 사상보다는 오히려 자신의 독자적 상상력에 의존하여 자아탐구와 소설집필을 도모하려 한다. 이렇게 소설집필에 도전하려는 오샤니씨에게, "성숙과 도전의 창조적 정신을 구현할 수 없었던"[32] 아이텔은, "당신은 예술가의 자존심으로

---

32 Begiebing, 41.

무장하여 현존하는 모든 권력의 장벽에 용감무쌍하게 도전하는 당신의 작은 나팔을 불어야 한다"(374)고 조언한다.

오샤니씨는 그의 요구에 부응하여 나팔을 부는 전제를 자아고수와 성숙 그리고 창의력발휘에 둔다. 그는 자아고수와 성숙 그리고 창의력발휘를 저지하는 두 개의 장벽이 있다고 주장한다. 하나의 장벽은 사회가 우리에게 일방적으로 수용하라고 강요하는 종교, 도덕, 이념 그리고 체제 뿐 아니라 억압당하고 있는 성적 본능과 욕구이다. 우리는 자아를 상실시키는 주범인 이런 강요와 억압으로부터 해방되어야 한다. 우리는 해방에 도움이 되는 신의 이런 말씀을 경청해야 한다: "신자여 실존하라. 나는 당신을 도울 수 있다고 확신하지 않는다. 그러나 나는 우리가 이 사람들(지배계층인사들)이 당신에게 무엇을 하라고 명령하는 것을 원하지 않는다는 사실을 잘 알고 있다." 이처럼 지배계층인사들이 우리의 자아고수와 성숙의지 그리고 성적 본능과 욕구를 부정케 하는 억압은 근절되어야 한다. 이 억압은 우리의 저항과 타도의 대상이기 때문이다. 또 하나의 장벽은 우리가 이성을 사랑할 때 그리고 이성과 관계를 가질 때 스스로에게 정직할 수 없도록 하는 왜곡된 의식, 다시 말하면 정치적 권력, 경제적 안정 그리고 사회적 명예를 향유하고자 하는 탐욕이다. 경제적 안정과 사회적 명예를 중요시하다가 예술과 사랑에서 실패한 대표적 인물이 아이텔이다. 이런 왜곡된 의식 때문에 우리는 실존의 핵심요소, 즉 성적 본능의 절대적 가치를 파악할 수 없을 뿐 아니라 부정한다. 그래서 오샤니씨는 실존에서 성의 절대적 중요성을 강조하기 위해, 신에게 "당신은 철학이 성으로부터 시작한다는 학설에 동의합니까?"하고 질문한다. 그러자 철학자들 중에서 가장 연장인 신은, "오히려 성을 시간으로 생각하고, 시간을 새로운 순회들의 연결(사상들의 교차)로 간주하라"(374, 375)고 대답한다. 이 대답이 오샤니씨의 실존과 소설창작에 결정적인 역할을 한다.

신의 대답을 듣고 오샤니씨가 새롭게 이해한 성은, "사랑 뿐 아니라 실존에 필수적이다. [. . .] 성은 가장 본질적인 의미에서 성숙이다. 성은 구상이고 가능성이며 시간의 핵심이다."[33] 성의 이런 이해와 정의는 자아고수와 성숙 그리고 창의력발휘에 최선을 다하고 있는 오샤니 씨에게 가장 심오한 의미와 가치가 있다. 그에게 시간은 성숙의 연속이고 창의력발휘의 기회이다. 또 그에게 시간은 성본능이 폭발하는 활화산의 순간이다. 이렇게 그는 성과 시간을 동일시하여 통합하면서 자신의 비극적 과거를 극복하고 새로운 삶을 개척하려고 한다. 그는 이 통합을 바탕으로 실존에서 자아고수와 성숙을 절대시하고, 이 절대시를 구현하려는 소설창작에 도전하는 용감한 새로운 소설주인공, 즉 힙스터이다. 요컨대 그는 소설의 참신한 주제를 발굴하려고 할 뿐 아니라 성의 긍정적 역할을 가장 중요시하려고 하는 도전정신과 용기의 화신이다.

III

지금까지 *쾌락주의자들의 휴양지*를 자아고수와 성숙의 논지에 입각해서 고찰하였다. 이 소설의 화자 겸 주인공, 오샤니씨는 노먼 메일러가 행복을 추구한 세대에 동조하여 창안한 새로운 인간, 즉 힙스터이고, 그가 처음 창조한 힙스터 주인공이다. 그는 실존에서 세속적 욕망보다는 자아고수와 성숙 그리고 성본능과 성적 황홀경을 가장 중요시한다. 그가 투우를 소재로 창작하려는 소설에서 구현하려는 자아고수와 성숙 그리고 성적 황홀경과 성의 긍정적 역할이 '행복을 추구한 세대' 소설가들의 핵심주제였을 뿐 아니라 세대 이후 작가들에게도 계속 가공할 위력을 발휘하고 있다. 요컨대 그는 미국소설의 이정표가 된 주인공이다. 특히 그는 금기시되어 공개적으로 언급하거나 논의하기를 꺼렸던 인간의 기본 본능이고 욕구인 성이 자신의 자아고수와 성숙에 필수적이다고 주장하면서, 미국사람들의 성의식개혁을 선도한다. 그에게 성은 "종교처럼 절대적으로 필요하다. 성은 예술처럼 풍부한 의미를 나타내면서도 예술보다 더욱더 창조적이다." 그는 성, 자아고수와 성숙,

33 Gutman, 55-56.

그리고 시간은 밀접한 상호관련이 있기 때문에 서로 상승작용을 한다고 역설한다. 그는 자신의 체험을 실례로 들어, 성적 황홀경의 만끽으로 과거의 악몽과 무기력을 극복하고 자아고수와 성숙을 도모하면서 소설창작에 전념할 수 있다고 실토한다. 그는 소설창작에서 세속적 욕망을 넘어서게 하는 원동력으로서 사랑과 성관계에 필수적인 정직, 어떤 위험과 시련도 극복할 수 있다는 자신감과 용기, 그리고 미지의 세계와 자신의 가능성에 도전하려는 강한 의지와 실천들을 절대시한다. 결론적으로 *쾌락주의자들의 휴양지*의 주인공, 오샤니씨는 메일러가 우리를 위해 창조한 힘스터로 실존의 귀감이다. 이 귀감이 우리 실존에 하나의 이정표가 되었으면 하는 소망이 이 글의 마무리이다.

4

잭 케러왝: 삶의 활력은 깨달음과 자유

I

잭 케러왝(Jack Kerouac, 1922-1969)은 행복을 추구한 세대(Beat Generation)의 창시자이며 대변자이다.[1] 따라서 그의 두 소설 *떠돌이 삶*(*On the Road,* 1957)과 *진리의 탐구자들*(*The Dharma Bums,* 1958)을 올바르게 이해하기 위해서는 행복을 추구한 세대의 개념을 제대로 파악하는 것이 필수적이다. 행복을 추구한 세대에서 비트(beat)의 의미는 무엇인가? 이 문학운동을 선도한 케러왝의 사상적 배경은 어떤 것이었는가? 이 문학운동을 태동시킨 사회적 배경은 무엇이었는가? 케러왝은 행복을 추구한 세대를 어디서 착안하여 어떻게 개척했는가? 행복을 추구한 세대의 궁극적 목적은 무엇이었는가? 이런 목적이 두 소설에 어떻게 반영되어 있는가? 행복을 추구한 세대는 일시적 유행인가, 아니면

---

[1] Jack Kerouac, "The Origins of the Beat Generation," in *A Casebook on the Beat*, Ed. Thomas Parkinson (New York: Crowell, 1961), 70. 1960년대에는 이렇게 주장되었으나 오늘날에는 Allen Ginsberg가 Beat Generation의 대표자로 공인 받고 있다.

뿌리 깊은 전통인가? 이 문학운동은 오늘날에도 그 생명력을 가지고 있는가? 이런 문제들을 고찰해본다.

먼저 행복을 추구한 세대에서의 비트가 무엇을 의미하는가를 밝혀보자. 19세기 미국남부의 시골이나 서부에서 쓰이기 시작한 비트의 원래 의미는 "가난한, 영락한, 빈털터리의, 부랑생활을 하는, 슬픈, 그리고 잠잘 곳이 없는"이라는 뜻이었다. 비트는 1940년대에 재즈음악가들 사이에서 크게 유행하였는데, 그들은 "나는 완전히 녹초가 되었네, I'm beat right down to my socks"에서처럼 비트를 더욱 기발하고 재치 있게 사용했다. 케러왝은 타임즈 광장(Times Square)에서 남창, 좀도둑, 그리고 마약상습자로서 지하생활을 하고 있던 허버트 헝크(Herbert Huncke)가 재즈음악가들로부터 배워 익힌 비트를 자주 사용하는 것을 들었다. 케러왝은 현대인들이 세상사에 너무 지쳐 삶을 지겨워한 나머지 비관적 사고에 빠졌다고 단정했다.[2] 따라서 케러왝은 이런 비관적 사고를 극복할 수 있는 새로운 삶의 태도, 혹은 새로운 삶의 철학이 있어야 한다고 절규했다. 그는 행복을 추구한 세대의 사상이나 주장이 무기력하고 염세적이었던 미국인들의 의식개혁을 위한 기치임을 선언했다.

> "비트"의 원래 의미는 가난한, 영락한, 빈털터리의, 부랑생활을 하는, 슬픈, 그리고 지하철역 구내에서 잠잔다는 뜻이었다. 오늘날 이 단어는 공식적으로 사용되면서, 그 의미가 확장되어 지하철역 구내에서 잠자지 않지만, 어떤 새로운 동작이나 태도를 지닌 사람들을 포함하는 뜻으로 사용되고 있다. 나는 이 새로운 동작이나 태도를 오직 새로운 중요한 의미라고만 단정할 수 있다. "행복을 추구한 세대"는 분명히 미국에서 생활양식의 변화와 개혁을 위한 표어나 기치가 되었다.[3]
>
> The word "beat" originally meant poor, down and out, deadbeat, on the bum, sad, sleeping in subways. Now that the word is belonging officially it is being made to stretch to include people who do not sleep in subways

---

2 Bruce Cook, *The Beat Generation* (New York: Scribner's, 1971), 6.

3 Kerouac, 73.

but have a certain new gesture, or attitude, which I can only describe as a new more. "Beat Generation" has simply become the slogan or label for a revolution in manners in America.

나아가 케러왝은 비트는 "행복이 가득한"을 의미한다고 갈파했다. 비트는 모든 인간이 지극한 행복을 누릴 수 있음을 그리고 그 현실적 가능성을 역설했다. 비트는 모든 인간의 행복의 근원은 만물의 사랑에 있다고 주장했다. 이런 역설과 주장이 케러왝이 선도한 행복을 추구한 세대의 요체였다.

맨해튼의 중심지에서 소설가 잭 케러왝은 텔러비전 대담을 준비하고 있다. 그는 말하기를, "우리는 행복한 인간이다. 비트는 행복에 가득참을, 지극한 행복을 누릴 수 있음을, 그리고 상당히 중요한 어떤 것을 의미한다. 나는 비트의 새로운 의미를 창출해냈다." 그는 텔러비전 시청자들에게 공언하기를, "우리는 만물을, 즉 빌 그레이엄 목사, 빅 텐(10개 대학의 풋볼팀), 라큰롤(재즈음악), 선불교, 사과파이, 아이전호우어대통령 모두를 사랑하며, 깊이 연구한다. 우리는 새로운 종교의 선봉에 있다." 잭 케러왝은 찰리 파커를 신으로 그리고 자신을 예언자로 쓰고 싶어한다.[4]

In midtown Manhattan a writer, Jack Kerouac, prepares for his interview on TV. "We're beat, man," he says. "Beat means beatific, it means you get the beat, it means something. I invented it." For the television audience he announces, "We love everything, Bill Graham, the Big Ten, rock and roll, Zen, apple pie, Eisenhower — we dig it all. We're in the vanguard of the new religion." Jack Kerouac likes to write of Charlie Parker as God and himself as the Prophet.

따라서 케러왝의 "삶에서 가장 중요한 철학은 사랑"[5]이었다. 그는

4 Herbert Gold, "The Beat Mystique," in *A Casebook on the Beat*, 248.
5 Al Aronowitz, "The Yen for Zen," *Escapade*, October 1960, 70.

이 문학운동을 통해 새로운 인간 — 자신 뿐 아니라 모든 인간과 사물을 사랑하는 사회의 주체적 반항아 —을 창조했다.

케러왝은 인간의 자아탐구정신과 자발적 삶의 의지를 억압하는 사회제도와 관습에 반항했다. 그리고 그는 서구의 몰락이라는 위기감과 절망감이 팽배한 시대사조에 도전했다. 그는 산업사회의 관료주의와 획일성 그리고 중산층의 물질만능주의가 진정한 삶의 바탕이 되는 솔직성, 민감성, 개체성, 그리고 공동체의식 등을 갈망하거나 향유하려는 인간의 영혼을 질식시키고 있다고 확신했다. 그는 현대인들이 자신과 우주를 인지하는 능력, 진리를 파악하는 힘, 그리고 삶의 활력을 상실해버렸다고 여겼다. 그래서 케러왝은 스스로 자발적인 삶을 살기 위해 그리고 다른 사람들도 솔직하고 자유스런 삶을 살 수 있도록 하기 위해 사회에 반항했을 뿐 아니라 끈질기게 반항하는 주인공을 창조했다.

케러왝의 이런 반항심은 어떻게 형성되었는가를 알아보자. 그는 사업에 실패한 아버지가 자기에게 강요하는 기대, 다시 말하면 자기의 입신출세를 바라는 아버지의 세속적 욕망에 반발했다. 그는 많은 사람들이 삶의 목적으로 삼고 갈망하거나 획득하려 애쓰는 사회적 지위와 경제적 이익추구를 포기했다. 뿐만 아니라 그는 전쟁이라는 사회의 큰 소용돌이로부터 초연했다. 그는 오로지 자아탐구에 몰두했다.

> 잭에게는 자신과 리오우 사이의 또 하나의 전쟁이 있었다. 잭의 잠재력을 탐하는 케러왝의 아버지는 자신의 실패에 분개한데다, "거지같은 고장" 로우얼에서의 아들의 침체를 걱정하여, "너는 평생 동안 네가 하고 싶은 대로 할 수 있다고 생각하느냐?"고 계속 고함질렀다. 그러나 잭에게 사회적 지위와 경제적 성공이란 중요하지 않았다. 궁극적으로는 전쟁 그 자체도 무의미했다. 수년 후 그는 이때의 자신에 대해 이렇게 말했다: "중요한 세상사들은 사실상 그에게 아무런 의미가 없었고 충분히 현실적이지도 않았다. 그는 자신의 지극한 정신적 삶과 위대한 시에 대한 경이롭고 황홀한 통찰력이 모든 세상사들보다 더 현실적이라고 확신했다." 신속히 거대한 전쟁기계로 변화해가고 있는 사회에서, 잭은 현실

로부터 도피하여 "지극한 정신적 삶에 대한 통찰력"에 몰두했다. 그는 도서관에서 세권의 책을 대출해 와서는, 거터의 *파우스트*, *죠읍*, 그리고 누구보다도 표우더르 미카일러비취 도스터예프스키를 열광시켰던 신비의 세계로 빠져들었다.[6]

For Jack, there was another war — between himself and Leo. Enraged by his own failures, jealous of Jack's potential and worried over his son's stagnation in Lowell "Shittown," the elder Kerouac yelled and carried on, demanding, "Do you think you can do what you feel like all your life?" But career and financial achievement were not important to Jack; ultimately, even the war itself was insignificant. Years later he said of himself at this time, "Mighty world events meant virtually nothing to him, they were not real enough, and he was certain that his wonderful joyous visions of super spiritual existence and great poetry were realer than all." Inside a nation rapidly transforming itself into a superb war machine, Jack turned away and immersed himself in "visions of super spiritual existence." He went to the library and checked out three volumes, and entered a mystic world occupied by Goethe's *Faust, Job*, and above all else, Fyodor Mikhaillovich Dostoevsky.

케러왝의 자아탐구에서 가장 결정적인 역할을 한 것은 천주교로부터 선불교로의 종교관의 변화였다. 그의 이런 변화는 그가 모든 사물을 보고 이해하는 진리관을 바꾸었다. 그는 천주교로부터 삶은 광명과 암흑의 투쟁, 다시 말하면 정신과 육체의 싸움이라고 배웠다. 더군다나 육체는 정신을 타락시킨다는 이유로 저주와 학대의 대상이라고 했다. 따라서 그는 모든 사물을 이원론의 입장에서 이해했으며, 항시 영혼의 타락을 두려워하면서 육체의 중요성을 무시하거나 부인하지 않으면 안 되었다. 그러나 그는 선불교를 통해 이원론을 극복하고, 만물은 다 같다는 믿음을 바탕으로 한 삶의 탐구자가 되었다. 이제 그의 가장 지대한 관심사는 왜 사는가와 그리고 왜 살아야만 하는가였다. 그리하여 그

---

6 Dennis McNally, *Desolate Angel: Jack Kerouac, the Beat Generation, and America* (New York: Delta, 1979), 49.

는 자기 소설을 통하여 정신과 육체의 활력을 다 같이 강조하면서 개개인의 감정과 본능의 중요성과 의미를 일깨웠다.

잭의 삶의 바탕은 언제나 천주교 — 다시 말하면 기독교였다. 그는 모든 사물을 선악의 이원론 입장에서만 바라보았다.

읽었던 책들, 그리고 잭의 개성, 젊은 시절, 영원성에 대한 느낌, 가족관, 로우얼 그리고 기타 등등은 전적으로 천주교적이다.

*떠돌이 삶*의 체험과 그 사이의 모든 폭발성 저서들에 몹시 동요되어 — 내가 믿기로는 — 그는 "왜 너는 이것을 하고 있느냐?"고 계속 자문했다. 그의 신념 — 그의 종교적 신념 —이 그것을 제지했거나 "멈춰라"고 말하기를 용이하게 했지만, 그는 여하튼 그것을 계속했고, 바로 거기에서 불교가 도입되었다. 모든 신앙은 정말로 똑같다. 모든 신앙은 바로 단계이다. 정말이지 단계에 불과하다.

선불교의 고승은 케러왝에 대해 "그는 탐구자이다"고 말했을 것이다. 그는 탐구자였다. 그는 선불교의 신봉자가 아니라 대승불교의 신자였다. 그는 선불교는 지적이라고 언제나 생각했다. 요체는 잭이 삶의 의미와 싸움 중이었다는 사실이다. "나는 왜 살아 있을까? 나는 왜 살아 있어야 하나?"[7]

Jack's ground was always Catholicism — Christianity, that is. He looked at things in terms of good and evil.

In terms of the books and in terms of Jack's personality, Jack's youth, Jack's sense of continuity, Jack's sense of family, Lowell, all the rest of that, is totally Catholic.

The *On the Road* experience, all the eruptive books in between, so disturbed him that he — I believe — kept saying to himself, "Why are you doing this?" His faith — his religious faith — put it down or made it easy for him to say, "Stop doing it," but he did it anyway, and that's where Buddhism came in. All faiths are the same, really. They're just stages. They're just stages.

---

7 Barry Gifford and Lawrence Lee, *Jack's Book* (New York: St. Martin's, 1978), 219-20.

A Zen master would have said about Kerouac, "He is a seeker." He was a seeker. Jack wasn't a Zen, he was a Mahayana Buddhist. He always thought Zen was intellectual. The point is that Jack was struggling with the meaning of life. "Why am I alive? Why should I stay alive?"

케러왝의 개체적이고 자발적인 감정을 바탕으로 한 예술적 이해와 판단은 맹목적이고 일방적인 편견과 아집으로 뭉쳐진 권위에 대한 치열한 도전이며 반항이었다. 문학과 음악에 대해 권위주의적이면서 나름대로 객관적인 주장들이 주관적인 이해와 감상과 평가를 전적으로 도외시하면서 학계와 독서계를 지배했다. 당연하게도 이런 주장들은 개개인의 개체적 감정과 성스러운 탐구정신을 억압하고 말살했을 뿐 아니라 그 결과를 무시하거나 부정했다. 예를 들면 1940년대 중기의 컬럼비어대학교(Columbia University) 영문학과의 고루하고 폐쇄적이었던 교수들인 라이어널 트릴링(Lionel Trilling), 레이먼드 위버(Raymond Weaver), 마크 밴 도런(Mark Van Doren) 등은 "[에즈러] 파운드(Pound)의 원숙한 작품을 무시하거나 배척했으며, 윌리엄 칼러스 윌리엄즈(William Carlos Williams)를 조야하고 미숙한 시인으로 평가했고, 왈트 휘트먼(Walt Whitman)은 옹졸한 시골뜨기 시인에 불과하다고 혹평했다."[8] 그들의 이런 왜곡된 이해와 평가가 학계의 지배적 견해가 되었을 뿐 아니라 개개인의 독자적인 의견과 판단을 압도해버렸다. 그러나 케러왝은 이런 자기 부정적이고 타인지향적인 풍토에 반기를 들어 휘트먼을 가장 탁월한 시인으로 간주하고 수용했다. 그는 휘트먼을 자신의 문학적 이상으로 삼고 우주의 시인으로 흠모했다.

그 믿기 어렵게도 간단한 책 *풀잎*은 그의 생애의 가장 적시에 그에게 큰 영향을 주었다. 여름 내내 잭과 그의 가장 막역한 친구 새미 샘퍼스는 그의 "원시적 고함소리"와 환상적 예언의 우레 같은 소리에 귀 기울이며 왈트 [휘트먼] 주위를 거닐었다. 잭은 또한 소로우, 토머스 하디, 그

8 Barry Miles, *Ginsberg: A Biography* (New York: Simon, 1989), 79.

리고 에밀리 디킨슨을 읽었으며, 잭 런던에 매료되기도 했다. 니체적 야수성은 그의 꿈을 일깨워, 정말로 "황야의 부르는 소리"를 듣도록 해주었고, 자유분방한 삶, 즉 떠돌이 삶을 가르쳐주면서, 자유의 직관력 — 열린 길을 심어주었다. 그는 런던으로부터 모험심을 배웠고, 그 결과로 그의 낭만적 직관력은 훨씬 더 생생해졌다. 그러나 참으로 잭의 꿈을 충족시켜준 작가는 우주의 시인 휘트먼이었다.[9]

It had come along at the perfect time in his life, that deceptively simple book *Leaves of Grass*; all that summer Jack and Sammy Sampas, his dearest friend, walked beside Walt, listening to his "barbaric yawp," to the crashing thunder of his visionary prophecy. Jack also read Thoreau and Thomas Hardy and Emily Dickinson, and even had a fling with Jack London. The Nietzschean beast raked over his dreams, made him literally hear "the call of the wild," taught him of the free ones, the hobos, the bums, left him with a vision of freedom — and the open road. London gave him a taste for high adventure, and his romantic vision was ever more colorful as a result. But it was Whitman, a creature of the cosmos, who truly fed Jack's dreams.

대부분의 미국인들은 재즈의 예술적 진가를 전혀 이해하지 못했다. 재즈는 "사회의 버림받은 이방인들과 그처럼 밀접하게 관련되어 있었기 때문에, 대부분의 미국인들의 예술적 체험과는 전혀 무관했다. 여기에는 여러 가지 이유가 있다. 분명히 미국인들의 백인우월주의와 청교도적 양심의 심리적 요인들이 동시대에 유럽에서는 모든 예술형태에서 다시 선호되고 활용되었던 원시주의에로의 복귀를 용납할 수 없었다. 게다가 미국예술의 일반적인 경향이 지나치게 보수적이었기 때문에 미국인들은 유럽의 19세기 음악의 맹목적인 답습을 위해 작곡의 형식에서도 새로운 기법을 전적으로 배척했다. 그 대표적인 실례가 챨즈 아이브즈(Charles Ives)였다. 그러나 미요우(Milhaud), 스트러빈스키(Stravinsky), 그리고 힌더미스(Hindemith)와 같은 유럽 작곡가들은 새

---

9 McNally, 40.

로운 시각에서 재즈를 보고, 재즈에서 음악의 전통적 형식에 새로운 활력을 불러일으켜줄 커다란 가능성을 발견했다."[10] 이런 유럽 음악가들의 견해와는 달리, 대부분의 미국인들은 재즈를 속되고 천한 음악이라고 경멸했다.

그러나 케러왝은 자신의 심금을 울린 블루즈에 심취했다. 그에게 블루즈는 실의와 좌절 그리고 서구의 전통인 이원론적 사고의 굴레와 억압으로부터의 해방이었을 뿐 아니라 자발적 창조활동의 상징이었다. 그는 가수나 연주가가 자신의 독창성과 개체성을 마음대로 발휘할 수 있는 블루즈에 매료되었다. 특히 그는 가수나 연주자가 자신의 영혼을 표현하기 위해 격정적이고 자발적인 감정을 유감없이 나타내는 블루즈의 즉흥적인 연주에 매혹되었다. 그리하여 그는 블루즈로부터 "자발적인 집필"을 할 수 있는 미학을 익혔다.

> 블루즈의 혼은 잭을 사로잡아, 그를 백인사회로부터 끌어내어, 이쉬미얼과 허크 핀의 친구로 만들더니, 백과 흑 인종 사이의 어슴푸레한 경계선으로 밀어 넣었다. 욕망 때문에 로우얼로부터 그리고 조상의 계보 때문에 호러스 만의 가르침으로부터 추방당한 채, 그는 블루즈 — 고전적 전통에 전적으로 부합되지는 않는 음악 —에서 피난처를 찾았다. 미국의 흑인음악은 바크와 베이토우번의 음악과는 엄밀한 관련이 없었다. 베시스미스는 유럽식의 음고(音高) 개념들 사이에서 미지의 영역을 발견한 음악가들 사이에서만 가장 위대한 성악가였다. 재즈음악은 정확한 음고와 리듬의 교향악적 개념들로부터 말하기의 더 자연스러운 속도와 멜러디로 더한층 가수들을 해방시켜주었다. 블루즈는 잭을 비록 흑인은 아니라도 유색인으로 만들어, 열여덟 살 먹은 열정적이고 감각적인 신비론자의 정체를 마련해주었다. 이 신비론자의 예술에의 헌신은 진지한 만큼이나 모호하게 정의되었다. 음성과 체험의 소리와 박자 그리고 리듬은 그를 영원히 사로잡을 것이었다.[11]

---

10 Iola and Dave Brubeck, "Jazz Perspective," in *Jam Session: An Anthology of Jazz,* Ed. Ralph J. Gleason (New York: Putnam's, 1958), 224-25.

11 McNally, 39.

> Blues truth seized Jack, ripped him out of the white world, made him companion to Ishmael and Huck Finn, thrust him into the twilight land between the races. Displaced from Lowell by desire, from Horace Mann by his roots, he found refuge in the blues — a music that didn't entirely fit the classical tradition either. Afro-American music was not exactly related to what Bach and Beethoven had to say; Bessie Smith was only the greatest of the musicians who discovered the uncharted areas between European notions of pitch, and jazz further liberated singers from the symphonic ideas of precise pitch and rhythm toward the more natural pace and melody of human speech. The blues made Jack colored, if not black, gave identity to a soulful, sensual-mystic eighteen-year-old whose commitment to art was as nebulously defined as it was serious. The second, the beat, and the rhythm of the human voice and experience would obsess him always.

이처럼 케러왝이 개개인의 개체성과 독창성에 바탕을 둔 주체적 자아를 탐구하기 위해 그리고 서구전통인 이원론의 함정을 초월하기 위해 반항했던 미국사회는 어떠했는가를 알아보자. 제2차세계대전 직후 미국인들은 서구의 몰락이라는 위기감, 자본주의 경제체제의 가상 적국인 소련에 대한 공포감, 그리고 철저한 물질만능주의에 사로잡혔다. 따라서 그들은 이런 위기감과 공포감에서 벗어나 물질추구를 극대화하기 위해 서슴없이 관료주의와 권위주의의 노예가 되었다. 그런데 관료주의와 권위주의는 그 자체의 체제를 강화하기 위해 그들이 독자적으로 진선미를 추구하는 것을 결코 용납하지 않았다. 관료주의와 권위주의는 그들에게 그 자체의 체계에 무조건 복종할 것을 강요하면서도, 그들이 스스로 그렇게 하는 양 허위의식을 조장했다. 그리하여 관료주의와 권위주의는 자기 목적달성에 암적 존재인 문학을 경멸하고 증오하며 탄압했다.

> 경제의 대부분이 정신적, 기계적 전쟁 준비에 결박된 나라가 미국인가?
> 이런 통찰력을 표현한 문학은 한 때의 중개인들에 의한 조소, 오해, 그리고 억압들을 겪었다. 그들의 인습적인 대중정보매체에 대한 경건한

충성이 그들 스스로 (자신의 본성 뿐 아니라) 본능적 개체성의 어떤 표현에도 공감함을 막았기 때문이다. 나는 기자들, 영리적 출판업자들, 서평을 쓰는 사람들, 그리고 많은 문학교수들 등등을 말하고 있다. 시는 증오의 대상이다. 학술 비평의 모든 학파들이 본능적인 영혼에 대한 인간의 의식이란 하나의 신화임을 입증하려고 궐기했다. 샌 프란시스코우에서 깜빡였던 시의 부흥은 추악함, 분노, 질투, 혹평, 그리고 우월성의 시무룩한 항의로 가득 찬 반응을 불러일으켰다.[12]

An America, the greater portion of whose economy is yoked to mental and mechanical preparations for war?

Literature expressing these insights has been mocked, misinterpreted, and suppressed by a horde of middlemen whose fearful allegiance to the organization of mass stereotype communication prevents them from sympathy (not only with their own inner nature but) with any manifestation of unconditioned individuality. I mean journalists, commercial publishers, book-review fellows, multitudes of professors of literature, etc., etc. Poetry is hated. Whole schools of academic criticism have risen to prove that human consciousness of unconditioned Spirit is a myth. A poetic renaissance glimpsed in San Francisco has been responded to with ugliness, anger, jealousy, vitriol, sullen protestations of superiority.

행복을 추구한 세대는 바로 이런 관료주의와 권위주의에 대한 사회적 그리고 문학적 반항운동이었다. 사회적 반항운동의 가장 대표적인 공격대상은 인간의 존엄성, 솔직성, 개체성, 그리고 참여의식을 억압했거나 말살시켰던 관료주의의 악폐인 정부의 무모한 반공정책, 산업사회의 획일주의, 그리고 중산층의 물질만능주의와 억압적인 도덕관이었다. 문학적 반항운동은 상아탑문학의 권위주의에의 도전임과 동시에 길거리문학에 대한 예찬이었다. 이 반항운동은 대학의 신비평가들과 *파티전 리뷰*, *Partisan Review*의 기고가들을 신랄하게 공격했다. 이 운동

12 Allen Ginsberg, "Poetry, Violence, and the Trembling Lambs," in *A Casebook on the Beat*, 26.

은 삶의 현장성과 민감성을 적나라하게 표현할 수 없게 하는 예술적 형식이었고, 지성으로부터 해방되려는 굳은 열의였다. 따라서 이 운동은 서구문학의 가장 큰 병폐였던 삶과 예술의 구별을 없애는 쾌거였을 뿐 아니라 삶을 있는 그대로 표현하려는 자발적인 집필이었다.

> 문학운동으로서 비트는 진부한 학문형식의 엄격성으로부터 글쓰기를 해방시키려는 시도이다. 그들이 글쓰기에서 형식을 불신함은 그들이 인간행위의 형식적 관례 또한 깊이 불신함을 반영한다. 그들에게 좋은 문학의 척도란 추고를 고려않는 해방된 의식이 종이 위에 마구 쏟아 붓는 자발적인 글쓰기이다. 이러한 다소 극단적 견해의 위험성은 즉시 분명해지는데, 예술가는 자신의 지각을 하나의 예술작품으로 구현함에 어떤 책임감도 갖지 않는다. 삶과 예술의 구별이 사라진다. 그러나 이런 위험성이 치명적일 필요는 없다. 무의식도 자체의 논리를 지니며, 어떤 희한한 경우에는 (가장 유명한 경우가 토머스 울프이다) 이 논리가 효과를 발휘하여 순수예술을 창조할 수도 있다. 그레거리 콜소의 창작도 대부분이 이 범주에 속하는데, 그는 난처할 만큼 조잡한 집필로부터 스스로를 지켜주는 고유의 형식 감각을 가지고 있는 듯하다.[13]

> As a literary movement, the Beat is an attempt to free writing from the stringencies of stale academic form. Their distrust of form in writing reflects their equally profound distrust of formal codes for human behavior. For them, the criterion of good literature is automatic writing in which the emancipated consciousness pours itself forth on the page with no thoughts about revision. The danger in this rather extreme view is immediately apparent; the artist has no responsibility to structure his perceptions into an artistic entity. The distinction between what is life and what is art breaks down. However, this danger need not be fatal. The unconscious has a logic of its own, and in certain rare cases (the most notable being Thomas Wolfe) this logic can operate to produce genuine art. Gregory Corso's writing

---

13 Carolyn Gaiser, "Gregory Corso: A Poet, the Beat Way," in *A Casebook on the Beat*, 271.

for the most part falls into this category; he seems to have a built-in sense of form that protects him from embarrassingly sloppy writing.

행복을 추구한 세대는 이런 관료주의와 권위주의에서 해방될 수 있는 새로운 삶의 철학(New Vision)을 창조했다. 이 삶의 철학은 개개인의 창조정신의 옹호와 고취였다. 이 철학의 바탕은 바로 문학에 대한 이런 정의였다: "시는 인간의 신비스러운 영혼에 대한 개체적 직관력의 기록이다. 모든 사람들은 그들 창조자의 눈에는 하나이기 때문에, 시는 또한 우주의 영혼에 대한 개체적 직관력의 기록이다. 우주도 영혼을 가지고 있다."[14] 이 삶의 철학은 모든 사람들에게 인간과 우주를 이 같은 시의 정의에 입각해서 이해하고 수용하라는 간청이고 명령이었다.

이 새로운 삶의 철학의 근원은 윌리엄 버틀러 예이츠(William Buttler Yeats), 아튀르 램보우(Arthur Rimbaud), 샤를 피에르 보우들레어르(Charles Pierre Baudelaire)였다. 이 철학은 우리에게 정치와 종교보다는 예술에 더욱 많은 관심을 가져주기를 요구했다. 왜냐하면 이 철학은 우리는 자신이 지각한 것만을 알 수 있을 뿐인데, 우리의 지각을 결정짓는 것은 예술이라고 믿었기 때문이다. 나아가 이 철학은 우리의 삶은 무상한 것인데 예술만이 이런 삶에 의미를 부여해줄 수 있다고 믿었기 때문이다.

앨런 [긴즈버그]는 그의 일기에 "새로운 삶의 철학은 보편적 주제들을 고차원적 의식으로 이해함과 전적으로 무의미한 비낭만적 우주를 진실감 있게 수용함에 있다"고 다소 보란 듯이 적었다. 그들의 지도자들 — 예이츠, 램보우, 그리고 보우들레어르처럼 고급문화의 배반자들 —은 자연의 창조주인 신은 죽었고 자연은 실재하지 않는다는 이유로, 아름다움, 즉 자연과는 무관한 아름다움을 위하여 정치와 종교를 버렸다. 우리는 우리가 인식한 것만을 이해하며, 예술은 우리의 인식을 결정한다. 그러나 새로운 삶의 철학은 아름다움이라는 산물보다도 초월적 예술창작 행위를 더 찬미했다. 잭은 니체의 "삶의 연속으로 나를 유혹하는 예

14 Ginsberg, 25.

술"이라는 문구를 받아들였다. 그는 예술에 대한 어떤 합리적 변호도 찾지 못했다. 예술은 그저 그의 삶에 의미를 부여해주는 것 — 그리고 그들이 좋아하는 작가들 중 누군가의 주장처럼 그들 모두에게 삶의 무상함과 환상적임, 즉 "꿈과 같은 것들이 만들어지는 소재"를 상기시켜주는 것이었다.[15]

Rather showily, Allen announced in his journal that the "New Vision lies in a highly conscious comprehension of universal motives, and in a realistic acceptance of an unromantic universe of flat meaninglessness." Their tutors — the renegades of high culture like Yeats, Rimbaud, and Baudelaire — had abandoned politics and religion for beauty, a beauty unrelated to nature, since God its creator was dead and since nature was not "real"; we know only what we perceive, and art determines what we perceive. But the New Vision celebrated the transcendental act of making art more than beauty the product, and Jack took from Nietzsche the phrase, "Art seducing me to a continuation of life." He did not see any rational justification for art, it was merely what gave meaning to his life — and what reminded them all that life is transient, illusory, "such stuff / As dreams are made on . . . ," as another of their favorite writers put it.

이제 케러왝은 이 새로운 삶의 철학을 어디서 착안하여 어떻게 발전시키고 파급시켰는가를 알아보자. 그는 1940년대 초에 미국사회에 등장한 새로운 인간형인 힢스터(hipster)들을 처음에는 혐오했으나 곧 좋아하게 되었다. 언뜻 보기에 그들은 범죄자처럼 보였다. 그러나 그들은 재즈를 무척 사랑하고 즐기면서, 그들 나름대로 도취적이면서도 건실한 삶을 살고 있었다. 그들은 삶에서 언제나 소박성, 개체성, 즉흥적이고 자발적인 감정, 기발하고 재치 있는 교감, 민감하고 강렬한 체험, 지극한 희열에의 갈망 등을 추구하면서 물질과 이익추구를 무시하거나 경시했다. 그는 "나는 행복에 넘친다, I am beat"라는 말을 듣고 깊은 감명을 받았으며, 그들의 삶이 자신이 동경하는 존재목적과 일치함을

15 McNally, 66-67.

깨달았다.

> 1944년에 처음으로 타임즈 광장을 어슬렁거리는 힙스터를 보았을 때, 나는 그들이 싫었다 . . . 그들 중 하나인 쉬카고우의 헝크가 내게 다가와 "이봐 나는 행복에 넘치고 있다"고 말했다. 나는 어떻게든 그의 의미를 즉각 알아차렸다. 그 당시 나는 여전히 버드 파커와 디지 길스피를 통해 소개되고 있던 봎(재즈음악의 일종)을 좋아하지 않았다. [. . .] 내가 스리 듀시즈 극장에서 처음으로 버드와 디즈의 노래를 들었을 때, 나는 얼빠진듯하면서도 새로운 사운드를 연주하고 있는 그들이 나와 내 친구 시모가 어떻게 생각하든 조금도 개의치 않는 진지한 음악가들임을 알았다. [. . .] 실은 물을 마시러 나온 디지는 마침 그때 맥주잔을 들고 바에 기대고 있던 내 앞에 똑바로 서서, 내 머리 양옆으로 두 팔을 벌려 바텐더로부터 물컵을 받고는 춤추며 사라져버렸는데, 마치 내가 언젠가 그에 관해 노래를 부르리라는 것을 아는 것 같았다. [. . .] 챨리 파커는 할렘에서 추 베리와 루이스 암스트롱 이래 가장 위대한 신진 음악가로 일컬어졌다.
>
> 어쨌든 봎에 매료된 힙스터들은 겉으로는 범죄자들처럼 보였지만, 내가 좋아하는 화제들, 즉 개인적 체험과 통찰력의 긴 개요, 전쟁으로 억눌려지고 금지된 희망에 찬 철야의 고백, 동요, 새로운 영혼의 우르렁거리는 울림에 대해 계속 이야기했다. [. . .] 그리고는 헝크가 우리 앞에 나타나 절망의 눈에 반짝이는 환한 빛을 띤 채, "나는 행복에 넘치고 있다"고 말했다. [. . .] 어떤 중서부의 사육제나 술 취한 손님들로 만원인 캐피티리어에서나 나왔을 법한 말을.[16]

> When I first saw the hipsters creeping around Times Square in 1944 I didn't like them . . . One of them, Huncke of Chicago, came up to me and said, "Man I'm beat." I knew right away what he meant somehow. At that time I still didn't like bop which was then being introduced by Bird Parker and Dizzie Gillespie. [. . .] When I first heard Bird and Diz in the Three Deuces I knew they were serious musicians playing a goofy new

[16] Kerouac, 72.

> sound and didn't care what I thought, or what my friend Seymour thought . . . In fact I was leaning against the bar with a beer when Dizzy came over for a glass of water from the bartender, put himself right against me and reached with both arms around both sides of my head to get the glass and danced away, as though knowing I'd be singing about him someday . . . Charlie Parker was spoken of in Harlem as the greatest new musician since Chu Berry and Louis Armstrong.
>
> Anyway, the hipsters, whose music was bop, they looked like criminals but they kept talking about the same things I liked, long outlines of personal experience and vision, nightlong confessions full of hope that had become illicit and repressed by war, stirrings, rumblings of a new soul . . . And so Huncke appeared to us and said "I'm beat" with radiant light shining out of his despairing eyes . . . a word perhaps brought from some midwest carnival or drunk cafeteria.

행복을 추구한 세대의 문학을 올바르게 이해하는 길은 힙스터의 개념을 제대로 파악하는 데에 있다. 노먼 메일러(Norman Mailer)는 "하얀 검둥이(White Negro)"에서 힙스터는 실존주의자라고 갈파했다. 그는 제2차세계대전 중에 일어났던 나치의 유대인 대학살과 히로우쉬머(Hiroshima)와 내거새키(Nagasaki)의 원자폭탄 참사를 보고 인간과 사회 그리고 인간성의 문제를 깊이 생각해보았다. 이런 참극이 바로 인간 사회에서 일어났다. 인간은 어떻게 이런 살육을 자행하는 사회를 건설했을까? 사회를 이렇게 만들어버린 인간성은 어떤 것이었는가? 이런 인간성이 전쟁을 겪었던 무수한 사람들로 하여금 평생을 "살아 있으나 죽은 거나 다름없는 삶(a death-in-life)"을 살도록 만들어버렸다. 그는 이런 파괴적 인간성이 또다시 돌발하지 않도록 하는 길이 힙스터의 등장으로 열렸다고 주장했다. 그는 힙스터는 인류를 파멸시키려는 사회의 관료주의와 권위주의에 집요하게 반항하는 주체적 자아의 소유자라고 역설했다. 그는 힙스터는 자신의 본능, 욕구, 의지, 그리고 분노에 따라 행동하면서 사회의 파괴적 명령에는 반항하는 실존주의자라고 찬양했다.

바로 이런 황량한 상황 속에서 미국의 실존주의자, 힢스터가 나타났다. 힢스터는 다음의 사실을 잘 아는 인간이다: 우리의 집단상황이 원자폭탄을 사용하는 전쟁에 의한 즉사라는 공포감을 안고 사는 삶이라면 . . . 모든 창조적이고 반항적 본능이 질식당하는 획일화에 의해 서서히 죽어가는 삶이라면 . . . 20세기 인간의 운명이 청년기에서 갑자기 노년기로 바뀌는 삶이라면, 그렇다면 [삶에] 활력을 주는 유일한 답이란 죽음의 조건을 수용함, 당면한 위험인 죽음을 받아들이는 삶, 자신을 사회로부터 소외시킴, 뿌리 없이 존재함, 자아의 반항적 명령에 따른 미지의 여행으로의 출발이 아닐까?[17]

It is on this bleak scene that a phenomenon has appeared: the American existentialist — the hipster, the man who knows that if our collective condition is to live with instant death by atomic war . . . or with a slow death by conformity with every creative and rebellious instinct stifled . . . if the fate of twentieth century man is to live with death from adolescence to premature senescence, why then the only life-giving answer is to accept the terms of death, to live with death as immediate danger, to divorce oneself from society, to exist without roots, to set out on that uncharted journey into the rebellious imperatives of self.

나아가 메일러는 힢스터가 영혼과 육체를 분리한 서구의 종교적 전통을 부정하고 초월하고 있다고 주장한다. 메일러는 덧붙이길, 힢스터는 하나님이 "자신의 육체의 감각 속에 존재한다고 확신한다"고 한다. 또한 그는 말하기를, 힢스터는 교회의 하나님을 부정하고 성행위에서의 신비스러운 소리를 찬미한다고 한다. 계속하여 메일러는, "문명사회에서 모든 인간은 적어도 조금은 성적 불구자이고 어디에 성적 민감성과 활력이 있는가를 자각하면서 살고 있다"[18]고 주장한다. 요컨대 힢스터는 "성행위와 하나님, 다시 말하면 성적 체험과 종교적 체험을 굳게 결합시켜 하나의 통합체로 만들어버린다." 힢스터에게 성행위는

---

17 Norman Mailer, *Advertisements for Myself* (New York: Putnam's, 1959), 339.
18 앞책., 351, 349.

"정신적 활력을 증폭하는 은유이다."[19]

행복을 추구한 세대의 모태는 케러왝이 힙스터인 허버트 헝크에게서 "나는 행복에 넘친다"라는 말을 들었을 때 받은 깊은 감명에서 비롯되었다. 케러왝은 다이어나이서스(Dionysus)를 찬미하고 답습하면서, 자기를 알고 영혼과 육체를 하나로 통합하려고 몸부림치는 힙스터의 생활철학을 적극적으로 옹호하고 지지했다. 그는 1948년에 죤 클레론 호움즈(John Clellon Holmes)와의 길을 잃어버린 세대(Lost Generation)와 실존주의 세대에 대한 토론 중 "지금"이 행복을 추구한 세대라고 명명했다. 행복을 추구한 세대는 이렇게 해서 탄생되었다. 1952년에 호움즈는 *뉴욕 타임즈*에 "지금은 행복을 추구한 세대이다(This Is the Beat Generation)"고 발표했다. 이 논문에서 호움즈는 행복을 추구한 세대의 젊은이들은 "오늘날 삶의 문제는 본질적으로 정신적 문제"라고 확신하며 이를 확장시키고 있다고 주장했다. 그는 그들에게 가장 중요한 문제는 왜 사느냐라기보다는 어떻게 사느냐이기 때문에 그들은 삶을 긍정하는 철학을 열심히 찾고 있다고 역설했다. 그는 그들에게 비트는 "마음을 비우기, 궁극적으로는 영혼을 비우기에 전심전력하는 것을 의미한다"[20]고 설파했다.

그러나 이런 행복을 추구한 세대의 철학은 많은 미국인들의 관심을 끌지 못했다. 행복을 추구한 세대가 폭발적인 인기를 얻게 된 계기는 1957년 케러왝의 두번째 소설 *떠돌이 삶*의 출판이었다. 그는 1951년에 이 소설을 탈고했으나, 여러 출판사의 거절 때문에 6년 동안 출판할 수 없었다. 그동안 그는 예술에 대한 나름대로의 확신을 지닌 소설가로서 살지 못하고 여러 직장을 전전하는 떠돌이 생활을 했다. 그러다가 이 소설이 출판되었을 때, 행복을 추구한 세대는 일약 모든 사람들의 화제 거리가 되었다.

---

19 Helen Weinberg, *The New Novel in America: The Kafkan Mode in Contemporary Fiction* (Ithaca: Cornell University Press, 1970), 128.

20 John Clellon Holmes, *Nothing More to Declare* (New York: Dutton, 1967), 115, 110.

*떠돌이 삶*의 원고는 매우 이지적인 그 편집자가 "잭, 이것은 마치 도스터예프스키 같지만 지금 내가 무슨 도움을 줄 수 있을까?"라고 말했음에도 불구하고, 그 당시 그 출판사의 판매담당 이사의 마음에 들지 않는다는 이유로 [출판을] 거절당했다. 그 원고는 시대에 너무 앞섰다. 그래서 다음 6년 동안 나는 떠돌이, 열차 제동수, 선원, 거지, 멕시코우 가짜 인디언, 그리고 무엇이든 하면서 닥치는 대로의 삶을 살았다. [그러면서도] 나의 영웅이 거터였고, 예술을 확신했으며, 언젠가 *파우스트*의 제3부를 쓰고 싶었으므로, 나는 집필생활을 계속했다. 나는 그 3부를 *색스 박사*에서 완성했다. [. . .] 그러나 1957년에, 출판사가 드디어 *떠돌이 삶*을 과감히 출판하자, 이 소설은 폭발적인 인기를 얻어 곧 인구에 회자되었고, 모두가 행복을 추구한 세대에 관해 떠들기 시작했다. 그 용어로써 "내가 의미했던 것"을 밝히기 위해, 나는 어디에서나 대담에 응했다. 사람들은 스스로를 비트닉스, 비츠, 재즈닉스, 봅닉즈, 버그닉스라고 명명하기 시작했는데, 마침내 나는 이 모든 것의 "화신"으로 일컬어졌다.[21]

The manuscript of *Road* was turned down on the grounds that it would displease the sales manager of my publisher at that time, though the editor, a very intelligent man, said "Jack this is just like Dostoevsky, but what can I do at this time?" It was too early. So for the next six years I was a bum, a brakeman, a seaman, a panhandler, a pseudo-Indian in Mexico, anything and everything, and went on writing because my hero was Goethe and I believed in art and hoped some day to write the third part of *Faust*, which I have done in *Doctor Sax*. [. . .] But when the publishers finally took a dare and published *On the Road* in 1957 it burst open, it mushroomed, everybody began yelling about a Beat Generation. I was being interviewed everywhere I went for "what I meant" by such a thing. People began to call themselves beatniks, beats, jazzniks, bopniks, bugniks and finally I was called the "avatar" of all this.

---

21 Kerouac, 74.

1958년에 호움즈는 "행복을 추구한 세대의 철학(The Philosophy of the Beat Generation)"을 통하여, 무수한 미국인들이 행복을 추구한 세대에 지대한 관심을 갖게 된 이유는 그 철학 — "인간은 결코 사회적 동물, 피해자, 피조물만은 아닌 근본적으로 정신적 존재이다"[22] —에 깊이 공감했기 때문이라고 천명했다.

케러왝은 행복을 추구한 세대의 철학 — 개개인의 솔직성, 민감성, 자발성, 개체성, 열광, 황홀경을 바탕으로 한 주체적 자아탐구 그리고 주체적 인간이 용납되고 존중되는 새로운 사회창조 —을 가지고 미국인들의 의식개혁을 시도했다. 그의 이런 철학을 구현하는 소설형식도 다이어나이서스적 성향과 선불교에 바탕을 둔 열광적이고 자발적인 표현기법이었다. 그는 소설창작에서 무의식세계의 본능적 열정과 황홀경의 거침없는 기술을 권장했다. 그는 또한 무엇을 쓰겠다는 계획을 세우기보다는 마음에서 우러나오는 것을 즉흥적으로 쓰라고 역설했다. 그는 "스스로 믿기를 그의 소설은 영혼의 의식적 표면과 무의식적 이면으로부터 쓰인 미래의 소설인데, 그 영혼은 시간처럼 사라지기 때문에 시간의 제약에 의해서만 제약을 받는다"[23]고 천명했다. 덧붙여 그는 소설에는 서사시적 구성과 표현 뿐 아니라 서정시적 농축과 열정도 있어야만 한다고 주장했다. 그러나 이 같은 철학과 표현기법은 처음에 너무 생소하고 급진적이어서 큰 반발을 일으키기도 했다.

> 다이어나이서스와 본질적으로 관련 있는 예술형식은 열광적인 시(자발적 열정의 격렬한 시)였다. 따라서, 재즈와 시를 결합시키겠다는 행복을 추구한 세대의 주장은 다이어나이서스적 성향을 잘 반영한다. 비트 소설도 작품 전체에 서정시적 강렬함을 유지하려는 솔직한 시도이다. 전위적 계간지 *에버그린 리뷰*에 게재된 케러왝의 논문인, "자발적 산문의 기본 요소들"은 타임의 특유한 조소를 받았지만, 진정하고 열광적 핵심

---

22 Holmes, 121.

23 Ann Charters, *A Bibliography of the Works of Jack Kerouac* (New York: Phoenix Book Shop, 1975), 23.

을 꿰뚫는 명쾌한 기법을 [잘 설명해준다.] "가능하다면, 반(半)황홀경 속에서 '무의식적으로' … 잠재의식이 아무런 제약 없이 재미있고 필요한 '현대적' 언어로 의식적 예술의 검열 대상들을 허용하면서 작품을 창작하라. 더욱이 극치의 쾌감의 법칙에 따라 (중심에서 바깥 둘레로 지향하듯이) 열광적이고 즉흥적으로 그리고 쓰거나 타이핑함에서 경련을 느끼면서 작품을 창작하라." 어떤 것도 더 이상 분명할 수 없다.[24]

> The art form principally associated with Dionysus was dithyrambic verse (a wild poetry of spontaneous enthusiasm). Thus the insistence of the Beat Generation to combine jazz and poetry is quite symptomatic of the Dionysian tendency. Even the Beat novel is an open effort to sustain lyric intensity over the whole course of the work. Kerouac's essay, "The Essentials of Spontaneous Prose," in the *avant garde* quarterly, *The Evergreen Review*, which was, characteristically, held up for ridicule by *Time*, is a transparent technique for achieving the true dithyrambic deeps: "If possible," he says, "write 'without consciousness' in semi-trance . . . allowing subconscious to admit in own uninhibited interesting necessary and so 'modern' language what conscious art would censor, and write excitedly, swiftly, with writing-or-typing-cramps, in accordance (as from center to periphery) with laws of orgasm." Nothing could be more explicit.

바아틀렡(Bartlett)이 지적하듯이, 케러왝이 소설창작에서 독자들에게 매우 생소한 자발적인 표현기법을 사용한 것은 관료주의, 권위주의, 그리고 물질만능주의에서 파생된 많은 파괴적이고 백해무익한 고정관념들을 깨뜨리기 위해서였다: "이런 표현기법을 가지고 소설가는 의식의 변화와 흐름을 바로 언급된 낱말의 직접성과 관련시키면서 표현할 수 있었다. [. . .] [존] 키츠(Keats)가 150년 전에 주장했던 것처럼, 작가는 자신을 언제나 불확실성과 불가사의의 여건 속에 두지 않으면 안될 뿐 아니라 많은 체험들에 대한 무의식의 창조활동을 신뢰하지 않으면

---

24 William Everson, "Dionysus and the Beat Generation," in *The Beats: Essays in Criticism*, Ed. Lee Bartlett (Jefferson, N. C.: McFarland, 1981), 181.

안된다."[25]

케러왝은 선불교로부터 인류애와 자비정신을 터득했다. 그는 특히 일본의 하이쿠에 반영되어 있는 선불교로부터 지대한 영향을 받았다. 그는 하이쿠에 담겨 있는 사고의 비약에 감탄했고, 하이쿠가 다루고 있는 소재의 다양성과 이질적인 소재의 결합과 조화에 매료되었다. 마침내 그는 사고의 비약과 이질적인 소재의 조화가 인간을 폐쇄적이고 일변도적인 삶의 고착된 감정과 사고에서 해방시켜준다고 믿었다.

> 나의 창작철학에 영향을 준 선불교는 내가 말했듯이 수백년 전에 바쇼, 잇사, 그리고 시끼와 같은 거장들에 의해 창작되었으며 최근의 대가들을 통해 이어져오는 3행 17글자의 정형시인 하이쿠에 반영된 선불교이다. 급작스런 사고의 비약을 담은 간결하고 매끄러운 문장은 하이쿠의 특징이다. 하이쿠는 이런 특징으로 당신을 놀라게 하는 엄청난 자유분방함과 재미를 지닌다. 따라서 하이쿠는 당신의 마음을 싫든 좋든 나뭇가지로 부터 새로이 껑충 뛰어오르도록 해준다. 그러나 나의 진지한 불교는 고대인도불교로서 내 작품 속의 종교적임, 강렬함, 혹은 경건함에 거의 천주교만큼이나 많은 영향을 주었다. 본래 불교는 중단 없는 의식적 자비심, 인류애, 자비의 극치를 의미하는 *다나 파라미타*와 그리고 열광하지 말 것을 강조했다.[26]

> The part of Zen that's influenced my writing is the Zen contained in the haiku, like I said, the three line, seventeen syllable poems written hundreds of years ago by guys like Basho, Issa, Shiki, and there've been recent masters. A sentence that's short and sweet with a sudden jump of thought in it is a kind of haiku, and there's a lot of freedom and fun in surprising yourself with that, let the mind willy-nilly jump from the branch to the

---

25 Lee Bartlett, "The Dionysian Vision of Jack Kerouac," in *The Beats: Essays in Criticism,* 120.

26 Ted Berrigan, "The Act of Fiction XLI: Jack Kerouac," *Paris Review* 43 (1968): 84-85.

> bird. But my serious Buddhism, that of ancient India, has influenced that part in my writing that you might call religious, or fervent, or pious, almost as much as Catholicism has. Original Buddhism referred to continual conscious compassion, brotherhood, the *dana paramita* meaning the perfection of charity, don't step on the bug.

다음으로 케러왝이 자신의 행복을 추구한 세대의 철학과 그것의 소설화기법을 작품 속에 어떻게 구현했는가를 살펴보자. 이 철학이 비인격적 반항자이면서 주체적 자아탐구자인 소설 속 젊은이들의 솔직하고 자유스러운 생활양식에 담겨있다. 그의 소설주인공들은 미국사회의 제도와 가치관에 반항하면서 떠돌아다니는 젊은이들이다. 그들은 사람들에게 혐오감과 반감을 일으키는 시행착오와 반항행위를 서슴지 않는다. 그들은 미국사회의 이방인들이다. 그들은 책임회피자, 절도범, 마약상습자, 자유연애 지상주의자, 쾌락추구자, 불결한 사람, 노동과 세속적인 성공에 대한 멸시자들이다. 그들은 스스로 지하생활이나 부랑생활을 거리낌 없이 즐긴다. 그러면서도 그들은 매우 순진하며, 자기애와 이타주의의 신봉자이고, 잃어버린 미국사회의 이상이었던 신과 자연의 찬미자이고, 소박하고 자유스러운 삶의 활력에 대한 추구자이며, 주체적 자아탐구자들이다.

> 잭 케러왝의 *떠돌이 삶*의 주인공들은 미국의 중산층 사회는 화장품과 번쩍거리는 새 자동차들의 노예로 전락하여 내적 자아의 자발적 활력을 질식시켜버렸다고 불평하면서, 그 사회를 거부한다. 그들은 매러화너, 절도, 음주, 그리고 자유연애에 탐닉하면서, 많은 사람들이 소중히 여기는 중산층의 규범들을 파괴한다. 그들은 중고차로 미친 듯이 자동차경주를 하는가 하면, 언제나 빈털터리이고 끊임없이 움직이면서, 분별없이 "전율"을 추구하고, 지체되는 것은 도대체 참지를 못한다. 딘 모리아티는 "이봐, 자 먹어치우자, *지금 당장!*"이라고 말한다. 케러왝의 다른 많은 소설들의 주인공들도 관습의 방해들을 견딜 수 없다고 여기면서, 지하로 내려가 "지하 사람들"이나 "진리의 탐구자들"이 되어, 노동, 세속

적 성공, 그리고 청결의 가치를 무시한다. 그러나 그들은 시배스천 데인저필드적인 가차 없는 공격심이나 동성연애자 윌리엄 버로우즈적인 파괴적 무력감으로 특징지어지는 않는다. 그들은 일종의 기쁨에 넘치는 순진함의 소유자들로서, 분별없는 쾌락주의에서라기보다는 오히려 삶에 대한 열렬한 열광에서 즐거움을 찾는다. 왜냐하면 그들은 그런 즐거움에서 가장 강렬한 자기만족과 가장 뚜렷하고 확고한 자기표현을 발견하는 까닭이다.[27]

The characters in Jack Kerouac's *On the Road* do reject American middle-class society, complaining that it has throttled the spontaneous life of the inner self in its obsession with deodorants and shiny new cars. They do smoke marijuana, steal, drink, engage in free love, violate many cherished bourgeois standards. They race about madly in old cars, constantly broke and constantly on the move, searching indiscriminately for "kicks," and impatient with delay. Dean Moriarty says, "Man, let's eat, *Now*!" Finding the hindrances of convention intolerable, Kerouac's people in his various other novels go underground, become "subterraneans" or "Dharma bums," abandon the values of work, success, cleanliness. But they are not marked by the bitter aggressiveness of a Sebastian Dangerfield or the apocalyptic helplessness of a William Burroughs homosexual. They possess a kind of joyous naïveté, searching for pleasure out of an exuberant enthusiasm for life rather than a mindless hedonism, for in that pleasure they find the highest intensity of satisfaction and the clearest and firmest expression of themselves.

케러왝은 이런 주인공들을 자발적인 표현기법으로 묘사한다. 그는 "*떠돌이 삶*의 자발적인 문체의 착상을, 닐 캐서디(Neal Cassady)가 자기에게 보낸 열정적이고 줄기차며 고백적이면서도 아주 진지하고 상세하게 일인칭시점으로 쓰인 편지들의 탁월성과 명확성으로부터 얻었다"[28]

27 Jerry H. Bryant, *The Open Decision: The Contemporary American Novel and It's Intellectual Background* (New York: Free, 1970), 215.

28 Berrigan, 65.

고 고백한다. 나아가 그는 화가인 에드 화이트(Ed White)로부터 "낱말들을 가지고 화가처럼 거리들을 그려라"는 말을 듣고, "자신의 영혼을 발견하는 매우 소중한 순간"을 포착한다. 그리하여 그는 *떠돌이 삶*을 추고할 때, "도로 여행의 시간에 따라 이야기하는 전통적인 기술로부터 [벗어나] 닐의 급격한 행동과 격렬한 감정에서 다차원적으로 일어나는 의식적이고 무의식적인 성격표출의 묘사"[29]에 초점을 둔다.

이제 본론으로 이런 철학과 표현기법을 바탕으로 공통점이 뚜렷한 두 소설 *떠돌이 삶*과 *진리의 탐구자들*을 분석하고 고찰해본다. 특히 두 소설의 공통점 — 이야기를 하는 사람이 자기 삶의 이정표가 되는 사람을 만나 그와 함께 겪은 체험들의 고백 —에 초점을 맞춘다. 먼저 *떠돌이 삶*의 주인공들인 샐 패러다이스(Sal Paradise)와 딘 모리아티(Dean Moriarty)의 자유분방한 삶, 그리고 그 무책임성과 그것들의 의의를 규명하고 평가해본다. 그런 연후에 *진리의 탐구자들*의 주인공들인 레이 스미스(Ray Smith)와 자프 라이더(Jaffe Ryder)가 그 자유분방한 삶을 선불교를 바탕으로 어떻게 정신적으로 그리고 도덕적으로 성숙시켜 가는가를 고찰해본다.

> *진리의 탐구자들*은 *떠돌이 삶*의 성공에 따른 케러왝과 그의 출판업자의 즉각적인 반응이다. 딘 모리아티는 자프 라이더로 샐 패러다이스는 레이먼드 스미스로 변형된다. *떠돌이 삶*이 순진성과 신선함의 특성을 갖는데 반해, *진리의 탐구자들*은 낡은 것을 새롭게 하는 일관성을 지닌다. 자프 라이더는 캐루악이나 그의 대리인에게 미국 중산층의 무기력함과 지적 기만을 초월하는 정신의 승리를 보여준다. 딘은 미국생활의 어떤 무엇에도 "예"라고 긍정하기를 강력히 거부함으로써 항의를 대변해왔지만, 라이더는 불교의 가치 안에서 하나의 대안을 발견했다. 그는 의식의 다른 단계에 도달하려고 분투 중인데, 그 단계는 사실상 그를 독립적인 인간으로 만들어줄 것이다. 일단 물질주의와 의존상태라는 미국식

---

29 Tom Clark, *Jack Kerouac: A Biography* (New York: Paragon, 1990), 102에서 재인용.

부담을 저버릴 수 있다면, 그는 50년대를 넘어 독립성을 논한 휘트먼적 표현으로까지 거슬러 올라갈 것이다. 그에게 "열린 길"이란 불교의 계율에 의해 가능해지고, 바위와 공기 그리고 물과 같은 자연물과의 영적 교섭과 정신적 그리고 육체적 추구 사이의 균형유지로부터 실현된 자아의 망각이다.[30]

The Dharma Bums is a direct response by Kerouac and his publisher to the success of *On the Road*. Dean Moriarty is transformed into Jaffe Ryder and Sal Paradise becomes Raymond Smith. Whereas *On the Road* has a quality of innocence and freshness, *The Dharma Bums* has the consistency of a retread. Jaffe Ryder expresses to Kerouac or to his surrogate a triumph of the spirit over American bourgeois dullness and intellectual deception. Although Dean stood for protest in his energetic refusal to say yes to anything in American life, Ryder has discovered an alternative in the values of Buddhism. He is striving to reach another level of consciousness, which will, in effect, make him self-sufficient. Once able to throw over the American burden of materialism and dependency, he will have reached back beyond the fifties to a Whitmanesque expression of independence. The "open road," for him, is the effacement of self made possible by Buddhist discipline, brought about by communion with basic materials such as rock, air, and water, and by keeping a balance between intellectual and physical pursuits.

II

케러왁 자신이 *떠돌이 삶*을 "로큰롤에 맞추어 움직이는 힙스터 소설"이라고 일컬으면서, 이 소설은 "틀림없이 미국사회에 새로운 의식을 불러일으킬 것"[31]이라고 호언했다. 소설가인 주인공 샐 패러다이스

30 Frederick R. Karl, *American Fictions: 1940-1980* (New York: Harper, 1983), 203.

31 John Tytell, *Naked Angels: The Lives and Literature of the Beat Generation* (New York: McGraw, 1976), 78.

는 결혼생활의 파탄과 무서운 질병 때문에 "모든 것은 죽었다"[32]는 절망감에 빠져 있었다. 이 소설은 주인공이 그때 마침 만난 딘 모리아티와 함께 지금까지의 암울했던 도시생활을 버리고, 새로운 삶의 목적을 찾아 미국 전역에 걸쳐 행한 떠돌이생활을 일인칭시점으로 고백하고 있는 체험기이다.

주인공이 도시를 떠나는 이유는 도시가 그에게는 죽음의 상징이기 때문에 스스로 자구책을 강구하기 위해서이다. 도시의 속성인 풍요, 편리성, 권위주의, 획일주의, 가식, 배금사상, 허영, 경직성 그리고 비인간성은 인간의 솔직성, 민감성, 개체성, 그리고 자발적 의지를 질식시키고 말살시킨다. 도시가 이처럼 인간을 절망으로 몰아넣어 마침내 파멸시킨다는 전제가 비트문학운동의 출발점이다.

> 우리가 살고 있다고 한다면 우리는 문명의 폐허와 같은 어떤 곳에서 살고 있다는 것이 비트작가들의 언제나 함축적이고 자주 명백한 가정이다. 오래 전 1945년의 여름 제2차세계대전이 원자탄 투하로 끝났을 때, 두 도시는 사실 그대로 잿더미가 되었다. 그러나 정신적으로는 모든 도시가 폐허로 변했다. 파괴되지 않았다고 보는 시각은 실제로 폐허가 되었음을 영혼이 알아차림보다 훨씬 더 불확실하다. 오늘의 도시에 들어서는 유일한 의식의 통로란 그레거리 콜소의 방법, 즉 매우 불확실하게, "절망으로 채워진 두개의 가방"이라는 사실을 영혼은 잘 알고 있다. 영혼 속에 살고 있는 모든 도시들이 파괴되었다는 가정이 바로 비트 작가들의 출발점이다.[33]

> It is always an implicit and frequently an explicit assumption of the Beat writers that we live, if we do at all, in something like the ruins of our civilization. When the Second World War was bombed out of existence in that long-ago '45 summer, two cities were in literal fact demolished. But

---

32 Jack Kerouac, *On the Road* (New York: Penguin Books, 1976), 3. 앞으로 이 작품에서의 인용문은 괄호 안에 쪽수만 표시함.

33 Warren Tallman, "Kerouac's Sound," in A Casebook on the Beat, 215.

psychically, all cities fell. And what the eye sees as intact is a lesser truth than what the psyche knows is actually in ruins. The psyche knows that the only sensible way to enter a modern city is Gregory Corso's way, very tentatively, "two suitcases filled with despair." This assumption that the cities which live in the psyche have all gone smash is one starting point of Beat.

따라서 주인공은 인간을 억압과 죽음으로 내모는 비인간적이고 경직된 도시 세계를 도피하여 떠돌아다니면서 솔직, 활력, 변화, 그리고 희망으로 가득 찬 유동세계에 몰입한다. 그에게 길은 도피의 수단일 뿐 아니라 삶의 참된 가치와 진리를 탐구할 수 있는 새로운 생활철학의 전당이다. 그가 "길에서 떠돌아다니는 것은 개인적인 낙천주의의 표명이며, 불가능한 일을 시도해보는 불굴의 의지와 어떤 제약도 초월할 수 있다는 신념의 천명"[34]이다. 딘 모리아티를 통해, 주인공은 절망적이고 경직된 삶에서 벗어나 삶의 활력과 참된 의미를 다시 찾기 위해 미국서부 여행을 떠나는 직접적인 계기를 마련할 수 있다. 길은 주인공에게 다음과 같은 심오한 의미가 있다: "열린 길, 영혼의 가장 좋은 저택은 열린 길이다. 그 저택은 하늘도 아니고 낙원도 아니다. 그 저택은 위에도 안에도 없다. 영혼은 위에도 안에도 머물지 않는다. 영혼은 열린 길을 따라 가고 있는 나그네이다."[35] 그는 딘으로부터 길의 철학을 배운다. 딘은 보통사람들과는 달리 "길에서 태어났기 때문에 자유자재로 떠돌아다니는 길의 도사"이다. 이 소설은 이렇게 시작된다.

나는 아내와 헤어진 지 얼마 안되어 딘을 처음 만났다. 마침 그때 나는 매우 지긋지긋한 이혼과 모든 것이 죽었다는 나의 느낌과 어떤 관련이 있었음 외에는 언급하고 싶지 않은 중병에서 막 회복되었다. 딘 모리아

---

34 Gerald Nicosia, *Memory Babe: A Critical Biography of Jack Kerouac* (New York: Grove, 1983), 344.

35 D. H. Lawrence, *Studies in Classic American Literature* (New York: Viking, 1968), 172.

티의 출현과 함께 떠돌이 삶이라고 일컬어질 수 있는 나의 삶이 시작되었다. 이런 생활의 시작 전에 나는 자주 시골을 보러 서부로 가겠다는 꿈을 가졌지만, 언제나 막연한 계획뿐이었고 실제로 떠나지는 않았다. 딘은 길의 도사이다. 왜냐하면 그는 1926년에 그의 부모가 로스 앤질러스를 향해 가는 도상에서, 솔트 레이크시(市)를 통과하던 중, 고물자동차 안에서 태어났기 때문이다. (3)

I first met Dean not long after my wife and I split uI had just gotten over a serious illness that I won't bother to talk about, except that it had something to do with the miserably weary split-up and my feeling that everything was dead. With the coming of Dean Moriarty began the part of my life you could call my life on the road. Before that I'd often dreamed of going West to see the country, always vaguely planning and never taking off. Dean is the perfect guy for the road because he actually was born on the road, when his parents were passing through Salt Lake City in 1926, in a jalopy, on their way to Los Angeles.

주인공이 보기에, 딘은 "새로운 미국형 성자의 초인적인 힘"을 가지고 있다. 따라서 그는 "자기가 원하는 어떤 일도 할 수 있기 때문에, 덴버(Denver)시의 시장도 될 수 있으며, 백만장자 여자와 결혼할 수도 있고, 램보우 이래의 가장 위대한 시인이 될 수도 있다. 그러나 그는 그저 자동차경주만 구경하려고 잽싸게 달려간다." 또한 그는 대부분의 기성인들이 매우 추잡하고 수치스러운 일이라며 언급하기를 꺼려하는 성행위를 "삶에서 유일하게 성스럽고 중요한 일이다"고 공언한다. 그는 성행위가 "생명 축복의 근원을 신체적으로 완벽하게 이해하는 행위일 뿐 아니라 인간이 태어났던 곳으로 되돌아가려는 몸부림"(39, 42, 4, 132)이라고 믿기 때문이다. 주인공은 그를 흠모하여 높이 찬양하지만, 기성세대인 그의 숙모는 서슴없이 그를 미친 사람으로 단정해버린다.

주인공의 지식인 친구들은 사회를 비관적이고 부정적인 시각으로만 본다. 그러면서 그들은 사회를 관념적이고 현학적인 입장에서 해석하고 진단하여 개탄하고 있을 뿐이다. 그들의 삶 자체도 사변적이어서 활력과 생동감이 없다. 그러므로 그들은 사회의 몰락이라는 절망감에 빠져 있다. 그러나 그는 딘이 사회에서 좌충우돌하며 뛰어다니면서 현장의 직접적이고 작열하는 삶을 살려고 헌신하는 태도에 매료된다. 그는 딘이 본능에 솔직하고 충실하기 위해 순간순간을, 다시 말하면 "절대로 어떤 것도 요구하지 않는 영원한 지금, 즉 재즈의 음악적 순간"[36]을 열심히 황홀하게 살려는 의지를 보이는 것을 선망한다. 그는 딘을 통해 삶의 새로운 지평선을 볼 수 있을 뿐 아니라 영혼의 새로운 소리를 들을 수 있다고 굳게 믿는다. 따라서 그는 딘과 함께 가는 길에서 멋진 여자들을 만날 수 있으며, 새로운 생활철학을 깨달을 수 있다고 확신한다. 그는 그 길에서 진주(삶의 새로운 의미)를 주을 수 있다고 기대한다.

> 나의 모든 뉴욕친구들은 그들의 진부한 학문적, 정치적, 혹은 정신분석학적 이유로 사회를 혹평하는 부정적이고 비관적인 시각을 가지고 있었지만, 딘은 빵과 사랑을 갈망하며 사회를 동분서주했다. 그는 "여자 구실을 할 수 있는 어떤 작은 소녀라도 얻을 수 있다면, 우리가 먹을 수만 있다면 말이야, 자네 내말 듣고 있어? 나는 *배가 고프네, 나는 배고파 죽을 지경이야, 지금 당장 먹어버리자!*"라고 말하면서 어떤 일에도 개의치 않았다. 우리는 먹기 위해 돌진할 것이다. 먹는 것에 대해 전도서는 "그것은 하늘 밑의 네 몫이다"고 말하고 있으니까.
>
> 서부의 사나이, 딘. 나의 숙모는 그가 나를 곤란에 빠뜨릴 거라고 내게 경고했지만, 나는 젊은 나이에 새로운 외침을 들을 수 있었고, 새로운 지평선을 볼 수 있었으며, 그것을 믿을 수 있었다. 약간의 어려움이 있거나 혹은 딘이 나중에 굶주린 나를 길과 병상에서 저버렸듯이 나를 단짝으로 받아들이지 않겠다는 그의 우발적인 거절이 있더라도 — 그것이 무슨 상관이냐? 나는 젊은 작가였고, 새로운 길로 떠나고 싶었다.
>
> 그 길 어딘가에 멋진 여자들, 새로운 통찰력, 그리고 모든 것이 있을 것임을 나는 알았다. 그 길 어딘가에서 내가 진주를 주을 수 있을 것임

36 Carole Gottlieb Vopat, "Jack Kerouac's *On the Road*: A Re-evaluation," *Midwest Quarterly* 14. 4 (1973): 389.

을. (10-11)

> all my New York friends were in the negative, nightmare position of putting down society and giving their tired bookish or political or psychoanalytical reasons, but Dean just raced in society, eager for bread and love; he didn't care one way or the other, "so long's I can get that lil ole gal with that lil sumpin down there tween her legs, boy," and "so long's we can *eat*, son, y'ear me? I'm *hungry*, I'm *starving*, let's *eat right now!*" — and off we'd rush to *eat*, whereof, as saith Ecclesiastes, "It is your portion under the sun."
>
> A western kinsman of the sun, Dean. Although my aunt warned me that he would get me in trouble, I could hear a new call and see a new horizon, and believe it at my young age; and a little bit of trouble or even Dean's eventual rejection of me as a buddy, putting me down, as he would later, on starving sidewalks and sickbeds — what did it matter? I was a young writer and I wanted to take off.
>
> Somewhere along the line I knew there'd be girls, visions, everything; somewhere along the line the pearl would be handed to me.

주인공이 획득하려는 진주는 무엇일까? 이 진주의 발굴이 바로 소설의 핵심주제인 "성스러운 어떤 것, 영원한 어떤 것, 주인공인 샐 패러다이스에게 가장 평화스럽고 안정적인 '심금'의 이상을 제시해 줄 어떤 것의 탐구"[37]이다. 그가 이 탐구를 통해 묵시적으로 얻으려고 하는 목표물은 "그것(It)"이다. "그것"은 자기 스스로 황홀한 경지에 이르러 만물과 하나가 되는 무아경의 순간을 의미한다. "그것"은 "당신이 전지전능하게 되어 모든 일을 영원하게 결정하는 순간"(129)을 상징한다.

그러나 주인공은 결국 "그것"을 얻지 못한다. 왜냐하면 이 소설은 "그 초점을 주인공이 그것을 성취하는 데에 두지 않고, 그 성취 과정에 두고 있기 때문이다. 이 소설은 미국인들의 가장 큰 공포의 전제들 —

---

37 Regina Weinreich, *The Spontaneous Poetics of Jack Kerouac* (Carbondale: Southern Illinois University Press, 1987), 35-36.

삶이 스스로 변화할 수 있는 힘을 상실하여 고착되고 응고되어 변화의 가능성이 전혀 없는 장소에 계속 체류해야만 한다 —을 배제하고 유동적이며 미정인 삶을 추구하고 있기 때문이다."[38] 따라서 이 소설의 가장 두드러진 주제적 특징은 소설의 시작에서는 주인공이 삶의 목적을 추구하는 행위가 어떤 가능성의 선호나 그에 따른 제약에 묶여 있으나, 소설의 끝에서는 그의 무목적 행위 때문에 오히려 무한한 가능성으로 열려 있다는 점이다.

> *떠돌이 삶*의 처음과 마지막 문단을 비교해보면 우선 이 소설의 구조적 복잡성을 알 수 있다. 이 소설은 주인공의 현재, 모리아티의 과거, 그리고 모리아티 이전의 과거 사이에 만들어지는 신중한 구분으로 조심스럽게 시작되었다가, 시간과 공간의 한계가 소멸되어버리는 복잡한 문단으로 끝난다. 이와 유사한 변화가 각 문단의 시간 처리에 기인하는 감정적 연상들에서도 일어난다. 이 소설은 (주인공과 아내의 "매우 지친 이혼"으로 인한) 어두움에 앞서 ("떠돌이 삶이라고 일컬어질 수 있는 나의 삶"[의]) 행복의 번득임으로 시작되었다가, 희망과 낙담 그리고 발전과 퇴보의 혼재로 끝난다. (예를 들면 마지막 문단에서 "어느 누구도, 어느 누구도 버림받은 초라한 노인들 말고는 누구에게 무엇이 일어날 것인지 모른다"는 문구의 절망적 지혜는 미국 전 대륙을 감싸 안는 영상적 몸짓에 포함되어 있다.) 이 소설은 주인공이 구분과 한계를 설정하는 것으로 시작되어, 스스로 그런 구분과 한계를 버리는 것으로 끝난다. — 아마 계속적인 유동상태에서 정반대되는 사물들의 진위 결정을 유보하려는 그의 욕구를 반영하는 버림이다. 이 소설은 위계질서에서 개방으로, 가능성의 제약에서 확장으로 돌아선다.[39]

> A comparison between the opening and closing paragraphs of *On the Road* gives a preliminary idea of the book's structural complexity. Where the book begins cautiously, with careful distinctions made between the narrator's

38 Tytell, 23.

39 George Dardess, "The Delicate Dynamics of Friendship: A Reconsideration of Kerouac's *On the Road*," in *The Beats: Essays in Criticism*, 128.

> present, his Moriarty past, and his pre-Moriarty past, it ends with a complicated paragraph in which temporal and spatial boundaries are obliterated. A similar change occurs in the emotional associations attributed to each paragraph's treatment of time. Where the book opens with a gleam of happiness ("the part of my life you could call my life on the road") preceded by darkness (by "the miserably weary split-up" between the narrator and his wife), it ends with a mix of hope and discouragement, of expansiveness and resignation. (In the last paragraph, for instance, the discouraged wisdom of the phrase "nobody, nobody knows what's going to happen to anybody besides the forlorn rags of growing old" is contained within a panoramic gesture embracing the entire American continent.) The book begins with the narrator's construction of distinctions and boundaries; it ends with his discarding them — a discarding which indicates his desire to suspend opposites in a perhaps continuous state of flux. The book moves from hierarchy to openness, from the limitation of possibilities to their expansion.

이 소설도 스스로 "가장 탁월한 새로운 형태의 소설(the best post-modern fiction)처럼 그 자체의 존재 이유를 지니고 있다. 이 소설이 어떻게 그리고 왜 쓰이고 있는가가 바로 소설의 주제가 된다."[40] 한편 계절, 색깔, 그리고 재즈는 이 소설에서 매우 중요한 역할을 하고 있다. 재즈는 이 소설의 시작과 끝의 이율배반을 가장 효과적으로 표현하는 언어이다. 케러왝은 재즈의 특성을 이렇게 말하고 있다: "유일한 진리는 음악이다. 유일한 의미는 아무런 뜻이 없는 것이다. 음악은 우리로 하여금 심장이 고동치는 생명의 동적 세계와 혼연일체가 되어, 사고의 정적 세계를 망각하도록 해준다."[41] 주인공이 "그것"을 성취하려고 하나 실패하는 과정을 기술한 이 소설은 1947년 겨울에 시작하여[42] 1950

---

[40] Nicosia, 347.

[41] Jack Kerouac, *Desolation Angels* (New York: Coward McCann, 1965), 119.

[42] 6쪽에는 이렇게 되어있으나 소설의 내용으로 보면 1946년 겨울이라야 맞다. 11쪽에는 1947년 7월에 그의 서부 여행이 시작되고 있으니까.

년 겨울에 끝나는 5장으로 되어 있다. 이 소설의 시작과 끝의 계절도 그의 실패를 상징적으로 암시하고 있다.

주인공이 딘에게 이상스럽게도 매혹되어 지대한 관심을 갖게 된 것은 딘이 뉴 멕시코우(New Mexico)소년원에서 쓴 편지를 읽고 난 다음부터이다. 그는 그 편지에서 주인공의 친구에게 니체(Nietzche)에 관한 모든 지식을 가르쳐 달라는 부탁을 하고 있다. 따라서 주인공은 그에 대한 강한 호기심 때문에 그를 꼭 한번 만나보고 싶어한다. 얼마 후 주인공은 서부에서 처음으로 뉴욕에 온 딘과 그의 아름다운 금발머리의 어린 아내 매릴루(Marylou)를 만난다. 며칠 뒤에 그는 아내를 덴버로 보내버리고는 주인공 집에 잠시 기거하면서 소설쓰는 법을 배우려고 한다. 주인공은 그가 즉흥적인 삶에서 우러나는 황홀한 성스러움과 함께 순수한 독서와 지식탐구의 욕구를 지녔으며, 그러면서도 억제하기 어려운 무서운 반항심과 어처구니없을 정도의 책임 회피적 기질을 지녔음을 즉각 간파한다.

> 나는 그의 흥분과 통찰력에서 번쩍이는 성스러운 불빛과 같은 것을 보았다. 그가 그 흥분과 통찰력을 너무 격렬히 표현했던 탓에, 버스 안의 승객들은 "지나치게 흥분한 기인"을 보려고 돌아보았다. 서부에서 그는 자기 생애의 3분의 1씩을 각각 당구장, 교도소, 그리고 공공도서관에서 보냈다. 사람들은 겨울거리에서 모자도 쓰지 않은 채 책들을 안고 당구장으로 열심히 뛰어가거나, 혹은 법을 피해 은신한 채 독서하면서 나날들을 보내기 위해 친구의 다락방으로 들어가려고 나무에 오르는 그를 보곤 했다. (7)

> And a kind of holy lightning I saw flashing from his excitement and his visions, which he described so torrentially that people in buses looked around to see the "overexcited nut." In the West he'd spent a third of his time in the poolhall, a third in jail, and a third in the public library. They'd seen him rushing eagerly down the winter streets, bareheaded, carrying books to the poolhall, or climbing trees to get into the attics of buddies

where he spent days reading or hiding from the law.

그럼에도 불구하고, 주인공은 자기보다 연하인 딘에게 더욱 끌린다. 그는 주인공에게 일찍 저 세상으로 가버린 동생과 자기의 각박하고 불우했던 어린 시절을 계속 상기시켜주기 때문이다. 주인공은 그가 즐겁고 박력 있게 말하는 것을 들으면, 과거의 다정한 친구들과 형제의 목소리를 듣고 있다는 희열에 빠진다. 게다가 그는 언제나 황홀하고 열정적인 삶을 살고 있기 때문에 주인공은 그에게 더욱더 매료된다.

> 나는 평생 동안 그랬듯, 나의 관심을 자극하는 사람들을 따라 비틀거렸다. 왜냐하면 나의 관심을 끄는 사람들이란 미친 사람들인 탓이다. 그들은 삶에, 이야기함에, 구제받음에 미쳤고, 동시에 모든 것을 하고 싶어하기 때문에, 결코 하품하거나 진부한 것들을 말하지 않는다. 그러나 그들은 마치 별들을 가로질러 줄을 짜는 거미들처럼 폭발하는 아주 멋진 노란 반원형 폭죽들과 같이 활활 타오른다. 그 중앙에 튀어 오르는 초록색의 불꽃을 보고, 모든 사람은 우와! 하고 만다. (8)
>
> I shambled after as I've been doing all my life after people who interest me, because the only people for me are the mad ones, the ones who are mad to live, mad to talk, mad to be saved, desirous of everything at the same time, the ones who never yawn or say a commonplace thing, but burn, burn, burn like fabulous yellow roman candles exploding like spiders across the stars and in the middle you see the blue centerlight pop and everybody goes, Awww!

주인공은 그를 자신의 실의와 권태로운 삶에 새로운 의미와 활력을 불어넣어줄 친구이자 선배로 받아들인다. 주인공은 그로부터 삶이 주는 황홀함과 신비로움을 배울 수 있다고 확신한다.

주인공은 1947년 7월에 "약속의 땅" 덴버로 딘을 찾아가는 서부 여행을 시작하는데, "위대한 희망의 도시" 샌 프랜시스코우(San Francisco)까지 가려고 한다. 그는 미 대륙을 횡단하는 이 여름 여행을 통해 자신을 새롭게 성숙시킬 기회를 갖게 된다. 왜냐하면 그는 대륙을 횡단하는 데에 있어서 여러 길로 가보려 하지 않고 하나의 큰 길로만 가는 것이 가장 이상적이라는 바보스런 생각을 하고 있었음을 곧 스스로 깨닫게 되기 때문이다.

그는 뉴욕에서 쉬카고우(Chicago)를 거쳐 일리노이(Illinois)주의 졸리에트(Joliet)까지는 버스로 가고, 거기서부터 덴버까지는 자동차 편승여행(Hitchhike)을 하려고 한다. 그가 편승여행에서 처음 탄 차는 폭약을 싣고 가는 화물자동차이고, 다음은 편승 대가로 그가 어느 지점까지 운전해주는 승용차이다. 그는 처음으로 미서시피(Mississippi)강을 바라보는 즐거움과 언덕 위에서 황혼의 들판을 바라보는 아름다움을 만끽하기도 하지만, 곧 암흑의 무서움에 몸을 떤다. 그가 밤에 다시 탄 화물자동차에서의 가장 큰 고통은 운전자와 계속 말을 해야만 하기 때문에 한숨도 잘 수 없는 것이다. 다음날 오후에 값싼 호우텔방에서 잠이 깨었을 때, 그는 자기가 누구인지를 알 수 없는 이상한 순간을 체험한다. 악몽으로 가득 찼던 그의 삶이 자신을 미 대륙의 동서분기점까지 데려왔으며, 자기 미래는 서부에 있다는 이상한 느낌을 갖는다. 그는 이상한 오후의 한 순간을 깨닫는다.

> 나는 태양이 빨갛게 타오르고 있을 때 눈을 떴다. 그 순간은 나의 삶 중 하나의 희귀한 체험이었고 가장 이상스러운 순간이었는데, 나는 내가 누구인지 알지 못했다. 집에서 멀리 떨어져, 여행에 시달려 지친 나는 처음 보는 값싼 호우텔방에서 밖에서 슈웃하는 스팀 소리, 호우텔의 오래된 목조들이 삐걱거리는 소리, 위층의 발자국 소리, 그리고 모든 슬픈 소리들을 듣고 있었다. 나는 금이 간 높다란 천장을 바라보면서, 이상스럽게도 약 15초 동안 내가 누구인지 정말 몰랐다. 나는 깜짝 놀라지도 않았고, 그저 나 아닌 어떤 사람, 즉 어떤 타인이었다. 나의 삶 전체가 시달린 삶이고 유령 같은 삶이었다. 나는 미 대륙 절반을 횡단하여 어린 시절의 동부와 미래의 서부를 가로지르는 분기선에 있었다. 아마도 그것이 내가 바로 그때 그곳에서 그 이상한 빠알간 오후를 보낸 이유인지도 모른다. (17)

> I woke up as the sun was reddening; and that was the one distinct time in my life, the strangest moment of all, when I didn't know who I was — I was far away from home, haunted and tired with travel, in a cheap hotel room I'd never seen, hearing the hiss of steam outside, and the creak of the old wood of the hotel, and footsteps upstairs, and all the sad sounds, and I looked at the cracked high ceiling and really didn't know who I was for about fifteen strange seconds. I wasn't scared; I was just somebody else, some stranger, and my whole life was a haunted life, the life of a ghost. I was halfway across America, at the dividing line between the East of my youth and the West of my future, and maybe that's why it happened right there and then, that strange red afternoon.

그때 그는 식당 안에서 큰 웃음소리를 듣고 별안간 절망감에서 벗어나 삶의 활력과 생명력을 느낀다. 그에게는 그 웃는 사람이 세상사를 조금도 어렵게 생각하거나 걱정하지 않으며 동시에 모든 사람을 사랑하고 있는 듯이 보였다. 이에 그는 자신에게 이렇게 타이른다: "저 사람의 웃음소리를 들어라. 이것이 서부이다. 나는 지금 이 서부에 와 있다"(21). 그는 서부 정신에 물들고 그 웃는 사람의 순박한 삶을 배워 자신도 그렇게 살고 싶어진다.

드디어 그는 덴버에 도착해서, 딘을 만나보려 하나 열흘이 지나도록 그를 만날 수 없다. 이윽고 그는 그 이유를 알게 된다. 딘은 동시에 두 여자, 즉 딘의 아내 매릴루와 그가 새로 사귄 커밀(Camille) 사이를 시계추처럼 오가기에 바쁘다. 게다가 그는 다른 친구와 함께 마약을 상용한 후, 침대 위에 다리를 포개고 똑바로 앉아 서로를 마주보면서, 각자의 마음속에 있는 모든 것을 정직하고 완벽하게 상대방에게 전달할 수 있는지를 알아보기에 여념이 없기 때문이다.

그가 커밀의 방으로 딘을 찾아갔을 때, 딘은 완전히 발가벗은 채 태연히 문을 열고 그를 맞는다. 그는 벽에서 그녀가 그린 딘의 나체 그림을 보고서 그리고 딘이 매릴루와 이혼을 위한 서류를 준비하고 있다는 사실을 알고 놀라지 않을 수 없다. 그는 그 자리에서 딘의 삶이 무질서와 광기에 가득 차 있음을 목격한다. 그는 딘의 이런 삶은 그의 불행했던 가족관계, 불우했던 어린 시절, 그리고 소년 시절의 무절제한 생활과 비행들로부터 연유했을 것이라고 추측한다.

> 딘은 레리머 거리에서 가장 비틀거리는 건달들 중 하나인 포도주 중독자의 아들이었다. 딘은 실제로 레리머 거리와 그 근저에서 주로 성장했다. 여섯 살 때 그는 아버지를 석방시켜 달라고 법정에서 탄원하기도 했다. 그는 깨진 술병들 사이에서 오랜 친구와 함께 기다리는 아버지에게 돈을 가져다 드리려고 레리머 뒷골목에서 구걸하거나 훔치기도 했다. 그러다 다 컸을 때, 그는 글렌암 당구장들 주위를 배회하기 시작했다. 그는 자동차 절도로 덴버에서 기록을 세우고는 소년원에 수감되었다. 그는 열한 살부터 열일곱 살 때까지 노상 소년원에서 지냈다. 그의 장기란 차를 훔쳐서, 오후에 귀가하는 고등학교 여학생을 꾀어 산으로 데려가 성폭행을 하고, 도시에 돌아와서는 호우텔의 목욕통을 하나 찾아내어 그 안에서 잠자는 일이었다. 한때 존경받고 근면한 주석세공 기술자였던 그의 아버지는 위스키 중독자보다 더 나쁜 포도주 중독자가 되어, 겨울에는 화물열차를 타고 텍서스주로 내려갔다가 여름에는 덴버로 돌아오는 신세로 전락하고 말았다. 그에게는 어릴 때 돌아가신 딘의 어머니 편에 이복형제들이 있었지만, 그들은 딘을 미워했다. 딘의 유일한 친구들은 당구장의 건달들이었다. (38-39)
>
> Dean was the son of a wino, one of the most tottering bums of Larimer Street, and Dean had in fact been brought up generally on Larimer Street and thereabouts. He used to plead in court at the age of six to have his father set free. He used to beg in front of Larimer alleys and sneak the money back to his father, who waited among the broken bottles with an old buddy. Then when Dean grew up he began hanging around the Glenarm poolhalls; he set a Denver record for stealing cars and went to the reformatory. From the age of eleven to seventeen he was usually in reform school. His specialty was stealing cars, gunning for girls coming out of high school in the afternoon, driving them out to the mountains, making them, and coming back to sleep in any available hotel bathtub in town. His

> father, once a respectable and hardworking tinsmith, had become a wine alcoholic, which is worse than a whisky alcoholic, and was reduced to riding freights to Texas in the winter and back to Denver in the summer. Dean had brothers on his dead mother's side — she died when he was small — but they disliked him. Dean's only buddies were the poolhall boys.

그는 자기가 덴버에서 딘과 친구들에게 걸었던 기대가 부질없었음을 깨닫는다. 이제 그는 이런 기대감의 무산은 사람들이 "삶의 성스러움과 모든 순간의 소중함"을 이해하지 못하기 때문에 일어나고 있음을 터득한다. 그는 덴버에 다시 올 것을 다짐하면서, 예정보다 2주 늦게, "위대한 희망의 도시" 샌 프랜시스코우행 버스에 오른다. 그는 세계일주 정기선의 기관실에 일자리를 구해주겠다는 한 친구의 편지를 받고, 소설 하나를 다 쓸 때까지의 생활비만 마련할 수 있다면 태평양을 횡단하는 화물선도 좋다는 답장을 보내고 나서 그 친구를 만나러 간다. 그러나 이번에도 그의 꿈이 깨어지자, 그는 "모든 미국인은 타고난 도둑"(57, 71)이라고 여긴다. 그는 미 대륙의 서쪽 끝에 왔기 때문에 더 갈 곳이 없어 우회하고자, 택서스(Texas)주에 있는 다른 친구를 찾아가려고 한다.

그는 로스 앤질러스(Los Angeles)행 버스를 탔을 때 매우 외롭고 슬프며 너무나 피곤해서 몸을 가누기가 어렵고 몹시 지쳐 있었다. 그는 가까스로 용기를 내서, 낯설지만 매우 귀엽게 생긴 멕시코우 여자 테리(Terry)의 양해를 구해 그 옆자리에 앉는다. 그들은 많은 이야기를 나누는데, 순결과 영원을 상징하는 푸른빛 눈동자를 가진 테리는 자기는 결혼해서 아들까지 있으나 남편의 학대 때문에 집에서 도망쳐 나왔다는 말을 한다. 두 사람은 15일 동안 동거생활을 하면서, 자동차 편승으로 뉴욕까지 가기로 결정한다. 이것이 여의치 않자, 그들은 샌 와킨(San Joaquin)골짜기에 있는 테리의 부모님 집으로 간다. 그는 목화밭에서 일하면서 그녀 그리고 그녀의 아들과 함께 천막생활을 시작한다. 처음으로 그는 육체적으로 매우 힘든 농사일에서 즐거움을 느낄 뿐 아니라 가정의 따스한 분위기를 즐긴다. 그는 삶의 새로운 체험을 만끽한다.

> 우리는 몸을 굽혀 목화를 따기 시작했다. 그곳은 아름다웠다. 들판을 가로질러 천막들이 서 있었다. 그 천막들 너머로 시든 갈색의 목화밭이 푸른 아침 하늘에 보이지도 않는 길색의 계곡 언덕과 눈 덮인 시에라 산맥까지 펼쳐져 있었다. 이것이 사우스 메인가(街)에서 접시 닦는 일보다 훨씬 더 좋았다. 그러나 나는 목화 따는 일에 대해 아무것도 몰랐다. [. . .] 내 등이 아파오기 시작했다. 그러나 그 일은 그 대지 위에서의 아름다운 무릎 굽힘과 목화 따기였다. 쉬고 싶으면, 나는 얼굴을 갈색의 축축한 대지의 베개에 대고 쉬었다. 새들이 노래를 곁들여주었다. 나는 내가 평생 동안 할 일을 발견했다고 생각했다. [. . .] 나는 들판 끝에서 목화 짐을 저울 위에 올려놓았다. 50파운드였다. 그래서 나는 50달러를 받았다. 그런 다음에 나는 한 오우키 소년으로부터 자전거를 빌려 99번 도로를 타고 내려가 교차로의 식품점에 갔다. 나는 거기서 요리된 스퍼게티와 아주 작은 공 같은 고기 덩이가 든 깡통, 빵, 버터, 카피, 그리고 케이크를 사가지고, 자전거에 싣고 왔다. [. . .] 내 영혼을 다시 찾게 해준 사람은 바로 테리였다. 천막용 난로에서 그녀는 요리했는데, 나는 몹시 시장하고 피곤했으므로, 그것은 내 생애에서 가장 훌륭한 성찬이었다. [. . .] 테리는 내 옆에 웅크렸고, 죠니는 내 가슴 위에 앉아 있었다. 그들이 내 공책에다 동물들의 그림을 그렸다. 우리 천막의 불빛이 무서운 대지 위에 빛났다. 카우보이 음악이 도로변의 여관에서 울리더니, 들판을 가로질러 매우 슬프게 퍼졌다. 나는 그것이 좋았다. 나는 아기에게 뽀뽀를 하고 불을 껐다. (96-97)
>
> We bent down and began picking cotton. It was beautiful. Across the field were the tents, and beyond them the sere brown cottonfields that stretched out of sight to the brown arroyo foothills and then the snow-capped Sierras in the blue morning air. This was so much better than washing dishes on South Main Street. But I knew nothing about picking cotton. [. . .] My back began to ache. But it was beautiful kneeling and hiding in that earth. If I felt like resting I did, with my face on the pillow of brown moist earth.

> Birds sang an accompaniment. I thought I had found my life's work. [. . .] At the end of the field I unloaded my burden on a scale; it weighed fifty pounds, and I got a buck fifty. Then I borrowed a bicycle from one of the Okie boys and rode down 99 to a crossroads grocery store where I bought cans of cooked spaghetti and meatballs, bread, butter, coffee, and cake, and came back with the bag on the handlebars. [. . .] It was Terry who brought my soul back; on the tent stove she warmed up the food, and it was one of the greatest meals of my life, I was so hungry and tired. [. . .] Terry curled up beside me, Johnny sat on my chest, and they drew pictures of animals in my notebook. The light of our tent burned on the frightful plain. The cowboy music twanged in the roadhouse and carried across the fields, all sadness. It was all right with me. I kissed my baby and we put out the lights.

그러나 10월의 추위 때문에 더 이상 천막생활을 할 수 없으므로, 그는 뉴욕으로 돌아가기 위해, 자동차 안에서 먹을 10개의 샌드위치를 만들어 가지고 핕스버그(Pittsburg)행 버스를 탄다. 그가 버스에서 내렸을 때, 호주머니에 돈이라고는 10센트 밖에 없고, 집까지 가기 위해 365마일을 더 남의 차에 편승해야만 한다. 그는 지름길을 가르쳐주겠다는 한 노인(the Ghost of the Susquehanna)을 따라갔다가, 자기를 다시 서쪽으로 데리고 가는 걸 보고 그 노인이 정신이상자임을 곧 알아차린다. 그는 자기가 반대쪽 길로 갔다는 사실을 통해 자기 사고의 큰 오류를 깨닫는다. 그는 지금까지 서부에만 미개척지가 있다고 생각했는데, 사실은 그렇지 않고 동부에도 무수한 미개척지가 있음을 지실한다.

> 나는 서스키해너강(江)의 유령이 내게 그렇지 않다고 가르쳐줄 때까지 미국의 모든 미개척지는 서부에만 있다고 생각했다. 아니다. 동부에도 황무지가 있다. 그것은 소달구지 시절에 우체국장이었던 벤 프랭클린이 걸어다녔던 똑같은 미개척지이고, 죠쥐 와싱턴이 인디언들을 몰아내는 성난 투사였을 때, 대녈 분이 펜실베이니어의 등불 옆에서 이야기하면서 골짜기를 찾겠다고 약속했을 때, 브래드퍼드가 도로를 건설하고 남

자들이 통나무집에서 여자에게 환성 질렀을 때 있었던 것과 똑같은 황무지이다. 작은 남자를 위한 애리조우너주의 넓다란 공지들[과 같은 곳들]은 없었지만, 동부 펜실베이니어와 메릴런드, 버쥐니어주의 울창한 황야, 시골길들, 서스퀴해너, 모난가헬라, 퍼토우먹, 그리고 모나카시와 같은 슬픔에 잠긴 강들에 둘러싸여 구부러지는 새까만 타르의 길들이 있었다. (105)

I thought all the wilderness of America was in the West till the Ghost of the Susquehanna showed me different. No, there is a wilderness in the East; it's the same wilderness Ben Franklin plodded in the oxcart days when he was postmaster, the same as it was when George Washington was a wildbuck Indian-fighter, when Daniel Boone told stories by Pennsylvania lamps and promised to fine the Gap, when Bradford built his road and men whooped her up in log cabins. There were not great Arizona spaces for the little man, just the bushy wilderness of eastern Pennsylvania, Maryland, and Virginia, the backroads, the black-tar roads that curve, among the mournful rivers like Susquehanna, Monongahela, old Potomac and Monocacy.

그는 삶의 새로운 의미와 활력을 찾으러 서부로 간 탐험여행이 부질없는 행위였음을 깨닫는다. 그는 스스로 과장한 동부의 속박으로부터 도피하기 위해 서부에서 환상적인 자유를 찾아보려고 했다. 그러나 그는 서부에서도 다른 사람들에게만 의존하려고 했기 때문에 자신의 자유와 이상을 실현할 수 없었다. 그가 8,000마일의 대륙 횡단여행을 마치고 타임즈 광장에 돌아와서 보고 있는 광경은 그 전과 조금도 다름이 없다. 악착같은 생존경쟁으로 일그러진 삶의 모습들이 여전히 난무하고 있다.

나는 8,000마일의 미 대륙 횡단여행을 마치고 타임즈 광장에 돌아와, 가장 교통이 혼잡한 시간에 나의 순진한 떠돌이 눈으로 수백만 명의 뉴욕 사람들이 돈을 벌려고 노상 아귀다툼하는 완전한 광기와 환상적 환호성, 즉 미친 꿈을 보았다. 그들은 빼앗고, 받고, 주고, 탄식하면서 죽어가

고 있었다. 그래서 롱 아일런드시 너머의 저 무시무시한 무덤의 도시들 안에 매장될 수 있도록. (106)

> I had traveled eight thousand miles around the American continent and I was back on Times Square; and right in the middle of a rush hour, too, seeing with my innocent roadeyes the absolute madness and fantastic hoorair of New York with its millions and millions hustling forever for a buck among themselves, the mad dream — grabbing, taking, giving, sighing, dying, just so they can be buried in those awful cemetery cities beyond Long Island City.

그는 10월에 수척한 모습으로 집에 돌아와서 무엇보다도 먼저 실컷 먹는다. 그는 늦가을의 찬바람이 창틀에서 덜걱거리는 소리를 듣는다. 그는 책상 위에서 절반까지 쓴 소설 원고를 보자 이것을 빨리 끝내려고 한다.

이 소설의 2장은 이렇게 시작된다. 그는 서부여행에서 돌아와 1년 동안 두문불출하고 소설을 완성한 후, 1948년의 성탄절을 버쥐니어(Virginia)주의 시골에 있는 동생 집에서 친척들과 함께 조용히 보내고, 제대군인 장학금을 받아 봄 학기에는 대학에 복학하려고 한다. 그러나 1년 이상 서로 만나지 못하고 서신왕래만 했던 딘이 예기치 않게 갑자기 찾아옴으로써 그의 계획은 차질을 빚는다. 딘은 진흙투성이의 1949년형 허드슨승용차에 매릴루와 에드 덴컬(Ed Dunkel)을 태우고 홀연히 그의 동생 집에 나타났다. 딘은 1947년 가을부터 샌 프랜시스코우의 철도회사에 취직하여 상당한 봉급을 받아 커밀과 행복한 생활을 하면서 딸도 가진다. 그러나 갑작스러운 승객 감소 때문에 회사에서 일시적 해고를 당한 그는 어느 날 우연히 길거리에서 판매 광고된 허드슨승용차를 보고, 바로 은행으로 달려가 예금을 찾아 그 차를 산다. 그는 커밀이 가지 말라고 간청하는 것을 뿌리치고, 그녀에게 무조건 뉴욕에 가서 주인공을 데리고 한 달 안에 돌아오겠다고 말한다. 목적이 무엇이냐는 그녀의 물음에 그가 할 명쾌한 대답은 없다.

그는 에드 그리고 갤러티어(Galatea)와 함께 동부에 가고 싶어 한다. 그러나 에드가 갤러티어에게 같이 갈 것을 청했으나 아무 소용이 없다. 그녀는 에드가 자기와 결혼하지 않는 한 갈 수 없다며 그의 요구를 거절해버린다. 할 수 없이 그는 그녀와 결혼하는데, 딘은 며칠 사이에 이 결혼수속을 다 마친다. 세 사람이 밤낮을 가리지 않고 동부로 가는 도중, 그녀는 이런 식의 여행은 너무 피곤해서 도저히 더 이상 갈 수 없다고 불평하면서 그들과 목적지에서 합류하겠다며 중도에서 헤어진다. 딘은 동부로 가는 도중 갑자기 매릴루가 보고 싶어 덴버로 차를 몬다. 그는 그녀를 만나 자기가 정말로 사랑하는 여자는 그녀뿐이며 자기 잘못을 뼈저리게 후회하고 있다고 울먹이며 말하자, 그녀는 동행을 승낙한다. 그들은 30시간 동안 과자만 먹었을 뿐 식사 한번 하지 못하고 주인공의 동생 집에 도착했다. 그들은 남부 사람들이 그들에게 경멸의 눈초리를 보내는 것도 아랑곳하지 않고 게걸스럽게 먹는다.

> 그들은 딘처럼 게걸스럽게 손에 든 샌드위치를 먹으면서, 내가 산 "사냥"이라는 격정적인 봅 음반을 들으면서 큰 축음기 앞에서 허리를 굽히거나 껑충 뛰어올라 서 있었다. 선정적 함성을 지름으로써 그 음반에 환상적이고 열광적인 음량을 보태고 있던 청중들에게 텍스터 고던과 워델 그레이가 화를 내자, 남부사람들은 너무나도 놀라 서로를 쳐다보면서 머리를 저었다. "도대체, 샐은 어떤 친구들과 사귀느냐?"고 그들은 내 동생에게 물었다. 그는 대답을 찾느라 쩔쩔매었다. 남부사람들은 비정상을 조금도 좋아하지 않으므로 딘의 행위를 경멸했다. 그는 그들을 전혀 의식하지 않았다. (113)

> They ate voraciously as Dean, sandwich in hand, stood bowed and jumping before the big phonograph, listening to a wild bop record I had just bought called "The Hunt," with Dexter Gordon and Wardell Gray blowing their tops before a screaming audience that gave the record fantastic frenzied volume. The Southern folk looked at one another and shook their heads in awe. "What kind of friends does Sal have, anyway ?" they said to my brother. He was stumped for an answer. Southerners don't like madness the

least bit, not Dean's kind. He paid absolutely no attention to them.

그들은 시골집에는 그들의 잠자리는 없으나, 뉴저지(New Jersey)주에 있는 주인공의 집으로 옮길 가구가 있다는 사실을 알고 그 가구 옮기기를 자원한다. 딘은 1,000마일을 30시간에 오갈 수 있다고 장담하면서, 차를 몰 때 신들린 사람처럼 속력을 낸다. 그래서 5일 전에 산 새 차가 벌써 망가졌다. 주인공은 자동차 안에서 그 동안 딘이 굉장히 변했음을 목격한다. 그가 증오심에 사로잡혀 있을 때는 눈에서 광기가 번쩍이고 행복감에 젖었을 때는 기쁨의 감정을 도저히 억제하지 못한다. 주인공은 집에 온 다음날 아침, 뉴 올리언즈(New Orleans)의 오울드 불리(Old Bull Lee)로부터 자기는 전혀 알지 못하는 갤러티어 덴컬이라는 여자가 자기 집에 와서 미지의 인물인 에드 덴컬을 찾고 있는데 이것이 어찌 된 일이냐며 불평하는 전화를 받는다.

주인공은 딘과 단둘이 밤에 버쥐니어로 내려올 때, 딘이 신비주의자가 되었음을 알고 놀란다. 그는 지금 그가 보는 모든 것, 이야기하는 모든 것, 그리고 모든 순간의 일에 황홀해 한다. 그는 불가사의한 진리를 이렇게 절대적으로 믿고 있다: "물론 지금 누구도 우리에게 신이 없다고 주장할 수 없다. [. . .] 만물은 다 좋고 아름답다. 신은 존재한다. 우리는 시간을 안다. [. . .] 너는 모든 것을 기하학과 기하학적 사고방식으로 이해할 수 없다"(120). 그는 자기가 신이 존재한다는 진리를 어떻게 알고 있는지를 설명해 줄 충분한 시간이 없어서 아쉽다고 주인공에게 말한다.

> "너는 내 말을 이해하니? 신은 의심할 여지없이 존재한다. 우리가 이 길을 가고 있을 때, 우리를 위해 모든 일들이 잘 보살펴질 거라고 — 운전할 때 차바퀴를 두려워하는 너까지도 잘 보호될 거라고"(나는 운전을 싫어하므로 조심스럽게 운전했다) — "만물은 저절로 앞서가며, 너는 길을 벗어나지 않을 것이므로 나는 잠을 잘 수 있다. 더욱이 우리는 미국을 알기 때문에 마음이 편하다. 나는 미국에서 어디든지 갈 수 있고, 미

국의 모든 지역은 다 똑같으므로 내가 원하는 것을 얻을 수 있다. 나는 사람들을 알고, 그들이 하는 일도 이해한다. 우리는 주고받으며, 엄청나게 복잡한 감미로운 마음으로 동서남북을 지그재그로 다니고 있다." 그가 말했던 어떤 것들도 전혀 분명하지 않았지만, 그가 말하려고 했던 것은 아무튼 순수하고 분명하게 되었다. 그는 "순수한"이라는 단어를 몇 번이고 썼다. 나는 딘이 신비주의자가 되리라고는 꿈에도 생각 못했다. (120-21)

"You see what I mean? God exists without qualms. As we roll along this way I am positive beyond doubt that everything will be taken care of for us — that even you, as you drive, fearful of the wheel" (I hated to drive and drove carefully) — "the thing will go along of itself and you won't go off the road and I can sleep. Furthermore we know America, we're at home; I can go anywhere in America and get what I want because it's the same in every corner, I know the people, I know what they do. We give and take and go in the incredibly complicated sweetness zigzagging every side." There was nothing clear about the things he said, but what he meant to say was somehow made pure and clear. He used the word "pure" a great deal. I had never dreamed Dean would become a mystic.

또한 그는 주인공에게, "롤로우 그렙(Rollo Greb)은 모든 사람들 중에서 가장 위대하고 신비스러운 사람이다. 이 사실이 내가 너에게 말하려고 했던 것이고, 내가 되고 싶어하는 것이다. 나도 그 사람처럼 되고 싶다. 그는 결코 어떤 일에도 구애받지 않고, 사통팔달하였으며, 진리를 깨달아 영원을 알고, 자유자재로 움직인다. 그 사람이야말로 우리가 되고자 하는 목표이다. 네가 언제나 그 사람처럼 살려고 하면, 너는 드디어 그것을 얻게 될 수 있음을 깨달을 것이다"(127)라고 말한다. 주인공이 무엇을 얻느냐고 물었을 때, 그는 "그것"이라고 대답한다. 그는 위대한 재즈 피아노연주자 죠쥐 쉐링(George Shearing)도 롤로우 그렙 같은 사람이라고 주장한다. 그와 주인공은 그의 피아노연주를 듣는다. 그들은 가장 독실한 신자처럼 거룩하고 경건한 순간을 체험한다. 그들은 종교적 황홀경 속으로 빠져 들어간다.

> 그리고 쉐링은 흔들기 시작했다. 그의 황홀한 얼굴에 갑자기 미소가 떠올랐다. 그는 피아노 의자에서 처음에는 천천히 앞뒤로 움직이다가, 피아노를 더욱더 세게 치면서 빠르게 흔들기 시작하더니 그의 왼발은 피아노를 칠 때마다 들썩거렸으며, 그의 목은 굽혀져 흔들리기 시작했다. 그는 얼굴을 건반까지 내리고, 머리채를 뒤로 넘기자 빗질한 머리카락이 풀어졌다. 그는 땀에 젖기 시작했다. 음악은 더 빨라졌다. 저음 악기 연주자는 등을 구부려 더욱더 빨리 악기를 두드렸는데, 그것은 더욱더 빨라지는 것 같았다. 그것뿐이다. 쉐링은 그의 화음을 연주하기 시작했다. 그 화음은 피아노에서 격렬하게 흘러나왔다. 당신은 그가 화음을 조화시킬 여유가 없을 거라고 생각한다. 화음은 파도처럼 쏟아져 나왔다. 사람들은 그에게 "흔들어라"고 고함쳤다. 딘은 땀을 흘리고 있었고, 땀이 그의 칼라 밑으로 흘러내렸다. "저기에 그 사람이 있다. 저 사람이다. 오, 신이여! 오, 신 쉐링이여! 그렇다! 그렇다! 그렇다!" 쉐링은 자기 뒤의 광인을 알아보았고, 딘의 헐떡임과 저주를 모두 들을 수 있었으며, 볼 수는 없었지만 그 소리를 느낄 수 있었다. "그렇다. 바로 그거야"라고 딘이 말했다. 쉐링은 미소를 지으며 흔들었다. 쉐링은 땀에 흠뻑 젖은 채 피아노에서 일어났다. 이것이 바로 그가 냉정하고 영리적인 인간으로 변신해버리기 전의 위대한 1949년의 나날들이었다. 그가 가버렸을 때, 딘은 텅 빈 피아노 의자를 가리키면서 "신의 빈 의자"라고 말했다. 피아노 위에 호른이 놓여 있었다. 그 황금빛 그늘이 드럼들 뒤의 벽에 그려진 사막의 대상(隊商)을 따라 이상한 반영을 이루었다. 신이 가버렸고, 그가 떠난 후 침묵만이 있었다. (128)

> And Shearing began to rock; a smile broke over his ecstatic face; he began to rock in the piano seat, back and forth, slowly at first, then the beat went up, and he began rocking fast, his left foot jumped up with every beat, his neck began to rock crookedly, he brought his face down to the keys, he pushed his hair back, his combed hair dissolved, he began to sweat. The music picked up. The bass-player hunched over and socked it in, faster and faster, it seemed faster and faster, that's all. Shearing began to play his

chords; they rolled out of the piano in great rich showers, you'd think the man wouldn't have time to line them up. They rolled and rolled like the sea. Folks yelled for him to "Go!" Dean was sweating; the sweat poured down his collar. "There he is! That's him! Old God! Old God Shearing! Yes! Yes! Yes!" And Shearing was conscious of the madman behind him, he could hear every one of Dean's gasps and imprecations, he could sense it though he couldn't see. "That's right!" Dean said. "Yes!" Shearing smiled; he rocked. Shearing rose from the piano, dripping with sweat; these were his great 1949 days before he became cool and commercial. When he was gone Dean pointed to the empty piano seat. "God's empty chair," he said. On the piano a horn sat; its golden shadow made a strange reflection along the desert caravan painted on the wall behind the drums. God was gone; it was the silence of his departure.

딘은 이 연주자를 신으로 숭배한다. 신의 계시가 있은 다음에는 정적만이 있을 뿐이다.

주인공은 2주 후에 돌아올 예정으로 딘 일행과 함께 다시 서부여행을 떠난다. 보슬비가 내리고 있는데도 그들은 출발한다. 그들에게 삶에서 가장 중요한 임무 중의 하나는 혼란과 무의미를 뒤로하고 행동하는 것, 다시 말하면 전진하는 것이기 때문이다. 그들은 먼저 뉴 올리언즈의 오울드 불 리에게로 간다. 그들이 새벽에 와싱턴에 도착한 날은 해리 트루먼(Harry Truman)대통령 취임식 날이다. 도심지에는 미국의 위대한 무력을 과시하는 다양한 무기들이 전시되어 있다. 그들은 미국 정부의 이런 무력과시를 이렇게 빈정거린다.

우리는 새벽에 와싱턴에 도착했다. 그날은 해리 트루먼의 두번째 임기가 시작되는 대통령 취임식 날이었다. 우리가 다 망가진 고물 자동차를 타고 지나갈 때, 펜실베이니어 거리를 따라 막강한 전쟁 무기들이 전시되어 있었다. 비-29, 피티 보우트, 대포, 그리고 눈 내린 풀밭에서 흉악하게 보이는 온갖 종류의 전쟁 무기들이 있었다. 제일 마지막 전시품은 가엾고 어리석게 보이는 평범한 소형 구명 보우트였다. 딘은 그것을 보려고 차를 천천히 몰았다. 그는 놀라움에 계속 머리를 흔들었다. "이 사람들은 무얼하고 있나? 해리가 이 도시 어디에선가 잠을 자고 있다. [. . .] 착한 해리. [. . .] 그도 나처럼 미주리주 출신인데. [. . .] 저것은 그의 보우트임이 틀림없다." (135)

We arrived in Washington at dawn. It was the day of Harry Truman's inauguration for his second term. Great displays of war might were lined along Pennsylvania Avenue as we rolled by in our battered boat. There were B-29s, PT boats, artillery, all kinds of war material that looked murderous in the snowy grass; the last thing was a regular small ordinary lifeboat that looked pitiful and foolish. Dean slowed down to look at it. He kept shaking his head in awe. "What are these people up to? Harry's sleeping somewhere in this town. [. . .] Good old Harry. [. . .] Man from Missouri, as I am. [. . .] That must be his own boat."

딘은 뒷좌석에서 자려고, 덴컬에게 과속하지 말라고 각별히 당부하면서 차운전을 맡긴다. 그러나 덴컬은 그가 잠든 것을 알자 차선까지 위반하면서 80마일로 질주하다가 경찰관에게 붙잡힌다. 경찰관은 딘이 전과자였음을 금방 알아차리고, 그를 다시 체포하고자 매릴루가 몇 살인가를 묻더니, 그녀가 결혼증명서를 제시하자, 남편이 누구냐고 집요하게 묻는다. 이것이 여의치 않게 되자, 그는 과속에 대한 25달러의 벌금을 징수하려고 한다. 덴컬은 가진 돈이 4달러뿐인 줄 알기 때문에 자신이 감옥에 가겠다며 항의한다. 그러나 경찰관은 "너희들이 이 사람을 감옥에 가게 내버려두면, 모두를 펜실베이니어(Pensylvania)주로 당장 연행하겠다"고 위협한다. 그들은 별수 없이 그에게 25달러 벌금을 낸다. 그러고 나서 그들은, "미국경찰관들은 위협적인 서류와 협박으로 그들에게 조금도 해를 끼치지 않는 미국인들과 심리전을 벌이는데 열중하고 있다"(136)고 말한다.

그러나 주인공과 딘은 곧 남부의 따스함을 피부로 느끼자, 북부의 추위를 벗어났다는 안도감과 새벽의 어슴푸레한 빛에 보이는 파란 새

싹이 주는 환희 때문에 그 불쾌한 일을 바로 잊어버린다. 그들이 "비탄에 잠긴 사람들의 억제할 수 없는 슬픔이 터지듯이 중부로부터 흘러내리는 강들의 위대한 아버지"인 미서시피강에 이르렀을 때, 딘은 "이제 차에서 내려, 강과 사람들을 이해해보자"(141, 140)고 말한다. 그들은 드디어 그 강을 건너 오울드 불 리의 집에 도착하여 갤러티어를 만난다. 딘은 몹시 수척해진 그녀가 눈물을 글썽이는 것을 보고도 태연하게 굴며, 그녀의 남편도 그저 안녕이라고 인사할 뿐이다. 이어서 주인공은 마약의 환각상태에 빠진 여주인에게서 오는 길에 화재를 보지 못했느냐는 엉뚱한 질문을 받는다.

자신 뿐 아니라 아내까지도 마약중독자로 만들어버린 리는 어떤 사람인가? 그는 "우리가 실제로 죽은 사람 그리고 저 세상과 영혼 소통을 하고 있다는 사실을 인류는 언젠가는 깨닫게 될"(153) 것이라고 예언하는 신비주의자이다. 그는 주인공과 친구들의 스승이다. 그는 다른 사람들과 이야기하고 그들을 가르치는 일이 삶의 전부이다. 그의 가장 큰 증오의 첫 대상은 와싱턴의 관료주의, 그 다음은 사회주의 신봉자와 동조자들, 그리고 경찰관이다. 그는 지금까지 필요 때문이 아니라 자발적으로 배우고 싶은 삶의 현실들에 대해 그리고 인류학과 의학에 대해 공부한 독서광이다. 그는 삶의 현실을 배우기 위해, 미국 전역과 유럽 그리고 북 애프리커를 전전하면서 밑바닥 인생의 직업들로부터 시작하여 가르치는 직업까지 종사해보았다. 그의 마지막 연구대상은 마약중독이다. 이제 그는 자신의 오고운(Orgone)축적기를 개선하여 활용하는 연구에 전념하고 있다.

> "이봐, 자네들도 내 오고운축적기를 써 보는 게 어때? 자네들 몸속에 활력을 약간 넣어보게. 나는 항상 가장 가까운 창녀집을 향해 시속 90마일로 질주하네, 호-호-호!" 이것이 실제로 웃지 않을 때 그가 "웃는" 웃음이었다. 그 오고운축적기는 한 남자가 의자에 앉기에 충분히 큰 평범한 상자이다. 나무층, 금속층, 그리고 또 하나의 나무층은 오고운을 거두어들여, 인체가 보통 양보다 더 많은 양을 흡수할 수 있도록 매우 오랫동

안 오고운을 계류(稽留)시킨다. [빌헬름] 라이크에 따르면, 오고운은 생명력이 진동하는 대기 원자들이다. 사람들은 오고운을 다 소모해버린 탓에 암에 걸린다. 오울드 불은 자기가 사용하는 나무가 가능한 한 유기적이라면 자신의 오고운축적기가 개선될 것이라고 생각했다. 그래서 그는 늪에서 자란 나무들의 무성한 잎과 가지들을 자신의 신비한 옥외변소에 묶었다. 요란한 장치들로 얽혀 있는 기계가 뜨겁고 평평한 뜰에 세워져 있었다. 오울드 불은 옷을 벗고 안에 들어가 앉아서 자기 배꼽을 멍하니 바라보았다. (152)

"Say, why don't you fellows try my orgone accumulator? Put some juice in your bones. I always rush up and take off ninety miles an hour for the nearest whorehouse, hor-hor-hor!" This was his "laugh" laugh—when he wasn't really laughing. The orgone accumulator is an ordinary box big enough for a man to sit inside on a chair: a layer of wood, a layer of metal, and another layer of wood gather in orgones from the atmosphere and hold them captive long enough for the human body to absorb more than a usual share. According to [Wilhelm] Reich, orgones are vibratory atmospheric atoms of the life-principle. People get cancer because they run out of orgones. Old Bull thought his orgone accumulator would be improved if the wood he used was as organic as possible, so he tied bushy bayou leaves and twigs to his mystical outhouse. It stood there in the hot, flat yard, an exfoliate machine clustered and bedecked with maniacal contrivances. Old Bull slipped off his clothes and went in to sit and moon over his navel.

주인공과 딘 그리고 매릴루는 리와 덴컬 부부와 작별하고 캘러포니어(California)주로 떠난다. 주인공은 미서시피강은 무엇일까하고 생각해보면서 다시 그 강을 건너 깜깜한 길을 달려간다. 그러다가 그들은 갑자기 늪 속에 빠져버린다. 그들은 죽음의 분위기에 휩싸여 있다.

우리는 커다란 포도나무 숲에 둘러싸여, 백만 마리의 살무사가 지나가는 소리를 들을 수 있었다. 우리가 볼 수 있는 유일한 물체는 허드슨 계

> 기반의 빨간 앰피어 버튼이었다. 매릴루는 무서워서 비명을 질렀다. 우리는 그녀를 겁주려고 미친 듯이 웃기 시작했다. 우리도 또한 오싹해졌다. 우리는 이 뱀의 소굴과 어둠이 깃든 진흙탕에서 빠져나와 한시 빨리 친근한 미국의 땅과 소 기르는 마을로 돌아가고 싶었다. 대기에 기름과 썩은 물 냄새가 풍겼다. 이것이 우리가 읽을 수 없는 밤의 원고였다. (157-58)

> We are surrounded by a great forest of viny trees in which we could almost hear in slither of a million copperheads. The only thing we could see was the red ampere button on the Hudson dashboard. Maylou squealed with fright. We began laughing maniac laughs to scare her. We were scared too. We wanted to get out of this mansion of the snake, this mireful drooping dark, and zoom on back to familiar American ground and cowtowns. There was a smell of oil and dead water in the air. This was a manuscript of the night we couldn't read.

이 장면은 그들이 가는 길이 많은 고난과 소외 등으로 얼룩질 것임을 예시한다. 또한 이 장면은 주인공의 이번 여행도 무의미하고 무익할 것임을 상징한다.

딘은 샌프랜시스코우에 도착하자마자, 주인공과 매릴루를 길거리에서 내리게 하고 쏜살같이 도망쳐버린다. 그녀는 주인공에게 "당신은 그가 얼마나 나쁜 인간인지를 알겠지요? 저 사람은 자기만족을 위해서는 당신을 어느 때 어느 곳에나 버릴 것입니다"고 말한다. 그는 그녀와 함께 1주일 동안 굶주리다가, 그녀마저 가버리자 외돌토리 신세가 된다. 그는 이제야 여자 친구였던 루실(Lucille)이 그에게, "나는 네가 그들과 함께 있을 때 너를 좋아하지 않는다"(170, 125)고 한 말을 기억하고 후회한다. 사실 루실은 딘과 매릴루가 그녀에게 뭔가 어처구니없는 행동을 하리라는 예감을 갖고 있던 터라 주인공이 그들과 함께 있는 것을 보고 어두운 얼굴 표정을 지었다. 그는 굶주림으로 인한 탈진상태에서 생사의 세계를 자유자재로 오락가락하는 황홀의 경지를 체험한다. 그는 지금 죽음의 공포로부터 벗어나 죽음을 출생과 재생의 더욱 큰 맥락에서 이해하고 수용한다.

> 잠깐 동안 나는 언제나 이르고 싶었던 황홀의 경지에 도달했다. 그 경지란 연대기적 시간으로부터 영원한 피난처로 완전히 들어감이고, 죽음의 세계의 황량함 속에서 느끼는 경이감이며, 그 자신의 뒤꿈치를 미행하는 환영과 함께 죽음이 움직이라고 내 뒤꿈치를 차는 느낌이고, 창조되지 않은 허무의 성스러운 공허와 빛나는 마음의 실체에서 반짝이는 너무나도 강력하고 믿기 어려운 광휘 속으로, 그리고 하늘에 있는 이상하게 아름다운 나방 떼 속에 열려 있는 무수한 도원경 속으로, 모든 천사들이 뛰어들고 날아드는 널빤지 쪽으로 자신이 급히 가고 있다는 감각이었다. 나는 내 귀에는 들리지 않으나 도처에 있고 어떤 소리와도 관계없는 표현이 불가능한 소용돌이치는 파도소리를 들을 수 있었다. 나는 무수하게 죽었다가 다시 태어났음을 깨달았지만, 삶에서 죽음 그리고 재생으로의 과정이 백만 번이나 잠들었다가 다시 깨어나는 것처럼 너무나 쉽고 마술적인 행위라서, 그 행위가 너무나 우발적이라 무시해버려도 좋기 때문에, 그 깨달음을 기억하지 못했다. 나는 맑고 고요하고 거울 같은 물 위에 바람이 일으키는 파문처럼 탄생과 죽음의 이런 물결이 일어남은 본질적 마음의 안정성 때문임을 깨달았다. (173)

> And for just a moment I had reached the point of ecstasy that I always wanted to reach, which was the complete step across chronological time into timeless shadows, and wonderment in the bleakness of the mortal realm, and the sensation of death kicking at my heels to move on, with a phantom dogging its own heels, and myself hurrying to a plank where all the angels dove off and flew into the holy void of uncreated emptiness, the potent and inconceivable radiancies shining in bright Mind Essence, innumerable lotuslands falling open in the magic mothswarm of heaven. I could hear an indescribable seething roar which wasn't in my ear but everywhere and had nothing to do with sounds. I realized that I had died and been reborn numberless times but just didn't remember especially because the transitions from life to death and back to life are so ghostly

easy, a magical action for naught, like falling asleep and waking up again a million times, the utter casualness and deep ignorance of it. I realized it was only because of the stability of the intrinsic Mind that these ripples of birth and death took place, like the action of wind on a sheet of pure, serene, mirror-like water.

그는 결국 딘의 도움을 받아 그의 집에서 며칠을 머문다. 그는 이번에도 여기까지 와서 얻은 것이 무엇인지를 알지 못한다. 그는 딘과 매릴루의 전송을 받으면서 뉴욕행 버스에 오른다. 그들은 다시는 서로가 만나지 못할 것이라는 생각을 하면서도 이에 조금도 개의치 않는다.

3장은 재생을 상징하는 봄에 시작된다. 이 봄의 소생은 주인공의 생활방식에 일대전환을 가져온다. 그는 지금까지 딘의 자발적이고 황홀한 삶을 부러워하면서 그에게 의존하려는 생활을 해왔다. 그러나 그는 이제 독자적인 삶을 살면서 오히려 딘을 보살펴주려고 한다.

주인공은 1949년 봄에 혼자 덴버에 가서 정착하려고 한다. 친구들도 다 떠나버렸기 때문에 그는 혼자서 독자적인 삶을 살아보려고 한다. 그는 과일시장에서 매우 고된 일을 하면서 지금까지의 자기 삶을 깊이 반성해본다. 백인인 그는 세속적이고 물욕적인 야심에 지나치게 얽매였기 때문에, 샌 와킨 골짜기에서 테리처럼 착한 여자를 차버렸다. 이 야심은 또한 그의 삶에서 황홀함, 즐거움, 음악 그리고 계절, 심지어 낮과 밤까지도 빼앗아 가버렸다. 따라서 그는 자신의 삶이 이런 무미건조하고 각박한 백인세계에서 벗어나, 흑인이나 멕시코우 사람들처럼 소박하고 정직한 삶에서 얻는 진실한 행복과 황홀함으로 가득 찬 삶으로 탈바꿈하기를 갈망한다. 그러기 위해서 그는 자기가 해야 할 가장 중요하고 시급한 일은 매우 세속적이고 이기적이며 비이성적인 자기를 부정하는 행위, 즉 스스로 자멸하는 행위를 통한 재생임을 깨닫는다.

23가(街)와 웰턴에서 가스탱크를 비추는 투광조명 아래 소프트볼 경기가 계속 중이었다. 매우 열렬한 한 관중이 매 경기마다 함성을 질렀다. 백인, 유색인, 멕시코우 사람, 그리고 순수 인디언 등 모든 인종의 낯선 젊은이들이 마음 아플 만큼 진지하게 운동장에서 경기 중이었다. 바로 유니폼을 입은 아마추어 야구소년들. 나는 운동선수로서 평생 동안 한 번도 가족, 여자친구, 그리고 이웃 소년들 앞에서 조명을 받으며 이런 야간경기를 해본 적이 없었다. 언제나 경기는 대학의 승부욕에 가득 찬 대규모의 시합이었으므로, 이처럼 어린애다운 인간적 즐거움이 없었다. 매우 늦은 시간이었다. 틀림없이 매일 밤 경기를 구경하는 어느 흑인노인이 내 옆에 앉아 있었다. 그 옆에는 늙은 백인건달, 그 곁에는 멕시코우 가족, 그리고 몇명의 소녀나 소년들 — 모두가 인간적인 무리였다. 아, 그날 밤 야간조명이 얼마나 슬프게 보였는지! 그 어린 포수는 마치 딘처럼 보였다. 좌석에 앉아 있는 아름다운 금발여자는 꼭 매릴루 같았다. 이것이 덴버의 밤이었다. 내가 했던 모든 일이 죽음이었다. (180-81)

Down at 23rd and Welton a softball game was going on under floodlights which also illuminated the gas tank. A great eager crowd roared at every play. The strange young heroes of all kinds, white, colored, Mexican, pure Indian, were on the field, performing with heart-breaking seriousness. Just sandlot kids in uniform. Never in my life as an athlete had I ever permitted myself to perform like this in front of families and girl friends and kids of the neighborhood, at night, under lights; always it had been college, big-time, soberfaced; no boyish, human joy like this. Now it was too late. Near me sat an old Negro who apparently watched the games every night. Next to him was an old white bum; then a Mexican family, then some girls, some boys — all humanity, the lot. Oh, the sadness of the lights that night! The young pitcher looked just like Dean. A pretty blonde in the seats looked just like Marylou. It was the Denver Night; all I did was die.

그의 재생의 계기를 제공했던 덴버에서의 그 밤에 자연히 그는 딘과 매릴루를 상기하게 되고 그들을 만나보고 싶어진다. 그는 한 부유한 여자 친구로부터 100달러를 받자마자, 딘을 만나기 위해 샌 프랜시스코우로 달려간다. 그는 딘이 두번째 아내와 딸에게도 충실한 가장역할을 하지 못하고 자기만족적 탐닉에만 빠져 결국 가정파탄을 자초했음을 목격한다. 갤러티어는 그에게, "요 몇년 동안 당신은 어느 누구에 대한 책임감을 가져본 적이 없다. 당신은 너무나 많은 파렴치한 행위를 했기 때문에, 나는 당신을 어떻게 비난해야 할지도 모르겠다. 당신은 당신 말고 어느 누구에 대한 어떤 관심이나 애정도 갖지 않고 오로지 당신의 짜릿한 쾌락만을 추구했다. [. . .] 삶이야말로 성스럽다고[여기며], 언제나 삶을 모독하지 않고 고귀하게 살려는 사람들이 있다는 것을 당신은 선혀 생각하려고도 하지 않는다"(193-94)고 힐난의 말을 한다.

주인공은 딘이 자기를 필요로 하는 적시에 왔다고 쾌재를 부른다. 딘은 이제 그를 성가신 존재로 여기지만 그는 딘을 보살펴주기로 결심한다. 이 결심이 지금까지의 두 사람 사이의 관계를 역전시키는 계기가 된다. 그는 뉴욕으로 함께 가자는 딘의 요구를 흔쾌히 수용한다. 그는 자기보다 다섯 살 연하인 딘을 보호해 줄 의무감에서 그리고 자신은 그와 떨어질 수 없는 하나의 공동체적 운명에 대한 깨달음에서 그것을 받아들인다. 그의 깨달음과 수용이 두 사람 사이의 완벽한 상호이해와 소통의 희열을 자아낸다.

> 나는 확고부동하게 했던 말을 반복했다. — "나와 함께 뉴욕에 가자. 내게 돈이 있다네." 나는 그를 쳐다보았다. 내 눈은 당혹감과 눈물로 젖어 있었다. 그는 조용히 나를 응시했다. 이제 그의 눈은 멍하니 나를 꿰뚫어보고 있었다. 내가 실제로 그와 그의 고민을 심사숙고하면서 몇 시간을 보냈다는 사실을 알고, 그 사실을 자신의 몹시 복잡하고 괴로운 정신적 범주로 평가하려고 했을 때가 바로 우리 우정의 절정이었다. 우리 둘 사이에 무엇인가가 문득 깨달아졌다. 내게 그 깨달음이란 나보다 다섯 살 어린 사람에 대한 갑작스러운 관심이고 그의 운명이 최근 몇 년 동안 나의 운명과 얽혀 있다는 사실이었다. 그에게 그 깨달음이란 그 후의 그의 행위로부터만 내가 확인할 수 있는 문제였다. 그는 매우 기뻐하면서 모든 일이 해결되었다고 말했다. (189-90)

> Resolutely and firmly I repeated what I said — "Come to New York with me; I've got the money." I looked at him; my eyes were watering with embarrassment and tears. Still he stared at me. Now his eyes were blank

and looking through me. It was probably the pivotal point of our friendship when he realized I had actually spent some hours thinking about him and his troubles, and he was trying to place that in his tremendously involved and tormented mental categories. Something clicked in both of us. In me it was suddenly concern for a man who was years younger than I, five years, and whose fate was wound with mine across the passage of the recent years; in him it was a matter that I can ascertain only from what he did afterward. He became extremely joyful and said everything was settled.

주인공은 이제 딘이 자신에게 빈정댐, 비난, 충고, 도덕 [문제], 그리고 슬픔의 대상이 아니고 순수한 존재의 기쁨과 황홀함의 원천이라고 믿는다. 그리하여 그는 딘이 자기에겐 "축복의 근원이며 화신"(195)이라고 확신한다.

딘을 "지금까지 살았던 가장 사악한 악한"(196)이라고 신랄하게 비난하는 친구들과 주인공, 딘, 그리고 갤러티어를 포함한 모두가 함께 재즈를 들으러 간다. 한 재즈가수가 가사의 틀에 전혀 얽매이지 않고 즉흥적으로 가사를 바꾸면서 열창하고 있다. 그의 노래는 그 자신을 점점 도취시켜 흥분의 도가니 속으로 빠져들게 한다. 그는 스스로 자신의 노래에 황홀해 하더니 곧 무아경에 빠져 완전히 자기를 잊어버린다. 관객들은 그 가수가 무아경에 빠진 것을 보고 흥분하고 열광하더니 곧 그 가수에 도취해버린다. 그러면서 그들은 그 가수가 무아경에 오래 오래 있기를 염원한다.

모자 쓴 테너가수는 더할 나위 없는 무념의 절정상태에서 "이아!"로부터 더 열광적인 "이-데-리-아"로 오르내리는 반복악절을 부르고 있었다. 그는 목덜미가 굵은 건장하고 비이성적인 흑인이 두들기는 끝이 찢긴 드럼들에서 세차게 울리는 요란한 소리에 맞추어 노래 불렀다. 그는 오로지 자기가 때리는 통, 요란한 소리, 덜컹덜컹-티-붐, 그리고 요란한 소리에만 정신을 집중했다. 음악의 열광 속에서 그 테너가수는 노래에 심취했고, 모든 사람은 그가 노래에 심취했음을 알았다. 딘은 군중 속에서

> 자신의 머리를 움켜잡고 있었고, 그 군중은 미친 사람들이었다. 그들은 울부짖으면서 열광된 눈빛을 띠고 그 테너가수에게 노래를 계속하라고 간청했다. 그래서 그는 웅크리고 있다가 일어나 (열광적인 함성 위로 맑은 환성을 내며) 호른을 들고 내려갔다. (196-97)

> The behatted tenorman was blowing at the peak of a wonderfully satisfactory free idea, a rising and falling riff that went from "EE-yah!" to a crazier "EE-de-lee-yah!" and blasted along to the rolling crash of butt-scarred drums hammered by a big brutal Negro with a bullneck who didn't give a damn about anything but punishing his busted tubs, crash, rattle-ti-boom, crash. Uproars of music and tenorman *had it* and everybody knew he had it. Dean was clutching his head in the crowd, and it was a mad crowd. They were all urging that tenorman to hold it and keep it with cries and wild eyes, and he was raising himself from a crouch and going down again with his horn, looping it up in a clear cry above the furor.

모든 사람이 노래를 부르면서 몸을 흔들고 있다. 갤러티어도 손에 맥주잔을 들고 의자 위에 서서 미친 듯이 몸을 흔들고 있다. 딘은 자기 가슴과 배를 문지르고 있는데 그의 얼굴은 온통 땀으로 젖어 있다. 그는 손수건으로 계속 땀을 닦지 않으면 안되었다. 그는 그 가수에게 흠뻑 매혹당해버렸다. 그는 망연자실한 상태에 완전히 빠져 황홀경을 만끽하고 있다. 그러더니 그는 주인공에게 "이 가수를 이해하자"(200)고 말한다. 그는 재즈는 인간에게 하나의 신비스러운 해방감을 가져다준다고 강조한다.

즉흥적으로 흥분하여 날뛰는 딘과 함께 주인공은 숨 돌릴 틈도 없이 음악 속으로 무작정 빠져들어 치닫고 있다. 이후 그와 함께 동부로 가는 도중 자동차 안에서 딘은, "지난밤 그 테너가수는 '그것'에 이르렀다 — 일단 그가 그 경지에 이르자 계속 무아경에 빠져 있었다. 나는 지금까지 그렇게 오랫동안 무아경에 젖어들 수 있었던 사람을 본 적이 없었다"(206)며 그 재즈가수에 대한 감탄의 말을 표현한다. 그리고 딘은 그 가수가 무아경에 빠진 채 시간이 정지된 상태에서 빈 공간을 우리 삶의 성스러움으로 가득 채우고 있다고 덧붙인다. 그는 그런 상황에서 모든 인간에게 중요한 것은 노래가 아니고 "그것"이라고 계속 부연 설명한다.

> 그는 첫번째 합창을 시작하여 자신의 생각과 사람들을 정돈시키지만, 야,야, "그것"에 이른다. 그는 자신이 신의 경지에 대응하여, 그것과 동일한 것을 불러야 한다. 합창의 한 가운데서 갑자기 그는 "그것"에 이른다. 모든 사람은 그가 ["그것"에 이르렀음을] 알고 경청한다. 그는 "그것"을 포착하여 확장한다. 시간이 정지한다. 그는 텅 빈 공간을 우리 삶의 실체로써, 자신의 아랫배 제일 밑에 있는 것의 성향에 대한 고백으로써, 생각나는 기억들로써, 그리고 옛 노래를 다시 불러봄으로써 채우고 있다. 그는 다리를 건너가서 불러야 하며, 돌아와서도 순간의 노래를 영혼을 탐구하는 무한한 감정으로 불러야 하므로 모든 사람은 가장 중요한 것은 노래가 아니라 "그것"임을 안다. (206)

> He starts the first chorus, then lines up his ideas, people, yeah, yeah, but get it, and then he rises to his fate and has to blow equal to it. All of a sudden somewhere in the middle of the chorus he *gets it* — everybody looks up and knows; they listen; he picks it up and carries. Time stops. He's filling empty space with the substance of our lives, confessions of his bellybottom strain, remembrance of ideas, rehashes of old blowing. He has to blow across bridges and come back and do it with such infinite feeling soul-exploratory for the tune of the moment that everybody knows it's not the tune that counts but "IT — "

"그것"이 이 소설에서 어떤 역할을 하는 것일까? "그것"은 주인공에게 어떤 의미를 갖는 것일까? "그것"은 주인공에게 깨달음과 그 순간의 중요성을 강조한다. 주인공에게 깨달음과 그 순간은 그 자체가 목적이고 희열의 감정일 뿐이지 다른 어떤 목적과도 무관하다. 따라서 주인공은 고정불변의 영원한 가치의 추구라는 삶의 강박관념으로부터 해방될 수 있다.

그러므로 "그것"은 하나의 감정으로서 고립되고 방산하는 희열의 어떤 형태를 의미하며, 어떤 목적이나 정신적 성취와는 무관하므로 그 자체로 끝난다.

그래서 "그것"은 전통적인 의미의 영웅적 행위라기보다는 오히려 즉각적인 만족의 형태, 순간의 전율, 그리고 현현으로 충분하다. 이 순간적 만족이 샐에게는 영원성과 궁극적인 안심 — 가정생활의 망상추구 — 보다 훨씬 더 중요하다.[43]

"IT" therefore represents some form of isolated and radiating pleasure as a feeling and end in itself, unallied to some purpose or spiritual accomplishment.

Rather than heroic action in conventional terms then, "IT" is satisfying as a form of instant gratification, a thrill for the moment, an epiphany. This momentary satisfaction becomes morcharth. e significant to Sal than the pursuit of more conventional values su as permanence and ultimate security — the delusion of the hearth.

딘은 주인공에게, "우리는 지금까지 한 번도 함께 동부로 여행한 적은 없었는데, 드디어 지금 우리는 가고 있다. 그러니 샐, 이 문제를 한번 생각해봐. 함께 덴버를 이해해보고, 우리에게는 아무런 가치가 없다 할지라도 덴버의 모든 사람이 무엇을 하고 있는지 알아보자. 이런 일이 우리에게 "그것"과 시간이 무엇인지를 알게 해줄 것이다"(208)고 말한다.

주인공은 덴버를 이해하지는 못했지만, 딘을 더 잘 알게 된다. 그는 딘이 여덟 살 때 아버지가 경찰에 구속당하자, 법원으로 판사를 찾아가서 아버지 이외에는 자기를 보호해줄 사람이 없으니 아버지를 석방시켜 달라고 하소연했다는 사실을 알게 된다. 그는 또한 딘에게는 그 자신을 신뢰해줄만한 사람이 한명도 없다는 사실도 확인한다. 따라서 그는 딘에게 자기는 그를 믿고 있음을 주지시킨다. 그러나 그는 덴버에

43 Weinreich, 54.

서의 마지막 날 밤에 딘이 남의 차들을 훔쳐 몰고 다닌 탓에 다음날 아침 일찍 경찰을 피해 도망쳐 나오자 그를 "공포의 천사"로 단정한다. 그러면서도 그는 "길은 결국 전 세계로 통하지 않으면 안되기 때문에, 이런 좋은 차를 가지고 있으면 우리는 전 세계를 이해할 수 있다"(233, 230)는 딘의 주장을 경청한다.

드디어 그들은 뉴욕에 도착해서 영원한 친구가 되기로 약속한다. 주인공은 어느 모임에서 만났던 머리와 눈빛이 검은 여자 아이니(Iney)를 딘에게 소개해준다. 딘은 그녀와 결혼하기 위해, 이혼하는데 필요한 서류 때문에 샌 프랜시스코우에 있는 아내 커밀과 전화 하는 도중에 언쟁을 벌이게 된다. 딘이 모르는 사이에 커밀은 그의 두번째 아이를 낳았으며 아이니는 그의 아이를 임신 중이다. 그리고 서부 어딘 가에도 그의 사생아가 자라고 있다. 그는 네 아이의 아버지가 되었지만 동전 한 푼 가진 것이 없다. 이런 역경 속에서도, 그는 여전히 황홀함과 속도에만 탐닉하려고 할 뿐이다. 그리하여 그는 주인공의 계획이었던 그들 둘만의 이틀리(Italy)여행을 백지화시켜버린다.

4장에서 주인공은 1950년 봄이 되자 여행을 떠나고 싶은 유혹에 사로잡힌다. 그의 소설이 호평을 받아 잘 팔렸기 때문에 그는 인세로 받은 상당한 액수의 돈을 가지고 있다. 그는 아이니와 동거하면서 주차장에서 일하고 있는 딘을 찾아가 뉴욕에서 다시 만날 것을 약속하면서 작별한다. 그는 딘으로부터 지금 시애틀(Seattle)교도소에서 복역 중인 자기아버지와 편지를 주고받고 있으며, 매릴루는 중고차상인과 결혼해서 곧 아이를 낳게 된다는 소식을 듣는다. 그는 딘의 떠돌이 성격을 상징하는 망가진 가방이 침대 밑으로부터 삐주룩이 나와 있는 것을 보았지만 그를 두고 혼자 떠난다. 이렇게 떠나려 할 때, 전에 딘이 그에게, "샐, 너의 길은 어떤 길이냐? — 성자의 길, 미친 사람의 길, 공상의 길, 영광의 길, 아니면 어떤 길?"(251)이라고 했던 말이 귓전에 맴돈다.

그는 다시 서부로 간다. 그는 덴버에서 옛 친구들을 만나 재미있는 한때를 즐긴다. 그는 지금 세속적이고 이기적인 야심에 전혀 얽매이지 않고 있기 때문에, 그의 생활은 활기와 희열로 가득 차 있을 뿐 아니라 자기 앞에는 전 세계가 열려 있다고 생각하며 득의만면하다. 그는 멕시코우 여행을 계획 중이다. 그는 친구 스탠 쉐퍼드(Stan Shephard)가 자기 할아버지 때문에 덴버 생활이 미칠 것 같아 그와 동행하고 싶다고 제의하자 이를 쾌히 받아들인다. 이때 그는 딘이 멕시코우에 가는 길에 그가 있는 곳으로 온다는 말을 듣고 이렇게 비관적으로 반응한다.

> 갑자기 나는 활활 타오르며 떨고 있는 공포의 천사, 딘이 가슴을 두근거리며 길을 가로질러 나를 향해 엄청난 속도로 구름처럼 다가와, 평원의 수의를 입은 여행자처럼 나를 추적하여 내게 성큼성큼 다가오는 환상을 느꼈다. 나는 그 평원에서 광적이면서도 굳은 의도와 반짝이는 눈을 가진 그의 큰 얼굴과 날개를 보았다. 나는 자체로부터 쏟아져 나오는 수천 개의 불꽃을 뿜으며 길 위를 불타면서 달리는 그의 고물자동차를 보았다. 그 자동차는 아무 곳이나 돌진하면서 옥수수 밭이나 도시들을 지나면서 교량들을 파괴하고 강들을 말라붙게 했다. 그 자동차는 서부를 향한 분노처럼 달렸다. 나는 딘이 또다시 미쳤음을 알았다. 그가 은행의 예금을 다 털어 차를 샀다면, 어느 아내에게도 돈을 보낼 수 없다. 모든 것이 다 틀렸다. 그의 뒤에는 완전한 파멸의 징조만이 있었다. (259)

> Suddenly I had a vision of Dean, a burning shuddering frightful Angel, palpitating toward me across the road, approaching like a cloud, with enormous speed, pursuing me like the Shrouded Traveler on the plain, bearing down on me. I saw his huge face over the plains with the mad, bony purpose and the gleaming eyes; I saw his wings; I saw his old jalopy chariot with thousands of sparking flames shooting out from it; I saw the path it burned over the road; it even made its own road and went over the corn, through cities, destroying bridges, drying rivers. It came like wrath to the West. I knew Dean had gone mad again. There was no chance to send money to either wife if the took all his savings out of the bank and bought a car. Everything was up, the jig and all. Behind him charred ruins smoked.

그의 덴버 귀향을 환영하는 모임에서 참석자들인 옛 친구들은 그들의 얼굴에 따뜻한 애정을 완연히 드러내며 딘을 바라보고 있다. 그는 주인공이 언제나 기대했던 것처럼 천진난만한 사람이다. 그러나 그는 여전히 어린애처럼 쉽사리 분노, 격정, 그리고 열광 등에 사로잡혀버리는 어른이다. 그는 이곳에서보다 비용이 적게 들면서 처리기간이 짧은 멕시코우에서 커밀과의 이혼수속을 하려고 한다.

드디어 5월에 주인공, 딘, 그리고 스탠은 멕시코우로 함께 떠난다. 이 출발의 상징적 의미는 딘에게는 아버지를 찾는 일이고, 주인공에게는 저승의 아버지와의 만남이며, 스탠에게는 할아버지로부터의 탈출이다. 딘은 "이 여행이 마침내 우리를 '그것'에 이르게 해줄 것이다"(266)고 호언장담한다. 그들은 멕시코우 국경에 가까운 텍서스주의 남부에 오자 깊은 감회에 젖어든다. 딘은 자신에게는 평생 처음인 이곳이 아버지가 매년 겨울이면 덴버의 추위를 피해 왔던 곳임을 알고 놀란다. 주인공은 가난에 찌든 멕시코우 사람을 보자, 가련한 테리가 생각나 그녀는 지금 무엇을 하고 있을까하고 궁금해 한다. 그들은 온 사방으로부터 들려오는 음악소리를 듣고 황홀해진다. 딘은 드디어 텍사스주의 끝, 미국의 끝에 왔다고 감탄하면서 한숨을 쉰다. 날씨가 몹시 더워서 그들은 비 오듯 땀을 쏟는다. 그럼에도 불구하고, 그들은 새벽 3시에 경이감에 사로잡힌 채 국경선 너머의 멕시코우를 바라본다. 그들은 빨리 멕시코우의 신비 속으로 빠져들고 싶어 안달한다.

> 저 도로만 넘으면 멕시코우이다. 우리는 경이감에 사로잡혀 바라보았다. 놀랍게도 그 곳은 정말 멕시코우처럼 보였다. 그때는 새벽 3시였는데, 밀짚모자와 흰 바지를 입은 사람들 수십 명이 마마자국이 나있는 것처럼 망가진 가게 앞에서 빈둥거리고 있었다.
>
> "저 고양이들을 봐!"라고 딘이 속삭였다. "오, 기다려, 기다려"라고 그는 부드럽게 말했다. 멕시코우 관리들이 나와 씩 웃으면서 우리에게 소지품들을 꺼내 보여줄 것을 요구했다. 우리는 그렇게 했다. 우리는 도로 건너편으로부터 눈을 뗄 수 없었다. 우리는 바로 저기로 달려가 저 신비스러운 스페인문화의 거리에서 길을 잃고 싶었다. (274)

Just across the street Mexico began. We looked with wonder. To our amazement, it looked exactly like Mexico. It was three in the morning, and fellows in straw hats and white pants were lounging by the dozen against battered pocky storefronts.

"Look — at — those — cats!" whispered Dean, "Oo," he breathed softly, "wait, wait." The Mexican officials came out, grinning, and asked please if we would take out our baggage. We did. We couldn't take our eyes from across the street. We were longing to rush right up there and get lost in those mysterious Spanish streets.

멕시코우 땅을 밟자마자, 주인공과 딘은 조국인 미국의 전부와 그리고 자기들이 지금까지 체험했던 삶 특히 길에서의 삶을 완전히 버리고 새로운 인간으로 변신하여 신비스럽고 성스러운 세계에 들어섰다고 착각한다. 그들은 과거에서 벗어나 자신을 새롭게 알기 전에는 이런 세계를 도저히 이해할 수 없을 것이라고 생각한다. 그들은 지금 보고 있는 세계는 지금도 원시의 순수 속에 있으며, 그 주민들도 역시 전혀 악에 물들지 않은 사람들이라고 상상한다. 그러나 곧 그들은 자기들의 상상이 허황된 것이었음을 깨닫는다. 그들은 여기가 길의 끝이 아니고 그들이 갈 길이 아직 더 열려 있음을 본다. 그리하여 그들은 바로 마약과 창녀의 환락 속으로 빠져든다. 그런 가운데, 그들은 멕시코우시로 통하는 산중 고속도로에서 키가 작고 피부가 검은 원주민여자들을 만난다. 그들은 이 여자들의 눈빛이 성모 마리아의 눈빛과 같다며 경탄을 금치 못한다. 그러나 그들은 매우 경건하게 보였던 이 여자들이 수정을 팔아먹기 위해 악착같이 치근거리는 것에 크게 실망한다.

그들의 커다란 순진한 갈색 눈들이 우리 눈을 그처럼 강렬한 열정을 지닌 채 쳐다보았기 때문에, 우리 중 어느 누구도 그들에 대해 성적 관심을 조금도 갖지 않았다. 더욱이 그들은 매우 어렸고, 그들 중 몇명은 열한 살이었는데도 거의 서른 살이나 된 것처럼 보였다. "저 눈들을 봐!" 라고 딘이 말했다. 그 눈들은 마치 어린 시절의 성모 마리아의 눈과 같았다. 우리는 그 눈들에서 예수의 부드럽고 관대한 눈빛을 보았다. 그 눈들은 또한 우리의 눈을 단호하게 응시했다. 우리는 우리의 신경질적인 푸른 눈을 문지르고 다시 보았다. 그 눈들은 여전히 최면에 걸린 듯이 애조 띤 눈빛으로 우리를 꿰뚫어보았다. 이야기할 때 그들은 갑자기 악착같이 치근거려 거의 바보 같았다. 입을 다물자, 그들은 본래의 자기들로 돌아갔다. "약 10년 전에 고속도로가 건설된 뒤로 그들은 이 수정들을 파는 것을 아주 *최근에야* 배웠다. 그때까지는 이 나라 전체가 *침묵하고* 있었음에 틀림없다!" (298)

Their great brown, innocent eyes looked into ours with such soulful intensity that not one of us had the slightest sexual thought about them; moreover they were very young, some of them eleven and looking almost thirty. "Look at those eyes!" breathed Dean. They were like the eyes of the Virgin Mother when she was a child. We saw in them the tender and forgiving gaze of Jesus. And they stared unflinching into ours. We rubbed our nervous blue eyes and looked again. Still they penetrated us with sorrowful and hypnotic gleam. When they talked they suddenly became frantic and almost silly. In their silence they were themselves. "They've only *recently* learned to sell these crystals, since the highway was built ten years back — up until that time this entire nation must have been *silent*!"

멕시코우시에 오자, 주인공은 이질을 앓아 고열에 시달리면서 의식불명이 된다. 그가 앓고 있는데도 딘은 커밀과의 이혼을 위한 수속이 끝나자, 망가진 가방을 챙겨 떠날 차비를 한다. 그는 12시간 동안 고열 때문에 의식불명이 되었다가 깨어난 후에야 딘이 이미 가버린 사실을 안다. 그는 완쾌되고 나서야 딘이 참으로 쥐새끼 같은 인간이었음을 깨닫는다. 그러면서도 그는 딘의 얽히고설킨 복잡한 삶을 이해해주지 않으면 안된다고 느끼기 때문에 아무 말도 하지 않는다.

5장은 주인공과 딘의 삶의 이정표를 제시하고 평가하는 마지막 장이다. 딘은 뉴욕으로 돌아와 아이니와 결혼한다. 그는 아이니에게 모든 문제가 해결되었으니 안심하라고 말한 후, 바로 커밀 그리고 두 딸과 재결합하기 위해 버스를 타고 샌 프랜시스코우로 달려간다. 그는 세번 결혼하고 두번 이혼하더니, 지금은 다시 두번째 아내와 살고 있다.

주인공도 가을에 뉴욕으로 돌아와 그처럼 오랫동안 찾았던 "맑고 순진하며 아름다운 눈을 가진 처녀"(306)를 만난다. 둘은 결혼하기로 동의한다. 그들은 결혼해서 샌 프랜시스코우로 이사하려고 한다. 그리하여 그의 삶에 일대전환이 일어난다. 이제 그의 삶은 떠돌이생활에서 정착생활로 즉 길의 삶에서 가정생활로 돌아간다. 그는 앞으로는 즉흥적이고 돌발적이 아닌 계획적인 삶을 살려고 한다.

> 샐의 삶의 중점은 떠돎에서 정착으로, 길에서 집으로 바뀌었다. 그와 로러와의 관계는 간단히 정의된다. 그들은 이전의 샐의 삶에서 두드러졌던 감상적이고 자만심 강한 태도가 없어졌으므로, 서로 의사소통과 반응이 가능하다. 그와 로러는 장기계획을 세운다. 그들은 여행을 할 것이다. 그러나 이번 여행은 도피가 아닌 이주이고, 즉흥적이 아니라 치밀하게 계획된 것이며, 가구와 미래 그리고 과거를 가진 한 가정에서 다른 가정으로의 이동이다. "우리는 고물화물자동차에다 우리의 낡은 가구와 망가진 세간들을 싣고 샌 프랜시스코우로 이주하려고 계획했다." 샐은 이제 직선운동을 완수할 수 있으므로, 로러와의 계획과 레미와 화해하기로 한 결정을 실천할 수 있다. 그는 그의 약속을 이행할 수 있다.[44]

> Sal's emphasis has shifted from moving to staying, from road to home. His relationship with Laura is described simply; they can communicate with and respond to one another without the sentimental, self-important posturings that have marked Sal's previous interludes. He and Laura have long-range plans; they will take a trip, but it will be a migration rather than a flight, not impulsive but carefully planned out, a moving from one home to another, bringing with them furniture, a future, and roots; "We planned to migrate to San Francisco, bringing all our beat furniture and broken belongings with us in a jalopy truck." Sal is now able in himself to consummate straight lines, to carry through on his plans with Laura and his decision to make it up with

---

44 Vopat, 405.

Remi; he is able to fulfill his promises.

그가 이사를 위해 딘에게 도움을 요청했더니, 딘은 약속한 날짜보다 너무 빨리 뉴욕에 온다. 그는 딘이 바로 이사를 해버리자고 하는 제의를 거부한다. 그는 딘이 피곤, 혼란, 그리고 실의로 가득 찬 삶으로 완전히 지쳐있음을 목격하고 그와 약간의 거리를 둘 필요성을 느끼기 때문이다. 그는 딘의 언행에 안정감과 논리가 없음을 알아차린다. 딘은 앞뒤가 맞는 말과 행동조차 할 수 없다

> 그는 더 이상 이야기할 수 없었다. 그는 껑충껑충 뛰면서 웃었다. 그는 말을 더듬고 손을 떨면서 "아, 아, 당신은 내 말을 들어야만 해요"라고 말했다. 우리는 열심히 들었다. 그러나 그는 자기가 말하려고 했던 것을 잊어버렸다. "정말로 들어봐, 에헴, 봐 . . . " 그리고 그는 불안한 슬픔에 젖어 자기 손을 응시했다. "더 이상 말할 수 없다 — 당신은 그것이 어떠한지 — 혹은 어떠할 것인지 이해하겠소 — 그러나 들어봐요!" (306-7)
>
> He couldn't talk anymore. He hopped and laughed, he stuttered and fluttered his hands and said, "Ah — ah — you must listen to hear." We listened all ears. But he forgot what he wanted to say. "Really listen — ahem. Look. [. . .] " And he stared with rocky sorrow into his hands. "Can't talk no more — do you understand that it is — or might be — But listen!"

그가 이런 모습의 딘을 마지막으로 본 것은 한 추운 겨울날이었는데, 그는 뉴욕의 길모퉁이를 외롭게 걸어 돌아서고 있었다.

주인공은 삶의 좌절과 실의에서 벗어나기 위해 남에게 의존하려고 했던 떠돌이삶이 얼마나 부질없었는가를 깨닫는다. 이제 그는 삶에는 언제나 절망과 희망, 비관과 낙관, 괴로움과 즐거움, 그리고 비탄과 희열의 갈등이 있을 뿐 아니라, 삶 자체가 이 갈등의 연속선 위에 있기 때문에 안정과 깨달음의 삶은 그 갈등을 현명하게 수용하는 데에 있음

을 터득한다. 그는 이 수용이 주체적이어야 함을 늦게나마 각성하고, "미국에서 . . . 어린이는 자신의 아버지가 되지 않으면 안된다. 이렇게 하는 것이 그의 자유이며 궁극적 책임이다. 아버지는 '결코 발견되어지지 않으며' 아마 자아도 발견되어지지는 않을 것이다"[45]라고 말한다. 이처럼 각성한 주인공은 강가의 낡아빠지고 망가진 선착장에서 하늘을 바라보면서 이렇게 사색한다.

> 그래서 미국에서 해가 질 때, 나는 강가의 낡아빠지고 망가진 선착장에 앉아 뉴저지주 위로 길게 길게 펼쳐진 하늘을 바라보면서, 믿을 수 없을 정도로 거대한 하나의 돌출부로 서부 해안까지 넘실거리는 모든 미개척지, 계속 뻗어나가는 길, 그리고 길의 무한한 공간에서 꿈을 갖는 모든 사람들을 이해한다. 그리고 나는 지금쯤 아이어워주에서는 어린이들이 내버려진 곳에서 틀림없이 울고 있다고 생각한다. 오늘밤에 별들이 반짝일 것이다. 당신은 신이 훙! 곰이라는 사실을 모르는가? 저녁별이 기울어졌으므로, 그 별의 반짝이는 빛이 초원에서 희미해진다. 아직 그 초원에 깜깜한 완전한 밤이 오기 바로 직전이다. 그 밤은 이 지상을 축복하고, 모든 강들을 어둡게 하며, 산봉우리들을 움푹하게 만들고, 맨 끝의 해안을 감싸버린다. 어느 누구도 늙어 버림받은 초라한 사람들 이외의 어떤 사람에게 무엇이 일어나고 있는지 알지 못한다. 나는 딘 모리아티를 생각한다. 나는 우리가 결코 만난 적이 없었던 아버지, 늙은 딘 모리아티까지도 생각해본다. 나는 딘 모리아티를 생각해본다. (309-10)

> So in America when the sun goes down and I sit on the old broken-down river pier watching the long, long skies over New Jersey and sense all that raw land that rolls in one unbelievable huge bulge over to the West Coast, and all that road going, all the people dreaming in the immensity of it, and in Iowa I know by now the children must be crying in the land where they let the children cry, and tonight the stars'll be out, and don't you know that God is Pooh Bear? the evening star must be drooping and shedding her sparkler dims on the prairie, which is just before the coming of

45 Tim Hunt, *Kerouac's Crooked Road* (Hamden: Archon, 1981), 74.

> complete night that blesses the earth, darkens all rivers, cups the peaks and folds the final shore in, and nobody, nobody knows what's going to happen to anybody besides the forlorn rags of growing old, I think of Dean Moriarty, I even think of Old Dean Moriarty the father we never found, I think of Dean Moriarty.

이것이 소설의 끝이다. 그의 떠돌이 삶은 이렇게 끝난다.

이 소설의 주인공을 비롯한 등장인물들은 어떤 인간일까? 그들은 우리가 전적으로 무시하고 혐오하고 증오해야 할 사회의 부랑자, 이탈자, 반항자일까 아니면 파괴자일까? 그들은 그런 인간이 아니다. 그들은 "사회와 그 규범들을 부정하고 파괴하려하기보다는 사회의 굴레에서 벗어나려고 할뿐이다. 그들이 일단 그 굴레를 벗어나면 진리를 탐구하기 시작한다. 그런데 이 진리는 개개인의 육체와 영혼, 특히 심장이 긍정하고 공감하는 진리이다."[46] 그들은 개개인을 억압하는 사회와 그 규범들을 비판하고 부정함으로써 그것들을 개선하고 긍정하려고 한다. 그들이 마약을 사용하는 것은 개인적 쾌락을 극대화하기 위해서가 아니고 개인의 창조의식을 확장하기 위해서이다. 요컨대 그들은 사회와 그 구성원들의 의식을 개혁하려고 하는 성실한 구도자들이다.

> *떠돌이 삶*의 주인공들을 빈민굴에서 자란 비열한 범죄자들 그리고 우상을 파괴하는 자유분방한 사람들과 구별하는 것 . . . 최근미국소설에서 — 그들을 비트로 만드는 것 —은 유달리 비평가들을 괴롭히는 것처럼 보이는 어떤 것이었다. [그러나] 그들은 실제로 탐구 중이며, 그 탐구의 분명한 목적은 정신적인 것임이 바로 케러왝의 주장이었다. 비록 그들이 가장 하찮은 구실로 전국 방방곡곡을 쉴 새 없이 돌아다니면서 길에서 흥분과 전율을 만끽하고 있지만, 그들의 실제 여행은 내면세계를 지향한다. 그들이 법적이고 도덕적인 거의 모든 영역을 침해하는 것처럼 보이지만, 그것은 오로지 그 반대편에 놓인 신념을 찾아보려는 희망에

---

46 Bernard Duffery, "Jack Kerouac," in *Recent American Fiction*, Ed. Joseph J. Waldmeir (Boston: Houghton, 1963), 176.

서였다.[47]

> What differentiated the characters in *On The Road* from the slum-bred petty criminals and icon-smashing Bohemians . . . in much modern American fiction — what made them beat — was something which seemed to irritate critics most of all. It was Kerouac's insistence that actually they were on a quest, and that the specific object of their quest was spiritual. Though they rushed back and forth across the country on the slightest pretext, gathering kicks along the way, their real journey was inward; and if they seemed to trespass most boundaries, legal and moral, it was only in the hope of finding a belief on the other side.

두 소설 — *떠돌이 삶*과 *진리의 탐구자들* —의 구성은 똑같다. 주인공이자 이야기하는 사람이 삶의 변화를 꾀하기 위해 변화의 이상적 대상으로 간주하는 사람을 만나 그로부터 삶을 새롭게 배우려고 한다. 불행하게도 *떠돌이 삶*의 주인공이 만난 딘 모리아티는 평면적 인간일 뿐 아니라 자기만족에만 탐닉하는 무책임한 인간이다. 따라서 딘은 스스로 자아실현을 성취할 수 없기 때문에 주인공에게 삶의 변화의 계기는 마련해줄 수 있으나 그를 성숙시키는 데는 한계를 갖는다. 게다가 딘의 삶 자체가 격정, 무질서, 그리고 무책임으로 얼룩져 있기 때문에, 삶의 좌절, 실의 그리고 파멸로부터 벗어나 활력과 의미를 찾으려는 주인공을 도와주는 것 자체에도 한계를 갖는다.

> 케러왝은 *떠돌이 삶*을 하나의 탐구나 순례로 생각했다. 딘이 아닌 샐이 모든 여행에서 통찰력의 순간을 체험하는 인간이다. 딘은 때로는 안내자, 때로는 목표, 그리고 때로는 방해물로서 샐에게 그의 탐구대상을 재시해주며 그 소설에다 많은 활력을 불어넣고 있다. 그러나 딘은 샐처럼 성숙하지 못한다. 딘의 여행들은 샐의 상실과 획득의 부분적 패배와는 전혀 다른 완전한 패배로 끝난다. 딘은 오로지 새 여자와 새 어린이들과

47 Holmes, 117.

정착하는 길의 무질서를 택해 자기 아내와 애들을 버림으로써, 가정과 경제적 책임이 점점 더 커지기만 하는 중압감의 "질서"를 창조한다.[48]

> Kerouac thought of *On the Road* as a quest or pilgrimage, and Sal, not Dean, is the one who reaches the moment of vision on each triDean, at times the guide, at times the goal, at times the obstacle, give Sal a focus for his search and gives the book much of its energy, but Dean does not grow in the way Sal does. His trips end in a defeat quite different from Sal's partial defeat of losses and gains. Dean leaves his wives and children for the disorder of the road only to settle with a new woman and new children, creating an increasingly oppressive "order" of domestic and economic obligations.

III

*진리의 탐구자들은 떠돌이 삶*의 주인공과 그 상대자의 이런 한계성을 극복한 소설이다. 이 소설의 주인공 레이 스미스는 삶의 권태와 무의미로부터 벗어나기 위해, 딘처럼 길에서 무작정 가능한 한 빠른 속도로 떠돌아다니는 방랑자가 아니고 선불교를 바탕으로 한 진리탐구자이다. 그의 진리탐구 대상은 서구학문 뿐 아니라 동양철학과 우주 그리고 우주 속의 깨달음과 자유의 인간이다. 따라서 그의 삶은 개인적이고 편협한 문제들에 얽매여 있지 않고, 언제나 자유스럽고 독립적이며 자비심으로 가득 찬 자아를 탐구하는 데에 그 목적을 두고 있다. 그가 자아를 탐구하고 실현하기 위해 사색과 명상의 삶을 살려고 헌신할 때, 재피 라이더의 지대한 영향을 받는다. 재피는 에즈러 파운드 뿐 아니라 선불교 그리고 일본과 중국문학에 깊은 관심을 갖고 있는 하나의 이상적인 인간이다. 주인공의 사색과 명상을 바탕으로 한 진리탐구는 그의 지대한 영향 덕분으로 더욱더 심오한 경지에 이를 수 있다.

48 Hunt, 23.

*진리의 탐구자들*에서 케러왝은 "비트"의 감수성의 결정적 변화를 극적으로 표현했다. 케러왝은 절망적인 활동을 통한 권태 그리고 물질주의와 출세제일주의를 강조하는 정신적 퇴폐로부터의 도피를 계속 추구하지 않고, 새로운 근원에 대한 내면세계의 탐구를 시작했다. *진리의 탐구자들*에서는 *떠돌이 삶*의 병적 흥분이 명상을 향한 완전히 사색적인 피정으로 대체된다. *진리의 탐구자들*도 *떠돌이 삶*처럼 케러왝의 체험들에 바탕을 둔 매우 사적인 소설이다. 예를 들면 그는 50년대 초에 버클리 시(市)에서 앨런 긴즈버그(소설 속의 알바 골드북)와 함께 살았으며, 개리 스나이더(소설 속의 쟈프 라이더)를 만났다. 케러왝은 자기 친구들의 묘사에 항상 관대하지는 않지만, 스나이더에 대해서는 열정적으로 설명한다. 스나이더는 중국어와 일본어를 공부하고, 파운드의 시를 읽으며, 선불교의 교리를 연구하는 [면에서], 불교시인인 한산에 필적한다. 그는 산으로의 야영여행에 케러왝을 데려가고, 그에게 새로운 독립심, 육체에 대한 새로운 긍지, 자비심으로 충만한 행동, 그리고 서구의 탐욕과는 대조적인 자발적인 기증정신을 가르쳐주고, 케러왝을 자연 속에 격리시킴으로써 그가 가치관의 일대전환을 이루게끔 대체적인 준비를 시켜주며, 케러왝에게 지금까지의 자동차편승 여행에서 느꼈던 것보다 훨씬 더 심각한 자기 무상함의 인식을 일깨워준다.[49]

In *The Dharma Bums,* Kerouac dramatized a crucial shift in the Beat sensibility; instead of continuing to seek escape from boredom and the spiritually corrupting emphasis on materialism and careers through desperate activity, Kerouac began an inward search for new roots. *The Dharma Bums* replaces the hysteria of *On The Road* with a quietly contemplative retreat toward meditation. Like *On The Road*, it is a very personal novel based on Kerouac's experiences; in this case living with Allen Ginsberg (Alvah Goldbook in the novel) in Berkeley during the early fifties, and meeting Gary Snyder (Jaffe Ryder in the novel). Kerouac, not always generous when depicting his friends, offers an enthusiastic account of Snyder studying Chinese and Japanese, reading Pound, exploring the tenets of Zen Buddhism, emulating the ascetic Buddhist poet Han Shan; taking Kerouac into the mountains

[49] Tytell, 24-25.

> on camping trips, teaching him a new independence, a new pride in the body; acting with charity, giving gifts spontaneously in contrast to Western acquisitiveness; generally preparing Kerouac for a transformation of his values by isolating him in nature, creating in Kerouac a more profound sense of his own vulnerability than hitchhiking ever provided.

왜 행복을 추구한 세대는 그 예술창조의 바탕으로 선불교를 그처럼 중요시할까? 이 문학운동의 창시자들은 서구문학의 가장 큰 병폐인 절대적 이원론 — 인간의 영혼과 육체의 분리, 생시에는 천사와 악마의 싸움, 사후에는 천국과 지옥의 구별 —이 지배하는 권위주의적인 고정불변의 진리관 으로부터 해방될 수 있는 길을 선불교에서 발견했기 때문이다. 그들은 또한 현상의 부질없음을 강조하는 선불교를 통해 물질만능주의의 노예인 현대인들의 물욕의 무상함을 깨닫는다. 그리고 그들은 선불교에서 권위주의와 물질만능주의의 토대인 자기우월성으로부터 인간이 해방되어야 할 절대적 필요성을 배운다. 나아가 그들은 선불교로부터 만물은 변화무쌍하기 때문에 이 세상과 삶에서 영원불변은 있을 수 없다는 진리를 터득한다. 그리하여 그들은 삶과 예술을 인위적으로 구별하는 논리와 합리보다는 삶의 무상함을 알고 진리를 깨닫는 순간의 직관을 더욱 중요시하기 때문에 선불교와 그 수도사와 예술가들을 예찬하고 숭배한다.

> 많은 비트 작가들에게 불교는 정신적 안정제가 되었다. 동양사상의 여러 학파들에 대한 그들의 연구는 그들 자신이 서구관습적인 마음과 느낌으로부터 해방되는 수단이고, 그들이 그렇게 화내며 빠져있는 자아의 곤경으로부터 벗어나는 방법이었다. 석가모니는 이런 유명한 설법을 남겼다: "자아의 집이 불타고 있으니, 그 불길을 피하라." 불교도의 만물에 대한 동정과 연민의 강조가 비트 작가들의 미국 물질만능주의에 대한 신랄한 비난에 균형을 유지해주고 있다. 비트작가들은 불교의 모든 감각적 현상의 비실체성에 대한 진리에 깊은 감명을 받았으므로, 소로우가 100년 전에 했듯이 어떤 목적으로 조절된 열망과 욕구를 단순화하는

방법을 배웠다. 불교는 우주의 한 점에 불과한 인간의 무의미함을 강조하는 아인스타인의 상대성이론을 보강해주었다. 그 점은 수십억 개의 은하계층 중 한 은하계 속의 2,500억 개 별들 중 하나인 태양의 주위를 돌고 있는 9개의 행성 중 하나에서 움직이고 있다. 불교학자들은 회오리바람처럼 움직이는 우주의 변화무쌍함을 보았다. 그들은 서구의 개별적으로 독립된 사물에 대한 철학 대신에, 만물은 꿈의 상태와 유사하기 때문에 아무것도 정체하고 있거나 영원하지 않다고 주장하면서 자아나 영혼에는 전혀 관심이 없었다. 직관력 (혹은 옛날에 알고 있었던 곳을 아는 "깨달음")을 강조하고, 합리적 설명을 거부하기 때문에, 불교경전은 우화, 상징, 그리고 역설을 바탕으로 한다: "만약 만물이 '하나'로 돌아간다면, '하나'는 무엇으로 돌아가느냐?" 불교도들은 모든 구별은 잘못된 생각이며 만물의 자유로운 상호확산작용이 실재를 구성한다고 믿었다. 나중에 긴즈버그는 자기 시에서 이른바 "구별을 짓지 않는 의식"을 확장하려고 했다.[50]

For many of the Beat writers, Buddhism became a form of psychic ballast, and their study of various schools of Eastern thought became both a means of deconditioning themselves from Western habits of mind and feeling, and a way out of the morass of Self into which they had so angrily plunged. As Gautama Buddha is reputed to have said: "The house of the self is on fire; get out of it." The Buddhist emphasis on sympathy and compassion for all sentient beings served to balance the Beat's vitriolic condemnation of American materialism. Impressed by the Buddhist concept of the insubstantiality of all apparent sensory phenomena, they learned how to simplify conditioned cravings and desires as Thoreau had a century earlier. Buddhism became a reinforcement of Einsteinian relativity stressing man's insignificance as a dot in space — moving on one planet out of nine circling the sun, which itself was a member of a galaxy of some two hundred and fifty billion stars, which in turn might be one of billions of galaxies. Buddhist scholars saw the changeability of a universe that moved like a whirlwind. Instead of the Western view of separate identity they were

50 앞책., 25-26.

> uninterested in ego or soul, claiming that nothing was stationary or permanent, with everything analogous to the dream state. Emphasizing intuition (or "buddhi," to know where once one only knew about), dis- couraging rational exposition, Buddhist scripture depended on parable, image, and paradox: "If all returns to the One, to what does the One return?" The Buddhists believed that *all* distinctions were falsely imagined, that instead an unimpeded interdiffusion of all things constituted reality — later, Ginsberg would try to achieve what he called "undifferentiated consciousness" in his poetry.

*진리의 탐구자*들은 주인공의 진리탐구가 각각 특이한 네 장소의 상황 속에서 이루어져 가는 과정을 기술한 34개의 이야기(episode)로 구성되어 있다. 처음 16개의 이야기에서 주인공은 1955년 9월 하순에 멕시코우시로부터 로스 앤질러스에 도착하여, 캘러포니어주의 해안을 따라 샌 프랜시스코우로 가서 "미국문화의 위대한 새 주인공"[51]인 재피 라이더를 만나, 함께 메터혼(Matterhorn)산의 정상까지 등반하면서 그로부터 많은 깨우침을 받는다. 두번째 5개의 이야기에서는 그가 어머니가 계신 노스 캐럴라이너(North Carolina)주의 로키 마운트(Rocky Mount)에서 겨울과 이른 봄을 보내면서 명상을 통해, 자기는 빈손으로 왔다가 빈손으로 가는 무상한 존재이면서도 깨달을 수 있는 존재임을 터득한다. 세번째 9개의 이야기에서는 주인공이 다시 서부에 있는 재피를 만나, 그가 일본에 있는 선불교수도원으로 떠날 때까지 함께 지내면서 그로부터 "선불교의 이상인 물욕으로부터의 해방과 자유"를 배운다. 마지막 4개의 이야기에서 그는 재피의 충고에 따라 와싱턴주의 데설레이션(Desolation)산의 정상에서 산불감시원으로 여름 동안 혼자 지내면서, "마음의 악령들이여, 물러가라"(170, 243)고 부르짖는 경지에 이른다.

주인공은 한때는 자신에게 강요되었던 거짓되고 맹목적이며 물질만능주의적인 삶 때문에, 냉소주의와 위선에 빠지고 또 언행일치도 실

---

51 Jack Kerouac, *The Dharma Bums* (New York: Penguin, 1976), 32. 앞으로 이 작품에서의 인용문은 괄호 안에 쪽수만 표시함.

천하지 않았으나, 지금은 자신을 새롭게 깨닫기 위해 불교경전을 암송하는 독실한 불교신자가 되었다. 이제 그는 자신을 깨닫게 해줄 진리탐구를 위해 각처를 돌아다니는 종교적 방랑자이다. 그는 방랑과 불도를 통해 거짓 삶으로부터의 해방자이자 극락세계의 새 주인공이 되려고 한다.

> 나는 그 당시에 매우 독실했으며, 나의 신앙심은 거의 원숙에 가까웠다. 그 후로 나는 말만 많은 약간 위선적이고, 세파에 시달린 냉소적인 인간이 되어버렸다. 이제 나는 너무 늙어 공평무사하기 때문에. [. . .] 그러나 그때 나는 참으로 자비, 친절, 겸손, 열의, 공평무사한 마음의 평정, 예지, 그리고 황홀경의 실재를 믿었다. 나는 내가 참된 의미 혹은 진리의 수레바퀴를 돌려 미래의 부처(깨달은 사람), 그리고 낙원의 미래 영웅으로서 자신의 공덕을 쌓기 위해, 일상세계를 (뉴욕과 멕시코우시 그리고 샌 프랜시스코우를 잇는 거대한 삼각호) 방랑하며, 오늘날 유행하는 옷을 입은 과거의 승려라고 믿었다. 나는 아직 재피 라이더를 만나지 못했다. 나는 그다음 주에 그를 만나, 비록 지금은 나도 원숙한 진리탐구자이고 스스로를 종교적 방랑자라고 생각할지라도, "진리의 탐구자들"에 관한 어떤 것이든 들어보려고 했었다. (5)

> I was very devout in those days and was practicing my religious devotions almost to perfection. Since then I've become a little hypocritical about my lip-service and a little tired and cynical. Because now I am grown so old and neutral. [. . .] But then I really believed in the reality of charity and kindness and humility and zeal and neutral tranquillity and wisdom and ecstasy, and I believed that I was an oldtime bhikku in modern clothes wandering the world (usually the immense triangular arc of New York to Mexico City to San Francisco) in order to turn the wheel of the True Meaning, or Dharma, and gain merit for myself as a future Buddha (Awakener) and as a future Hero in Paradise. I had not met Japhy Ryder yet, I was about to the next week, or heard anything about "Dharma Bums" although at this time I was a perfect Dharma Bum myself and considered myself a religious wanderer.

그리하여 그는 불교의 사성제(四聖諦)중 첫번째 "고제: 모든 존재는 고통이다"와 "멸제: 욕망을 끊으면 고통이 끝난다"에 가장 깊은 관심을 가지고 있다. 그것은 그가 사람과 우주에는 마음만이 있을 뿐이며, 그 마음은 번뇌를 없앨 수 있다고 믿기 때문이다. 즉 그는 마음이 스스로 지각한 것을 번뇌가 아닌 것으로 받아들일 수만 있다면 번뇌는 있을 수 없다고 생각한다.

그는 로스 앤질러스에서 도둑 기차를 타고 샌 프랜시스코우로 가고 있다. 그는 도중에 샌 바버러(San Barbara) 바닷가 모래사장에서 혼자서 일박을 한다. 그는 맨발로 모래사장을 걷다가 뛰어다닌다. 그는 노래를 부르면서 바닷물에 발을 적신다. 그는 서서 빛나는 밤하늘을 응시해본다. 그는 혼자서 하고 싶은 것을 마음대로 하면서 즐거운 한때를 갖는다. 그는 이것이 정말로 사는 것이라고 쾌재를 부른다. 그러면서도 그는 삶을 깊이 생각해본다. 그는 자기는 어떻게 살았는가, 자기는 지금 어디에 있는가, 자기에게 어떤 일이 일어날까, 그리고 얼마나 많은 사람들이 이 모래사장에 왔다 갔을까 등등을 숙고해본다.

그는 샌 프랜시스코우에서 자신의 진리탐구에 가장 출중한 길잡이가 될 뿐 아니라 앞으로 "미국문화의 위대한 새 주인공"이 될 재피 라이더를 만난다. 재피는 이상적이고 전인적인 인간이다. 그는 자연과 학문의 결합체이며 학문과 예술의 융합체이다. 그는 자연 속에서 소박하게 성장했기 때문에, 그의 성장이 바로 학문의 구체적이고 실체적인 씨앗이다. 따라서 그의 학문은 현실 속에 그 뿌리가 있다. 게다가 그의 학문은 동서고금을 망라하기 때문에 편협하지 않고 광범위하고 포괄적이다. 그의 연구대상은 "존 뮤어(John Muir), 한산(Han Shan), 시태(Shih-te; 한문으로는 拾得) 리 포우(Li Po; 한문으로는 李白), 존 버로우즈(John Burroughs), 폴 번년(Paul Bunyan), 그리고 크로포트킨(Kropotkin)"(54)이다. 놀랍게도 그의 학문적 관심은 사회주의와 무정부주의에까지 뻗어 있으며 그는 또한 음악에도 조예가 깊다.

재피 라이더는 오리간주의 동부에서 태어나 부모와 누이동생과 함께 깊은 숲속의 통나무집에서 자란 젊은이였다. 처음부터 그는 숲속의 소년, 나무꾼, 농부로서 동물들과 인디언에 관한 지식에 관심이 많았다. 마침내 그가 어떻게 했든지 간에 대학에 입학했을 때, 그는 처음의 인류학 공부, 나중의 인디언 신화와 인디언 신화학의 실제 문헌연구에 필요한 지식을 이미 갖추고 있었다. 드디어 그는 중국어와 일본어를 배워 동양학자가 된 뒤에, 중국과 일본 선불교의 괴짜 대가들 중에서 가장 위대한 진리탐구자들을 발견했다. 동시에 그는 이상주의 기질을 가진 서북 출신 소년이었기 때문에, 과거에 유행했던 세계 산업노동자 조합의 무정부주의에 지대한 관심을 가졌으며, 기타를 연주하며 인디언 노래와 민요들과 함께 옛 노동자 노래들을 부르는 법을 배웠다. (9-10)

Japhy Ryder was a kid from eastern Oregon brought up in a log cabin deep in the woods with his father and mother and sister, from the beginning a woods boys, an axman, farmer, interested in animals and Indian lore so that when he finally got to college by hook or crook he was already well equipped for his early studies in anthropology and later in Indian myth and in the actual texts of Indian mythology. Finally he learned Chinese and Japanese and became an Oriental scholar and discovered the greatest Dharma Bums of them all, the Zen Lunatics of China and Japan. At the same time, being a Northwest boy with idealistic tendencies, he got interested in oldfashioned I.W.W. anarchism and learned to play the guitar and sing old worker songs to go with his Indian songs and general folksong interests.

재피는 자선단체 상점에서 산 노동복만을 입고 다닌다. 그는 집에 엄청나게 많은 책들을 가지고 있지만 가구는 빈약하고 초라하다. 그는 햇볕에 그을린 얼굴을 지닌 건장한 체격의 소유자이다. 그는 농민, 노동자, 그리고 다른 저학력자들이나 저소득층 사람들이 쓰는 언어를 애용한다. 그리고 그는 그런 언어를 구사하여 시를 쓰는 길거리문학가이다. 한편 그는 가장 탁월한 시인이면서도 전혀 시인인 체하지 않는 겸손한 인간이다. 동시에 그는 모든 사람을 "위대한 현인" 혹은 "매우 현명한 천사"로 생각한다. 따라서 그의 언행은 모든 사람에게 언제나 다정하고 진지하다. 지금도 그는 자연을 좋아하기 때문에 기회만 있으면 자연 속으로 들어간다.

그는 산에 반하여 살았던 당나라 시인 한산(寒山)을 가장 좋아하고 숭배하여 한산에 대한 일화를 이야기하기를 좋아한다. 한산은 도시와 세상이 지겨워 산으로 들어가 혼자 살면서 자신에게 가장 진실할 수 있었던 고독한 인간이었다. 그는 만물의 본질을 깨닫는 데에 일생을 바쳤다. 그는 절강성 천태현(浙江省 天台縣)에 있는 천태산(天台山)의 국청사(國清寺)에서 그리 멀지 않는 한산의 동굴에서 살았다. 그의 유일한 친구는 절의 청소부인 습득(拾得)인데, 이 사람도 선의 도사이며 시인이지만, 괴짜여서 시를 써서 남기려고 하지 않았다. 한산은 그 절의 규칙을 준수하지 않았기 때문에 어느 스님도 그에게 음식을 주지 않았다. 할 수없이 그는 습득에게 가서 음식을 얻어 왔다. 그리고 그는 자기 시를 대나무, 통나무, 바위, 그리고 절벽에만 썼다. 재피는 그의 시들 중에서도 "한산"을 특히 좋아한다. 이 시는 이런 내용이다. "한산의 산길을 오르니 이 길은 끝이 없구나, / 안개로 흐려진 초록빛 긴 골짜기는 작은 돌 큰 바위 넓은 개울물로 가득 차 있다, / 비는 내리지 않았으나 이끼는 미끄럽다, / 바람은 없으나 소나무는 노래를 부르고 있다, / 누가 속세와 인연을 끊고 나와 함께 하얀 구름 가운데 앉아 있을 수 있을까?"

재피는 어떤 형태든 억압된 삶을 싫어한다. 특히 그는 성의 억압을 혐오하여, "나는 성을 억압하는 어떤 불교[종교], 어떤 철학, 혹은 어떤 사회제도도 불신한다"(30)고 말한다. 그는 어린 나이에 여러 형태로 삶의 자유를 유린하는 미국의 사회제도를 보고는 자기는 미국사람이 아니라고 생각했다. 그는 불교를 배우고 자신의 삶이 얼마나 기반을 상실했는지를 깨달았다. 그는 업보 때문에 누구도 자유를 믿지 않는 미국에 태어났으니 이 굴욕적인 삶을 살지 않으면 안된다고 스스로 위안했다. 그리하여 그는 자유를 신장하는 어떤 운동 — 설령 무정부주의라 할지라도 —에도 참여했다.

네가 알다시피, 오리간주에서 조그만 꼬마 시절에 나는 내가 도시근교에서의 삶에 대한 동경, 성의 억압, 그리고 우리의 모든 진실한 인간가치들을 냉혹하게 검열하는 따분한 신문의 영향을 받는 미국인이라고는 생각하지 않았다. 그러나 내가 불교를 발견하고서, 갑자기 까마득한 옛날에 전생을 살았고 지금은 그 전생의 잘못과 죄들 때문에 삶이 더욱더 비참한 세계 속에 떨어져 있음을 알았을 때, 나는 어느 누구도 삶의 즐거움도 누리지 못하고 어떤 철학이나 특히나 자유가 신봉되지 않는 미국 땅에 다시 태어난 것이 내 숙명이라고 느꼈다. 이것이 내가 언제나 서북부의 무정부주의와 같은 자유신장운동들, 특히 에버리트 대학살의 옛 영웅적 희생자들에 동조하는 이유이다. (31)

You know when I was a little kid in Oregon I didn't feel that I was an American at all, with all that suburban ideal and sex repression and general dreary newspaper gray censorship of all our real human values but and when I discovered Buddhism and all I suddenly felt that I had lived in a previous lifetime innumerable ages ago and now because of faults and sins in that lifetime I was being degraded to a more grievous domain of existence and my karma was to be born in America where nobody has any fun or believes in anything, especially freedom. That's why I was always sympathetic to freedom movements, too, like anarchism in the Northwest, the oldtime heroes of Everett Massacre and all.

재피와 주인공이 메터혼산을 함께 등반할 때, 그는 주인공에게 하이쿠를 이렇게 설명해준다. 하이쿠는 매우 짧으나 이질적인 소재를 결합하여 조화시키기 때문에, 사물의 정곡을 찔러 마음의 눈을 뜨게 해준다. 그러면서 그는 시끼의 하이쿠 — "참새가 툇마루 위에서 뛰어다닌다. 젖은 발로" —를 실례로 들어 설명한다. 그는 주인공에게, 젖은 발자국이 그의 마음속에 상상력을 불러일으켜 그로 하여금 내렸던 비를 다시 보게 해줄 뿐 아니라 젖은 솔잎 냄새를 맡게 해준다고 한다. 덧붙여 그는 우리가 산을 이렇게 오르고 있는 것이 바로 하이쿠를 쓰고 있는 것이라고 설파한다.

> 숲들은 . . . 오래 전에 죽은 친척의 얼굴처럼, 옛날의 꿈처럼, 강물 위로 떠내려가는 잊혀진 노래의 한 구절처럼, 그중에서도 과거 어린 시절이나 성년시절 그리고 모든 산 사람과 죽은 사람들처럼, 그리고 백만년 전에 있었던 비탄처럼, 그리고 머리 위로 지나가면서 (그 자체의 외로운 친근감에 의해) 이런 감정에 증인이 되는 듯이 보이는 구름들처럼, 너무나도 오래 잊혀 있었으면서도 언제나 친근하게 보인다. 나는 갑작스러운 기억의 섬광으로 황홀함을 느꼈다. 나는 힘들어 졸림을 느끼며, 풀밭에서 자면서 꿈꾸고 싶었다. 우리가 더 높이 올라가자 더욱더 피곤해졌다. 이제 우리는 두 명의 진짜 등산가들처럼 더 이상 말이 없었고 말할 필요도 없었으며 그저 즐거웠다. 실은 재피는 반시간의 침묵을 깨뜨리며 나를 향해 이렇게 말했다: "이것이 바로 내가 좋아하는 산을 오르는 방법이다. 계속 오르고 있으면, 마치 우리는 동물이 되어 무언의 정신 감응에 의해 의사소통이 되고 있는 것처럼 전혀 말할 필요가 없다." (61-62)

> The woods . . . always look familiar, long lost, like the face of a long-dead relative, like an old dream, like a piece of forgotten song drifting across the water, most of all like golden eternities of past childhood or past manhood and all the living and the dying and the heartbreak that went on a million years ago and the clouds as they pass overhead seem to testify (by their own lonesome familiarity) to this feeling. Ecstasy, even, I felt, with flashes of sudden remembrance, and feeling sweaty and drowsy I felt like sleeping and dreaming in the grass. As we got higher we got more tired and now like two true mountainclimbers we weren't talking any more and didn't have to talk and were glad, in fact Japhy mentioned that, turning to me after a half-hour's silence, "This is the way I like it, when you get going there's just no need to talk, as if we were animals and just communicated by silent telepathy."

지금 주인공의 마음에 유명한 선문구가 떠오른다: "네가 산꼭대기에 이르면, 계속 올라가라"(83-84).

그는 주인공에게 산은 자기에게는 부처님이라며 이렇게 말한다:

"수만년 동안 그처럼 완벽한 침묵에 빠진 채, 그 침묵 속에서 모든 중생을 위한 기도를 할 뿐 아니라 우리가 번뇌와 허황됨에서 벗어나기를 기다리면서 앉아 있는 그 인내를 생각해봐라." 주인공도 "깊은 명상에서 산들은 정말 부처님들이란 걸 깨달았다." 덧붙여 그는 주인공에게 춤의 율동에 따라 산에 오르면 힘이 전혀 들지 않을 뿐 아니라, 무거운 배낭을 메고도 떨어지지 않고 이 바위에서 저 바위로 건너뛸 수 있다고 이렇게 주장한다: "산을 오르는 비결은 선(禪)과 같다. 생각을 멈추고 춤을 추듯이 올라가라. 산을 오르는 것이 이 세상에서 가장 쉬운 일이며, 단조로운 평지를 걷는 것보다 훨씬 더 쉽다"(67, 70, 64).

나아가 그는 주인공에게, "만물은 다 똑같은 허무"(55)이기 때문에 사물의 비교는 부질없는 일이라고 역설한다. 이에 주인공은 앉아서 친구, 친척, 그리고 원수들을 하나하나 헤아려본다. 그러나 이제 그는 어느 누구에게도 감사와 분노의 감정을 갖지 않는다. 그는 어느 누구 할 것 없이 모두가 허무이니 다 부처가 되어 사랑을 받을 수 있다고 믿기 때문이다. 그리하여 그는 이번 등산에서 가장 행복한 순간을 체험하고 만끽한다.

재피는 한 고승의 일화를 소개한다. 이 고승은 불교의 가장 심오한 의미는 무엇이냐는 질문을 받고 이렇게 대답한다. 그 의미는 골풀꽃, 버드나무, 대나무잎, 무명실, 마음의 황홀함이다. 그 고승은 그러면 마음이 무엇이냐고 자문하더니 마음은 바로 세상이라고 자답한다. 다른 스님이 마음은 부처님이라고 말하자, 그 고승은 어느 마음도 부처님이 아니라고 반박한다. 요컨대 재피는 "마음은 창조자이다"(99)고 정의한다.

그는 자신이 이런 정의를 부정하는 미국사회에 생존하고 있음을 잘 안다. 그는 개개인의 창조정신을 말살하는 미국문화를 개탄한다. 그는 미국대학들은 물질만능주의를 위해 주체적 자아를 포기한 채 상실감에 사로잡혀 무표정하고 무특징적인 중류계급사람들을 양성하는 훈련장으로 전락해버렸다고 분개한다. 이 사람들은 동시에 똑같은 것을 보고 똑같은 생각을 하도록 만드는 텔러비젼과 여러 가전제품들로 가득 찬 방들이 있는 큰 저택을 소유하려고 안달할 뿐이다. 그럼에도 불구하고 재피는 이 물욕의 노예들에게 반항하는 진리탐구자들이 있기 때문에 미국문화에 대한 기대와 희망을 가지고 있다. 재피는 그들은 바로 배낭을 메고 자연을 찾아가는 젊은이들이며, 그들이 미국사회에 배낭 혁명을 일으켜 모든 사람의 삶에 즐거움과 자유를 되찾아주고 있다고 여긴다.

> 재피는 껑충 뛰면서 "나는 휘트먼의 시를 읽고 있었다. 나는 그가 *노예들을 격려하고 외국의 독재자들의 간담을 서늘케 하라*고 한 뜻을 이해한다. 나는 또한 그가 이렇게 함이 시인, 특히 사막에 난 오래된 길 위의 선불교 괴짜 시인을 위한 자세임을 의미하려 한다는 것을 안다. 나의 깨달음에 의하면, 전적으로 필요한 것은 배낭을 멘 방랑자들로 가득 찬 세계이다. 진리의 탐구자들은 생산품을 소비하고, 냉장고, 텔러비젼, 자동차, 신형 특제 자동차, 머리 기름과 화장품들, 그리고 어쨌든 1주일 뒤면 언제나 틀림없이 쓰레기통에서 보게 되는 잡동사니와 같은 그들이 정말로 원하지 않는 쓰레기들을 소비하는 특권의 향유를 위해 일해야만 한다는 일반적 요구에 응하기를 거부한다. 이런 모든 물건들은 노동, 생산, 소비, 노동, 생산, 그리고 소비의 체계 속에 갇혀 있다. 나는 위대한 배낭 혁명의 상상도를 보고 있다. 수천 아니 수백만명의 미국 젊은이들이 배낭을 메고 세계를 방랑하면서, 기도하기 위해 산을 오르고, 어린이들을 웃기고 노인들을 기쁘게 해주며, 어린 여자들을 행복하게 그리고 나이 든 여자들을 더욱더 행복하게 해준다. 이 젊은이들 모두가 아무런 전제 없이 머리에 떠오르는 시들을 열심히 쓰는 선불교의 괴짜들이고, 친절하면서도 예기치 않은 생소한 행동으로 모든 사람에게 끊임없이 영원한 자유의 상상력을 불러일으킨다." (97-98)

> Japhy leaping up: "I've been reading Whitman, know what he says, *Cheer up slaves, and horrify foreign despots*, he means that's the attitude for the Bard, the Zen Lunacy bard of old desert paths, see the whole thing is a world full of rucksack wanderers, Dharma Bums refusing to subscribe to the general demand that they consume production and therefore have to

> work for the privilege of consuming, all that crap they didn't really want anyway such as refrigerators, TV sets, cars, at least new fancy cars, certain hair oils and deodorants and general junk you finally always see a week later in the garbage anyway, all of them imprisoned in a system of work, produce, consume, work, produce, consume, I see a vision of a great rucksack revolution thousands or even millions of young Americans wandering around with rucksacks, going up to mountains to pray, making children laugh and old men glad, making young girls happy and old girls happier, all of 'em Zen Lunatics who go about writing poems that happen to appear in their heads for no reason and also by being kind and also by strange unexpected acts keep giving visions of eternal freedom to everybody."

이제 주인공도 "우리는 불교와 기독교, 동양과 서양을 구별하는 분파주의 때문에 질식당하고 있다"고 역설한다. 그는 불교와 기독교 그리고 동양과 서양 사이에 도대체 어떤 차이가 있는가하고 반문한다. 그는 "우리 모두가 지금 천국에 있다"(114)고 믿는다. 그는 이런 믿음을 확고히 하기 위해, 혼자 어디론가 가서 완전한 고독 가운데서 마음을 비운 채 어떤 사상 아니 모든 사상의 굴레로부터 해방되려고 한다. 그는 이렇게 해방될 수만 있다면, 새로운 인간 다시 말하면 무위자연의 인간으로 재생할 수 있다고 확신한다.

그는 새로운 인간으로 재생하기 위해, 그의 어머니가 계신 노스 캐럴라이너주에 있는 집으로 돌아가 겨울 내내 숲속에서 피정한다. 그는 어느 축복받은 밤에 무념무상의 황홀경에 빠진다. 그는 더 이상 생각할 필요를 느끼지 않게 되자, 자신의 몸 전체가 행복감에 젖어 마음이 평온해지더니, 꿈, 꿈꾸는 사람, 그리고 꿈꾸는 것의 덧없는 세상과 하나가 됨을 느낀다. 이 순간 그는 이런 깨달음을 얻는다: "이 강아지나 나처럼 생사를 겪는 중생들은 정말로 어떤 존속기간이나 자기본체 없이 오락가락한다. 그러므로 우리는 영원히 존재할 수 없다. 이 존재의 유한이 우리에게 얼마나 신비하고, 얼마나 소중하며, 얼마나 유익한가!"(134). 그의 이런 죽음의 의식이 그를 깨달음에 이르게 한 축복이다.

그도 죽음을 아는 것이 진리임을 터득한다.

그의 명상과 연구는 결실을 맺기 시작한다. 그는 어느 날 밤에 숲 속의 천막에서 자기의 졸음이나 덧없는 꿈, 그리고 자기가 지금 앉아 있는 자리는 동일체의 다른 모습일 뿐이라고 믿는다. 더욱이 그는 만물은 다 똑같은 허무라고 굳게 믿는다. 그는 이런 명상을 통해 더욱더 자유스러워진 자신에게 이런 진리를 가르친다: "나는 허무(있으면서 없는 존재)이다. 나는 허무와 다를 바 없는데, 허무도 나와 다르지 않다. 정말로 허무가 나이다." 나아가 그는 이런 깨달음을 얻는다: "빗방울이 황홀경이다. 빗방울은 황홀경과 마찬가지이다. 황홀경도 빗방울과 같다. 그렇다. 황홀경이 빗방울이다"(138, 139). 그는 이제 삼라만상이 모두가 다 자기에게는 황홀경이라고 터득한다.

> 이른 봄 아침에 즐거워하는 개들과 함께 나는 불도를 잊어버렸고 그저 즐거웠다. 나는 아직 여름이 아니라서 통통해지지 않은 작은 새들을 바라보았다. 개들은 입을 크게 벌려 나의 진리를 거의 삼켜버렸다. 풀이 흔들리고 닭들은 꼬꼬댁거렸다. 봄밤의 구름 낀 달 아래서 불도를 닦고 있었다. 나는 진리를 깨달았다: "여기 이것이 바로 그것이다. 있는 그대로의 세상이 천국인데도, 있는 것을 못보고 딴 곳에서 천국을 찾고 있다. 천국은 바로 이 비참한 세상이다. 아, 내가 득도할 수 있다면, 나 자신을 잊고 나의 명상을 해방과 깨달음 그리고 도처에 있는 생물들의 축복에 쏟을 수 있다면, 나는 있는 것, 즉 황홀경을 깨달을 것이다." (141)

> There were now early spring mornings with the happy dogs, me forgetting the Path of Buddhism and just being glad; looking around at new little birds not yet summer fat; the dogs yawning and almost swallowing my Dharma; the grass waving, hens chuckling. Spring nights, practicing Dhyana under the cloudy moon. I'd see the truth : "Here, this, is *It*. The world as it is, is Heaven, I'm looking for a Heaven outside what there is, it's only this poor pitiful world that's Heaven. Ah, if I could realize, if I could forget myself and devote my meditations to the freeing, the awakening and the blessedness of all living creatures everywhere I'd realize what there is, *is*

ecstasy."

마침내 그는 이런 놀라운 진리를 파지한다: "모든 것은 허무이다. 그러니 이 진리를 깨달아라. 만물은 시간, 공간, 그리고 마음에서 허무이다. [. . .] 모습은 허무이고, 허무가 모습이다. 우리는 허무한 이 모습, 저 모습으로 이 세상에 영원히 있기 마련이다"(144, 147). 그는 자신이 이 세상에 있는 모든 것과 동일체임을 깨달았기 때문에, 모든 것을 자기처럼 사랑할 수 있다. 그러므로 그는 모든 것에 자비정신을 쏟을 수 있다. 이제 그것들도 자기도 부처가 되었다고 흡족하게 생각한다.

> 그날 밤 아주 열광하여 나는 숲속으로 돌아와 생각해보았다. "나는 별빛 아래서 땅의 한 귀퉁이에 앉아 있는 사람이지만, 만물의 비움과 깨어 있음을 통해 언제나 마음을 비우고 깨어 있다고 생각하고 있는 내가 이 무한한 우주에 있다는 것은 무엇을 의미하는가? 그것은 내가 마음을 비우고 깨어 있음을, 내가 이런 사실을 알고 있음을, 그리고 나와 만물 사이에 어떤 구별도 없음을 의미한다. 바꿔 말하면 그것은 내가 만물과 똑같게 되었음을 의미한다. 그것은 내가 부처가 되었음을 의미한다." 나는 정말로 이렇게 깨닫고, 이것을 믿었다. 나는 이제 캘러포니어주로 돌아가면 재피에게 말해야 할 것을 생각하고는 기뻤다. "적어도 그는 내말을 들어줄 것이다"고 나는 입을 삐죽이며 말했다. 나와 나무들은 동일체였으므로, 나는 나무들에게 매우 강한 연민을 느꼈다. 나는 나와 한 번도 싸우지 않았던 개들을 쓰다듬어주었다. 모든 개들은 하나님을 사랑한다. 그들은 자기 주인들보다 더 현명하다. 나는 개들에게 그렇다고 말했다. 그들은 의기양양하게 귀를 쳐들고 내 얼굴을 핥으면서, 내 말을 들었다. 그들은 내가 거기 있는 한 이래저래 신경 쓰지 않았다. (145)

> All enthusiastic I went back to the woods that night and thought, "What does it mean that I am in this endless universe, thinking that I'm a man sitting under the stars on the terrace of the earth, but actually empty and awake throughout the emptiness and awakedness of everything? It means that I'm empty and awake, that I *know* I'm empty, awake, and that there's

> no difference between me and anything else. In other words it means that I've become the same as everything else. It means I've become a Buddha." I really felt that and believed it and exulted to think what I had to tell Japhy now when I got back to California. "At least *he'll* listen," I pouted. I felt great compassion for the trees because we were the same thing; I petted the dogs who didn't argue with me ever. All dogs love God. They're wiser than their masters. I told that to the dogs, too, they listened to me perking up their ears and licking my face. They didn't care one way or the other as long as I was there.

그는 다시 재피를 만나러 서부로 간다. 도중에 그는 텍서스주의 사막에서 하루 밤을 야영하면서, "부자유스럽게 안락한 침대에서 자는 것보다는 자유스럽게 불편한 잠자리에서 자는 것이 훨씬 더 편하고 좋다"(123)는 사실을 실감한다. 그는 밤에 사막의 정적 속에 혼자 있음으로써 자신의 마음의 소리를 들을 수 있다. 그는 이 소리를 통해 오랫동안 잊어버렸던 자아를 성찰해볼 수 있다. 자아성찰이 진리를 깨닫는 첫째 비결이다. 따라서 그는 지금 어느 누구에게나 빨리 자아성찰의 중요성을 강조하고 싶어 안달한다.

> 오리털 침낭이 편안하고 따뜻하다면, 겨울밤 사막에서 자는 잠과 비교될 수 있는 어떤 잠도 없다. 조용함이 너무나 지극하므로, 당신은 귀로 체내의 피 흐르는 소리를 들을 수 있다. 그러나 이보다 훨씬 더 크게 들리는 소리는 내가 언제나 최상의 예지의 고함소리와 동일시할 수 있는 신비스러운 외침소리, 당신에게 출생 이후, 일상생활의 긴장 때문에 잊혀진 듯 보이는 어떤 것을 상기시켜주는 대단한 쉬이쉬이 소리인 침묵 자체의 신비스러운 외침이다. 나는 그 소리를 내가 사랑하는 사람들, 내 어머니와 재피에게 설명해주고 싶은데. 그러나 그 소리의 무(無)와 순수성을 기술할 수 있는 어떤 용어도 없다. "모든 생명체에게 줄 수 있는 어떤 확실한 가르침이 있느냐?"라는 말이 아마 눈썹이 굵고 흰 눈과 같은 디판카라에게 던진 질문이었다. 그의 답은 금강석의 포효하는 침묵이었다. (157)

There just isn't any kind of night's sleep in the world that can compare with the night's sleep you get in the desert winter night, providing you're good and warm in a duck-down bag. The silence is so intense that you can hear your own blood roar in your ears but louder than that by far is the mysterious roar which I always identify with the roaring of the diamond of wisdom, the mysterious roar of silence itself, which is a great Shhhh reminding you of something you've seemed to have forgotten in the stress of your days since birth. I wished I could explain it to those I loved, to my mother, to Japhy, but there just weren't any words to describe the nothingness and purity of it. "Is there a certain and definite teaching to be given to all living creatures?" was the question probably asked to beetle-browed snowy Dipankara, and his answer was the roaring silence of the diamond.

그가 자신의 깨달음을 재피에게 말했을 때, 재피가 "아, 그것은 바로 [너무] 많은 말들이다. 나는 네가 겨울 내내 명상했던 말들의 언어표현을 듣고 싶지 않다. 나는 행동으로 깨닫고 싶은 사람이다"라고 반응을 하자, 그는 깜짝 놀란다. 재피는 그의 유아론적 사고와 주장에 크게 실망하고, "나의 불교는 행동이다"(169, 173)고 갈파하면서, 그에게 깨달음은 말이 아니고 행동이라는 실례를 이야기한다.

너는 갑작스런 깨달음이 무엇인지 아느냐? 한 제자가 스승에게 다가와 그의 깨달음의 문제에 답했다. 스승은 그를 지팡이로 때려 툇마루로부터 10피트 아래의 진흙 웅덩이 속으로 넘어뜨렸다. 제자는 일어나 웃었다. 나중에 그도 또한 스승이 되었다. 그가 깨달은 것은 말에 의해서가 아니라 현관 밖으로 거칠게 밀려남에 의해서였다. (173)

Do you know what sudden enlightenment is? One disciple came to a Master and answered his koan and the Master hit him with a stick and knocked him off the veranda ten feet into a mud puddle. The disciple got up and laughed. He later became a Master himself. Twasn't by words he was enlightened, but by that great healthy push off the porch.

또한 재피는 그와 함께 등반하다가 산 속에서 그에게 이런 훌륭한 철학을 설명해준다: "네가 사물, 예를 들면 바위, 공기, 불, 그리고 나무에 가까이 가면 갈수록, 세상은 더욱더 정신 위주로 된다. 스스로를 실제적이고 실용적이며 유물론적 인간이라고 정의하는 사람들은 사물을 전혀 알지 못한다. 그들의 머리는 아무 쓸모없는 환상적인 이상과 사상들로 가득 차 있을 뿐이다"(206). 그러면서 재피는 그에게 저 새소리를 잘 귀담아 들으라고 힘주어 말한다.

나아가 재피는 그에게 깨달음이 바로 행동이라는 진리를 터득한 젊은이들이 하게 될 위대한 역할을 이렇게 예언한다: "동양은 어차피 서양과 만날 것이다. 동양이 드디어 서양과 만났을 때, 어떤 위대한 세계 혁명이 일어날 것인가를 생각해봐. 그 혁명을 유발할 수 있는 사람은 오로지 우리 같은 젊은이들이다. 전 세계에 있는 수백만명의 우리 같은 젊은이들을 생각해봐. 그들은 배낭을 메고 두메산골을 돌아다니며 자동차 편승여행도 하면서 모든 사람에게 복음을 가져다주고 있다"(203).

이렇게 재피는 그에게 진정한 깨달음은 추상적 사고나 논리가 아니고 느낌에 바탕을 둔 직관이라는 진리를 깨우쳐준다. 깨달음은 만물이 하나임을 지각하는 황홀경이다. 그러므로 분석적인 사고는 깨달음을 방해하거나 왜곡시켜버린다. 불교에서 깨달음을 얻으려는 사람에게 각별히 강조하는 가르침은 사고에 빠지지 말고, 스스로 황홀경에 젖도록 느끼라는 것이다.

> 진정한 깨달음은 이성적 사고가 아닌 직관력, 즉 신비한 통찰력을 통해 일어난다. 불교에서 초보자교육의 주안점은 일상적이고 논리적인 반응방식을 불식하고, 의식적이고 언어적 사고를 하지 않으면서, 보고 느끼며 생각하도록 하는 데에 집중된다. 깨달음은 강렬하고 감정적인 해방을 거쳐 통합과 전체를 지각하는 황홀한 경지에 이르는 결과이다. 깨달음은 분석적인 과정이 아니다. 이성적 사고는 정서적 인식대상을 손상시킬 뿐이어서 그 본질을 왜곡시켜버린다. 관념은 우리를 느끼는 실재

로부터 멀어지게 한다. 우리 인식의 진정한 의미를 알기 위해, 불교도는 우리를 사고 속으로 이끌지 않고, 우리의 느껴진 반응들과 함께 있으면서, 그 반응들을 수용하여, 그 느낌의 중심방향((도(道))이 나타날 때까지 그 반응들을 강하게 의식한다.[52]

Real satori (enlightenment) comes not through rational thought but through intuition, mystical insight. Much of the novice's training in Buddhism is devoted to disrupting his usual, logical patterns of response, making him see, feel, or imagine without conscious, verbal thought. Satori is an intense, emotional release resulting in an ecstatic awareness of unity and wholeness. It is not an analytical procedure. Rational thought only vitiates the emotional content of perception and falsifies its nature. Concepts take us beyond the felt reality. To know the true meaning of our perceptions, the Buddhist would have us not escape into thought, but dwell with our felt responses, accepting them, becoming intensely aware of them until the central trend of feeling (the Tao) emerges.

주인공은 또 다른 친구로부터 이런 명언을 듣게 된다: "나에게 불교는 가능한 한 많은 사람들을 알려고 하는 노력의 시작이다"(195). 그는 이 명언을 듣고, 재피가 위대한 사상가이며 진정한 진리탐구자임을 알고 새삼 감탄한다. 그는 재피의 건장한 체구 안에 가득 차 있는 희망, 활력, 그리고 낙관주의에 외경을 금치 못한다. 재피가 일본으로 떠나자, 그는 성장의 계절이 시작되는 6월에 깨달음은 사고가 아닌 체험에 있다는 진리를 파지하고, 데설레이션산으로 향한다. 그는 산 정상에서 이 진리를 다시 절실하게 느낀다. 그는 사실과 동떨어진 자신의 유아론적 사고와 독단이 얼마나 허황된 것인가를 직접 체험한다. 그가 안내자와 함께 정상에 올랐을 때 안개 때문에 앞을 볼 수 없다. 그가 안내자에게 여기서 어떻게 산을 볼 수 있느냐고 묻자, 안내자는 이삼일 지나면 당신은 온 사방으로 100마일까지 볼 수 있다고 대답한다. 그는 이 말을

52 Robert A. Hipkiss, *Jack Kerouac: Prophet of the New Romanticism* (Lawrence: The Regents Press of Kansas, 1976), 65

도저히 믿을 수 없다. 그는 한산이 한산의 안개는 걷힌 적이 없었다고 언급했던 것을 기억하고 그가 겪었던 어려움을 이해하기 시작한다.

그는 어느 날 밤에 잠에서 깨었을 때, 창 밖에 거대한 검은 괴물이 서 있는 것을 보고 혼비백산한다. 그가 그것을 빤히 응시했더니, 그것은 안개가 걷혀 별들이 반짝이는 밤하늘에 비친 케너더(Canada)의 호우조우민(Hozomeen)산이다. 그가 다음날 아침 깨어보니 어디에도 안개가 없어 푸른 하늘을 볼 수 있다. 그는 또한 저 멀리로 눈으로 덮여 수백마일 뻗친 산등성이와 많은 호수들 그리고 울창한 산림을 볼 수 있다. 또한 그는 자기 밑에 온 사방으로 수마일 뻗친 지붕 같은 구름을 보고 있다. 그는 바위 주위의 사방에 작은 꽃들이 자라고 있는 것을 보고 경이감에 사로잡힌다. 왜냐하면 어느 누구도 이 꽃들이 자라기를 바라지 않고 있는데도, 이들은 스스로 자라고 있기 때문이다. 그는 자신도 이 꽃들처럼 자랄 수 있기를 기원한다. 그는 자기도 모르게 노래를 부르며 춤을 추고 있다. 그는 지금 가장 큰 고독과 희열을 느끼고 있다. 황혼이 짙어지면서, 그는 재피의 진리를 직접 체험하자 황홀경에 빠진다.

> 그러다가 도저히 믿을 수 없는 나의 첫번째 황혼이 다가왔다. 산들은 분홍빛 눈으로 덮여 있으며, 구름들은 저 멀리 장식품으로 보여 불교국가의 장관에 찬 옛날의 먼 도시들처럼 보였다. 바람은 쌩쌩 소리를 내며 계속 불다가 이따금 더욱 거세져서 내 우주선이 덜컹거리게 한다. 튀어나온 초승달 표면은 로스 호수로부터 올라온 괴물 같은 안개 위로 펼쳐진 푸른 하늘에서 은연중 기묘하다. 어렸을 때 내가 회색으로 그렸던 산들처럼, 날카롭게 뾰족한 모서리들이 산비탈들 뒤로부터 튀어나왔다. 그것은 마치 어딘가에서 매우 즐거운 축하연이 벌어지는 것 같았다. 나는 내 일기장에 "오, 나는 행복하다"고 썼다. 그날 늦은 오후에 산의 정상들에서 나는 희망을 보았다. 재피의 말이 맞았다. (236)

> Then my first sunset came and it was unbelievable. The mountains were covered with pink snow, the clouds were distant and frilly and like ancient remote cities of Buddhaland splendor, the wind worked incessantly, whish,

whish, booming at times, rattling my shiThe new moon disk was prognathic and secretly funny in the pale plank of blue over the monstrous shoulders of haze that rose from Ross Lake. Sharp jags popped up from behind slopes, like childhood mountains I grayly drew. Somewhere, it seemed, a golden festival of rejoicement was taking place. In my diary I wrote, "Oh I'm happy ! " In the late day peaks I saw the hope. Japhy had been right.

그는 산 정상의 변화무쌍한 날씨 가운데 혼자 있으면서, 이런 마음의 소리를 듣는다: "오 레이야, 네 일생은 영원히 깨어 있는 거대한 바다에 떨어지는 하나의 빗방울과 같다. 재피에게 그런 네 마음의 소리를 적어보내라"(241). 그는 산 위에 떨어지는 눈처럼 자신도 영원 속의 한 점에 지나지 않음을 깨닫는다. 그가 이처럼 자신은 허무임을 깨달으면 깨달을수록 더욱더 자유스러워진다. 그는 마음의 악령들을 물리치고 영원한 자유의 통찰력을 얻었으니, 바위 사이로 뛰어다니는 얼룩다람쥐나 날아다니는 나비처럼 자신이 무위자연의 삶을 살 수 있다고 확신한다. 그는 이런 확신을 갖고, 데설레이션산에서 내려와 다른 사람들이 있는 도시로 간다.

나는 큰 소리로 솔직하게 이렇게 말했다 : "재피, 나는 우리가 언제 다시 만나게 될지 혹은 앞날에 무슨 일이 일어날지 알지 못한다. 그러나 데설레이션산, 데설레이션산이여, 나는 너에게 너무나 큰 은혜를 입었기에, 내가 모든 것을 배웠던 곳으로 나를 안내해준 재피에게 영원히 감사한다. 지금 도시로 돌아가야 하는 슬픔이 엄습해 온다. 나는 여기서 2개월을 보냈다. 도시에는 술집, 저속하고 익살스러운 쇼, 그리고 대담한 사랑의 인간애가 있으며, 하나님은 하늘에서 엉망진창인 이런 것들을 축복해준다. 그러나 우리는 재피 너와 나를 영원히 안다. 오, 영원히 젊고, 영원히 우는." 호수 아래쪽에 하늘에는 증발기체의 불그레한 반사가 나타났다. 나는 "하나님, 나는 당신을 사랑합니다"고 말하면서 하늘을 쳐다보았는데, 그것은 나의 진심이었다. "하나님, 나는 당신을 사랑하고 있습니다. 이모저모로 우리 모두를 보살펴주십시오." (244)

> "Japhy," I said out loud, "I don't know when we'll meet again or what'll happen in the future, but Desolation, Desolation, I owe so much to Desolation, thank you forever for guiding me to the place where I learned all. Now comes the sadness of coming back to cities and I've grown two months older and there's all that humanity of bars and burlesque shows and gritty love, all upsidedown in the void God bless them, but Japhy you and me forever we know, O ever youthful, O ever weeping." Down on the lake rosy reflections of celestial vapor appeared, and I said "God, I love you" and looked up to the sky and really meant it. "I have fallen in love with you, God. Take care of us all, one way or the other."

드디어 그는 깨달음은 언행일치임을 터득하게 해준 재피에게 감사하며, 최선을 다하여 언행일치를 몸소 실천하는 삶을 살고자 한다.

Ⅳ

지금까지 *떠돌이 삶*과 *진리의 탐구자들*을 분석하면서, 각 소설의 두 주인공, 샐 패러다이스와 딘 모리아티 그리고 레이 스미스와 재피 라이더의 주체적이고 자발적인 삶의 탐구과정을 고찰해보았다. 그들은 관료주의, 권위주의, 그리고 물질만능주의가 극도로 팽배하여, 개개인의 자아탐구정신과 자발적인 삶의 의지를 말살하고 있는 미국사회에 대해 반항하는 젊은이들이다. 그들은 기성세대로부터 혐오감과 반감을 불러일으키는 책임회피자, 자유연애 지상주의자, 그리고 쾌락주의자들이지만 사회 파괴자들은 결코 아니다.

그들은 폐쇄적이고 일변도적인 미국정부의 반공정책과 이 정책을 대안 없이 신랄하게 비판하며 반대하는 지성인들에게 반기를 든 젊은이들이다. 그들은 무조건 반공이나 사회주의만이 최고라는 정치적 측면에서, 그리고 영혼과 육체는 별개이므로 악의 근원인 육체를 억압해야 한다는 종교적 측면에서 매우 비극적이고 파괴적인 고정관념에 도전하는 젊은이들이다. 그들은 인간의 삶에서 느낌을 배제하거나 경시하는 정치와 종교보다는 예술이 더욱 중요하다고 주장하면서, 인간의 지각과 판단은 예술에 그 바탕을 두지 않으면 안된다고 갈파한다.

그들은 예술만이 미국인들을 허황되고 그 나름대로 객관적인 사실과 주장에서 해방시켜, 개개인의 창조정신을 옹호하고 고취시킬 수 있다고 주장한다. 또한 그들은 예술만이 개개인을 삶의 본질인 솔직성, 민감성, 개체성, 공동체의식, 열광, 그리고 황홀경 속으로 불러들일 수 있다고 역설한다. 그리고 그들은 예술만이 개개인에게 영혼과 육체는 하나일 뿐 아니라 나와 만물은 다 똑같은 허무이므로, 하나라는 깨달음을 불러일으킬 수 있다고 갈파한다. 그들은 이 깨달음이 개개인의 삶의 목적이고, 지극한 행복이며 자유라고 주창한다. 그들은 이런 주창을 통해 미국인들의 무기력하고 비관적인 의식을 긍정과 활력이 넘치는 의식으로 개혁하려고 한다. 그들은 이 의식개혁을 통해 미국사회를 개선하기를 원할 뿐이지 그것을 부정하거나 파괴하려고 하지는 않는다.

이 의식개혁을 위한 가장 좋은 길이 케러왝의 두 소설에 구체화되어 있다. 그는 그 길을 주인공들의 주체적 자아탐구 과정을 통해 제시하고 있다. 그들의 진리탐구는 느낌에 그 바탕을 둔 깨달음이다. 그들의 깨달음은 인간은 허무이므로 무위자연의 정신으로 만물을 똑같이 사랑하지 않으면 안된다는 진리이다. 이 깨달음은 그들 삶에서 황홀경이고 자유이며 언행일치철학이다. 케러왝은 두 소설에서 이 깨달음을 서사시적 구성과 표현으로 그리고 서정시적 농축과 열정으로 묘사했다.

절찬 뿐 아니라 출판 거부와 혹평을 동시에 받았던 케러왝의 이런 소설은 일시적인 유행일까 아니면 미국문학의 전통일까? 그의 소설은 자아를 탐구하는 미국문학의 전통 선상에 있다. 그의 문학의 근원은 휘트먼, 죤 뮤어, 그리고 소로우(Thoreau)에 있다. 그의 소설주인공은 주체적이고 창조적이며 부단한 자아탐구를 통해 비관적이고 비극적인 미국사회에 희망과 소생의 빛을 비춰주고 있다.

비트(문학)운동은 전진과 권력이라는 미국적 "미덕"에 대한 광범위한 불만의 결정체였다. 도시의 추악한 내부 — 범죄, 마약, 정신병원 —의 탐사로 시작했던 이 운동은 공상가적 지각의 표현으로 발전하였다. 비트작가들의 낭만적 투쟁정신은 미국의 초절주의에 그 뿌리를 두었다. 그들의 정신적 선구자들은 적극적 이상주의와, 기계와 산업에 대한 본질적으로 반대 입장에서의 불신과, 그리고 인간과 토지와의 근원적 관계로 회귀하려는 욕구를 지닌 소로우, 다른 종족의 관습들을 진취적으로 용인하는 멜빌, 또는 평등주의정신으로 보통사람의 잠재력을 흔쾌히 찬미하면서 미국에서의 자기쇄신을 도모하는 변화의 조야한 새로움과 속도를 낙관적으로 선언한 휘트먼과 같은 작가들이었다.[53]

The Beat movement was a crystallization of a sweeping discontent with American "virtues" of progress and power. What began with an exploration of the bowels and entrails of the city — criminality, drugs, mental hospitals — evolved into an expression of the visionary sensibility. The romantic militancy of the Beats found its roots in American transcendentalism. Their spiritual ancestors were men like Thoreau with his aggressive idealism, his essentially conservative distrust of machines and industry, his desire to return to the origins of man's relations to the land; or Melville, with his adventurous tolerance of different tribal codes; or Whitman, optimistically proclaiming with egalitarian gusto the raw newness and velocity of self-renewing change in America while joyously admiring the potential of the common man.

그렇다면 그의 소설과 동료들의 작품들은 오늘날 어떤 생명력을 가지고 어떤 영향력을 발휘하고 있는가? 이 문제에 답하기 전에, 앨런 긴즈버그(Allen Ginsberg)가 받았던 질문과 그 답변을 들어보자. 왜 케러왁이 그토록 중요한가의 질문을 받고, 그는 케러왁은 "의식에 새로운 개혁을 시도했던 맨 처음 사람"[54]이기 때문이라고 대답했다. 케러왁은 행복을 추구한 세대의 창시자로서 삶의 가치는 다른 사람을 사랑할 수 있는 주체적 자아의 탐구에 있다고 확신했기 때문에, 이 주체적

53 Tytell, 4.

54 Miles, 427.

자아탐구를 질식시키는 미국사회에 도전하고 반항하는 데 기치를 들었다. 동시에 그는 모든 사물을 변화와 상대적 입장에서 바라보는 태도의 중요성과 절대성을 부각시켰다: "아인스타인(Einstein)이나 하이전버그(Heisenberg)의 우주에서처럼 케러왁의 우주에서도, 영원의 상징들은 언제나 변화하므로 항시 커지거나 작아지면서, 상대성이론이나 불확실성원리의 모순과 신비들을 내포하고 있다."[55] 그리하여 그와 그의 동료들의 작품들은 이처럼 왕성한 생명력을 지속하면서 여전히 커다란 힘을 발휘하고 있다.

> 행복을 추구한 세대는 미국문학에서 아직도 최근의 현상이다. 이 세대의 많은 작가들이 지금도 작품 활동 중이고, 이 세대에 대한 불변의 평가는 여전히 형성과정에 있다. 비트작가들에 대한 문학적 평가는 80년대에 들어 주목할 만하게 바뀌었으며, 그들은 이제 더 이상 우리가 진지하게 받아들이기를 거부하는 자유분방한 사람들이라는 비웃음의 대상이 아니다. 케러왁의 *떠돌이 삶*은 실질적으로 미국 고전의 위상을 확보했으며, *허클베리 핀*이나 *태양은 또다시 떠오른다*가 이전 시대에 그러했듯 한 세대의 정신을 묘사한 소설이다. 윌리엄 버로우즈는 여러 권의 소설을 출판했으며, *뚜껑이 열려있는 도시락*은 포우스트모던소설의 초기작품으로 간주된 지 오래다. 앨런 긴즈버그의 시 "외침 소리"는 모든 시선집들에 포함되어 있으며, 미국시에 막대한 영향을 미쳤고, 우리 세대의 미국시인이 쓴 가장 많이 팔리는 시집이 되었을 뿐 아니라 "황무지" 이후 가장 큰 영향력을 발휘한 장시이다. 비트문학운동은 뉴욕으로부터 샌 프랜시스코우까지의 광범위한 지리적 분포도를 망라하며, 개리 스나이더, 로런스 펄링게티, 그리고 그레거리 콜소와 같은 많은 추종자들을 끌어들인 일련의 다른 작가들을 포함한다.[56]

> The Beat Generation is still a recent phenomenon in American literature; a number of its members are still writing, and its permanent reputation is

55 Nicosia, 273.

56 John Tytell, "The Beat Brotherhood," in *Kerouac and the Beats,* Ed. Arthur and Kit Knight (New York: Paragon, 1988), ix.

still in the process of being formed. The literary reputation of the Beats has changed remarkably in the eighties, and they are no longer treated with the grinning condescension we reserve for bohemians whom we refuse to take seriously. Kerouac's *On the Road* has practically achieved the status of an American classic, a book that portrays the ethos of a generation in the way that *Huckleberry Finn or The Sun Also Rises* did in earlier eras. William Burroughs has produced a considerable body of work and *Naked Lunch* has long been regarded as the seminal expression of post-modernist fiction. Allen Ginsberg's "Howl" is in all the anthologies; it has had an enormous effect on American poetry, and has become the best-selling work by an American poet in our time, the most influential long poem since "The Waste Land." The Beat movement covers a broad geographical spectrum, from New York City to San Francisco, and it includes a range of other writers who have won large followings, such as Gary Snyder, Lawrence Ferlinghetti and Gregory Corso.

행복을 추구한 세대는 문학에서 뿐 아니라 60년대 미국사회의 동성연애, 흑인문학, 성문학, 여권신장, 그리고 자연보호 등에 대한 미국인들의 의식변화에 엄청난 영향을 끼쳤다.

한때 절찬과 혹평을 동시에 받았던 케러왝의 소설을 수용함에 있어서, 미국에서처럼 우리도 무조건 찬성이나 반대로 양극화되어서는 안된다. 무엇보다도 먼저 우리는 우리사회를 깊이 규명해보지 않으면 안된다. 우리는 사회가 개개인의 개체성, 성실성, 창조정신, 그리고 주체적 자아탐구를 옹호하고 고취시키고 있는지 아니면 부정하고 질식시키면서 탄압하고 있는지를 판정하지 않으면 안된다. 우리사회가 삶의 가장 소중한 가치들을 무시하여 젊은이들을 실의와 절망감 속에 빠지게 하고 있다면, 기성세대는 케러왝의 소설 속 주인공의 행위를 목불인견의 몰상식한 것이라고 비난하기 전에, 스스로 반성하지 않으면 안된다. 반면에 젊은이들은 그들의 욕구불만과 절망감에서 벗어나는 길이 반항과 파괴에 있는 것이 아니라, 매우 잘못된 의식의 개혁에 있을 뿐임을 깨달아 의식개혁에 앞장서야 한다. 우리는 절대적 편견과 아집 그리고 맹신에서 벗어나 상대적 입장에서 서로를 이해하는 태도와 애정을 갖지 않으면 안된다. 왜냐하면 우리의 이런 태도와 애정이 케러왝의 소설을 제대로 읽는 첫걸음이기 때문이다.

5

윌리엄 에스. 버로우즈: 의식개혁과 확장

I

윌리엄 에스. 버로우즈(William S. Burroughs, 1914-1997)는 "미국의 가장 유능한 작가"[1]로서 포우스트모던 미국소설의 초석을 쌓았다. 그는 "포우스트모더니즘"이 학자와 비평가들의 지대한 관심과 주목의 대상이 되기 20여년 전에 독창적이고 탁월한 포우스트모던소설의 창작철학을 주창하고, 그 철학을 구현하는 특이한 언어구사법을 활용하여[2] 작품을 창작했다. 그가 이런 철학을 바탕으로 창작한 소설이 그의 두번째 작품인, *뚜껑이 열려있는 도시락(Naked Lunch)*[3]이다. 이 작품은 1959년

1 William S. Burroughs, *Naked Lunch* (New York: Grove, 1966), xii. 앞으로 이 작품에서의 인용문은 괄호 안에 쪽수만 표시함.

2 Larry McCaffery and Jim McMenamin, "An Interview with William S. Burroughs," in *Conversations with William S. Burroughs*, Ed. Allen Hibbard(Jackson: Univeristy Press of Mississippi, 1999), 172.

3 소설제목 "Naked Lunch"에 대한 Allen Ginsberg와 Jennie Skerl의 설명에 따르면, "'Naked'는 공평무사한 직시, 다시 말하면 [우리를]당황하게 하는 가식 없이 똑바로 볼 수 있음 그리고 가면을 간파할 수 있음과 관련이 있다. [. . .]

에 프랑스에서 그리고 1962년에 미국에서 출판되었다. 이 소설은 출판 직후부터 계속 격찬과 혹평을 동시에 받고 있다는 사실이 입증하듯이 "미국문학에서 가장 혁신적이고 논쟁적인 작품들"[4] 중의 하나이다. 또 이 소설은 한 미국 출판업자가 외설작품으로 몰릴까 두려워 출판을 꺼려한 끝에 출판을 감행하였는데, 그 우려대로 이 소설은 외설문학으로 미국법정에 피소되었다. 그러나 결과적으로, 그때까지 많은 위대한 문학작품들이 외설문학 시비로 법정과 사회의 뜨거운 논쟁과 심판의 대상이 되었던 불상사에 마침내 종지부를 찍게 되어, 이후 미국에서 더 이상 외설문학 시비의 재판이 없어진 계기가 되었다. 한편 이 소설은, "1960년대 후반 서구세계 전체를 격변의 소용돌이 속으로 치닫게 한 사회적, 지적, 정치적 항의의 한 표시"[5]라는 논평을 받았다. 이 논평을 바탕으로 이 논문에서는, 버로우즈의 소설창작철학과 기법을 규명하고, 그것이 *뚜껑이 열려있는 도시락*에 어떻게 구체적으로 형상화되고 있는지를 분석해본다. 이 규명과 분석은 포우스트모던소설에 대한 더욱 쉽고 정확한 이해와 연구의 길잡이가 될 것이다.

버로우즈의 서구소설과 철학에 대한 지적 항의, 다시 말하면 종전 소설과는 전혀 다른 그의 소설에서 그가 무엇을 어떻게 표현했는가를 알아보는 것이야말로, 포우스트모던소설 태동의 배경이나 그 창작철학과 기법 등을 이해하고 연구할 수 있는 첩경이라 하겠다. 우선 버로우즈가 서구소설사에서 얼마나 중요한 역할을 했으며, 또 얼마나 확고한 위치를 차지하고 있는가를 살펴보자. 버로우즈는 서구사회를 지배하는

'Lunch'는 이렇게 공평무사한 의식의 완전한 향연일 것이다." (*Naked Lunch*, xxii). 또 "'Naked Lunch'는 사실들을 폭로하려는 저자의 의도를 암시하면서, 직시하는 행위와 직시된 사실들을 예정한다"(*William S. Burroughs*. Boston: Twayne, 1985), 41-42.

4 "William S. Burroughs: *Naked Lunch*," in *Contemporary Literacy Criticism*, vol. 75, Ed. Thomas Votteler (Detroit: Gale, 1993), 83-119. 혹평자보다는 격찬자의 수가 훨씬 더 많고, 소설출판 당시의 대표적 격찬자로는 소설가 Norman Mailer와 Mary McCarthy, 시인 Allen Ginsberg, 그리고 비평가 Richard Kostelanetz가 있었다.

5 Michael Barry Goodman, *Contemporary Literary Censorship: The Case History of Burroughs' Naked Lunch* (Metuchen: Scarecrow, 1981), 170.

허위의식 — 마약, 성, 권력, 금전, 종교, 그리고 이념에의 지나친 탐닉, 이로 인한 자아탐구와 실현의지 상실로 빚어지는 노예적 삶, 변태적 성행위, 무자비한 탄압의 자행, 그리고 이런 비정상적이고 병적인 욕구와 그 충족에서 얻어지는 득의만면과 기고만장 등 —에 대한 강한 혐오감과 반항심을 느끼고, 인간을 하루빨리 이런 허위의식으로부터 해방시키고자 하는 의식개혁운동에 앞장섰다. 그는 의식개혁만이, 개인보다 조직을 우선시함으로써 잃어버린 개개인의 인간애, 정의감, 자유, 독립성, 자발성, 솔직성, 그리고 이타주의 등을 소생시키고 확장시킬 수 있다고 확신했다. 따라서 그는 현대적 전위예술의 전통을 계승함으로써 허위의식을 크게 조장했던 과거 서구예술의 창작철학과 기법을 부정하고, 의식개혁을 극대화할 수 있는 새로운 소설창작철학과 기법을 창안했다. 삶과 소설을 동일시하는 소설에 대한 그의 새로운 정의는 서구소설의 주제와 기법에 일대변혁을 촉발하게 되었다. 한마디로 모더니즘은 삶과 예술을 분리하여 삶보다 예술을 더 중요시했지만, 포우스트모더니즘은 삶과 예술은 하나라고 하면서 예술보다 삶을 더 우선시한다. 소설가로서의 그의 역할과 위치를 또 다른 학자의 견해에 따라 자리매김하면 다음과 같다.

> 1959년에 *뚜껑이 열려있는 도시락*을 출판한 이래로, 윌리엄 에스. 버로우즈는 행복을 추구한 세대의 전설적인 거물로서 그리고 포우스트모던 소설의 중요한 작가로서 유명해졌다. 버로우즈는 행복을 추구한 세대의 작가로서 오늘날까지 최근미국(그리고 유럽)문화에 영향을 미치고 있는 전후문학과 사회운동의 선구자였다. 의식개혁운동은 부분적으로는 중산층의 인생철학과 도덕규범에 대한 낭만적인 젊은이들의 반항이었다. 그러면서도 그 젊은이들은 예술의 전통적 개념과 기법에 대한 공격과 새로운 실험으로 우리의 예술철학을 끊임없이 변화시키려는 현대적 전위예술의 전통을 계승했다. 버로우즈의 소설들은 참신한 주제와 새로운 기법을 소설에 도입함으로써 행복을 추구한 세대의 반항기질과 전위예술의 실험정신을 반영한다. 버로우즈는 포우스트모던소설가로서 예술의 개념을 확장하고, 행복을 추구한 세대의 작가로서 삶과 예술의 경계

를 지우려는 선각자의 역할을 한다.[6]

> Since the publication of *Naked Lunch* in 1959, William S. Burroughs has been well known as a legendary figure of the Beat Generation and as an important writer of experimental fiction. As a Beat writer, Burroughs was part of a seminal, postwar literary and social movement that is still influencing contemporary American (and European) culture to this day. The Beat movement was partly a romantic rebellion of youth against middle-class mores, but they also carried on the modern tradition of the avant-garde which continually tries to change our conception of art through innovation and attack on artistic conventions. Burroughs's novels reflect both the Beat sensibility of revolt and the avant-garde tradition of innovation by introducing new subject matter and new techniques into fiction. As an experimentalist Burroughs extends the definition of art, and as a Beat he goes even further by trying to erase the boundary between life and art.

버로우즈가 반항했던 서구의 허위의식과 이를 효과적으로 개혁하기 위해 그가 창안한 소설기법에 대해 알아본다. 버로우즈가 개혁하려는 허위의식은 "애리스토틀의 '양자택일'[철학], 즉 어떤 주장과 사물이 이것이든가 아니면 저것이다"는 아집과 독선이다. "인간은 발전 가능성을 가지고 있는데 . . . 그 가능성의 실현"에 장애가 되는 양자택일철학에는 오로지 이원론 — 주체와 객체, 정신과 육체, 지성과 감성, 옮음과 그름, 남성과 여성, 지배와 피지배, 그리고 부자와 빈자 —의 구별과 대립만이 있다. 반면에 버로우즈는 인간의 삶에서 정신과 육체 그리고 지성과 감성이 분리되어 어느 한쪽으로만 작용하는 것이 아니라 유기적으로 상호작용하고 있다고 확신하기 때문에 양자택일철학을 부정하면서, "실존은 연대의식이다"[7]고 주장한다. 그리하여 버로우즈는, "정

---

6 Jennie Skerl, "William S. Burroughs," in *Dictionary of Literary Biography*, vol. 16, Ed. Ann Charters (Detroit, Gale, 1983), 45-46.

7 James Grauerholz and Ira Silverberg, *Word Virus: the William S. Burroughs Reader* (New York: Grove, 1998), 227.

신적 체험들도 인간이 그 체험들을 육체적 감각들을 통해 체험하고 있어야만 지각된다. 사람들은 유령들을 보거나 듣고, 다양한 모습의 출현과 존재를 감지한다"[8]고 말한다.

양자택일철학은 이것 아니면 저것이라는 단정을 전제로 한다. 양자택일철학을 금과옥조로 여기는 기존 소설의 창작에서는 갈등과 대립 그리고 그것들의 해소로 귀결되면서 시작과 중간 그리고 끝으로 구성되는 플롯, 사건과 등장인물들의 성격의 일관성, 사고와 행동의 연속성, 그리고 논리적 귀착의 고수를 절대시한다. 이 기법이 소설창작의 요체인 절대적 진리, 다시 말하면 서구의 허위의식을 구현하는 가장 이상적인 방법이다. 그러나 버로우즈는 절대적 진리를 전제로 하는 양자택일철학을 반박하면서, " 아무것도 진리가 아니라고 말할 때, 모든 것이 허용되고 용납된다. 우리가 모든 것이 환상이라고 깨달을 때, 어떤 환상도 허용된다. 우리가 어떤 것이 사실이며 진리라고 주장하면, 곧바로 많은 사상과 사실들은 허용되거나 용납되지 않는다"고 갈파한다. 나아가 버로우즈는, "사건들은 논리적 귀착으로 일어나지 않고, 사람들도 논리적 순서와 과정에 따라 사고하지 않는다. [. . .] 나는 독자가 자신의 타고난 본성을 바탕으로 이해할 수 있는 다양한 기준과 성격을 내포한 사건과 등장인물들을 창조하는 것이 가능하다고 확신한다"[9]고 하면서, 서구소설의 정수였던 플롯의 기능을 평가절하하고 무시한다. 이렇게 버로우즈는 서구의 기존 소설창작철학과 그 기법을 부정하고, "삶은 인간이 시시각각 다른 역할을 할 수 있다는 꿈이다"[10]고 주창하면서, 그것을 구현하는 방법을 모색한다.

또한 버로우즈는 애리스토틀의 언어철학인 동일성의 원리 "이다(is)"에 반대한다. 동일성의 원리 "이다"는 단어, 사물, 그리고 부호가

---

8 Daniel Odier, *The Job: Interviews with William S. Burroughs* (New York: Grove, 1974), 48, 98, 48.

9 앞책, 97, 35.

10 William S. Burroughs, *The Adding Machine: Selected Essays* (New York: Arcade, 1993), 180.

일치한다는 철학이다. 양자택일철학이 단정을 전제로 하면서 인간을 선입견, 독선, 그리고 편견의 노예로 전락시키는 것처럼, 이 언어철학도 인간을 언어의 일반적, 추상적인 개념의 포로로 만들어 구금하여서 마침내 그를 마음대로 조종하고 지배하는 가장 효과적인 수단을 강구하는데 일익을 담당하고 있다. 그러므로 버로우즈는 이러한 언어철학에 반기를 들고, 단어는 그 자체가 지칭하는 사물이 아니라고 주장한다. 버로우즈는, "의자"라는 단어는 하나의 단어일 뿐이고, "의자"인 실물이 의자이다. 단어는 개개인이 그 단어로 창출하고 있는 뜻을 의미해야지, 일반적이고 추상적인 공허한 개념을 대변해서는 안된다고 주장한다. 그는 이 주장의 구체적 실례를 다음과 같이 들고 있다.

> 애리스토틀의 동일성의 원리 '이다'에서는 이것이 의자이다. 그러나 그것이 무엇이든지, 그것은 의자도, 의자라는 단어도, 의자라는 부호도 아니다. 부호가 바로 사물이라는 철학은 당신이 부호를 사용하고 있을 때와 사물을 규명하고 있다고 생각할 때, 온갖 종류의 언어 논쟁을 유발한다. 나는 애리스토틀, 데이카르트, 그리고 그런 [류의] 사고방식은 참으로 무의미하며, 우리의 물질적 세계의 이해와도 일치하지 않을 뿐 아니라, 더욱이 그런 사고가 지금도 전 학문세계를 지배하고 선도하고 있는 현실이 큰 비극이라는데 전적으로 동감합니다. 그들은 코르집스키와 그의 일반의미론 . . . 부호들은 그 자체들이 표상하는 사물들이 아니며, 당신이 부호들을 사용하고 있을 때, 또 당신이 [자신과] 분명한 관계가 없는, 더욱이 그 용어들과 관련이 있다는 구체적 사실이 없는 민주주의, 공산주의, 그리고 파시즘을 언급하고 있을 때, 아무것도 [구체적으로] 표현하지 못하고 있다고 맹렬히 반대했습니다.[11]

> Now another thing is Aristotle's is of identity: this is a chair. Now, whatever it may be, it's not a chair, it's not the word chair, it's not the label chair. The idea that the label is the thing leads to all sorts of verbal arguments, when you're dealing with labels, and think you're dealing with

11 Odier, 49.

> objects. Yes, I would agree emphatically that Aristotle, Descartes, and all that way of thinking is extremely stultifying and doesn't correspond even to what we know about the physical universe, and particularly disastrous in that it still guides the whole academic world. They were bitterly opposed to Korzybski and his general semantics . . . that labels are not the things they stand for, that when you're arguing about labels, when you're talking about things like democracy, communism and fascism that have no clear-cut references, no clear-cut thing to which they refer, you're not talking about anything.

요컨대 버로우즈는 개개인에게 무조건 긍정하고 수용하라고 강요하는 단어의 일반적, 추상적, 사회적 개념을 무시 또는 부정하거나 혹은 배격하고, 개개인이 스스로 그 단어에서 창출하는 직접적이고 구체적이며 역동적인 의미와 힘을 각별히 강조하고 중요시한다.

이렇게 버로우즈는 양자택일철학과 동일성의 원리를 주축으로 하여 정립된 기존의 소설창작철학과 기법을 부정한다. 그는 하나의 일반적, 추상적, 혹은 절대적 진리란 있을 수 없으므로 다양한 철학과 이론이 허용되고 용납되어야 한다고 갈파한다. 그리하여 그는 서구예술철학의 밑바탕이었던 사물의 모방과 양자택일철학에서처럼 어느 한쪽만을 절대시하는 이념의 표현을 부정하고, 삶은 변화무쌍한 가능성의 세계라는 의식을 구현하기 위해 서구예술창작의 핵심기법이었던 플롯을 무시하는 새로운 기법, 즉 잘라내기기법(cut-up)과 끼어넣기기법(fold-in)을 시도한다. 그는 이렇게 새로운 철학과 기법을 바탕으로 소설을 창작하는 자신을 지도제작자, 정신세계의 탐구자, 그리고 정신세계의 비행사라고 스스로 일컫는다. 나아가 그는 지금까지 소설창작에서 시간과 공간이 분리됨으로써 중요시되었던 시간상의 계기만큼 공간을 절대시한다. 요컨대 그는 소설창작에서 다가오는 우주시대에 걸맞도록 시간과 공간의 통합이 필요하고, 여러 다른 양상들을 효과적으로 표현할 수 있는 참신한 기법의 계발이 필요함을 역설하면서, 잘라내기기법과 끼어넣기기법이야말로 우리시대에 필요한 바로 그러한 기법이라고 주장한다. 그는 잘라내기와 끼어넣기가 소설창작에서는 새로운 기법이지만, 미술과 음악 그리고 영화에서는 이미 오래 전부터 활용되었던 것들임을 다음과 같이 역설한다.

> 소설을 창작할 때, 나는 지도제작자, 정신세계의 탐구자 . . . 정신세계의 비행사 역할을 하고 있다. 나는 이미 철저하게 규명되었던 영역을 탐구할 의의를 알지 못한다. 한 러셔 과학자가 이렇게 주장했다. "우리는 공간에서 뿐 아니라 시간에서 여행할 것이다." 공간에서의 여행은 시간에서의 여행이다. 소설가들이 공간과 시간에서 여행하면서 우주시대에 의해 개방된 영역을 탐구할 수 있다면, 나는 그들이 우주공간 여행의 기술처럼 아주 새롭고 정확한 기법을 계발하지 않으면 안된다고 생각한다. 확실히 소설창작이 미래를 가질 수 있다면, 소설창작은 적어도 과거를 수용해서 미술, 음악, 그리고 영화에서 과거에 사용되었던 기법을 활용할 방법을 모색해야 한다. 영국소설가 로런스 두럴이 시간과 공간 개념의 변화에 따른 새로운 소설창작 모형을 계발하는데 선도적 역할을 해준 덕택에, 우리는 사건들을 상이한 관점들에서 보게 되었으며, 이렇게 파악된 사건들은 전혀 동일사건들이 아니며 시간과 진리에 대한 과거 개념들이 더 이상 타당하지 않음을 알게 되었다. 파리에 살고 있는 미국화가 브리온 기신은 50년 전에 미술에서 사용되었던 컬라즈기법을 토대로 "잘라내기기법"을 창안했는데, [이후] 소설가들이 자유자재로 이 기법을 활용하게 되었다. 나는 책의 쪽수들을 잘라내어 단어와 심상의 새로운 결합을 창조하기 위해 재배치한다. [. . .] 내 책이나 다른 사람 책의 한쪽의 중간을 접어다가 다른 쪽수에 갖다 놓는다. 이렇게 합쳐진 쪽수를 한 쪽수의 절반과 다른 쪽수의 절반을 빠뜨린 채 읽는다. "끼어넣기기법"은 영화에서 사용되었던 플래쉬백기법의 [효용]을 확대하여 소설창작에서 [시도해본] 수법이다. 소설가는 이 수법으로 자신의 시간 궤도에서 앞뒤로 이동할 수 있다. [. . .] 이 기법은 물론 음악에서도 활용되는데, 우리는 음악적 주제들의 반복과 전환에 의해 시간 궤도에서 끊임없이 앞뒤로 왔다 갔다 한다.[12]

---

12 Grauerholz and Silverberg, 272.

> In my writing I am acting as a map maker, an explorer of psychic areas . . . as a cosmonaut of inner space, and I see no point in exploring areas that have already been thoroughly surveyed — A Russian scientist has said: "We will travel not only in space but in time as well —" That is to travel in space is to travel in time — If writers are to travel in space time and explore areas opened by the space age, I think they must develop techniques quite as new and definite as the techniques of physical space travel — Certainly if writing is to have a future it must at least catch up with the past and learn to use techniques that have been used for some time past in painting, music and film — Mr Lawrence Durrell has led the way in developing a new form of writing with time and space shifts as we see events from different viewpoints and realize that so seen they are literally not the same events, and that the old concepts of time and reality are no longer valid — Brion Gysin, an American painter living in Paris, has used what he calls "the cut-up method" to place at the disposal of writers the collage used in painting for fifty years — Pages of text are cut and rearranged to form new combinations of word and image . . . A page of text — my own or someone else's — is folded down the middle and placed on another page — The composite text is then read across half one text and half the other — The fold-in method extends to writing the flashback used in films, enabling the writer to move backward and forward on his time track . . . This method is of course used in music, where we are continually moved backward and forward on the time track by repetition and rearrangements of musical themes —

버로우즈가 미술의 컬라즈기법과 영화의 플래쉬백기법을 활용하여 그의 소설창작에서 활용한 잘라내기기법과 끼어넣기기법은 단어, 문장, 그리고 이야기들의 병치이다. 이렇게 병치된 단어, 문장, 그리고 이야기들은 서로 결합이나 병렬 혹은 수평관계이다. 이런 관계는 선택과 종속 그리고 수직관계를 절대시했던 모더니즘까지의 서구예술철학과 그 기법을 극복하고 초월할 수 있는 이상적인 방법이다.[13]

---

13 Ihab Hassan, *The Postmodern Turn: Essays in Postmodern Theory and Culture*

또 그는 언어구사에서 "하나의" 그리고 "유일한"을 상징하는 정관사 The를 삭제하고 그 자리에 부정관사 A와 저것 (That)을 사용하면서 존재(Be)동사를 생략할 뿐 아니라, 혹은 (Or) 대신에 그리고 (And)를 사용하여 두 개념을 병치시키려고 최선을 다한다. 한편 그는, "하나님이 말한다. 성직자가 말한다. 어머니가 말한다. 가족이 말한다. 사랑이 말한다. 정당이 말한다. 국가가 말한다. [그렇지만] 당신은 종교와 국가 그리고 동맹자 없이 홀로 존재하는 법을 배워야 한다. 당신은 아무런 선입관 없이 당신 앞에 있는 것을 있는 그대로 보는 법을 배우지 않으면 안된다"고 하면서 지금까지 개개인이 조직체에 매몰되어 꼼짝 못했지만, 스스로 개체성과 주체성을 쟁취하고 함양해야 한다고 역설한다. 버로우즈는 인간의 삶의 진가는 "강요된 의식으로부터 해방되어 천부적 자아"[14]를 고수하고 탐구하는데 있다고 확신한다. 요컨대 그는 기존의 소설창작철학과 그 기법에서 무시되고 부정되었던 개개인의 가능성, 개체성, 독립성, 자발성, 그리고 민감성을 삶의 활력소로 간주하고서 우리가 그것들을 회복할 방안을 창의적으로 강구하고 개발한다.

버로우즈가 이런 소설창작철학과 그 기법을 활용하여 집필한 소설이 *뚜껑이 열려 있는 도시락*이다. 그는 천명하길, "나는 [단순한] 기록자이다. [. . .] 나는 [이 소설에] '이야기,' '플롯,' '연속성'을 부여하거나 내포시키려 하지 않는다. [. . .] 내가 의식변화의 어떤 영역을 직접 기록하는데 성공한다 할지라도, 한정된 역할만을 할 수 있다. [. . .] 나는 [흥미만을 돋우는] 연예인이 아니다"고 함으로써 그의 소설창작철학을 밝히고 있다. 이런 창작철학을 바탕으로 쓰인 *뚜껑이 열려 있는 도시락*은 여러 형태의 글(이야기)들의 혼성체이다. 버로우즈가 "여러분은 *뚜껑이 열려 있는 도시락*을 어떤 이야기부터라도 읽을 수 있다"(221, 224)고 언급한 것처럼, 독자는 이 소설을 처음부터 끝으로의 순서를 무시하고, 어떤 순서로 읽어도 좋다.

이제 여러 형태의 이야기들의 혼성체인 *뚜껑이 열려있는 도시락*

(Columbus: Ohio State University Press, 1987), 91.

14 Odier, 223-24, 89.

을 분석하며 고찰해본다. 이 소설은 버로우즈가 마약중독 중에 그리고 그것을 치료받고 완쾌된 후에 썼던 이야기들 중에서 취사선택한 결정체이다. 이런 이야기들의 결정체가 어떻게 소설이 되었는가를 살펴보고, 버로우즈는 왜 이렇게 일관성도 연속성도 그리고 통일성도 없는 이야기들의 결정체인 소설을 고집스럽게 창작하는가를 규명해본다. 그가 이를 창작하는 의도는 소설을 통해 가장 효과적으로 정치적이거나 사회적인 항의를 할 수 있다고 확신하기 때문이다. 그의 정치적, 사회적 항의는 인간의 성숙가능성과 잠재력계발과 발휘의 기회를 박탈하고 있을 뿐 아니라 성을 가혹하게 억압하고 있는 현실에 대한 고발과 그것에 대한 개혁의지의 발로이다. 그는 "[우리의] 삶은 모든 학생이 제각기 상이한 교과목을 학습해야 하는 학교이다"(116)고 확신한다. 그러나 서구의 양자택일철학의 신봉자들은 그의 이런 확신을 부정한다. 따라서 그는 인간의 잠재력계발과 성숙의 가능성을 부정하고 방해하는 양자택일철학의 신봉자들에 반항해야 할 필요성을 역설한다. 그리하여 그는, "인간은 계발의 가능성을 가지고 있지만, 그 가능성을 억압하고 있는 요인과 사람들을 제거할 수 없다면 그 가능성을 실현하지 못한다"[15]고 주장한다.

II

먼저 *뚜껑이 열려있는 도시락*이 전통소설의 창작철학과 기법을 어떻게 부정하고 있는가를 살펴보자. 버로우즈는 "소설가들은 화가들이 색채로 그림을 그리는 것처럼 단어와 음성들로 창작한다"[16]고 말한다. 그리고 그는 자신의 창작목적은 독자들의 의식 속에 불가사의한 위력을 불러일으켜 그 의식을 개혁하는 데 있다고 역설한다. 그는 이 불가사의한 위력을 인간이 모든 형태의 탄압과 억압으로부터 해방되어

---

15 앞책, 98.

16 *The Adding Machine*, 19.

자아를 탐구하고 실현할 수 있다는 확신과 자신감으로 여긴다. 그는 자신의 정치적 항의의 표현이라고 할 수 있는 *뚜껑이 열려 있는 도시락*에서 극심한 억압을 받는 인간의 양상들을 기술하고, 이로부터의 해방을 모색한다. 이 해방을 실현하기 위해 그는 소설창작의 새로운 기법, 즉 포우스트모던소설 창작기법을 창안하여 활용한다. 포우스트모던소설 창작기법이 전통소설의 기법과 어떻게 다른가를 이해하려면, 그가 이 소설을 어떻게 창작하여 출판했는가를 알아보면 된다. 그는 마흔다섯 살에 출판된 이 소설의 서두에서 자신이 마약으로 무아경에 빠졌거나 그 후유증에 시달릴 때에 대한 수기들을 소설화하였다고 고백한다. 그러나 그는 지금 이 소설에 수록되어 있는 수기들을 썼다는 정확한 기억은 없다고 한다. 최근까지 그 자신도 이해하지 못했던 이 소설의 제목은 잭 케러왝(Jack Kerouac)에 의해 제안되어 명명되었다. 이 제목은 Naked Lunch가 암시하는 분위기, 즉 모든 사람이 죽음, 사형, 그리고 처형에 관한 신문기사를 읽을 때 느끼는 마음이 얼어붙는 순간을 의미한다. 한편 그는 마약중독 치료를 받고 완쾌된 후에 평생 처음으로 글쓰기에 전념하여 많은 수기들을 썼으며 그중 일부가 이 소설에 들어 있음을 또 다른 저서를 통해 술회한다. 이처럼 이 소설은 여러 형태의 수기들의 혼성체이다. 그래서 이 소설은 "소설이라기보다는 오히려 일련의 수필들, 환상문들, 산문시들, 극적 단편들, 가시가 돋친 논쟁들, 농담들, 말장난들, 경구들"[17]이라고 일컬어지기도 한다. "덴트(Dent)라는 의사의 치료가 없었더라면 *뚜껑이 열려 있는 도시락*은 결코 집필되지 않았을 것이다"[18]는 언급이 시사하듯, 이 소설은 어떤 계획과 의도의 산물이 아니고 그가 수기들을 썼던 결과이고 부산물이다.

버로우즈는 앨런 긴즈버그(Allen Ginsberg)가 이런 수기들을 모아 200쪽이 넘는 *뚜껑이 열려 있는 도시락*의 초고를 만들어주자, 소설의 구성을 4개의 장[남미, 미국, 다문화공존지역(Tangier), 그리고 마음속의 자유국가]으로 상정하고, 그 주제를 탐닉으로 설정한다.[19] 그는 이렇게

17 Barry Miles, *William Burroughs* (New York: Hyperion, 1992), 106.

18 Burroughs, *The Adding Machine*, 11.

만들어진 소설을 프랑스 파리에 있는 오울림피어(Olympia) 출판사에서 출판하려 한다. 이 출판사 사장 모리스 지로디아스(Maurice Girodias)는 다른 출판사들이 거들떠보지도 않는 외설과 전위예술의 합작품 같은 이 소설에 깊은 관심과 애정을 표명한다. 일찍이 그는 많은 그런 류의 소설들, 예를 들면 블라더미러 너보커프(Vladimir Nabokov)의 *로울리터(Lolita)*, 제이. 피. 던리비(J. P. Donleavy)의 *정력이 넘치는 사나이(The Ginger Man)*, 새뮤얼 베키트(Samuel Beckett)의 *와트(Watt)*와 *몰로이(Molloy),* 그리고 부친이 이미 발간했던 헨리 밀러(Henry Miller)의 *북회귀선(Tropic of Cancer)*과 *남회귀선(Tropic of Capricon)*을 출판했기 때문이다. 그러나 결국 지로디아스는 이 소설의 출판을 거절한다. 그는 한 대담에서, "앨런 긴즈버그가 1957년에 나에게 *뚜껑이 열려 있는 도시락*의 원고를 가져왔지요. 그는 버로우즈의 대리인 역할을 하고 있었어요. 그것은 너무나 엉망인 원고였지요! 원고를 글로 [도저히] 읽을 수 없었지요. 눈에 비친 것은 괴상함과 현혹스러움 [그 자체]였어요. 그래서 나는 앨런에게 원고를 돌려주면서 '들으시오, 전부를 새로 써야겠소' 라고 혹평했지요 . [. . .] 그러자 앨런은 나에게 크게 분노했어요"[20]라고 출판 거절의 이유를 밝히고 있다. 그의 원고는 그 후 여러 다른 미국출판사들로부터도 출판을 거절당했을 뿐 아니라, 심지어 외설문학으로 법정에 피소되었던 앨런 긴즈버그의 *울부짖음과 다른 시들(Howl and Other Poems)*을 처음으로 출판하였던 시티 라이츠(City Lights)라는 출판업체로부터도 거절당한다.

그는 긴즈버그의 권유에 따라, 그 중 몇개의 수기를 쉬카고우대학교(University of Chicago)의 학생들에 의해 출판되는 쉬*카고우 리뷰(Chicago Review)*에 기고한다. 1958년 가을호에 그 수기 중 하나가 게재되었는데, 쉬*카고우 데일리 뉴즈(Chicago Daily News)*의 한 정기기고가가 그 글 가운데에 있는 이런 추잡한 단어들 — "shit," "ass," 그리고

19 Miles, 81.

20 Victor Bockris, *With William Burroughs: A Report from the Bunker* (New York: St. Martin's Griffin, 1996), 26.

"fuck" —을 보고 몹시 분개하여, 이렇게 더럽고 외설적인 글이 어떻게 대학의 재정지원을 받는 학술지에 게재될 수 있었는가라고 대학당국에 엄중 항의하면서 단호한 조치를 취하기를 간청한다. 이에 대학당국은 버로우즈의 열개의 수기가 실리게 될 1958년 겨울호의 발행을 금지시킨다. 그러자 학생편집자가 이에 반발하여 사직하고 나가, 잡지 *빅 테이블(Big Table)*을 창간하고 이 수기들을 출판한다. 그러나 그 편집자의 강한 반항심과 대담성으로 출판된 이 잡지는 외설물이 실렸다는 이유로 우체국에서 우송을 거부당한다. 이윽고 지로디아스는 버로우즈의 소설로 인해 미국에서 이런 큰 소동이 일어났음을 알게 되었고, 그는 탄압받는 글을 출판하기 좋아하는 터라 심경의 변화를 일으켜 이 소설을 출판하고자 한다. 그는 버로우즈에게 수기들을 새롭게 정리하여 원고를 만들어달라고 한다. 그는 동료인 브리온 기신(Brion Gysin)과 한 출판사편집자인 싱클레어 베일즈(Sinclair Beiles)의 도움을 받아 원고를 새로 만들었고, 드디어 1959년에 이 소설을 출판하는 쾌거를 이루었다. 그러나 그는 혼자서 이 소설의 창작에 고심하면서도 전력을 다하지는 않았는데, 때문에 이 소설은 혼신의 힘을 쏟아 글을 쓰는 전통소설가들의 창작태도나 방식과는 전혀 다르게 집필되고 출판되었다.

이처럼 그는 *뚜껑이 열려있는 도시락* 집필에서 전통소설가들의 창작철학과 기법과는 전혀 상이하게, 어떤 계획과 의도도 갖지 않았을 뿐 아니라 이야기와 플롯도 고려하지 않았다. 그의 이런 소설 창작철학과 기법에 대해 토우니 태너(Tony Tanner)는, "*뚜껑이 열려있는 도시락*은 이야기의 연속성과 시점의 일관성이 없는 작품으로 독립된 이야기들이 전혀 상호관계 없이, 호소력의 개별적인 영역에서 공존하고 있다"[21]고 평하였다. 그는 여기에다 잘라내기기법과 끼어넣기기법을 활용하여 연속성과 일관성이 없는 단어, 구절, 문장들을 병치하여, 완전한 문장을 이루지 않는 단어와 구절들을 매우 무질서하고 혼란스럽게 나열했다. 그런 문단의 실례를 들어본다.

---

21 Tony Tanner, *City of Words* (New York: Harper, 1971), 114.

> 첨탑들, 야자수들, 산들, 밀림지대. [. . .] 사나운 물고기들이 뛰어오르는 물 흐름이 느린 강, 소년들이 풀에 눕기도 하고 술래잡기를 하는 잡초가 무성하게 자란 공원. 그 도시에는 잠긴 문이 없다. 누구라도 어느 때나 당신 방에 들어온다. 경찰서장은 이를 쑤시면서 한 미치광이가 퍼붓는 욕설을 듣고 있는 중국인이다. 때때로 그 중국인은 입에서 이쑤시개를 꺼내서, 그 끝을 바라본다. 수염이 없는 구릿빛 얼굴의 히피들이 출입구에서 빈둥거리면서, 하찮은 인간의 무심한 평온을 보고 멍한 표정을 지닌 채 오그라든 머리를 금사슬에 비틀어 묶는다.(106)

> Minarets, palms, mountains, jungle. [. . .] A sluggish river jumping with vicious fish, vast weed-grown parks where boys lie in the grass, play cryptic games. Not a locked door in the city. Anyone comes into your room at any time. The Chief of Police is a Chinese who picks his teeth and listens to denunciation presented by a lunatic. Every now and then the Chinese takes the toothpick out of his mouth and looks at the end of it. Hipsters with smooth-copper-colored faces lounge in doorways twisting shrunk heads on gold chains, their faces blank with an insect's unseeing calm.

그는 독자의 일상생활에서 일반적, 인습적, 고정적, 혹은 획일적으로 으레 하는 기대, 예감, 선입관, 그리고 판단 등을 깨뜨리기 위해 이런 병치를 시도한다. 예를 들면 독자는 이 문장 — "초등학교 1학년 학생이 학교에 갔다" —을 너무나 당연한 사실로 받아들인 나머지 어떤 다른 추리나 판단을 해보려 하지 않는다. 반면에 이런 진술 — "초등학교 1학년 학생이 자주 갔다 미술관에" —은 독자에게 많은 의아심, 호기심, 추측, 사고, 경이감, 그리고 감탄 등을 불러일으킨다. 요컨대 버로우즈에게 병치기법은 독자의 인습적, 고정적, 독선적, 수동적, 복종적이며 그리고 진부하고 오만하며 활력이 없는 의식을 탈바꿈하고 개혁하려는 예술적 수단이다. 버로우즈는 이 기법이 그런 의식을 탈바꿈시켜 회의, 불확실성, 경이, 공동체정신, 이타주의, 활력, 환희, 그리고 신비 등으로 가득하게 하여, 독자가 자신의 진면목을 탐구하고 실현하는데 큰 역할과 기여를 할 수 있다고 여겼다.

이렇게 전통소설과는 전혀 상이한 새로운 소설창작철학과 기법으로 쓰인 *뚜껑이 열려있는 도시락*은 "등장인물들이나 [그들의] 행동이 아니라 의식 속에서 들리는 감언이설, 유혹, 그리고 경고 등으로 가득찬 목소리의 소설"[22]이다. 그 목소리에는 버로우즈가 정치적, 사회적으로 강력히 항의하고 있는 대상 인물들의 삶의 모습과 그들의 속성 그리고 독자가 그들에 대응할 수 있는 최선책의 제시가 담겨있다. 그 목소리를 통해 버로우즈는 인간을 마음대로 지배하고 억압하는 주체들과 그들의 수법들을 폭로하고 고발하면서, 우리가 그들로부터 해방되려면 우선 의식개혁과 확장이 있어야 함을 역설한다. 이 소설은 작가가 의도적으로 작품을 통해 그 가능성을 제시하고 있다는 점이 한 가지 특징이라 하겠다. 소설의 저자는 화자이자 주인공인 윌리엄 리(William Lee)로 변신하여 이야기를 쓰고 있다. 저자와 마찬가지로 이 주인공도 한때 마약중독자였다가 치료를 받고 완치된다. 이러한 수법을 통해 저자는 독자가 인간을 마음대로 지배하고 억압하는 자들로부터 벗어날 수 있는 최선책을 제시한다. 이 소설에서 "버로우즈는 자기 삶의 경상(鏡像)과 그 삶을 억압하는 주체들을 기술하면서, [동시에] 화자가 암시하는 저자 겸 주인공의 새로운 자아로 하여금 그 경상이 산산조각 나도록 한다. 독자가 자신의 방식으로 그 파편들을 재배열할 수 있음은 그 경상이 대변하는 어떤 억압적인 주체들로부터도 해방될 수 있다는 저자의 당연한 결론"[23]이다.

버로우즈와 윌리엄 리가 한때 탐닉했던 마약은 이 소설에서 매우 중요한 역할을 하고 있는 상징물이다. 마약은 "사회적 통제의 모형"[24]이므로 마약중독은 "[인간을] 지배하는 수단이고 지배의 결과이다. 그

22 Anthony Channell Hilfer, "Mariner and Wedding Guest in William Burroughs' '*Naked Lunch*'," *Criticism* 22 (1980): 253.

23 Koos van der Wilt, "The Author's Recreation of Himself as Narrator and Protagonist in Fragmented Prose: A New Look at Some Beat Novels," *Dutch Quarterly Review of Anglo-American Letters* 12. 2 (1982): 123.

24 David Ayers, "The Long Last Goodbye: Control and Resistance in the Work of William Burroughs," *Journal of American Studies* 27. 2 (August 1993): 223-24.

중독은 [인간을] 타락시키고 기만하는 역할을 한다. 또 그 중독은 . . . 오로지 [인간을] 퇴폐시켜 파멸케 하는 결과를 초래"[25]한다. 마약중독자였던 두 사람은 현실세계에서 이루 말할 수 없는 수모감과 모멸감을 느끼며, 타인에게서 피해를 입고 억압당하는 고통을 겪고 있다. 그들은 자신의 인격, 자질, 존엄성, 주체성, 독립성을 포기해야 하고, 자기와 다른 사람을 깊이 배려하고 사랑할 수도 없으며, 자아를 탐구하고 실현하려는 의지와 능력도 상실한 채 마약의 노예로 전락하여 창조적이고 독자적인 삶도 살 수 없다. 이처럼 그들은 스스로 탐닉했던 마약에 대해 종속적이고 피지배적이다. 마약은 점차 그들의 삶에 절대적 존재로 군림하면서, 그들을 제멋대로 농락하고 파멸하고 있다. 버로우즈는 이 소설에서 자신이 탐닉했던 마약의 비극적인 체험을 통해, 스스로 혹은 유혹이나 권유에 의해 마약, 권력, 성, 금전, 종교, 그리고 이념 등에 탐닉하는 것이 인간 비극의 근원임을 경고한다. 그는 우리 스스로 빠진 탐닉이 처음에는 별문제가 없으나 결국에는 우리를 타락시키고 파멸시켜, 우리는 독선, 오만, 자의, 아집, 무자비, 잔인성 등에 빠지게 되고 그것은 결국 인간성 상실로 귀결됨을 실증한다. 이런 탐닉은 우리의 실존을 지배와 피지배의 대립관계로 첨예화하고, 지배 욕구를 극대화하면서 피지배계층을 가혹하게 탄압하는 동인이다. 이런 탐닉이 우리로 하여금 촉발하는 욕구를 충족시키기 위해 인간임을 망각하거나 포기한 채, 자신도 모르게 자신과 다른 사람을 기만하거나 부정하거나 혹은 탄압하는 비인간적인 존재나 동물로 둔갑하게 한다고 버로우즈는 이렇게 예증한다.

> *뚜껑이 열려있는 도시락*에서 버로우즈는 인체가 마약에 탐닉하려는 본성을 "인간 세균" 혹은 "나쁜 세균"이라는 실재로 변형시킨다. 이 세균은 인체에 기식하면서 광란의 열중으로 마약, 성 혹은 권력 (버로우즈의 세 가지 핵심 탐닉체)에 대한 욕구를 충족시킨다. 이런 욕구 충족은 인간을 신체적 혹은 심리적 욕구에 굴복시켜 인간성을 빼앗아버린다. 탐

---

[25] Jerry H. Bryant, *The Open Decision* (New York: Free, 1970), 205.

닉에 빠지거나/열중할 때, 인간은 세균으로 탈바꿈되어 더욱 하등 생명체로 퇴보한다. 이 소설에서 많이 일어나는 인간의 인간 이하의 유기체로의 변신이 그 가설을 예증한다. 예를 들면 디스크 쟈키 윌리는 경찰이 밀정으로 이용하고 있는 마약중독자이다. 구매자 브래들리는 마약중독자들과 열심히 교제하는 식인종 괴물로 둔갑하더니 결국에는 화염병 투척자들에 의해 살해당한다. "근심을 없애주는 사람"인 의사 섀이퍼는 거대한 검은 지네로 변모한다. 이런 탈바꿈 과정을 설명하는 가장 중요한 실례는 "말하는 항문" 이야기이다 . . . 이 이야기에서 인간이 그의 신체적 기능들 중의 하나(가장 낮은)에 매혹당해 "하나의 모든 목적에 부합하는 작은 얼룩"으로 영락한다.[26]

In *Naked Lunch* Burroughs transforms the body's addictive nature into an entity called the "Human Virus" or the "evil virus." The virus lives upon the human host, satisfying its own needs for drugs, sex, or power (the three basic addictions for Burroughs) through demonic possession, which dehumanizes the human being by making him subservient to a physical or psychological need. When addicted/possessed, the human being becomes identical with the virus and regresses to a lower form of life. Numerous transformations in the novel from man to subhuman organism illustrate this hypothesis. Willie the Disk, for example, is an informer-addict whom police use as a bloodhound. Bradley the Buyer is addicted to contact with junkies and becomes a man-eating monster eventually destroyed by flame throwers. Dr. Schafer's "de-anxietized man" turns into a giant black centipede. The most important episode illustrating this process is the story of "the talking asshole" . . . In this story, a man is taken over by one of his bodily functions (the "lowest") and reduced to "one all-purpose blob."

마약은 어떤 속성을 갖고 있기에 인간을 이렇게 철통같이 지배할 수 있을까? 인간이 일단 마약을 탐닉하여 중독되면, 왜 그 굴레에서 벗어날 수 없을까? 마약은 아주 특이한 실체이기에 그것을 탐닉하지 않는

---

26 Jennie Skerl, *William S. Burroughs* (Boston: Twayne, 1985), 38-39.

무수한 일반인들에게는 무용지물이지만, 상용자들에게는 생존을 좌우하는 필수품으로서 절대적 위력을 발휘한다. 상용자들이 마약에 탐닉하여 중독되면 중독될수록 마약 없이는 생존하기가 매우 어렵다. 따라서 그들은 일상생활과 활동에서 마약의 지배를 받으면서 생존할 수밖에 없다. 마약이 그들의 생존필수품이 되었으므로, 그들은 어떤 대가를 치르더라도 그들의 삶의 활력소인 마약을 구하려고 이렇게 발버둥이 친다: "마약은 이상적인 상품 . . . 최고상품이다. 판매에 말이 필요 없다. 고객은 하수구 밑으로 기어가서라도 자청해서 산다. [. . .] 마약상인은 상품을 고객에게 팔지 않고, 고객을 상품에 판다. 상인은 상품의 질과 판매방식을 개선하지 않는다. 그는 고객을 타락시켜 바보로 만든다"(xxxix). 상용자들은 스스로 마약의 포로가 되었으므로 상인의 이런 농락과 횡포를 감수해야만 한다.

상용자들의 이런 감수는 그들이 마약욕구를 충족시키고 싶은 욕망을 자기의지로 자제할 수 없으므로 불가피하다. 자제력을 상실한 상용자들의 중독증세가 심해지면 심해질수록, 마약은 "물과 같은 생물학적 욕구가 되어서," 그들의 욕구를 더욱 증폭시킨다. 그리하여 마약은 이런 욕구를 충족하고자 안달하는 상용자들을 더욱더 옭아맨다. 마약은 이렇게 안달하는 상용자들을 욕망의 노예로 전락시켜 지배하면서, 그들의 충족욕구를 다음과 같이 극대화하여 마침내 그들이 마약을 위해 그 어떤 파렴치한 행위도 불사하지 않도록 만든다: "마약은 '나쁜' 세균의 기본공식인 *욕구의 대수학*을 정립한다. '악'의 표정은 언제나 절대적 욕구의 표정이다. 마약상용자는 마약을 절대적으로 필요로 하는 사람이다. 욕구는 횟수를 무시하고 한계나 통제를 전혀 의식하지 않는다. 절대적 욕구를 말로 표현한다면: 당신은 하고 싶지 않습니까? 물론 당신은 하고 싶다. 당신은 거짓말하고, 남을 속이고, 친구를 밀고하고, 도둑질하고, 절대적 욕구를 충족시키기 위해 무슨 짓이라도 하고 싶다. [왜냐하면] 당신은 절대적 열망과 절대적 황홀 상태에 있고 싶을 뿐, 이와 다른 방식으로 행동하는 입장에 서고 싶어하지 않기 때문에"(239, xxxix). 이렇게 마약상용자들은 자신, 다른 사람, 그리고 사회에 엄청나게 비인간적이고 파괴적인 행위를 저지르면서 스스로 자멸하는 와중에 있다.

버로우즈는 15년 동안 마약에 탐닉하여 그 중독 증세가 절정에 달하여, 부득불 마약의 노예로서의 위치를 수용하고 감수해야만 하는 매우 무기력하고 절망적인 생존의 상태에서 파멸의 일보직전까지 갔다가 치료를 받아 재생한다. 그는 마약 탐닉으로 말미암아 주체적이고 창조적 자아를 탐구하고 실현하면서 보람 있고 진취적인 삶을 즐기는 인간이 되려는 의지를 이미 포기한 채, 전적으로 마약에만 의존하게 되어 다음과 같이 무력하고 비참한 삶의 나락으로 빠진다: "나는 1년 동안 목욕도 하지 않았고, 옷도 갈아입지 않았으며, 중독 말기의 핏기 없는 깡마른 살에 매시간 주사바늘을 꽂을 때 말고는 옷도 벗지 않았다. 나는 방을 청소하지 않아, 주사액 병상자들과 쓰레기가 천장까지 쌓였다. 전기와 수도요금을 내지 못해 전기와 수도도 오래 전에 끊겼다. 나는 몸을 움직이는 동작을 하지 않으면서도 8시간 동안 내 구두 끝을 물끄러미 바라볼 수 있었다. 마약의 모래시계가 멎었을 때만 나는 간신히 이동했다"(xli). 그는 이런 극한상황에서 자신이 소유한 마지막 수표로 차표를 구입하여 런던으로 가서 덴트 의사의 치료를 받고 완쾌되어 *뚜껑이 열려 있는 도시락*을 출판한다.

그는 이 소설에서 자신의 완쾌는 덴트의사의 아포모르핀(apomorphine)치료법 덕택임을 밝히고 있다. "모르핀을 염산으로 끓여서 만든" 아포모르핀은 "시상하부(視床下部)에 작용하여 신진대사를 조절하고 혈류(血流)를 정상화시켜 중독된 효소 조직을 4일 혹은 5일을 주기로 파괴하여"(xli) 마약중독을 치료한다. 지금까지 연구되고 응용되었던 여러 가지 마약치료법들과는 질적으로 다른 아포모르핀치료법으로 완쾌한 버로우즈는 가장 탁월한 이 치료법이 미국에서는 기득권계층의 권익을 옹호하면서 피지배계층을 억압하는데 앞장서는 관료주의와 그 지지자들 때문에 전혀 수용되고 활용되지 못함을 개탄한다. 그는 이런 관료주의의 횡포를 폭로하고 고발하기 위해 마약과 그 중독을 지배자의 전횡과 피지배자의 속수무책의 상징물로 활용한다. 마약중독자들이 마약의 횡포와 지배로부터 도저히 벗어날 수 없는 것처럼, 권력, 성, 금전, 종교, 그리고 이념의 탐닉자들은 독선, 자만, 아집, 권위, 독재 등에 사로잡혀 그것들이 위력을 발휘할 때의 만족감에 빠져 있다. 그들은 민중을 무자비하게 억압하고 지배하려는 독재적인 지배자로서의 심리적 욕구충족과 그 성취감에 현혹되고 유폐되어 자신이나 다른 사람 그리고 사회를 올바로 볼 수 없다. 따라서 그들은 자기기만과 도취 그리고 다른 사람에 대한 지배와 탄압에 열중한다. 버로우즈는 이런 비인간적이고 잔인한 지배자와 탄압자들을 지지하고 옹호하는 사회적 통제조직을 고발하고 파괴하기 위해, 자기 분신인 *뚜껑이 열려있는 도시락*의 화자 겸 주인공인 윌리엄 리를 등장시킨다. 그는 윌리엄 리로 하여금 정치적, 사회적 항의를 하도록 한다.

윌리엄 리는 스스로 마약에 탐닉하여 자신의 인격, 존엄성, 그리고 독립성을 상실한 채 마약의 포로로 전락하여 매우 비참한 노예적인 삶을 살 수밖에 없었다. 이런 비극적인 삶을 체험했던 리는 자신은 마약중독으로 인해 그리고 민중들은 권력, 지식, 성, 종교나 이념 탐닉자들의 지배욕구로 인해 주체성, 존엄성, 자주성, 그리고 활력을 송두리째 빼앗긴 비인간적인 삶을 살아야 만하는 현실을 개탄한다. 그는 "지배는 어떤 실용적인 목적의 수단이 될 수 없다. [. . .] 지배는 더욱더 [강압적인] 지배 말고 어떤 과업의 수단이 될 수 없다. [. . .] 마치 마약처럼"(164)이라고 말한다. 그리하여 그는 지배욕구와 그 충족에서 삶의 희열과 의의를 느끼는 이념 탐닉자들의 횡포와 범죄행위 그리고 그 폐해를 폭로하고 고발하며 정치적, 사회적 항의를 꾀한다. 나아가 그는 이런 지배의 횡포로부터 해방되는 이상적인 방법은 그러한 항의의 수준을 넘어서 개개인이 의식개혁과 확장을 꾀하는 것임을 역설한다.

윌리엄 리는 마약상용자로 경찰을 피해 다니다가, 지금은 자유국가인 아넥시아(Annexia)에서 이중인격자이고 기만가인 벤웨이가 사람들을 탄압하는 행위를 지원해야 하는 역설적인 처지에 있다. 그는 벤웨이가 지배욕구에 빠져 주민들을 마음대로 조종하고 통제하는 명수임을 간파한다. 그에 따르면, 벤웨이는 "조종자, 기호체계들을 동등하게 하는 술수가, 모든 단계의 심문과 세뇌 그리고 통제의 전문가"이다. 복지국가인 아넥시아에서는 "한 주민이라도 많은 양의 골분식사로부터 성 상대자까지 그 어떤 것이든 필요로 하면, 어느 한 부서에서는 바로 효과적인 지원을 제공하려 하였다"(21, 186). 벤웨이는 아넥시아의 고문으로서 주민들을 어리둥절하게 하여 총체적 혼란 상태에 빠지도록 하는 임무를 수행하고 있다. 그는 주민들의 불평과 불만을 최소화하기 위해 충분한 생필품공급과 성적 욕구충족에 최선을 다한다. 또한 그는 지금까지 악명 높았던 집단수용소를 폐쇄하고, 대규모 체포와 특별한 경우가 아니면 반항심을 조장하는 고문까지도 금지시킨다. 그는 이렇게 표면적으로는 주민들의 호감을 살 수 있는 선심정책들을 쓰면서도, 내심으로는 그들이 집단적으로 반항하지 못하는 순종자나 주체적, 창조적 자아탐구에 관심이 없는 무조건적인 모방자가 되도록 하기 위해 전력을 다한다. 그는 기묘한 징계방법들을 고안하여 주민들에게 육체적 폭력을 가하지 않고 교묘하게 지능적으로 학대함으로써 그들이 항시 불안감과 죄의식에 빠지게 한다. 한편 그는 주민들로 하여금 신분증을 포함한 모든 서류들이 다 들어있는 손가방을 항시 휴대하도록 하여, 그들이 오직 이 서류들을 챙기는 일에 열중하도록 함으로써 주체적, 창조적 자아탐구와 "실존은 연대의식이다"등과 같은 명제에는 관심을 쏟을 수 없게 한다.

> 아넥시아의 모든 주민은 서류들이 다 들어 있는 손가방을 신청해서 항시 휴대하라는 요구를 받았다. 주민들은 거리에서 어느 때고 정지명령에 복종해야 했다. 조사관이 . . . 각 서류를 검토한 후에 거기에 도장을 날인할 것이다. [. . .] 조사관이 많은 사람들을 정지시켰을 때는 몇 사람의 서류들만을 심사하고 날인할 것이다. 다른 사람들은 자신들의 서류들에 정확하게 날인되어 있지 않았기 때문에 체포당했다. 체포는 "일시적인 구금"을 말했다. 다시 말하면 구속자는 정확한 서명과 날인을 받은 자신의 해명진술서가 해명 조정관보의 승인을 받았을 때 석방될 것이다. 이 조정관보는 거의 사무실에 출근하지 않는데도 해명진술서는 본

인이 직접 제출해야하기 때문에, 해명자들은 의자와 화장실 시설이 없는 냉방에서 서성거리면서 몇주와 몇개월을 보냈다.

희미해지는 잉크로 발급된 서류들은 낡은 전당표가 되었다. 새 서류들이 끊임없이 요구되었다. 주민들은 실현 불가능한 마감시간을 지키려고 혼신을 다해 이 부서에서 저 부서로 돌진했다.(21-23)

Every citizen of Annexia was required to apply for and carry on his person at all times a whole portfolio of documents. Citizens were then subject to be stopped in the street at any time; and the Examiner . . . after checking each paper, would stamp it. [. . .] The Examiner, when he stopped a large group, would only examine and stamp the cards of a few. The others were then subject to arrest because their cards were not properly stamped. Arrest meant "provisional detention"; that is, the prisoner would be released if and when his Affidavit of Explanation, properly signed and stamped, was approved by the Assistant Arbiter of Explanations. Since this official hardly ever came to his office, and the Affidavit of Explanations had to be presented in person, the explainers spent weeks and months waiting around in unheated offices with no chairs and no toilet facilities.

Documents issued in vanishing ink faded into old pawn tickets. New documents were constantly required. The citizens rushed from one bureau to another in a frenzied attempt to meet impossible deadlines.

이렇게 그는 주민들이 불가능한 일에 전력하도록 하여, 그들을 농락하면서 바보로 만드는 일에서 자기만족과 성취감을 만끽한다. 그는 "관료주의는 암만큼 해로운 세균으로, 인류 진화방향을 무한한 잠재력과 분화 그리고 독립적이고 자발적인 행위로부터 세균의 완전한 기생상태로 선회케 한다"(134)는 사실을 너무나 잘 알고 있다. 요컨대 그는 오로지 자신의 지배욕구충족을 극대화하기 위해 관료주의를 교묘하게 활용하는 권력 탐닉자이다.

한편 벤웨이는 도덕성과 책임감이 전혀 없는 의사이자 지식을 위한 지식을 탐구하는 자칭 과학자인데, 그는 인체의 기능을 조작할 수 있다는 망상에 빠져 마음대로 개개인을 통제하고 지배할 수 있다는 아집에 사로잡혀 있다. 그는 동료의사와 논의 중, "우리는 코와 입을 봉합하고도 위를 음식물로 가득 채우고, 통기공을 바로 폐로 통하게 할 수 있었다"고 말할 정도로 인체에서 고유역할을 하고 있는 코와 입과 같은 기관의 기능을 소멸시키거나 달리 전환시킬 수 있다고 믿고 있다. 그는 한 특이한 사람 즉 "항문이 말하도록 가르쳤던 사람"처럼 인체기관이 기상천외한 기능을 할 수 있는 사람에 대해 열심히 언급한다. 계속하여 그는 인체를 마음대로 조작할 수 있음을 다음과 같은 인체 돌연변이를 실례로 들어 설명한다: "그는 아침에 입 전체가 올챙이 꼬리와 같은 투명한 젤리로 덮인 채 깨어나기 시작했다. 이 젤리는 과학자들이 말하는 분화되지 않은 세포조직으로서 인체의 어느 부위에서도 자랄 수 있다. 그가 입에서 젤리를 떼어다가 조각들을 손에 붙이면 . . . 거기서도 자란다"(131, 132, 133). 이렇듯 그는 인체기관의 기능 조작과 인체의 돌연변이 조작으로 개개인의 정체성과 주체성을 박탈할 수 있으므로, 개개인을 마음대로 지배하고 억압할 수 있다는 독선과 아집에 집요하게 집착하는 망상가이며 정신이상자이다.

앞에서 벤웨이가 자아탐구와 실현 그리고 다른 사람에 대한 배려와 사랑은 전혀 보여주지 못하고 오로지 자신의 지배욕구를 충족시키기 위해, 의사로서 우월한 사회적 신분과 특수한 지식을 이용하여 주민들을 어떻게 조종하고 통제하는가를 살펴보았다. 이제 정당과 국가와 같은 조직의 최고지도자가 지배 탐닉자로 변신하여 어떻게 주민들을 지배하고 탄압하는가를 살펴본다. 윌리엄 리가 파악한 바에 따르면, 아넥시아의 최고지도자 벤웨이는 지배 탐닉자가 되어 주민들을 가장 교활하고 효과적으로 지배하고 통제하기 위해 세 가지 유형의 정당을 두고 있는데, 그 정당들은 주민들이 정체성과 주체성 그리고 반항심 등을 상실한 채 그저 순응하는 삶을 살도록 하는 같은 목적을 지니고 있으면서 그 목적에 이르는 수단만 달리하고 있다. 먼저 용해당(Liquefaction Party)의 당수는 전체 당원을 자신과 하나가 되도록 하기 위해 그들을 용해하려 한다. 그 당수는 당원들을 "단백질 분열과 여러 사람의 원형

질에 흡수되는 액체로의 변형"을 함으로써 당원 간의 상이점과 차이점을 제거하여 똑같은 기질과 성격의 소유자로 변신시키려고 한다. 그 결과 당원들은 "온갖 변태성욕, 특히 가학피학성 변태성욕"에 탐닉하게 된다. 이를 두고 윌리엄 리는 "용해당이 한 사람을 제외하면 완전히 얼간이들로 조직되어 있음이 곧 밝혀질 것이지만, 누가 누구의 얼간이인지는 마지막 용해가 일어날 때까지 분명하지 않다"고 말한다. 한편 분할당(Divisionist)의 당수는 모든 사람을 자신을 복제한 인간으로 만들어 일인독재를 하면서, 이성(異性)을 용납하지 않고, 오직 하나의 성(남성 아니면 여성)으로만 존재하도록 하여, 동성연애자로 탈바꿈시킨다. 분할당 당원들은 다음과 같은 방법을 통하여 획일적인 사회를 건설하려 한다: "그들은 살을 잘게 잘라내어 태아 젤리에서 자신들의 복제품으로 성장시킨다. 분할과정이 중지되지 않는다면 결국 이 세상에는 하나의 성의 복제만이 있을 것 같다. 다시 말하면 이 세상에는 그의 살이 분리되어 몇백만명의 인간으로 [탄생시킨] 한 사람이 있다"(82, 162, 164). 이렇듯 용해당과 분할당은 자기 당의 강령과의 차이, 상이, 이견, 그리고 그것에 대한 반대를 결코 용납하지 않으면서 사람들을 억압하고 지배하려고 전력을 다한다.

한편 송신당(Sender Party)의 당수는 자신의 심법을 가지고 모든 사람을 지배하려는 유아독존적 독재자이다. 그는 생체 전파신호를 이용하여 인간의 신체동작, 정신작용, 그리고 정서반응을 통제하려고 한다. 이를 위해 그는 인간이 태어나면 바로 뇌에 신호수신 기구를 설치하는 시술을 할 수 있을 것이라는 어이없는 생각을 한다. 그는 자기주장만 하고 다른 사람을 인정하거나 존중하지 않는 점에서 다음에서 말하는 지네 같은 인간이다: "자신의 심법만을 전파하려는 사람은 언제나 송신하지 않으면 안된다. 그는 결코 수신할 수 없다. 왜냐하면 그가 일단 수신함은 자신의 심법을 개득한 누군가 다른 사람이 자신의 연속된 대본을 망가뜨릴 수 있음을 의미하기 때문이다. 그는 언제나 송신하지 않으면 안되면서도, [다른 사람들과의] 접촉을 통해 자신을 재충전할 수 없다. 조만간 그는 감정이 고갈되어 송신할 알맹이가 없을 것이다.

[. . .] 그는 거대한 지네로 탈바꿈하였다." 요컨대 그는 인간이 아니라 인류를 파멸시키고 있는 인간세균이다. 이런 인간세균은 모든 사람을 비극적 실존상황 — "빈곤, 증오, 범죄, 관료주의, 정신이상"(163, 168-69) —의 소용돌이 속으로 밀어 넣음으로써 인간의 생존을 위협하는 독소이다.

벤웨이와 세 정당의 당수는 지배와 독재에 탐닉하여 그들과 다른 사람들과의 관계를 오로지 지배와 피지배로 파악하고, 피지배 대상자들의 존재, 인격, 존엄성, 그리고 주체성을 인정하려 하지 않는다. 그들은 피지배자들을 마음대로 조종하고 탄압하기 위해, 피지배자들 또한 자아탐구와 실현 그리고 다른 사람에 대한 배려와 사랑에 깊은 관심을 쏟지 못하도록 한다. 우선 그들은 피지배자들의 성을 억압한다. 왜냐하면 성은 "자기정체성의 재확인과 지탱의 요소"로서 "무아의 경지에서 사람들을 결합시키는 [이상적인] 수단"[27]이 되기 때문이다. 주민들의 성을 억압함으로써 그들을 변태성욕자로 타락시켜, 그들이 자아, 이성, 그리고 성의 본질 등을 제대로 이해할 수 없도록 하여 왜곡된 진리를 추종하고 그것에 사로잡히게 한다. 그럼으로써 그 독재적인 지배자들은 이런 피지배자들을 매우 쉽게 그리고 효과적으로 통제하고 지배할 수 있게 된다.

또한 그 독재적인 지배자들이 사용하는 언어는 "지배의 가장 강력한 수단들 중의 하나"[28]이다. 그들의 언어는 언어 본래의 건전하고 유용한 핵심기능이 상실된 채 다음과 같이 사람들의 영혼을 타락시키고 마비시키는 기생물역할을 수행한다: "언어는 이제 세균이다. 플루 세균은 한때 유익한 폐 세포였지만, 지금은 폐를 침범해서 손상시키는 기생생물이다. 언어도 한때 유익한 신경세포였지만, 지금은 중추신경계를 침범해서 마비시키는 기생유기체이다."[29] 따라서 그런 언어는 이렇게

27 Ted Morgan, Literary Outlaw: *The Life and Times of William S. Burroughs* (New York: Henry Holt, 1988), 378.

28 Odier, 33.

29 Grauerholz and Silverberg, 208.

무시무시한 파괴적 역할을 하게 된다: “언어는 표범 같은 인간의 쇠 발톱으로 당신에게 달려들어, 참게처럼 기회를 노리다가 손가락과 발가락들을 절단할 것이다. 또 언어는 약삭빠른 개처럼 당신에게 매달려 정액을 붙잡을 것이다. 게다가 언어는 중·남미의 독사처럼 당신의 넓적다리를 휘감고 작은 잔 분량의 썩은 냄새가 나는 외형질을 다리 속으로 주입할 것이다”(230). 이렇게 윌리엄 리는 언어의 가공할 영향력과 파괴력을 인식하고, 독자들에게 그런 부정적이고 파괴적인 물리력으로부터의 해방을 역설한다.

윌리엄 리는 이런 지배와 억압에 반항하는 세 유형을 제시한다. 첫번째 유형은 그가 부정적인 시각에서 보는 젊은이들의 충동적이고 즉흥적 반항이다. 그들은 기존 사회가치, 규범, 그리고 질서를 무조건 거부하고 부정하려 한다. 심지어 과거의 위대한 문화유산도 무시하거나 훼손하려 한다. 그들은 오직 반항심리로 말미암아 이성을 상실한 채 이렇게 경거망동한 행동을 서슴없이 자행한다: “로컨롤 음악을 즐기는 젊은 건달들이 모든 나라의 길거리에서 날뛰고 있다. 또 루브러박물관에 난입하여 모우너리서(MonaLisa) 초상화의 얼굴에 산을 뿌린다. 더욱이 동물원, 정신병원, 그리고 교도소들의 정문을 열어젖히고, 공기해머로 급수본관을 깨뜨리며, 여객기화장실의 바닥을 망가뜨린다.” 두번째 유형은 많은 사람들의 집단적 반항이다. 리가 당원으로 있는 사실존중당(Factualist Party)은 용해당의 동질성과 분할당의 획일성, 그리고 송신당의 유아독존을 폭로하고 고발하면서 광정하려 한다. 그 당원들은 동질성과 획일성, 그리고 오만불손에 탐닉하는 지도자에 반항하면서, 이질성, 다양성, 겸양, 복잡성, 변화무쌍 등을 선호하며 그것들을 확장하려 한다. 또 그들은 “인간세균을 분리하여 치료할 수 있다”고 확신하고서, 사회를 개혁하여 사람들을 독재적인 지배자의 조종, 통제, 지배, 그리고 억압으로부터 해방하려 한다. 그들은 이렇게 고함지른다: “치료는 언제나 가능하다. 도망가라! 뛰어넘어라!”(44, 169, 222). 나아가 그들은 개개인의 개체성, 주체성, 그리고 독립성을 존중하고 옹호하려 한다.

세번째 유형은 개개인의 주체적 반항, 창조, 그리고 의식해방과 개혁이다. 이 유형이 버로우즈가 생각하는 가장 이상적인 반항수단이다. 윌리엄 리가 호우텔방에서 손수 마약주사를 놓으려 하고 있을 때, 마약국 직원 두 명이 갑자기 돌입하여 그를 체포하고, 그의 모든 책과 편지, 그리고 원고들을 압수하려 한다. 그러자 그는 그들을 사살하고 원고들을 챙겨 도피한다. 그의 사살행위가 "사실존중당 당원이 쟁취하고 향유하려는 해방의 은유이다." 그는 도피생활을 하면서, *뚜껑이 열려있는 도시락*을 집필한다. 그는 "이 소설을 창작함으로써 악[마약, 지배, 성, 이념 등에의 탐닉]을 극복한다."[30] 따라서 그의 이 소설에 대한 자부심은 이렇게 대단하다: "*뚜껑이 열려있는 도시락*은 하나의 청사진이자 하나의 입문서이다. [. . .] 긴 방의 끝에 있는 문을 열무로써 체험의 여러 단계들을 확장하는 방법에 관한 [책이다] . . . 오직 침묵에서만 열리는 문들. [. . .] 그래서 *뚜껑이 열려있는 도시락*은 독자에게 침묵을 요구한다. 그렇지 않으면 그는 자신의 의식에 유폐되어버린다"(224). 요컨대 버로우즈는 지배와 억압으로부터 해방은 충동적이고 집단적인 반항이 아니라 오직 의식개혁과 확장에 달려있음을 주장한다. 우리의 의식개혁과 확장은 우리가 부질없는 욕구와 탐닉으로부터 해방되려고 최선을 다할 때 가장 이상적으로 실현될 수 있다고 그는 역설한다. 그는 우리가 탐닉으로부터 해방될 수 있는 길은, "실존은 연대의식이다"는 진리를 바탕으로 자아를 탐구하고 실현하려하면서 그리고 다른 사람을 배려하며 사랑하려고 최선을 다하면서, 가능성과 잠재력을 최대한으로 계발하고 발휘하려는 의지와 실천에 있다고 갈파한다.

III

지금까지 *뚜껑이 열려있는 도시락*에서 버로우즈의 지적, 정치적, 사회적 항의의 대상과 목적을 논의해보았다. 애리스토틀의 양자택일철학은 우리로 하여금 한쪽에만 지나치게 탐닉하도록 하는 욕구를 증폭

30 Skerl, *William S. Burroughs,* 41.

시켜, 그 욕구충족을 위해 다른 쪽을 지배하고 억압하도록 하였다. 결과적으로 이 철학은 양쪽을 첨예하게 대립시켜, 서구문학에서는 양쪽의 갈등이 주를 이루는 플롯의 기능이 가장 중요시되었으며, 정치, 사회제도에서는 사람들을 지배자와 피지배자로 양분시켜 지배와 탄압에의 탐닉의 증폭과 이에 비례한 적대감과 반항심의 고조를 자아내었다. 요컨대 버로우즈의 지적 항의의 대상은 이원론이고 그 목적은 그것의 극복이며, 정치적 항의의 대상은 지배와 탄압이고 사회적 항의의 대상은 성의 억압이며, 그 항의의 목적은 해방이다. 그는 이런 극복과 해방을 가능하게 하는 의식개혁과 확장을 "아무것도 진리가 아니다 — 모든 것이 허용되고 용납된다"는 철학에서 찾았다. 그가 이 철학을 바탕으로 의식개혁과 확장을 도모하려고 집필한 소설이 바로 *뚜껑이 열려있는 도시락*이다.

그는 이 소설에서 의식개혁과 확장의 가장 큰 장애물 즉 일차원적 의식의 원흉인 이원론을 극복하기 위해, 지금까지 절대시되었던 삶과 소설, 현실과 상상세계, 순수예술과 대중문화, 그리고 도덕소설과 외설소설의 경계를 무너뜨렸다. 또 지금까지 소설에서 가장 중요시되었던 절대적 진리, 플롯, 일관성, 연속성, 그리고 논리적 귀결 등을 무시하고 부정하였다. 이렇게 의식개혁과 확장을 도모하려고 새로운 소설창작철학과 기법으로 창작된 이 소설은 다음과 같은 높은 평가를 받았다: "*뚜껑이 열려있는 도시락*은 버로우즈의 가장 유명한 소설로 그 탁월성을 인정받을 만하다. 왜냐하면 이 소설에는 구습타파의 힘이 시간이 지나도 조금도 쇠퇴하지 않은 채 깊은 감동을 자아내는 직관력이 있다. 이 소설의 직관력은 현재 사회의 [사악한] 조직체들에 대한 힐난과 개혁이다. 그 결과 전위예술의 다양한 산문기법들과 형식으로 창조된 예술은 새로운 의식의 [창출이다]."[31] 바로 이 새로운 의식의 창출이 의식개혁과 확장의 첫걸음이다.

이렇게 새로운 기법과 형식으로 참신한 의식을 창출하고 있는 *뚜*

[31] Gennie Skerl, "Introduction to the Twenty-fifth Anniversary Edition of *Naked Lunch*" (New York: Grove, 1984), v.

*껑이 열려있는 도시락*은 소설이란 일관된 이야기의 연속이라는 종전의 소설개념과 그리고 소설은 즐거움을 주어야 한다는 그 기능을 부정한다. 이 소설은 이런 부정을 통하여 소설의 전통개념에 도전함으로써 그 개념을 확장하면서 새로운 소설창작철학과 기법을 실험적으로 그리고 다양하게 탐구하고 활용할 수 있는 방법의 개척과 더불어 이색적인 작품창작이 가능하게 하고 있다. 버로우즈는 이런 부정을 전제로 의식개혁과 확장을 극대화함이 자신의 소설창작목적이라고 이렇게 밝히고 있다: "[나의] 소설의 [궁극적] 목적은 의식개혁과 그에 따른 사회변화이다. 의식개혁은 독자들 개개인의 마음속에서만 일어날 수 있다."[32] 버로우즈가 새로운 소설창작철학과 기법으로 창작한 소설인 *뚜껑이 열려있는 도시락*에 대한 연구는 기존 소설창작철학과 기법 그리고 거기에 따른 실존의 제약과 한계에 과감하게 도전하면서 개개인의 가능성과 잠재력을 최대한으로 계발하고 확장하려는 포우스트모던소설의 이해와 연구의 길잡이가 될 것이다. 여기에 이 소설연구의 의의와 가치가 있다.

32 Skerl, *William S. Burroughs*, 97.

6

켄 키지: 통제 그러나 자유의 승리

I

켄 키지(Ken Kesey, 1935-2001)의 처녀작, *기러기가 빼꾸기 둥지 위로 날아갔다*(*One Flew Over the Cuckoo's Nest*,[1] 1962)는 행복을 추구한 세대(Beat Generation)의 서부 대표작이다.[2] 그는 잭 케러왝(Jack Kerouac), 존 클렐론 호움즈(John Clellon Holmes), 그리고 윌리엄 에스. 버로우즈(William S. Burroughs)의 지대한 영향을 받고 창작한 *기러기가 빼꾸기 둥지 위로 날아갔다*로 대단한 성공을 거두었다. 그는 이 소설이 대학생들의 큰 갈채를 받았을 뿐 아니라 교사들의 폭발적인 인기를 끌면서 기

1 국내에서 *빼꾸기 둥지 위로 날아간 새*로 통용되고 있지만, 필자는 *기러기가 빼꾸기 둥지위로 날아갔다*로 번역한다. 두 제목의 차이는 현재와 과거 중에 어느 쪽에 더 비중을 두는가에 있다. 필자는 주인공, 추장 브롬든의 과거 근원 그리고 정체성의 인정과 존중이 현재 염원하는 자아발견과 자유향유의 지름길이다고 믿기 때문에 과거 시제를 선호한다.

2 Ann Charters and Samuel Charters, *Brother-Souls: John Clellon Holmes, Jack Kerouac, and the Beat Generation* (Jackson: University Press of Mississippi, 2010), 378.

백만권이 팔리자, 일약 서부에서 가장 중요한 작가들 중 한 명으로 급부상했다.[3] 이 논문은 행복을 추구한 세대의 소설철학과 창작기법으로 *기러기가 뻐꾸기 둥지 위로 날아갔다*를 분석, 고찰한다. 소설철학은 주인공이 어떤 극한상황에서도 삶의 활력과 성적 본능을 약화시키지 않고, 자기를 긍정하면서 다른 사람을 배려하고 존중하며, 주체적 자아를 고수하여 자유를 구가함을 가장 중요시한다. 창작기법은 전통소설론이 절대시하는 주인공들의 대립과 적대관계의 시작, 상승, 그리고 어느 한 쪽이 승리하는 해소로 귀결함을 무시한다. 논문이 이 철학과 기법에 입각해서 작품을 고찰하면, 지배계급인사들이 정치적 권력장악의 장기화, 경제적 이익추구의 극대화, 그리고 사회적 신분유지의 지속화를 도모하기 위한 지배체제이고 수단인 콤바인(Combine, "독점적 목적달성을 위해 뭉친 [지배계급]인사들"[4]을 상징함, 또는 수확과 탈곡을 동시에 처리할 수 있는 기계를 의미함)이 사람들을 아무리 탄압하고 통제하려 해도 무위로 끝남을 시사한다. 콤바인은 어떤 실존여건에서도 사람들이 자유를 염원하는 의지를 꺾을 수 없기 때문에, 그들은 언제든지 그 의지를 실현할 수 있다. 이런 논지로 작품을 해석하면, 기존 논문들의 시각과 주장과는 상당한 이견이 드러난다. 이 논문은 기존 논물들과는 다른 견해를 표명하고, 어떤 지배체제와 수단도 인간을 통제할 수 없기 때문에 인간은 자유의 만끽자가 될 수 있다는 취지로 작품을 해설한다.

이견은 두개의 쟁점에서 비롯된다. 쟁점 하나는 두 남자주인공, 랜들 패트릭 먹머피(Randle Patrick McMurphy)와 추장 브롬든(Chief Bromden)에게 어떤 자리매김을 하느냐의 문제이다. 두 주인공은 오리건(Oregon)주에 있는 정신병원에 감금되어 자기발전을 도모할 수 없는 이런 비참한 처지에 있다: "켄 키지는 현대미국사회를 뻐꾸기 둥지, 즉 정신병원으로 비유한다. 둥지는 편안하게 [사람들을] 구금할 목적으

---

3 Ann Charters, "Ken Kesey," in *The Beats: Literary Bohemians in Postwar America Part I: A-L,* Ed. Ann Charters (Detroit: Gale, 1983), 306, 308.

4 Robert Forrey, "Ken Kesey's Psychopathic Savior: A Rejoinder," *Modern Fiction Studies* 21.2(1975): 223.

로 만든 장소, 다시 말하면 이동과 행동을 제한하는 안락한 자궁과 같은 시설이다. 둥지는 [사람들의] 발육을 지체시킬 수 있는, 즉 정신적, 지적, 정서적 성숙을 못하게 할 수 있는 장소이다."[5] 먹머피는 독재간호사 래쳐드(Big Nurse[6] Ratched)의 통제와 탄압에 철두철미 순응하는 브롬든과 다른 환자들의 무기력한 삶에 활력을 불어넣고, 그들에게 도전과 반항정신을 고취시키려고 시도한다. 독재간호사에 대한 그의 도전과 반항은 그들이 자유를 향유하기 위한 필요조건이지 충분조건은 아니다. 그의 행동에 대해 기존 논문들은 먹머피를 브롬든보다 우위에 두고, 그가 브롬든과 다른 환자들을 해방시키기 위해 자기를 희생한 순교자라는 식으로 해석하여 그를 높게 평가한다. 그러나 필자는 두 주인공을 2인 1역하는 한 인물로 통합하면서, 브롬든에게 더 큰 비중을 두고자 한다. 먹머피는 브롬든이 자유에 대한 염원을 실현시키는 데 필요조건인 도전과 반항을 몸소 실천하는 그의 분신이다고 필자는 전제한다. 왜냐하면 브롬든이 자유를 향유하기 위해서는 반드시 그의 이런 행동이 선행되어야 하기 때문이다. 브롬든은 어떤 여건에서도 어떻게 사느냐의 생존방법을 먹머피보다 더욱 현명하게 개득하고 있으므로 자기를 긍정하고 보전하여, 자유를 염원하고 향유한다.[7] 그러므로 브롬든은 행복을 추구한 세대의 소설철학을 구현시킨 장본인이라 할 수 있다.

두번째 쟁점은 먹머피와 독재간호사 래쳐드와의 갈등과 대립을

---

5 Richard Blessing, "The Moving Target: Ken Kesey's Evolving Hero," *Journal of Popular Culture* 4.3(1970): 615.

6 국내 논문들은 수간호사로 번역하고 있는데, 필자는 이 번역이 래쳐드의 직위만 표시할 뿐 역할과 만행을 드러내지 못한다고 생각하기 때문에 독재간호사로 표기한다. Big Brother와 연관해서 번역할 필요가 있다고 제언한다.

7 그의 자유 염원과 향유에 대한 이런 주장들이 있다. "Bromden leaps toward freedom, exulting in a joyous reassertion of his Indian past." Elaine B. Safer, "'It's the truth Even if It didn't Happen': Ken Kesey's *One Flew Over the Cuckoo's Nest," Literature/Film Quarterly* 5.2(1977): 140. "Bromden liberates himself from the clutches of the Combine and declares his freedom from the image which society demands of him." W. D. Sherman, "The Novels of Ken Kesey," *Journal of American Studies* 5.2(1971): 186.

래쳐드 쪽이 승리하는 적대적 측면으로, 아니면 상호보완하면서 왜곡된 일차원적 의식에서 벗어나 함께 성숙하는 건설적 측면으로 귀결시키느냐의 시각이다. 필자는 우선적으로 기존 논문들의 적대적 시각에 반대한다. 독재간호사의 "이름 래쳐드는 '래쳐트(ratchet, 톱니 모양의 바퀴로 구성된 기계, 바퀴의 톱니가 역회전을 막는 톱니 멈춤쇠와 맞물려 바퀴가 오로지 한 방향으로만 움직이게 한다)를 암시한다. 이 이름만으로도 그녀가 비인간적인 하나의 목적에만 골몰함을 암시하기에 충분하다."[8] 이처럼 래쳐드는 콤바인의 하수인 역할을 충실히 수행하여, 자신의 병동을 아무 차질 없이 가장 능률적으로 통제하고 있기 때문에 자신감과 만족감에 도취되어 있다. 그녀는 이렇게 도취된 자아유폐의 삶을 살면서 감각, 감정, 심지어 여성성도 상실해버린다. 그러나 그녀는 자신의 권위에 도전하는 먹머피와의 대결을 통해 완전통제에 차질과 위협을 그리고 실존에 경악을 실감하면서, 타력에 의해서지만 자기가 여자임을 깨닫는 계기를 갖는다. 반면에 먹머피는 래쳐드의 병동에서 반항생활을 하면서 지금까지 실존수단으로 활용했던 도박, 여성기호(嗜好) 그리고 반항이 삶의 전부가 아님을 깨닫는다. 이제 필자의 기존 논문들과 상반되는 주장과 시각은 브롬든, 먹머피, 그리고 래쳐드의 왜곡된 의식과 실존의 규명을 필요로 한다. 그리고 이 규명은 브롬든이 실존의 궁극적 목적인 자유를 향유하는 과정의 이야기이다.

II

소설의 화자이자 주인공인 브롬든은 서북부 인디언(미국원주민)부족 추장의 아들로 정신병원에 감금되어 있는 정신분열증 환자이다. 그는 병원, 독재간호사 래쳐드, 그리고 먹머피에 관한 이야기를 털어놓는다. 그의 이야기는 실제로 있었다고 믿기에는 너무 무섭고 끔찍하다.

---

8 Stephen L. Tanner, "Salvation through Laughter: Ken Kesey & the Cuckoo's Nest," *Southwest Review* 58(1973), 126.

그래서 그는 이렇게 실토한다: "내가 지금도 명석한 정신으로 이야기를 말하기가 매우 어렵다. 그러나 이야기가 실제로 일어나지 않았다 할지라도 엄연한 사실이다."[9] 그는 이런 이야기를 일인칭 시점으로 사실보다는 상상력에 더 의존하는 포우스트모던소설 창작기법으로 전개한다. 그가 이야기하는 저의와 목적은 인간은 아무리 엄격한 통제와 가혹한 탄압의 생존여건에서도 패배하지 않고, 자유의 승리를 구가할 수 있음을 시사하는 데 있다고 필자는 주장한다. 그가 극한상황을 극복하고 자유를 향유한 장본인이라는 관점에서이다.

브롬든은 단지 인디언으로 태어난 이유 때문에 미국사회의 극심한 피해자로 전락했다. 미국사회의 백인들은 피부색, 언어 그리고 종교가 다른 인디언을 동료로, 더욱이 인간으로 인정하지도 존중하지도 않으면서, 자신들의 탐욕에 눈이 어두워 인권을 유린했을 뿐 아니라 삶의 터전을 빼앗았다. 그는 미국정부가 컬럼비어 협곡(Columbia Gorge, 오리건주에 있음)에 댐을 건설하기 위해 추장인 아버지를 파멸시킨 간악한 수법을 지금도 생생히 기억한다. 아버지는 그의 이름, 티 아 밀라투나(Tee Ah Millatoona, "산 위에 우뚝 솟은 가장 큰 소나무"를 의미함)처럼 키가 매우 컸다. 그는 자기보다 키가 두배나 큰 댈즈(Dalles, 오리건주 북쪽에 있는 도시) 출신의 백인여자 브롬든과 결혼하여, 자기 성을 버리면 사회보장증서를 쉽게 받을 거라고 믿고 여자 성을 택했다. 그가 백인여자와 결혼하자, 바로 콤바인은 토지수용을 수월하게 진행하기 위해 그의 도움을 받고자,

> 몇년 동안 그를 설득했다. 그는 한동안은 콤바인에게 대적할 만큼 세력이 강했다. 콤바인은 우리(인디언들)가 준공 검사받은 주택들에서 거주하기를 원했다. 콤바인은 폭포를 빼앗고 싶었다. 콤바인은 부족 중에 영향력 있는 사람들을 포섭했고, 그들이 아버지를 설득했다. [그러기 위해] 그들이 도시의 골목에서 아버지를 폭행했으며, 한번은 그의 머리를

[9] Ken Kesey, *One Flew Over the Cuckoo's Nest* (New York: Penguin, 2003), 8. 앞으로 이 작품에서의 인용문은 괄호 안에 쪽수만 표시 함.

삭발했다. 콤바인은 막강하고 거대하다. 아버지는 오랫동안 콤바인에게 대적하다가, 어머니가 더 이상 싸우지 못하게 그를 왜소하게 만들어버리자 드디어 포기했다.(188)

[It] worked on him for years. He was big enough to fight it for a while. It wanted us to live in inspected houses. It wanted to take the falls. It was even in the tribe, and they worked on him. In the town they beat him up in the alleys and cut his hair short once. Oh, the Combine's big=big. He fought it a long time till my mother made him too little to fight any more and he gave up.

결국 추장은 정부에 부족, 마을 그리고 폭포를 양도한다는 서류에 서명했다. 그가 스스로 선택하여 결혼한 백인여자는 정부를 위해 그를 배신하고 거세하여 몰락시켰다. 그 후에 그는 좌절과 실의에 빠져 숲속에서 폭음했다. 그가 술을 마신 것이 아니라 개까지도 체구가 왜소해서 주름살이 많은 추장을 알아보지 못할 정도로 술이 그를 빨아 없앴다. 그는 폭음으로 실명하고 유명을 달리했다. 콤바인은 추장과 같은 걸출한 인물이 소망하는 주체적, 양심적 삶을 결코 용납하지 않았던 것이다.

브롬든도 아버지의 비극에서 완전히 벗어나지 못하고, 인디언 운명의 저주를 받는 신세로 전락해, 체구가 아버지처럼 거대함에도 불구하고 스스로 왜소하다고 착각하고 무기력한 삶을 살고 있다. 미국사회는 인디언의 인권을 유린하고 관습과 문화를 용납하지 않으면서도, 브롬든에게 시민으로서의 국방의무와 책임을 강요했다. 그래서 그는 제2차세계대전에 참전해서 독일에 파병되었다. 그러나 그는 전쟁이 끝난 뒤부터 독재간호사가 통제하고 있던 병동에 감금당해 있으면서 가능한 한 감시와 처벌의 대상이 되지 않으려고 귀머거리와 벙어리 행세를 한 가장 오래된 환자이다. 그는 고등학교 재학 중 건장한 체구의 미식축구(football) 학교대표선수로 선망의 대상이었지만, 지금은 200번도 넘는 전기충격치료를 받았기 때문에 모습이 이렇게 흉물스럽다: "저 거구의 청소부를 봐요. 소멸해가는 미국인 겸 2미터나 되는 청소기계는 자신의 그림자에도 놀랍니다"(62). 그래서 그는 세명의 흑인보조원의 무시와 경멸의 대상이 되어, "빗자루 추장"으로 놀림을 당한다.

이 상황에서도 그가 생존할 수 있는 저력은 매사에 용의주도하게 대처하는 성격, 지배권력에 겉으로 드러나지 않게 전개하는 지속적인 반항행위, 그리고 민첩한 상황인식과 지식에 있다. 그는 아버지의 조언 — "네가 정신을 바짝 차리지 않으면, 사람들은 너에게 어떻게 해서든지 자기들의 왜곡된 의식으로 단정한 네 책임과 의무를 다하라고 강요하거나, 아니면 앙심으로 너를 고집쟁이로 만들어 엉뚱한 짓을 하게 한다" —을 항시 명심한다. 그렇기 때문에 그는 자기를 괴롭히는 세명의 흑인보조원을 우롱할 만큼 약삭빠르다. 그는 인디언 피를 절반 가진 혼혈아로서 생존수단으로 갖게 된 용의주도한 성격으로 인하여 지긋지긋한 병원생활을 견디고 있다. 또 그는 청소하다가 독재간호사와 마주치면 "웃으면서 [자신의 속마음을 감추기 위해] 그녀가 자기 눈을 보지 못하게 하면서 그녀의 장비를 되도록 많이 엉클어뜨리려고 시도한다"(180, 4). 요컨대 그는 노골적이고 공개적인 반항행위가 백해무익할 뿐 아니라 자멸을 초래한다는 예지를 터득했던 것이다.

더욱이 그는 독재간호사가 환자들을 더욱 능수능란하게 통제하는 막강한 힘의 원천을 알아낸다. 그는 대학에서 배운 전기공학 지식으로 그 원천이 전선과 먹는 캡슐에 있음을 간파한다. 그가 간파한 바에 의하면, 독재간호사는 "너무 가늘어서 나 말고는 누구 눈에도 보이지 않는 사방으로 뻗어 있는 머리카락 같은 전선에 의존하여 엄청난 힘을 발휘한다. 내가 보니까 그녀는 감시용 로우버트처럼 [거미줄 같은] 전선망 한가운데에 앉아, 절묘한 기술로 그녀의 전선망을 점검하면서, 매초마다 어느 전선이 어디로 연결되고 있는가와 그녀가 원하는 결과를 얻으려면 어떤 전류를 보내야 하는가를 파악한다"(25-26). 이처럼 그는 그녀의 전선망이 어떻게 배선되어 있는가에 환하다. 또한 그는 환자에게 주는 캡슐을 입 안에서 깨물어 쪼갠 다음 뱉었는데, 그것이 군의 레이다부대에서 보았던 것과 같은 소형 전지임을 알고 놀란다. 그 안에는 극미 전선들, 전선망들 그리고 트랜지스터들이 들어 있다. 그는 독재간호사가 전류로 인체를 통제하고 있음을 인지한다. 요컨대 그는 자신이 터득한 예지와 지식으로 그녀의 통제와 탄압에 현명하게 대처하여, 자유를 향유하는 승리를 거둔다.

한편 먹머피는 서른다섯 살에 미혼으로 체력이 강하고 성적 활력이 넘치고 주체적 자아를 고수하려고 도전하는 인간이다. 그는 "용기, 정신력, 과단성, 자존심, 연민의 정, 그리고 자기희생"[10]의 귀감이다. 따라서 그는 언제나 현학적으로 사고하기보다는 본능적으로 행동한다. 그는 자신의 행동이 모든 사람의 실존에 즐거움, 활력, 역경 극복의지, 용기, 성적 황홀경, 그리고 상호배려와 존중의식을 촉발하여 확장할 수 있기를 기대한다. 그래서 그는 자유를 만끽하고 자아를 탐구하기 위해 통제와 탄압에 집요하게 반항한다. 그는 이런 성격으로 한국전쟁에서 공산군 포로수용소에 수감된 미국병사들의 탈주를 지휘한 공로로 청동무공십자훈장을 받았지만, 상관에 대한 불복종으로 불명예 제대했다. 그후 거리와 술집들에서 음주, 폭행, 치안방해, 그리고 상습도박으로 여러번 체포당했다. 특히 콤바인은 그가 도박에 몰두한다는 사실을 인지하고, 그의 탁월한 천부적 도박재능을 억압하려고 그를 가혹하게 처벌했다. 그렇지만 그는 처벌에 위협당하거나 압도당하지 않았다고 자랑한다. 그는 수감된 교도소농장에서 자주 싸움질을 하기 때문에, 반사회적 정신병자라는 법원의 판결에 따라 독재간호사 병동으로 이송된다. 그런데 그는 병동에서 "자신보다는 오히려 다른 사람들(환자들)을 위해 행동하고"[11] 반항한다. 그들을 위한 먹머피의 반항은 스스로 살신성인하는 숭고한 정신의 발로이다.

반면에 먹머피를 통제하는 독재간호사 래쳐드는 차가운 인상을 풍기는 중년의 미혼녀로 육군병원 간호사출신이다. 그녀의 후천적 성격과 업무처리방식은 대체로 육군병원에서 형성되고 습득되었다. 그녀는 콤바인이 원하는 역할을 충실히 수행하는 고위직 하수인이다. 그녀

10 Blessing, 627.

11 Terence Martin, "*One Flew Over the Cuckoo's Nest* and the High Cost of Living," *Modern Fiction Studies* 19.1(1973): 51.

의 왜곡된 실존목적은 오로지 일사불란한 환자들의 통제, 즉 그들의 자아의식과 주체성을 박탈하여 그들을 기계적, 획일적으로 순응시키는 데에 있다. 그녀는 통제에 어떤 차질도 생기지 않도록 하기 위해 언제나 가식적인 표정을 짓는 이중성격에, 심지어 자신이 여자인데도 여자임을 의식하지 않을 뿐 아니라 여자로 실존하려고 하지 않는다. 그래서 그녀의 실존에는 즐거움, 활력, 해학, 성적 매력, 화장, 솔직성, 다른 사람을 인간으로 인정하고 존중하려는 마음은 없고, 오로지 병동통제의 효율성과 만족감이 최우선이다. 그녀는 효율적이고 만족스러운 통제수단과 방법을 증오심이 증폭시키는 학대와 가혹행위 그리고 기계에 전적으로 의존한다. 그녀는 백인들로부터 극심한 고통, 마음의 상처, 그리고 피해를 당해 원한이 골수에 사무친 흑인을 보조원으로 세명 고용해, 그들이 복수심으로 백인 환자들에게 가혹행위를 하도록 부추긴다. 그녀는 그들의 언행이 마음에 들지 않으면, 그들을 더욱 힘든 자리로 전출시키겠다고 위협한다. 그녀는 서슴없이 환자들에게 전기충격치료와 뇌 전두엽 절제술을 시술한다. 이처럼 그녀는 환자의 통제에 걸림돌이 되는 사람들이나 행위를 결코 용납하지 않는다. 그럼에도 불구하고 그녀는 통제에 실패한다. 그 원인은 그녀가 불가능을 가능하다고 착각하는 환상과 무지에 있다. 그녀가 콤바인의 전폭적인 지원을 받아도, 더욱이 어떤 수단과 방법을 동원해도 환자들의 타고난 본능과 소망을 억압할 수 없다는 사실을 모르기 때문이다. 더불어 그녀는 억압을 통해서는 동료직원들의 큰 지지와 호응을 받을 수 없다는 사실을 간과하기 때문이다.

III

이제 브롬든이 목격한 맥머피와 독재간호사 래처드와의 대결, 그리고 거기에 따른 그의 변신과 성숙을 고찰할 필요가 있다. 그 대결은 "소박한 개인주의, 솟구치는 정력, 자본가적인 약삭빠름, 웃음을 자아내는 음담패설, 그리고 강인한 정신력의 화신"[12]인 먹머피가 자아상실, 맹목적인 역할수행, 권위주의, 집단주의, 그리고 금욕주의의 상징인 래쳐드의 병동환자들을 해방시키려는 시도의 과정을 통해 나타난다. 그 해방은 환자들이 래쳐드의 통제와 탄압으로 상실해버린 삶의 즐거움과 활력, 남성다운 기백, 자신감, 성의식, 그리고 주체적 자아의 회복이고, 특히 브롬든이 드디어 향유하는 자유이며, 자기부족에 대한 관심과 애착이다. 표면적으로 브롬든의 자유와 애착은 그가 먹머피의 지도와 도움을 받아 현실화되었다. 그렇기 때문에 그의 자유는 먹머피의 선물이다는 견해가 대체로 압도적이다. 그러나 필자는 먹머피를 브롬든의 잠재의식 속의 분신으로 간주하기 때문에, 두 사람이 2인1역을 하여 자유와 애착을 실현시켰다고 주장하고자 한다. 다시 말하면 브롬든이 자유를 염원하는 잠재의식이 어떤 계기(먹머피와의 만남으로 갑자기 깨달은 자아의식과 활력)와 더불어 자연발생적으로 현실화되었다. 이 현실화에는 그가 자유를 향유하려는 강한 의지와 실천이 필수적인 것은 물론이다. 자유는 결코 다른 사람의 선물이 아니고, 스스로 혼신의 노력을 다해서 향유해야 하는 값진 대상이기 때문이다.

먹머피의 구체적인 이야기로 들어가보면 어느 월요일 아침에 그가 래쳐드 병동의 새 환자로 등록하고 입실한다. 브롬든이 보기에 그는 지금까지 잔뜩 겁을 먹고 벽에 기대어 슬그머니 들어왔던 환자들과는 달리 매우 당당하고 활기차다. 이 병동에는 회복이 가능한 젊은 급성환자 20명과 치유 불능의 만성환자 20명이 있다. 만성환자들은 세 부류 — 브롬든처럼 혼자 걸어다니는 환자, 휠체어환자, 그리고 식물인간들 —로 나누어진다. 새 환자는 건장한 체구에다 얼굴에는 코와 광대뼈를 가로질러 바늘로 꿰맸던 자국이 있다. 자국은 누군가와 싸우다가 호되게 당했다는 징표로 추정된다. 새 환자는 병동에 오면 세명의 흑인보조원이 성기와 항문에 성적 장난을 하면서 강제 목욕을 시키지만, 그들에게 제압당하지 않는다. 그는 먼저 급성환자들에게 인사하고, 갑자기 큰

12 Blessing, 619.

소리로 웃기 시작한다. 우스운 일도 없는 데 그가 왜 웃는지 누구도 알 수 없다. 그렇지만 그 웃음은 마음에서 우러나와 소리가 크다. 그 웃음은 그가 크게 벌려 웃는 입에서 터져나와 원을 이루어 점점 커지면서 벽에 부딪쳐 병동 전체로 울려퍼진다. 그 웃음이 병동에 있는 모든 사람들, 즉 환자와 직원들을 깜짝 놀라게 한다. 그 웃음은 일단 그들의 실존에 경악과 경이감을 일으킨다. 특히 브롬든에게 그 웃음은 몇년 만에 처음으로 들어보는 가식이 조금도 없는 자연스러운 웃음소리로 느껴진다. 이 깨달음이 그의 메마르고 무기력한 실존에 경악과 경이감을 불러일으켜, 그의 실존과 의식을 뒤흔들어 변화시키는 계기를 그에게 마련해준다.

먹머피는 웃음을 멈추고 휴게실 안으로 들어오지만, 웃음소리는 그의 언행 속에 맴돌고 있다. 그는 자기는 도박광이고 이름은 먹머피라고 자기를 소개하면서, 노래 한 소절 "나는 카드만 보면 돈을 건다네"를 부르고 껄껄 웃는다. 그러면서 그는 카드놀이를 하고 있는 급성환자에게 다가가서, 자기도 카드게임을 하기 위해 여기에 왔다고 말한다. 그는 자기에게 접근하는 흑인보조원을 따돌리려고 급성환자와 만성환자들과 일일이 악수를 하고, 마지막으로 아침에 면도 때문에 소란을 피워 구석의 의자에 묶여 있는 브롬든에게 간다. 그는 브롬든을 보고 큰 소리로 웃기 시작한다. 브롬든은 그가 자기 모습이 하도 우스꽝스러워서 웃는다고 처음에 생각하다가 바로 그만둔다. 브롬든은 그가 자신의 귀머거리와 벙어리 연기에 결코 속지 않는다는 표시로 웃고 있음을 간파한다. 이처럼 두 사람은 보자마자 이심전심으로 소통하는 일심동체이다. 그래서 먹머피는 의기소침한 브롬든을 격려하려고 이렇게 말한다: "귀머거리든 아니든, 추장 당신은 반드시 성숙할 거요. 그러나 나와 악수합시다. 당신이 거절하면 나는 모욕을 당했다고 분노할 거요." 이러는 먹머피에게 래쳐드가 와서, 고의로 틀리게 그의 이름을 먹머리(McMurry)라고 부르면서, 아직까지 입실 목욕을 하지 않았다는 흑인보조원의 보고가 사실이냐고 묻고, 모든 환자는 규칙을 준수해야 한다고 타이른다. 그는 싱긋 웃으면서 자기도 규칙 준수에 대해 귀가 아프게 들었다고 응대한다. 두 사람은 "서로 미소를 주고 받으면서, 서로를 탐색한다"(11, 23, 24). 래쳐드는 곧바로 먹머피를 교묘한 조정자로 간파한다.

두 사람의 첫 가벼운 대결은 먹머피가 래쳐드의 왜곡된 실존과 성의식에 일격을 가하면서 시작된다. 그녀는 실존에 가장 중요한 역할을 하는 상호인정과 존중의식의 밑바탕이 되는 성에 무관심할 뿐 아니라 수치심과 혐오감을 느낀다. 그녀는 이런 성의식 때문에 남자(비록 환자들이지만)를 상호관심, 감응, 그리고 부조의 대상으로 존중하려 하지 않고 무시하고 통제하려는 냉혹하고 비인간적인 병동책임자가 된 것이다. 먹머피는 이런 비정상적인 독재간호사에게 성적 관심을 일깨워보려고, 처음 참석한 그녀, 의사, 젊은 간호사들, 수련의들, 그리고 환자들의 모임에서 엉뚱한 말을 한다. 래쳐드가 하딩(Harding)환자와 그의 부인과의 문제 — 그는 부인의 가슴이 풍만하고 매력적이어서 그녀가 모든 남자의 지나친 관심의 대상이 되어 마음이 불안정하다 —를 안건으로 논의하자(touch on)고 발언하자, 그는 "touch on"을 부인의 신체를 손으로 만지자는 의미로 받아들인다고 엉뚱하게 말한다. 그러자 그녀는 당신이 무슨 말을 하느냐고 반박할 듯하다가 그만둔다. 이렇게 그는 그녀를 당황시켜 곤혹스럽게 한다. 또 그는 교도소 의사가 자기를 정신착란증 환자로 진단하고, 정신착란은 지나치게 열성적인 성관계를 의미한다고 말했음을 공개한다. 그러면서 그는 의사에게 그런 관계를 갖는 것이 중병이냐고 물어본다. 그러자 의사, 급성환자들과 몇명의 만성환자가 미소를 짓는다. 그는 열이 올라 래쳐드에게 짓궂은 질문 — "제가 제정신의 사람으로 보입니까"(42) —을 하자, 그녀는 대답 대신 고개를 돌린다.

그가 독재간호사와 대결하려면, 먼저 패배의식과 공포심의 자아에 유폐되어 있는 급성환자들의 의기소침한 의식을 바꿔야 한다. 그가 모임이 끝난 다음에 인지한 바에 의하면, 그들은 스스로 토끼라고 자조하는 패배의식에 빠져 꼼짝 못하고 있다. 그들은 독재간호사의 수중에 있는 의사도 토끼라고 하면서 이렇게 토끼론을 설명한다: "우리의 실존

관습은 강자가 약자를 포식함으로써 더욱더 강해진다는 잘못된 생각에 근거한다. [. . .] 우리는 이 관습을 자연계의 법칙으로 수용해야 한다. 토끼들은 관습에서 그들의 역할을 수용하고, 늑대를 강자로 인정한다. 토끼는 자기를 보존하려고 교활하기도 무서워하기도 도망가기도 하면서, 늑대가 있으면 구멍을 파서 숨는다. [. . .] 토끼는 절대로 늑대에 달려들어 싸우지 않는다. [. . . 더욱이] 우리 모두는 토끼로 생존해야 하는 관습에 적응하지 못하기 때문에 여기에 있다. 그래서 우리는 우리에게 적응방법을 가르쳐주는 독재간호사와 같은 막강한 통제력을 발휘하는 늑대를 필요로 한다." 이 설명을 듣고, 먹머피는 그들이 자기들의 늑대인 독재간호사의 완벽한 주구로 전락했음을 간파한다. 또 그들은 주구이면서도 항시 공포심에 벌벌 떤다. 그들 중에 누구라도 공격적인 징후를 나타내면, 독재간호사는 바로 그에게 전기충격치료를 시술하여 극심한 고통 뿐 아니라 회복 불능의 상처를 가하기 때문이다. 그들은 이 치료를 받은 두 환자가 불구자와 정신박약자로 전락해 함께 입원생활을 하고 있음을 눈앞에서 보고 있다. 독재간호사는 반항자를 시술하여 만족스런 결과를 얻지 못하면, 그의 뇌 전두엽을 절제하여 식물인간으로 만들어, 그를 경고용 실례로 남겨놓는다. 이러므로 그들은 공포심에 극도로 위축되어 있다. 이 뿐만 아니라 그들은 독재간호사의 농간에 농락당한다. 그녀는 하고 싶으면 마음대로 시간을 조종한다. 그녀가 시간을 빠르게 하면 그들은 한 시간에 20일을 살아야 하기 때문에 정신을 차릴 수 없다. 반대로 시간을 늦춰 시계 바늘을 고정된 시간에 정지시키면, 그들은 3일 동안 카드를 들고 있기도 하고, 화장실에 가지 못해 방광이 터질 것 같은 고통에 시달린다. 또 그녀는 분무기에서 안개를 분출시켜 그들이 사물을 분간할 수 없게 한다. 그들은 오랜 기간 동안 이렇게 실존해 왔으므로, "그녀는 난공불락의 여자이다"(57-58, 66)라고 믿는다. 따라서 그들이 보기에, 그녀는 승리자이고, 자기들은 패배자이다는 고정관념에 사로잡힌다. 먹머피는 독재간호사와 대결하려면, 그들의 고정관념을 와해시키는 것이 무엇보다도 필요하다는 사실을 깨닫는다.

그러려면 그는 그들에게 그녀와 대적할 수 있다는 자신감과 도전 정신을 고취시켜야 한다. 그러기 위해 그는 무엇보다도 먼저 자기가 그녀를 이길 수 있다는 확신과 신뢰를 그들에게 심어주어야 한다. 그래서 그는 그들에게 자기는 1주일 안에 그녀의 권위와 통제에 일격을 가할 수 있다고 호언장담하면서, 돈 내기를 하자고 제안한다. 그는 그들을 내기에 끌어들이기 위해 이렇게 자랑한다: "나는 도박꾼이고 진 적이 없다. 나는 나보다도 더 남자답다고 생각한 여자를 본 적이 한 번도 없었다. 나는 내가 그녀의 성적 충동을 자극할 수 있느냐 없느냐는 개의치 않는다. 그녀가 [통제 능력과] 경험이 많다 할지라도, 나는 백전백승했다"(66). 게다가 그녀는 순식간에 자기를 공격할 누군가를 경계하고 있지 않다. 그래서 그는 그녀를 일격하기가 쉽다고 큰소리친다. 그는 자신의 일격 여부는 그들이 판정하며, 자기는 판정에 승복할 거라고 공언한다. 이렇게 하여 그는 그들을 내기에 동참시킬 뿐 아니라 내기로 단결시킨다. 이 동참과 단결은 그가 그들과 브롬든을 독재간호사의 통제와 탄압으로부터 해방시키는 중요한 출발점이다.

그날 밤 그는 휴게실에서 그들과 담배 내기 카드게임을 한다. 그는 게임을 하면서 크게 웃고 농담을 하면서 그들을 웃기려고 무척 애쓴다. 그러나 그들은 너무 오랫동안 웃음을 잃고 살았기 때문에 쉽게 웃으려 하지 않는다. 그는 계속 이겨서 주위에 담배 갑들이 수북하게 쌓여 있다. 그는 이렇게 이기다가 갑자기 9시 30분의 취침시간까지 계속 잃기 시작하여 빈털터리가 된다. 그는 마지막 남은 두 갑을 내놓고 중얼거리기를, "나는 알지 못한다. 나는 언제나 21점을 만드는 빈틈없는 대가였다. 그러나 당신들은 나에게 너무 벅찬 상대인 것 같다. 당신들은 엄청난 재주를 가지고 있어서, [나는] 내일 정말 돈을 걸고 고수들과 도박하기가 크게 부담된다." 그들은 본전을 했는데도 "전 미시시피(Misissippi)에서 가장 뛰어난 도박꾼"이 된 것처럼 의기양양하다. 또 먹머피와 브롬든의 침대가 나란히 있는 가운데 먹머피가 그에게 질문하기를, "추장, 내가 흑인이 온다고 말하니까 당신은 깜짝 놀랐다. 나는 누군가가 당신은 귀머거리라고 말했다고 생각하고 있었는데"(73,

75). 이는 환자들의 착각에도 불구하고 먹머피는 추장이 정상인임을 인지했다는 의미로서 그의 작은 성과이자 소득이다.

다음날 아침에 먹머피는 제일 먼저 일어나 화장실에서 노래를 쩡쩡하게 부르고 있다. 모든 환자가 몇년 만에 병동에서 노래를 듣고 깜짝 놀란다. 더욱이 그들은 바로 달려가 노래를 중단시켜야 할 흑인보조원들이 그를 제지하려고 하지 않아 경악을 금치 못한다. 그들은 그가 자기들 그리고 자기들이 병동에 오기 전에 만났던 사람들과도 다르다고 생각한다. 그들은 먹머피가 자신들과 상이한 이유는 그가 구름처럼 자유스럽게 떠돌아다니는 삶을 살아서 콤바인의 통제를 받고 있지 않기 때문이라고 추측한다. 또한 흑인보조원들이 방관하는 까닭도 그가 아직까지 몸 안에 콤바인이 인간을 마음대로 통제하는 전기장치를 부착하지 않았음을 알고, 그 거구와의 싸움을 두려워하기 때문일 거라고 그들은 가정한다. 추장은 그가 키가 작은 흑인보조원을 제압하는 당당함을 보고 좋아한다. 그때 독재간호사가 문을 열고 들어오자, 흑인보조원이 그녀에게 달려가서 먹머피가 규칙을 어기고 있다고 보고한다. 그녀는 화장실에서 쩌렁쩌렁하게 울리는 소리를 듣고, 한참 후에야 그 소리가 먹머피가 부르는 노래임을 알고 씩씩거리면서 험악해진다. 그녀가 곧바로 화장실 쪽으로 험상스럽게 가다가, 거기서 나오는 엉덩이에 수건을 두른 먹머피와 마주친다. 그녀가 갑자기 걸음을 멈추자 그가 싱긋 웃으면서 인사한다. 그녀는 수건만 걸치고 돌아다니면 안된다고 그를 꾸짖자, 그는 어제 밤에 옷을 도적맞아 입을 게 없다고 응대한다. 그녀는 그에게 "입 다물어!"(86)라고 호통치지만, 흑인보조원들이 실수하여 환자복을 지급하지 않았음을 알고 어찌할 도리가 없음을 알게 된다. 결국 그녀는 본의 아니게 극도의 격분과 정신착란 상태에 빠진 꼴이 되었다. 추장은 환자들이 그녀의 전매특허인 미소 대신에 이런 분노와 실망으로 얼룩진 모습을 보았으면, 먹머피가 그녀의 권위와 이중성격에 일격을 가했음을 피부로 느꼈을 거라고 믿는다. 그러므로 그는 침실을 청소하면서 병원에 감금당하고 나서 처음으로 코를 자극하는 여러 냄새들, 특히 그 중에서도 들판의 흙냄새를 맡고 있음을 깨닫는다. 그의 깨달음은 그가 망각하고 있던 자아를 다시 찾아 자기존재를 실감하는 징조이다.

먹머피가 병동에 입실한 뒤로 급성환자들은 규칙을 어기는 돈 내기 카드게임에 열중하여, 시간이 재미있고 활기차게 지나가는 나날을 보내게 된다. 표면적으로는 그들의 생활에 변화가 일어난 것 같지만, 그들의 의식은 여전히 의기소침하고 위축되어 있다. 이럼에도 불구하고 먹머피는 일방적으로 자기 욕구만을 충족시키려는 그들의 소극적인 행동에 격노한다. 그 이유는 그가 며칠 전의 회의에서 밤에 청소를 하고 오후에 월드 시어리즈(World Series)[13]를 보자는 자기의견에 가부를 묻자, 독재간호사는 당연히 반대할 거라고 생각했지만, 급성환자들 중 누구도 입을 뻥긋하지 않기 때문이다. 그가 그들에게 재삼재사 가부를 말하라고 재촉하지만, 그들은 묵묵부답이다. 별수 없이 그가 오후에 티비를 보자는 안건을 정식으로 상정하여 투표하고 개표하자 찬성은 한 사람 뿐이다. 그는 이 결과를 도저히 믿을 수 없어서 궁여지책으로 야구경기를 보고 싶은 사람은 손을 들라고 해도 두 사람 밖에 없다. 회의가 끝난 후에 그는 어이없는 결과를 보고 지금까지의 자기 실존방식으로는 도저히 납득할 수 없기 때문에 화가 머리끝까지 치밀어 씩씩거린다. 그러나 그는 그들이 야구경기 시청여부를 결정하는 투표보다는 그 행위에 따르는 가혹한 처벌과 비극을 더 두려워함을 알지 못한다. 그는 그들의 공포심을 이해하지 못하기 때문에, 보복으로 카드게임을 하여 그들을 빈털터리로 전락시켜버린다. 그는 돈이 없어 카드게임도 못하고 무료한 시간을 보내고 있는 그들에게, 야구경기 시작 전날 자기가 다시 티비시청 안건을 상정하면 몇명이나 투표에 참여할 거냐고 묻는다. 겨우 절반 정도가 투표하겠다고 고개를 끄덕인다. 그는 이번에도 절망감을 느낀다. 그는 절망감에서 벗어나려고 시멘트 바닥에 고정되어 있는 많은 손잡이와 크랭크들이 달린 커다란 제어반을 들어 올리겠다는 것으로 그들과 돈 내기를 한다. 그는 내기에 이기는 것이 불가능

13 미국의 National League와 American League의 우승팀끼리의 선수권 대회.

함을 알면서도 시도를 하고 예측했듯 실패하자, 그들로부터 딴 돈 전부를 되돌려준다. 그러면서 그는 불가능을 가능으로 현실화시키려고 언제나 최선을 다한다고 그들에게 일침을 가한다.

그는 그들이 자신의 일침에 어떻게 반응했는가를 보기 위해, 다음 회의에서, 독재간호사가 마지못해 하는 동의를 얻어 티비 시청 시간을 오후로 변경하는 안건을 다시 상정하여 투표로 가부를 붙는다. 투표 결과로 두 사람의 명암은 엇갈린다. 급성환자 20명 전원이 서서, 단순히 "티비 시청에 찬성해서가 아니라 독재간호사에 반항해서, 그녀가 먹머피를 중환자실로 보내려는 의도에 반대해서, 더욱이 그녀의 [독선적인] 언행과 자기들에게 자행한 탄압에 반발해서" 손을 든다. 먹머피는 전혀 기대하지 않았던 성과에 승리의 쾌재를 부르려 하자, 그녀는 조금도 예상하지 못했던 결과에 무척 놀랐으면서도 내색을 하지 않고, 40명 중 겨우 20명만 투표했기 때문에 안건은 부결되었다고 선포한다. 그러자 그는 "투표는 끝났다"는 그녀의 선언은 아랑곳하지 않고, 만성환자들에게 달려가 한 표를 호소하자 추장이 손을 든다.[14] 먹머피는 "21명! 추장이 투표하여 21명이 찬성했다"고 환호하자, 그녀는 "회의는 이미 끝났다"(121, 122, 124)고 선언하고 퇴장할 때 목덜미가 벌겋게 부풀어 있다. 그녀는 결단코 그들의 경기시청을 용납하지 않는다. 그들이 경기를 시청하려고 티비 앞에 앉자, 그녀는 티비 전원을 꺼버린다. 그래도 그들은 화면이 나오지 않는 티비 앞에 계속 앉아 있다.

한 시간 후에 그녀는 병동통제에 실패하자 큰 상처를 입고 먹머피의 문제 — 그를 계속 병동에 둘 것인가, 아니면 내보낼 것인가 —를 논의하기 위해 직원회의를 소집한다. 회의에서 의사가 조금 전 투표사건에서 보았듯이 먹머피는 보통이 아닌 불온분자이다고 단정하는 발언을 하고 그녀와 수련의들의 의견을 묻는다. 한 수련의가 그는 다른 환자들을 선동하는 위험인물이니 중환자실로 보내는 것이 우리 모두에게 안전할 거라는 의견을 개진한다. 이어 세명의 수련의 모두 거기에 동조

14 그의 거수는 그가 자발적으로 지금까지 실존에서 안개 속에 숨어 살았던 위축된 의식에서 벗어날 뿐 아니라 피동적인 행동에서 탈피하는 변신을 상징한다.

하려고 한다. 그러자 그녀는 예상 외로 그 의견에 반대한다는 입장을 이렇게 단호하게 표명한다: "나는 그가 중환자실로 보내져야 한다는 의견[과 대책]에 동의하지 않는다. 그 대책은 우리 문제를 다른 병동에 떠넘기는 안이한 방법이다. [. . .] 그는 비범하지 않고, 단순히 한 인간일 뿐 그 이상은 아니다. 그도 다른 사람처럼 공포에 떨고 비겁하고 소심하다"(136-37). 그녀가 내린 이런 자신만만한 판단은 그가 위탁환자이므로 그의 퇴원(운명)은 자기결정에 달려 있다는 확신에서 비롯된다. 그러나 그녀의 자신감과 확신은 나중에 착각과 망상임이 밝혀진다.

반면에 먹머피는 자신이 그녀의 승인이 있어야 퇴원할 수 있는 위탁환자임을 모르고 그녀에게 더욱 불손하고 저돌적으로 도전하여, 급성환자들과 추장의 억눌린 왜곡된 의식에 지각변동을 일으킨다. 그는 의도적으로 그녀가 여자임을 깨우쳐주고 성에 관심을 갖도록 시도하지만 성과는 거두지 못한다. 그는 거리낌 없이 복도에서 큰 소리로 떠들고, 흑인보조원들을 조롱하면서 혼자 좋아 웃으며, 심지어 그녀에게 젖가슴의 크기가 얼마나 되느냐고 묻는다. 그녀는 굉장히 분노하면서도 육체에는 관심이 없다는 듯이 질문을 무시해버린다. 그는 화장실청소를 건성건성 하면서 큰 소리로 노래만 부른다. 그는 청소를 깨끗하게 하지 않았다는 그녀의 질책을 받았으면서도 변기 가장자리에 음란한 단어들을 적은 종이쪽지를 껌으로 붙여 놓는다. 그녀는 단어들을 읽고 깜짝 놀라지만 미소를 머금고, 그를 노려보면서 그의 책임과 의무는 낙서가 아니고 깨끗한 청소라고 힐난한다. 급성환자들은 그의 이런 돌출행동과 도전에 고무되어, 지금까지 축적된 불평불만을 그녀에게 노골적으로 토로하면서 병동규칙을 변경해달라고 요구한다.

추장은 이런 불만과 요구보다는 왜 그가 자신을 고수할 만큼 강인한가에 관심이 더 많다. 추장은 그가 주체적 자아를 견수하기 때문에 그녀와 콤바인에게 위축당하지도 통제당하지도 않는 자유인이라고 생각한다. 추장의 개인적인 판단에 의하면, "그는 정말로 비범한 인물이다. 그는 타고난 그대로의 자아고수자이다. 이 고수가 그의 [진면목이고] 진수이다. 아마 이 고수가 그를 [어떤 극한상황에서도 굴복하지 않는] 아주 강인한 인물로 현신시켜 지금 [그들 앞에] 있는 먹머피이다." 추장은 그와는 대조적으로 지금까지 다른 사람들의 요구에 응해 타율적, 피동적 인간으로 전락하여 주체적으로 실존하지 않았음을 깨닫는다. 이 깨달음으로 추장도 이제부터 주체적 자아를 고수하려고 한다. 주체적 자아탐구자는 과거를 회고하고 반성하며, 현재를 강하게 의식하고 창조하며, 미래를 설계하고 계획한다. 따라서 추장도 지금까지 안개가 눈을 가려 희미하게 보였던 다른 사람들의 윤곽을 뚜렷하게 볼 수 있으며, 오랫동안 걸레질을 하면서도 느끼지 못했던 타일 바닥의 차가움을 느낄 수 있고, 창가에서 산들바람의 냄새를 맡고 가을이 오고 있음을 직감할 수 있다. 그의 이런 강한 현재의식이 그를 과거의 기억 속으로 이렇게 이끌어간다: "그들(기러기 떼)이 선두기러기를 따라 비(V)자형의 목걸이 형태로 까만 줄을 이루어 달을 가로질러 날아갔다. 어느 순간 선두 기러기는 무리 한가운데로 들어서는데 다른 기러기들보다 월등 컸고, 날개를 펴고 오므리면서 검은 십자가를 만들더니, 무리를 이끌고 하늘로 사라졌다. 나는 기러기들이 사라지는 소리를 들었다. 그 소리가 내 기억 속에 남아 있다"(139-40, 142-43). 또 그는 병원이 교외에 있음을 인지한다. 그는 오랜 세월 망각했던 시간과 공간을 새롭게 의식함으로써 자신을 미래의 계획자로 변신시키는 계기를 마련한다.

독재간호사는 다음 회의에서 먹머피의 도전으로 흔들린 병동장악력과 통제력을 원상 복구시키려고, 3주 전의 청소태만으로 노골화한 반항행위를 처벌하고 그리고 처벌로 카드게임방을 폐쇄한다고 일방적으로 통보한다. 그녀는 이 통보로 자신의 권위적 위상을 회복했다고 확신하는 것 같다. 이 확신은 그녀가 환자들에게 자행하는 가혹한 통제와 억압은 자기보다 고위층의 전폭적인 지지와 지원을 받고 있을 뿐이고 하위직직원들의 동조와 협조도 얻지 못하고 환자들의 집요한 반항에 직면한다는 사실의 간과에서 비롯된다. 그녀는 이 간과로 완벽한 통제와 탄압이 가능하다는 아집의 노예로 전락하여, 자신의 정체와 다른 사람들의 본능과 욕구를 있는 그대로 직시하지 못함으로써 모욕을 당하고 불행을 자초한다. 그녀의 일방적인 통보가 끝난 뒤에 먹머피가 그녀쪽으로 다가가자, 그녀는 겁에 질려 흑인보조원을 찾는다. 그는 그녀에게 아침에 사서 맡겨둔 담배 한 갑을 가져가겠다고 말하고, 손을 유리창에 부딪치자 유리가 깨져 조각들이 물이 튀듯 사방으로 날아가자, 그녀는 두 손으로 귀를 막는다. 이렇게 그녀는 자신의 아성이 어이없이 무너짐을 목격하면서도 아집을 버리지 못한다.

먹머피는 타의로 카드게임을 할 수 없는 환자들을 모아 농구팀을 만들고, 의사를 설득하여 그의 허가를 받아 체육관에서 농구공을 하나 가져온다. 의사는 독재간호사의 완강한 반대에도 불구하고, 그가 복도에서 농구연습을 지도하도록 허락한다. 그는 그들에게 공을 빠르게 던지는 방법을 가르치면서 병동 문에서 복도 끝의 간호사실 문까지 복도를 뛰어다닌다. 그러면서 그는 그들에게 "공을 던져라! 아기 같은 미약한 놈들아. 공을 던져라!"라고 고함지른다. 그들은 공이 간호사실 유리창에 부딪쳐 펑크가 나서 더 이상 농구연습을 할 수 없다. 그래서 그는 이제 낚시를 할 차례가 되었다고 생각하고, 그들, 의사 그리고 그녀에게 자기 생각을 드러낸다. 그러자 그녀는 반대한다는 뜻으로 이런 신문기사 — "오리건주 해안의 바다낚시는 연중 절정을 이루고 있지만, 연어 제철은 이미 끝나고 있으며 바다는 거칠고 위험하다" —를 읽는다. 이에 맞서 그는 이렇게 대응한다: "사납게 파도치는 바다 냄새, 뱃머리가 파도에 부딪치는 힘찬 소리, 거친 파도에 용감하게 맞설 때 인간은 인간다워지고, 배는 배다워진다"(176, 178). 그는 인간이 직면한 위기와 극한상황을 피하지 않고 극복하려고 할 때만 자신의 고귀한 인격과 진가를 드러낼 수 있다고 확신하기 때문이다.

그는 그녀의 끈질긴 방해공작에 자기 나름대로 대응하여, 어선 빌리는 비용으로 참가비 10달러를 내고 낚시에 동행할 환자들을 모집했는데 아직 두명이 충원되지 않아 난관에 봉착한다. 그가 이런 어려움에 헤맬 때, 흑인보조원이 밤 열시가 지났는데도 침대 밑에 붙어 있는 껌을 떼는 것을 보고, 그제야 생각이 나서 옆 침대의 추장에게 껌을 던져준다. 추장은 사람들이 자기 말을 들어주려고 하지 않아 억지로 벙어리가 되어 장기간 막혔던 말문을 어렵게 열어 고맙다고 그에게 인사하고,

선친의 비극적인 삶을 이야기한다. 추장은 외부 압력 때문에 스스로 왜소하다는 착각에 빠져, 자기는 누구이고 무엇이며 어떻게 살아야 하느냐의 문제에 조금도 관심을 쏟지 않을 뿐 아니라 성에 무감각하기 때문에 삶에서 활력과 황홀감을 느끼지 못한다. 갑자기 추장은 자기가 미식축구선수였을 때의 팔 만큼이나 큰 그의 팔을 보고, "그는 누구인가를 [아는] 인간이기 때문에(190) 그를 만져보고 싶어한다. 그때 추장은 그렇게 마음속으로 가고 싶은 바다낚시에 참가할 의사가 왜 없느냐의 그의 질문을 받고, 자기는 무일푼이다고 대답한다, 추장은 또 그의 질문 — 당신은 몸이 컸을 때 자기가 들지 못했던 제어반을 들어 올릴 수 있었을까? —을 받고, 그럴 수 있었을 거라고 응답한다. 그러자 그는 추장에게 이런 제안 — 자기가 그의 몸을 옛날처럼 크게 만들면 그가 제어반을 들어올릴 수 있다고 약속한다 — 을 하고, 참가비를 대납하겠으니 함께 가자고 말하고, 명단에 그의 이름을 올린다. 추장은 그의 제안이 자기에게 큰 도움이 된다고 적극 환영한다. 더욱이 추장은 이제 낚시하러 갈 수 있는 데다 두 창녀가 함께 간다는 말을 들어서 그런지 참으로 오랜만에 발기를 느낀다. 먹머피는 사정사정하여 과거 어선선장이었던 만성환자, 죠지 소렌슨(George Sorensen)을 지도자로 모셔 마지막 한명을 보충하자, 처음 계획했던 인원의 명단이 확정된다.

낚시하러 갈 환자들이 약속 시간이 되어도 오지 않는 두 창녀를 초조하게 기다리고 있을 때, 그들의 생각보다 더 젊고 아름다운 여자가 혼자 온다. 또 먹머피는 차가 한 대 부족하여 전원이 함께 갈 수 없는 난관에 봉착했는데, 의사가 젊은 여자를 보고 혹해 낚시여행에 동참하겠다고 자원하여 차 문제가 해결되자 그들은 바다로 간다. 그들의 낚시여행은 "구속과 고정을 벗어나는 자유와 이동의 혁혁한 승리들 중의 하나이다."[15] 그들은 육지에서 아주 멀리 떨어진 망망대해에 유일하게 떠도는 배에서 낚시하면서 물고기와 사투를 벌인다. 그들은 이 사투가 너무 힘겨워 먹머피에게 도움을 청하지만, 그는 전혀 도와주려고 하지

15 Blessing, 617.

않는다. 그래서 그들은 자발적으로 서로 도움을 주고받으려고 한다. 추장은 자기 다리만큼이나, 아니 울타리 말뚝만큼이나 큰 연어를 낚아 올리려고 온 힘을 다 쏟고 있을 때, 그들의 도움이 큰 힘이 되었다. 여자가 낚시를 하겠다고 잡은 낚싯대가 유방에 부딪쳤기 때문에 젖꼭지 부분이 빨갛게 부어오른다. 그녀의 부어오른 풍만한 유방은 모든 남자의 시선을 끈다. 이때 갑자기 먹머피가 큰 소리로 웃기 시작하여, 웃음소리를 수면 위로 널리 퍼뜨린다. 그는 그들이 스스로 평정을 유지하려면, 또 자기들을 순응하고 복종하는 정신병자로 만들려고 광분하는 사회에 대항하려면 힘차게 웃어야 한다는 진실을 터득했기 때문에 계속 웃는다. 그의 웃음 때문에 추장은 자신의 무기력한 의존적, 피동적 의식을 이렇게 자립심과 독자성이 강한 공동체의식으로 변화시켜 확장할 수 있다: "웃음은 느리게 시작하여 스스로 상승작용하여 사람들의 [정신을] 더욱더 고양시킨다. 내가 보니까, 나도 그들의 일부가 되어 그들과 함께 웃고 있을 때도 있고, 웬 일인지 그렇지 않을 때도 있다. 나는 배에서 나와 물 위로 떠올라 검정 새들과 함께 바람을 가르며 날면서 자아유폐에서 해방되어, 아래에 [멀리 있는] 나 자신, 동료환자들, 급강하하는 새들의 한가운데서 흔들리는 배, 열두 사람에게 둘러싸인 먹머피를 볼 수 있다. 나는 그들의 그리고 우리의 물 위에서 울리는 웃음소리를 해안의 해변에 부딪쳐 파도처럼 요란한 소리를 낼 때까지 더 넓어지는 원으로 확장시킬 수 있다"(214-15). 이처럼 추장과 동료들은 먹머피의 웃음과 바다의 위력 덕택으로 자신감, 잠재력, 삶의 활력 그리고 공동체의식을 체감하고 승리하고 개선하는 병사들로 변신하여 병원으로 돌아온다. 더욱이 추장은 이제 삶에서 즐거움과 활력을 희미하게 느낀다고 직감한다.

추장은 바다낚시여행 전후에 촉발된 의식변화로 여건과 상황에 능동적으로 대처하는 인간으로 성숙한다. 그리하여 그는 먹머피를 위기에서 구해준다. 그러나 독재간호사는 낚시를 다녀온 사람들은 몸에 붙어 있을 수 있는 해충을 제거하는 특별 목욕을 해야 한다고 명령한다. 흑인보조원들이 욕실에서 그들의 머리와 항문에 악취를 풍기는 끈

적끈적한 연고를 바른다. 키 큰 흑인보조원이 평소에 눈감아주던 관례를 깨고 이번에는 기어코 목욕할 때 비누도 쓰지 않고 다른 사람으로부터 수건도 받지 않는 결벽증이 강한 죠지의 머리와 항문에 연고를 바르려고 하자, 죠지가 거세게 반발한다. 흑인보조원이 이런 반발에 아랑곳하지 않고 자기의지를 관철하려 하자, 먹머피가 개입하여 그 의지를 꺾어버린다. 결국 두 사람 사이에 격투가 벌어져 먹머피가 상대를 효과적으로 공격하여 비틀거리게 하자, 뒤에서 자기 팔을 잡는 다른 흑인보조원을 뿌리친다. 그가 다시 먹머피의 팔을 잡자, 몸매조형훈련을 받아 팔은 더 커지고 가슴과 어깨가 더 넓어진 추장이 별 생각 없이 그를 잡아떼서 욕실 안으로 내던진다. 추장은 다른 흑인보조원이 등 뒤에서 겨드랑이 밑으로 팔을 집어넣고 두 손으로 목을 조이자, 욕실로 물러서서 그를 바닥에 눕혀 짓밟는다. 두 사람이 "훌륭한 큰 승리"(238)였다는 환자들의 칭찬을 듣고 있을 때, 독재간호사가 중환자실에서 데려온 네 명의 보조원이 그들의 손목에 가죽수갑을 채운다.

두 사람은 강제로 전기충격치료를 받는데, 거기에 대한 반응은 각각 상이하다. 먹머피는 독재간호사의 위협과 회유에 굴복하지 않고 집요하게 반항하면서 그녀에게 말하기를, "[내]는 조국을 위해 바칠 생명이 하나뿐이어서 유감이다. [당신은] [내]가 항복하기 전에 [내]의 장밋빛의 붉은 항문을 핥을 수 있을 거요." 또 그는 그녀가 간호사실로 가려고 돌아서자, 그녀를 뒤에서 붙잡고 꼬집어서 얼굴을 빨갛게 달아오르게 한다. 이처럼 그는 대담하게 행동하지만, 전기충격치료를 받으러 오라는 안내방송을 들을 때마다 "턱 근육은 굳어지고, 얼굴은 혈색이 없어지면서 생기가 없고 겁먹은 것처럼 보인다. 내[추장]가 [낚시하고] 해안에서 돌아올 때 자동차 앞 유리에 반사되어 보았던 얼굴[표정]이다." 이렇게 그의 무력하고 공포에 사로잡힌 얼굴 표정은 그의 가장 중요한 역할 — 환자들의 무기력하고 무감각한 삶에 활력과 성적 욕구를 불러일으킴 —이 끝났음을 시사한다. 반면에 추장은 전기충격치료를 받고 광명과 암흑, 잠과 깨어남, 그리고 생과 사의 경계선에서 과거를 기억하고, 현재를 실감하고, 미래를 계획한다. 그는 할머니가 불렀던 동요의 "나는 뻐꾸기 둥지 위로 날아간 기러기를 좋아한다"는 가사와 학교선생으로부터 들었던 말 — "너는 머리가 좋아서 상당한 인물이 될 거야" —을 기억한다. 또 그가 격리실에 있을 때 흑인보조원들이 자기 식사를 가지고 오는 것을 보고, "이번에는 내가 그들을 이겼다고 실감하고" 쾌재를 부른다. 더욱이 그는 독재간호사에게 "[내가 가려고 하는] 나의 길을 막지마라!"(249, 250, 247)고 일갈한다. 서로 다른 반응과 함께 먹머피는 반항아로 삶을 메마르게 하는데 반해, 추장은 실존을 의식하고 검토하는 인간으로 재생한다.

먹머피는 독재간호사의 전략으로 인해 병동으로 다시 돌아온다. 그녀는 전기충격치료로는 그의 반항심을 꺾을 수 없어 더 과격한 치료법의 활용여부를 검토한다. 그녀는 이런 의중을 환자들에게 밝히자, 하딩이 먹머피가 아주 당당하고 의젓하다는 소문이 있다고 말한다. 그녀는 모든 환자의 비웃음의 대상이 되었음을 알고 몹시 당황한다. 그녀는 환자들 사이에서 먹머피가 자기를 골탕 먹이는 전설적 존재로 부상하고 있음을 직감한다. 그래서 그녀는 먹머피를 병동으로 옮겨, 환자들이 전기충격치료로 의식이 흐리고 나약한 그의 모습을 보고 환상에서 깨어 크게 실망하기를 기대한다. 그러나 그들은 그가 맑은 정신을 되찾을 때마다 그녀는 그에게 계속 전기충격치료를 하여, 그를 만성환자로 만들어 자기들에게 보여주고 싶은 속셈을 꿰뚫고 있다. 그러므로 그들은 매트리스에 방화하여 소방차가 달려오는 어수선한 시간에 그를 병동에서 탈출시킬 계획을 세운다. 그렇지만 그는 낚시여행에서 창녀와 빌리(Billy)에게 한 약속, 즉 한밤중에 몰래 창녀를 병동으로 들어오게 하여 그녀와 서른한 살의 동정을 떼려는 빌리와의 합방을 무산시킬 수 없다고 그들의 계획에 동조하려고 하지 않는다. 그는 탈출을 연기하고 그들과 함께 조촐한 잔치, 즉 자기 송별회를 하고 싶다고 말한다.

먹머피는 미리 약속한 흑인야간당직자의 도움을 받아 창녀와 그녀의 동료를 병동 안으로 들어오게 한다. 그런 다음 먹머피와 흑인야간당직자는 열쇠 없이 약품실 문을 열고 들어가 기침을 진정시키는 달콤한 진한 액체(syrup)병을 들고 나온다. 그들은 두 여자가 가져온 포도주

두 병과 보드카에 시럽을 섞어, 추장, 빌리, 다섯명의 환자 그리고 두 여자와 함께 취하게 마신다. 이들 모두는 술기운에 통제와 탄압 본거지인 독재간호사실에 들어가 서류철 상자를 열어 자기들에 관한 기록을 읽는다. 창녀는 빌리에 관한 기록 — "정신적으로 이렇고, 심리적으로 저렇고 —을 읽고, 문외한이 보아도 그가 이런 병에 시달리는 것 같지 않다고 웃어넘긴다. 빌리와 창녀는 새벽 네 시에 신방인 격리실로 들어가자, 추장은 군복무를 마치고 처음으로 취해, 그것도 독재간호사의 병동에서 취해 이렇게 의기양양한 기분에 들떠 있다: "콤바인의 가장 튼튼한 요새의 중앙에서 여자들과 함께 술을 마시고 취해 [병동 안에서] 뛰고 웃고 떠들다니! . . . 믿기가 거의 불가능했다. 나는 이런 일이 실제로 일어났고, 우리가 이 일이 일어나게 했다고 자신에게 계속 상기시켰다. [. . .] 아마 콤바인은 전능하지 않았다. 이제 우리는 할 수 있다고 믿기 때문에, 우리가 다시 그런 일을 하려고 하면 우리 의지를 꺾을 수 있는 실체는 무엇일까? 또 우리가 원하는 일들을 하려고 하면 우리를 제지할 수 있는 실체는 무엇일까?" (260, 263). 그의 들뜬 기분은 통제와 탄압의 장치마저도 언젠가는 종말을 고한다는 진리를 시사한다.

다음날 아침에 독재간호사는 병동이 엉망이 되었음을 보고 진땀을 뺀다. 그녀는 빌리가 병실에 없다는 흑인보조원의 보고를 받고, 환자들을 쏘아보면서 빌리가 어디 있느냐고 물었다가 그들의 비웃음만 받는다. 그녀가 격리실에서 빌리를 찾자, 그와 창녀는 그녀에게 발각되었음을 알고 깜짝 놀란다. 그는 그녀에게 안녕하십니까하고 인사하지만, 매트리스에서 일어나 옷을 입으려 하지 않고, 창녀의 손을 잡고 "이 아가씨는 캔디(Candy)입니다"고 당당하게 말한다. 그녀는 성행위의 긍정적 역할, 다시 말하면 그가 성관계를 가진 뒤에 대담하고 활기찬 남자로 변신했음을 높게 평가할 수 없기 때문에, 자기와 절친한 친구 아들이 신분상으로 경멸하는 창녀와 함께 있음을 보고 수치심과 분노를 느낀다. 그래서 그녀는 캔디의 인격과 성적 매력을 부정하고 큰 소리로 외치기를, "이런 여자와, 천하고! 저질이고! 진하게 화장을 한!"(270, 271). 그녀는 심약한 빌리가 독자적으로 이런 일을 했다고 믿을 수 없다. 그녀는 그가 어머니에게는 매우 감상적이고 약하다는 사실을 이용하여, 먹머피와 창녀가 합심하여 그의 동정을 잃게 했다고 실토하도록 유도한다. 빌리는 그녀가 어머니에게 사실을 알릴까봐 두려워 자살한다. 그녀는 먹머피가 그의 자살의 장본인이라고 단정하고 그를 힐난한다.

반면에 먹머피는 그녀가 빌리 자살의 원흉이다고 믿는다. 그녀는 여자이면서도 여자임을 의식하지 않고 오로지 통제와 탄압이 자신의 천직이다는 신념에 의존하여 실존하고 있다고 그는 확신하기 때문이다. 그녀는 위기 앞에서 충실한 자기 하수인이라고 믿은 세명의 흑인보조원의 도움을 받지 못한 배신당한 역할수행자일 뿐 아니라 자유를 염원하는 환자들의 적이다. 그러므로 그는 그녀가 그렇게 감추려고 하는 여자임을 공개하여 그녀를 이렇게 응징한다: “그가 유리문을 깨고 안으로 들어가자 그녀는 얼굴을 그쪽으로 돌리는데, 얼굴에는 그녀가 앞으로 도저히 나타낼 수 없는 강한 공포감이 드러난다. 그가 그녀를 움켜잡고 간호사복을 위에서 아래로 찢자 그녀가 비명을 지른다. 그녀의 가슴에서 젖꼭지가 달린 두개의 동그란 유방이 튀어나와 점점 팽창하여 어느 누가 상상했던 유방보다 훨씬 더 크고 빛을 받아 따스한 분홍빛으로 선명하게 노출되자 그녀는 또 더 크게 비명을 지른다.” 그녀는 비명으로 의식과 실존에 어떤 변화도 촉발하지 못하는 냉혈 여인이다. 세명의 흑인보조원은 그의 폭력행위를 서서 방관만 하고 있음으로 직원, 의사, 관리자 그리고 간호사들이 합심하여 그의 손을 헉헉거리는 그녀의 목에서 조심스럽게 떼어 놓는다. 그런 다음에 그들이 먹머피를 바닥에 넘어뜨려 숨막히게 하자, 이번에는 그가 비명을 지른다. 그가 이제 “자신과 자신의 죽음 이외에는 그 어떤 일에도 개의치 않으려고 할 때”(275) 지르는 [인간 최후의] 비명이다. 이 비명은 그와 독재간호사와의 대결은 끝났음을 그리고 그의 죽음을 예고한다.

독재간호사는 1주일 동안 병원에 입원했다가 다시 병동으로 돌아온다. 그녀의 얼굴은 파랗게 멍이 들어부어 있고, 한쪽 눈은 완전히 감아야 할 정도로 얼굴이 망가졌으며, 목에는 붕대가 두툼하게 감겨 있다.

그녀의 새 간호사복도 그녀가 여자라는 사실을 숨길 수 없다. 그녀는 병동을 예전처럼 환자들을 통제하고 탄압할 수 있는 체제로 복구시키려고 하지만, 그럴 수 없다. 왜냐하면 그녀의 부재 중에 환자들은 병동규칙을 대대적으로 변경시켰기 때문이다. 또 다섯명의 급성환자들이 퇴원했고, 여섯명은 다른 병동으로 옮겨갔다. 더욱이 먹머피의 환영이 병동 여기저기를 휘젓고 다니고, 회의 중에 큰 소리로 웃으며, 화장실에서 노래를 부르면서 그녀를 극도로 괴롭히기 때문이다.

먹머피는 그녀에게 폭력을 행사한 3주 후에 이동침대에 누워 병동으로 돌아온다. 침대 밑에 붙어 있는 명찰에 큰 검정 글씨로 먹머피 랜들 피. 수술완료 그리고 그 밑에 잉크로 뇌 전두엽 절제술이라고 적혀있다. 추장은 독재간호사가 이렇게 침대에 누워 꼼짝 못하는 먹머피를 조직에 도전한 대가의 경고용으로 이용하려는 저의를 간파한다. 그래서 추장은 한밤중에 그의 얼굴에 베개를 놓고 눌러앉아 그를 질식시킨다. 추장은 그가 독재에 저항하여 자유를 향유하는데 필수적인 도전과 반항의 필요조건을 충족시켰으므로 그의 역할은 끝났다고 믿기 때문이다. 또 추장은 그의 삶과 성의 활력은 무기력한 환자들의 생명력회복에 결정적인 역할을 하지만, 그들이 일단 회복하면 그 역할은 더 이상 필요로 하지 않는다고 확신하기 때문이다. 이제 그의 도전과 반항 그리고 활력은 추장의 실존에 필수품이 아니다. 추장은 독재간호사가 통제와 탄압의 맹위를 떨치지 못하는 병동에 더 이상 있을 필요가 없기 때문에, 먹머피가 들지 못했던 제어반을 들어올려, 그것으로 유리창을 깨고 병동 밖으로 나와 고속도로 쪽으로 달린다. 그는 달리면서 하늘 위로 날아가고 있다는 느낌, 즉 자유를 만끽한다. 우선 그는 댈즈에 가서 자기가 "알았던 마을사람들 중에서 술 때문에 얼빠지지 않고 제정신을 가진 사람이 몇명이나 있는지 확인하고 싶다." 다시 말하면 그는 "그의 종족이 미국정부가 그들의 원주민 권리를 매수했다는 사실에도 불구하고 여전히 자유스럽게 살고 있기를 희망한다."[16] 이처럼 그는 자기종족

16 W. D. Sherman, "The Novels of Ken Kesey," *Journal of American Studies* 5.2 (1971): 191.

[다른 사람들]에 깊은 관심과 애정을 쏟는다. 의미심장하게 그가 말하기 시작한 이야기는 이런 소망으로 끝난다: "나는 협곡 주변의 땅을 다시 한 번 찾아가서 보고 싶다. 그 땅의 일부를 내 마음속에 뚜렷하게 새겨두고 싶다. 나는 너무 오랫동안 그 곳을 떠나 있었기 때문에"(280, 281). 그가 자유인이 되어 과거의 비극적 실존을 성찰하고 다른 사람들에게 깊은 관심과 애정을 쏟으려는 미래를 설계하고 싶어서 말하기 시작한 이야기의 끝이 바로 *기러기가 뻐꾸기 둥지 위로 날아갔다*의 마지막 장면이다.

III

지금까지 *기러기가 뻐꾸기 둥지 위로 날아갔다*를 행복을 추구한 세대의 소설철학에 입각해서 고찰했다. 이 소설철학은 인간의 주체성, 독립성, 개체성, 가능성, 자발성, 그리고 민감성을 절대시한다. 이 고찰과 절대시는 이런 소설철학과 일맥상통한다: "소설창작에서 존재는 이미 일어났던 사건이 아니고 인간의 가능성의 영역이다. 다시 말하면 인간이 될 수 있는 모든 것 또는 인간이 할 수 있는 모든 것이다. 소설가들은 인간의 이런저런 가능성을 발견함으로써 존재의 좌표를 설계한다 [. . .] 따라서 소설의 주인공과 그의 세계는 하나의 가능성으로 이해되지 않으면 안된다."[17] 필자는 이런 고찰과 절대시에 따라 추장 브롬든과 먹머피는 2인1역을 한다고 주장했다. 필자의 시각과 주장은 기존의 국내외 논문들의 논지— 먹머피는 순교자이고 그의 지도와 영향을 받아 자유인이 된 추장 브롬든 —와 배치된다. 이 배치를 무릅쓰고 필자는 추장 브롬든이 독자적으로 통제와 탄압에 도전하고 반항하여(먹머피의 역) 자유를 향유한다(추장의 역)고, 다시 말하면 도전과 반항 그리고 향유를 하나로 통합한다고 역설했다. 만약 기존 논문들처럼 먹머피

---

17 Milan Kundera, *The Art of the Novel*, tr. Linda Asher (New York: Harper, 1988), 42-43.

를 순교자로 부각시키면, 추장(인간)의 주체성, 개체성, 가능성, 자발성, 그리고 민감성이 부정되어버리기 때문이다. 그러므로 추장이 스스로 실존위기에서 돌파구를 모색하려고 최선을 다해 결실을 거두었다고 파악해야, 그의 주체성, 가능성, 그리고 자발성이 현실화되었다고 각광받는다. 또 이렇게 해야 행복을 추구한 세대의 소설철학도 지대한 관심과 주목의 대상이 되어 계속 연구될 수 있고 계승될 수 있다.

7

토머스 핀천: 실존 목적 왜곡과 상실의 극복

I

토머스 핀천(Thomas Pynchon, 1937-)은 "가장 독창적이면서도 [독자를] 극도로 당황시키는 미국소설가들 중의 한 사람"[1]이라는 평가를 받는 작가이다. 그가 이렇게 이율배반적 평가를 받는 까닭은, 소설창작에서 사실주의나 모더니즘소설에서 엿보이는 철학과 기법을 부정하고, 플롯, 주인공, 구성, 문체뿐만 아니라 그 밖의 다른 요소들을 기존 방식과는 전혀 다르게 활용하기 때문이다. 한편 그는 소설창작에 문학, 과학, 심리학, 역사, 종교, 그리고 영화에서 습득한 해박하고도 다양한 정보들을 독창적으로 이용한다. 나아가 그는 이 정보들 자체와 그것들을 체계화하는 방법들을 통합해서 상호 연관시켜 평가한다.[2] 그리하여 그의 소설은 창작과정에서 문학지식 등의 여러 가지 정

1 Frank D. McConnell, *Four Postwar American Novelists: Bellow, Mailer, Barth, and Pynchon* (Chicago: University of Chicago Press, 1977), 160.

2 John O. Stark, *Pynchon's Fictions: Thomas Pynchon and the Literature of Information* (Athens, Ohio: Ohio UP, 1980), 2, 174.

보들 자체와 그것들을 체계화하는 방법들이 복잡하게 엉클어진 융합체로 발전한다. 이 융합체를 통해 구현하고 있는 그의 주인공들의 삶의 자세가, 비인간화된 사회에서도 자포자기하지 않고, 생명을 보존하고, 삶을 긍정하는 자아를 탐구하려는 모습을 보여주고 있기에 그의 소설은 절찬을 받고 있다. 또 그는 선배작가들 — 랠프 엘러선(Ralph Ellison), 노먼 메일러(Norman Mailer), 잭 케러왝(Jack Kerouac), 제임즈 죠운즈(James Jones), 제이. 디. 샐린져(J. D. Salinger), 그리고 솔 벨로우(Saul Bellow) —의 소설창작철학[3]을 적극적으로 수용하면서도, 자신만의 특이하고도 파격적인 창작기법을 구현함으로써, 후배작가들 — 돈 디릴로우(Don Delillo), 데이비드 포스터 왈리스(David Foster Wallace), 닐 스티번선(Neal Stephenson), 그리고 리쳐드 파우워즈(Richard Powers) —의 창작에 상당한 영향을 주었기 때문에 높은 문학사적 평가를 받고 있다.[4] 그런데 이 같은 큰 명성과 영향력에도 불구하고, 그는 자신의 소설창작철학과 기법을 천명하는 대담 같은 행위를 일체 하지 않을 뿐만 아니라 철저한 은둔생활을 하고 있어서, 그의 소설에 대한 연구는 오로지 독자의 반응에 의존할 수밖에 없다. 따라서 이 논문에서도 비.(*V.*, 1963)를 독자의 한 사람으로서 필자의 반응에 따라 고찰하고자 한다. 이 작품은 해마다 최우수처녀작에 수여하는 윌리엄 포크너재단 처녀작상(William Faulkner Foundation First Novel Award)을 수상했지만, 너무나도 시대에 앞선 독창적 주제와 파격적인 기법 때문에 "'극도로 혼란스러운 비유'나, '지루한 익살' 그리고 지나치게 '해박한 지식'으로 과중한 부담을 안기는 소설, 혹은 '주요한 문체들의 난장판'이라는 혹평도 받았다."[5] 필자는 이 논문에서 비.를 "실존목적 왜곡과 상실의 극복"이

---

3 소설 창작철학은 자아탐구와 실현, 개인의 주체성과 독립성, 인간의 본능적 욕구충족의 절대적 중요성, 그리고 공동체의식의 확장을 절대시한다.

4 Thomas H. Schaub, "Preface to the Volume," in *Approaches to Teaching Pynchon's The Crying of Lot 49 and Other Works*, Ed. Thomas H. Schaub (New York: Modern Language Association of America, 2008), ix.

5 David Seed, *The Fictional Labyrinths of Thomas Pynchon* (Iowa City: University of Iowa Press, 1988), 71.

라는 반응 논지로 분석하고 고찰한다. 그런데 우리가 이룩해야 할 실존 목적의 결정과 달성은 다음과 같은 인간의 정의를 전제로 해야 한다: "인간은 끊임없이 자기 자신을 탐구하는 존재 — 삶의 매순간마다 자기존재의 조건을 검토하고 천착하지 않으면 안되는 존재라고 일컬어지고 있다. 인간생활의 진정한 가치는 이런 천착, 즉 인간생활에 대한 이런 비판적인 태도에 있다."[6]

이러한 인간의 정의에 입각해서 필자는 비.의 두 주인공. 허버트 스텐설(Herbert Stencil)과 베니 프러페인(Benny Profane, "속세에 얽매인 상황"[7]을 상징함)을 실존목적 왜곡자와 상실자로 규정하고[8] 이 소설을 분석하고 고찰한다. 스텐설은 선친이 1899년에 쓴 일기장에서 이런 구절을 읽게 된다: "비.의 배후와 내면에는 우리 중 그 누가 간파했던 것보다 더 많은 비밀이 있다. 누구냐가 아니고 무엇이냐, 다시 말하면 그녀가 무엇이냐의 [문제이다]. 하나님이시어 제가 일기장에서도 어느 공식보고서에서도 그 답을 쓰라는 강요를 받지 않도록 해주시옵소서." 그는 이 구절을 읽기 전에는 잠을 삶의 최고 축복들 중의 하나로 여길 만큼 매우 나태한 삶을 살았다. 그런데 1945년에 이 구절을 읽은 후에는 비.의 정체 규명에 전력한다. 그런데 그는 삶에서 자아탐구가 아니고 개인 관심사인 비.의 정체 규명을 절대시함으로써, 자신의 실존목적을 왜곡시킨다. 이렇게 스텐설처럼 실존목적을 왜곡시키는 사악한 지배계층과 그 하수인들은 "인간성은 파괴의 대상"이라는 궤변의 포로로 전락하여, 정치에서는 침략자와 독재자로 그리고 인성에서는 이기주의자와 관능적 쾌락추구자로 돌변한다. 이들은 프러페인과 같은 선량하고 순박한 사람들을 실존목적 상실자로 타락시킬 뿐만 아니라, 다음과 같은 순수하고 간절한 소망을 무산시켜버린다: "평화. 베니, 우리 모두

6 Ernst Cassirer, *An Essay on Man: An Introduction to a Philosophy of Human Culture* (New Haven: Yale University Press, 1974), 5-6.

7 Paul Maltby, *Dissident Postmodernists: Barthelme, Coover, Phynchon* (Philadelphia: U of Pennsylvania P, 1991), 133.

8 허버트 스텐설을 탐구자로 보는 긍정적인 시각도 있다. Jerry H. Bryant, *The Open Decision* (New York: Free Press, 1970), 257.

의 소망은 평화가 아니냐? [개인이 바라는]바로 작은 소망."[9] 그러나 이 사람들은 침략자와 독재자에 의해 본의 아니게 실존목적과 소망을 상실했지만 이로 인해 자포자기하는 것이 아니라 오히려 자아를 고수하려고 안간힘을 쓴다.

필자는 그들이 자아고수를 위해 안간힘을 쓰는 모습을 비.의 핵심주제로 전제하고, 스텐설과 프러페인 그리고 파우스토와 파올라 마이스트랄(Fausto and Paola Maijstral)에 얽힌 사건들과 거기에 관련된 사람들에 관한 이야기들을 분석하고 고찰한다. 이 이야기들의 구성에는 인과관계나 일관성, 혹은 연관성이란 거의 없고, 예상과 순서를 뒤엎는 파격적이고도 무질서한 뒤섞임과 의외의 탈선이 상당히 많다. 소설은 스물세 살의 해군 제대자 프러페인이 1955년 성탄절 전야에 버쥐니어(Virginia)주에 있는 해군기지인 노퍽(Norfolk)이라는 항구를 지나다가 옛날 단골술집에 들르는 장면으로 시작되어, 1956년 9월 어느 어두운 밤에 영국식민지인 몰터(Malta, 1814년부터 1964년까지 150년 동안 영국식민지였다)섬의 벌레터(Valletta)항구에서 우연히 만난 비버대학(Beaver College) 재학생이자 시인인 브렌더 위걸즈워스(Brenda Wigglesworth)의 손을 잡고 바다를 향해 계속 거리를 달려가는 장면으로 끝난다. 그러나 이 달리는 장면이 끝이 아니고, 스텐설의 선친 시드니(Sidney)가 1919년 대영제국 외무부의 첩보원으로서 몰터 사람들의 반항과 소요를 무마시키기 위한 임무를 수행하러 왔다가, 의외로 인간성을 회복하고 돌아가는 길에 해상사고로 고인이 되는 결어가 사실상 소설의 끝이다. 이 결어는 실존목적 왜곡자와 상실자들도 어떤 억압과 탄압 가운데서도 본래면목을 회복할 수 있다는 희망과 신념을 시사한다.

시드니는 "많은 노래들, 깃발들, 행진들, 문란했던 성관계들, 그리고 거칠게 내뱉었던 불만들"로 얼룩진 삶을 살아왔지만, 이제 예순 살의 나이에 제국주의정부의 하수인이 되어 벌레터에 입항하면서, 인간과 사회의 변화에 따라 자신의 삶과 능력도 한계에 다다르고 있음을

---

[9] Thomas Pynchon, *V.* (New York: Harper, 1990), 53, 81, 16. 앞으로 이 작품에서의 인용문은 괄호 안에 쪽수만 표시함.

깨닫는다. 그리고 선장으로부터 들었던 이야기에서 터키(Turkey)황제의 절대권력의 한계성과 무상함을 그리고 동시에 생명의 소중함을 실감한다. 이로 인해 첩보원으로서의 자신감과 사명감에 회의를 느끼면서 자연스레 아름답고 순수했던 어린 시절을 회상한다. 그는 이렇게 변화하여 자아를 성찰함으로써, "어떤 상황도 인간보다 더욱 낮은 차원의 사건들로 형성된다"고 말한다. 그것은 "상황이란 하나님처럼 그 자체의 논리와 정당성을 갖기 때문에 인간보다 우위에 선다"는 한 동료의 주장을 그가 수용할 수 없게 되었기 때문이다. 또한 그는 "이 세상에서 어떤 정치적 도덕관이 발굴[정의]될 수 있다면 [그것은] . . . 우리가 용납할 수 없는 서로 다른 이중시각으로 이 세기에 생존을 영위하고 있다는 도덕관이다. 우파와 좌파, 온실과 거리, 우파는 오로지 과거 온실의 밀폐된 공간에서 생존하면서 활동할 수 있을 뿐이다. 반면에 좌파는 거리에서 민중폭력을 선동하여 자신들의 목적을 달성하려고 한다. 그리고 미래의 몽상세계에서 삶을 설계하고 있을 뿐이다"라고 일기에 쓴다. 그는 이들의 생활방식에 인간 실존에 절대적으로 중요하고 필요한 중용이 없음을 개탄한다. 한편 그는 비.가 버로니커 맹거니스(Veronica Manganese)로 변장하여 버니토우 무설리니(Benito Mussolini)를 위한 첩보활동을 하고 있는 현장을 목격한다. 비.는 20년 전 플로런스(Florance)에 있는 영국영사관의 긴 가죽의자에서 시드니를 유혹하여 임신해서, 아들 허버트를 출산했다. 그러나 그는 그녀와 모처럼 해후하게 되자, 자신의 임무인 첩보와 보고의 일을 제쳐두고 그녀와 함께 즐거운 시간을 보낸다. 이제 그는, "앞으로 정치는 점진적으로 더욱 민주화되어 비전문가인 민중의 수중으로 넘어갈 것이다" 그리고 "유럽의 지배계층인사들이 더 이상 세계정세를 좌지우지하지 못할 것이다"[10]는 확신을 갖고 있다. 따라서 그는 자신의 정보원이면서 이중첩자인 파우스토 마이스트랄(파올라의 아버지가 아니고 실은 할아버지임)의 만삭이 된 부인 칼러(Carla)가 과부가 되고 싶지 않다고 하소연하자, 소요가

10 Alan W. Brownlie, *Thomas Pynchon's Narratives: Subjectivity and Problems of Knowing* (New York: Peter Lang, 2000), 34.

일어나기 전에 정보원에게 이렇게 말한다: "[임무를 그만두고]가라. 당신과 부인 그리고 태어날 마이스트랄은 피의 목욕탕에서 나가라. [밖에 나오지 말고]집에 있어라" (468, 489, 458, 483, 491). 그는 제국주의를 옹호하는 비인간적인 역할수행자로부터 진정한 자아를 찾은 인간으로 변신하자마자 해상사고를 당해 영면한다. 그의 갑작스런 횡사가 이 소설의 끝이다. 소설이 이렇게 끝남은 우리 서민이 지배계층의 횡포와 만행을 극복하고, 자아를 고수하고 탐구할 수 있다는 소망과 확신을 암시한다.

II

이 장에서는 지배계층에 속한 실존목적 왜곡자들이 권력욕, 소유욕, 그리고 "성욕을 [변태적으로] 남용"[11]하여 극도의 관능적 쾌락을 추구함으로써 비열한 행위를 저지르게 되고, 그 결과 다른 계층 사람들의 인권을 유린하고 그들의 삶을 황폐화하고 있는 참상의 사례들을 고찰한다. 한편 이런 비극을 잘 극복해낸 몇몇 등장인물들의 쾌거를 동시에 고찰한다. 그 왜곡자들이 일방적인 이기심을 바탕으로 그들의 욕구를 충족하고자 강구하고 있는 최선책이 식민주의와 과소비적 충동에 대한 인위적 자극, 그리고 기술의 악용이다.[12] 먼저 허버트 스텐설이 전심전력을 다하여 그 정체를 밝히고자 하는 여인인 비.와 실존목적을 왜곡하면서 제국주의에 동조하고 있는 사람들을 살펴본다. 우선 그녀는 "우리 모두의 마음속에 자주 떠오르는 '전멸의 [공포와] 환상'이라는 경향을 항시 나타내는 20세기의 가장 뚜렷한 특징"[13]의 대변자이다. 이런 특징은 그녀가 처음에는 식민지를 개척하거나 확보하려는 제국주의국가의 하수인들과, 그리고 나중에는 독재자와 그 지지자들과 접촉하면서, 자

11 Raymond M. Olderman, *Beyond the Waste land: A Study of the American Novel in the Nineteen-Sixties* (New Haven: Yale UP, 1972), 129.

12 Maltby, 131.

13 Olderman, 128.

신의 정체를 끊임없이 탈바꿈하다가 결국에는 신부로 남장한 사악한 성도착자로 살아가다 횡사하는 데서 여실히 드러난다. 이렇게 그녀의 삶이 비극으로 치닫는데 큰 영향력을 행사한 제국주의 하수인들과 독재자는 "인간성은 파괴의 대상"이라고 주장하면서, 무자비한 만행과 횡포를 저지른다. 그녀와 그들의 실존에 관한 이야기들은 연대순과는 무관하게 3, 7, 9, 11, 14장, 그리고 결어에서 기술된다. 그런데 의외로 하층계급의 직업인으로 분신한 허버트 스텐설이 3장에서 말하기 시작한 이야기가 그녀의 정체가 밝혀지는 단초가 된다. 그러나 그는 그녀의 정체를 탐구하면서도 그 탐구가 미완으로 결말나기를 갈망하기 때문에, 정체가 밝혀지려 하면 일부러 모르는 체한다. 따라서 그의 탐구는 이렇게 자가당착적이다: "탐구는 적어도 어떤 형태의 활동이다. 탐구가 아무리 무의미하다 할지라도, 그 활동은 자동적으로 추진되면서 그 자체의 이론적 근거를 제시한다. 그가 비.의 정체를 밝혀낼 수 있다는 가능성이 [그 자신에게] 가장 두렵다. 정체가 밝혀지면, 탐구의 활동은 끝나고, 그는 틀림없이 무력감에 빠지게 될 것이다. 그러므로 탐구는 그가 자신을 지탱하는 전부이므로 그 결실은 그에게 더욱 큰 낭패를 의미한다. 따라서 그는 탐구가 계속 미완으로 남아있기를 바란다."[14] 이처럼 그가 실존목적을 왜곡하면서 전심전력을 다하는 비.의 정체탐구는 그의 삶에 전적으로 무익하고 무의미할 뿐만 아니라 다른 사람들을 피곤하게 하고 절망케 한다.

그가 오로지 자기만족을 위해 전심전력을 다하여 정체탐구를 하고 있는 대상인 비.는 무정부주의자이자 연예관 예능인인 포펀타인(Porpentine)과 굳펠로우(Goodfellow)라는 두 사람의 대화 속에서 빅토리어 렌(Victoria Wren)으로 등장하고 있는데, 그들의 대화를 스텐설의 분신인 찻집 종업원이 엿듣게 된다. 그녀의 등장은 제국주의자들이 그들의 목표를 위해 행하는 온갖 음모와 조종과 횡포, 그리고 만행을 예시한다. 그의 또 다른 분신의 정보에 의하면, 그녀는 천주교신자로서

14 Don Hausdorff, "Thomas Pynchon's Multiple Absurdities," *Wisconsin Studies in Contemporary Literature* 7:3 (Autumn, 1966): 263.

수녀가 되려고 수녀원에 들어갔지만, 결국 그 수녀원을 나와서 열여덟 살에 무정부주의의 동조자가 되었으며, 영국과 프랑스의 식민지확장의 전초기지인 퍼쇼우더(Fashoda)에서 그리고 전쟁 위기가 고조되던 1898년 카이로우(Cairo)에서 군펠로우를 유혹하여 스스로 순결을 상실했다. 그녀는 그해에 영국의회에서 영향력이 막강한 의원인 아버지, 앨러스터 렌(Sir Alastair Wren)경과 동생 밀드리드(Mildred)와 함께 관광차 앨릭잰드리어(Alexandria)에 왔다. 그녀의 아버지는 포펀타인과 군펠로우라는 두 무정부주의자의 암살 대상이다. 그녀는 식당에서 두 무정부주의자와 제국주의 지지자이면서 "인간성은 파괴의 대상"이라고 주장하는 봉고우-샾츠버리(Bongo-Shaftsbury)가 서로 암투를 벌이고 있는 와중에서도 조용한 대화의 분위기를 조성하는 데 주도적 역할을 한다. 결국 포펀타인은 인간성을 옹호하려고 하기 때문에 봉고우-샾츠버리에게 암살당한다. 한편 그들이 탑승한 앨릭잰드리어-카이로우 간 급행열차에서, 봉고우-샾츠버리가 울고 있는 밀드리드를 달래기 위해 기계로 조종되는 기계인형을 보여주겠다고 자랑한다. 그는 그녀에게 옷소매를 걷어 올리고 자기 팔의 피부 속에 박혀 있는 전기 스위치와 전선을 보여주면서, 사람도 전기로 조종될 수 있다고 이렇게 말한다: "이 전선들은 내 뇌 속으로 들어가 있다. 스위치가 이렇게 차단되어 있을 때는 나는 지금처럼 정상으로 행동한다. 그게 반대로 열렸을 때는 — 모든 것이 전기로 조종된다. 간단하고 완전하게"(80-81). 이것은 지배계층사람들이 권력, 금전, 그리고 기술로써 다른 계층 사람들을 마음대로 조종할 수 있음을 시사한다.

이 급행열차는 언제나 연착한다. 열차시간표는 승객과의 약속이 아니고 철도회사의 자의적 시간표에 불과하기 때문이다. 열차시간표는 "회사의 주주들, 다시 말하면 손익을 계산하는 업자들을 위해 있는 하나의 장난 행위의 표시였다. 열차는 시간표와는 다른 스스로 정한 시간에 따라 운행했다. 어느 누구도 열차의 운행시간을 알 수가 없었다." 약자인 승객들은 철도회사의 이런 횡포의 제물일 뿐이다. 이런 서민승객들 위에 군림하는 제국주의국가의 지도자들은 식민지개척을 위한 이해

관계에 따라 합종연횡하면서, 식민지확보와 확장을 위해 원주민들과 그리고 경쟁국들과 전쟁을 할 수밖에 없으며, 승리하기 위해 음모를 꾸미는 수많은 첩보원들을 동원할 뿐만 아니라 무자비한 만행을 자행한다. 예를 들면 너포울리언(Napoleon)군대가 1798년에 앨릭잰드리어를 점령했다가 영국군에 항복했을 때, 영국군은 이 도시를 완전히 고립시키기 위해 1801년에 도시 동쪽에 운하를 파서 바닷물을 끌어들여 호수를 만들었다. 제국주의국가인 영국의 지령에 따라 인간이 자초한 큰 홍수로 150개 촌락이 침몰되었다. 이 때 열차승무원인 유대인 왈더타르(Waldetar)는 자신이 기차에서 보고 있는 "공중에 빽빽하게 날아오른 물새들이 [그 마을들에 살았던] 농부들의 망령이라고 생각하고 싶었다"(77, 79). 이 농부들의 비명횡사는 제국주의국가들이 신봉하는 종교를 믿으며 문명화되었다고 자랑하는 지도자들이 이기적 목적과 편견으로 전쟁 중에 무자비하게 자행할 대량 살육을 암시한다.

이 암시와 깊은 관련이 있는 "비인간화의 세계적 음모가"[15]로 돌연 변신한 빅토리어 렌의 정신적 타락과 몰락과정의 추적이 허버트 스텐설이 전심전력을 다하는 비.의 정체탐구이다. 이 추적은 소설의 구성에 따르지 않고, 그녀의 생활철학과 방식의 변화에 의존한다. 7장에서 그녀는 "보티첼리의 *비너스의탄생*(Botticelli's *Birth of Venus*)에 구현된 여신처럼 생기 있고 사랑스러운" 영리한 영국 처녀, "빅토리어 렌에서 비.로 일변"[16]한다. 그녀는 홀아버지인 앨러스터 렌경에게 부정한 남자관계가 들통이 나서, 그와 격렬한 언쟁을 벌이고, 작별인사도 없이 가족과 헤어진다. 이제 그녀는 자칭 영국인의 굴레를 벗어버린 세계시민이라고 선언하고, 1899년에 십자가에 못 박힌 다섯명의 영국군인이 조각된 상아로 만든 빗을 머리에 꽂고 플로런스에 나타나 시드니 스텐설을 유혹하여 성관계를 갖는 요부가 된다. 그녀는 사업가적인 기질과 능력이 있어서 열아홉 살에 플로런스에서 여러 남자들에게서 거머쥔 돈

15 Maltby, 135.

16 David Cowart, *Thomas Pynchon: The Art of Allusion* (Carbondale: Southern Illinois UP, 1980), 14.

으로 자립하기 위해 작은 양장점을 차리려고 한다. 한편 그녀는 나름대로 확고한 정치적 신념을 가지고 있어서, 한때 자신이 동조했던 무정부주의자뿐만 아니라 사회주의자와 진보주의자를 타도의 대상으로 증오하기 시작한다. 점차 그녀의 의식이 위험할 정도로 극단에 치우치면서, 그녀의 생활철학과 애정의 변덕에 따라 선호하는 상대자도 이렇게 변화무쌍하게 된다: "그녀는 파리에서는 반유대주의자 이타그(Itague)와 민족통일주의자 스게라치오우(Sgherracio)와, 몰터에서는 이태리의 몰터 통치권을 선동하는 엔리코우 미지(Enrico Mizzie)와, 퓨메(Fiume)에서는 더눈시오우(D'annunzio)와, 서남 애프리커의 보호령에서는 버베리어(Bavaria) 출신의 독일군중위 바이스만(Weissmann)과, 그리고 이틀리에서는 버니토우 무설리니와 어울린다."[17]

이처럼 그녀는 인간성, 인권, 그리고 개인주의를 부정하는 제국주의의 지지자로 돌변하여 그 반대자인 휴 고우돌핀(Hugh Godolphin)을 제거하기 위해 그를 배신하고 음모를 꾸며댄다. 영국 해군장교인 고우돌핀은 강한 의지와 성취욕의 소유자로서 온갖 난관을 극복하고 "화려한 꿈"의 세계인 베이수(Vheissu)와 "전멸의 꿈"의 세계인 남극탐험을 실현한다. 그는 제국주의가 강조하는 동질화, 획일화, 집단화에 적극 반발하는 투철한 개인주의 신봉자이다. 그는 자신의 개인적 견해를 이렇게 강하게 천명한다: "환각에 불과했다 할지라도, 결국 중요한 사실은 내가 보았던 대상이나 보았다고 믿는 대상이 아니었다. 핵심은 내가 생각했던 문제이다. 다시 말하면 내가 어떤 진리를 터득했느냐의 문제이다." 마침내 그는 해군을 이탈하여, 여러 나라를 전전하며 도피생활을 한다. 그는 위급한 순간에 렌에게 도움을 청한다. 그녀는 그를 도와주겠다고 해놓고는, 바로 영국영사관에 가서 고우돌핀을 자기 집에 유인해 놓았다고 보고한다. 이렇게 음모를 꾸며 그를 배신하고 나서 그녀는, "수법이나 독재자의 특징[18]은 순전히 그 자체의 목적을 위해서 바람직하고 재미있는 현상이다"고 말하며, "그 수법이 도덕적 동기와 더욱 크

17 앞책, 18.

18 앞책, 18. virtu를 이렇게 번역한다.

게 분리되면 분리될수록 더욱더 효과적이다"고 확신한다. 그녀는 인간성을 포기하면서까지 제국주의 하수인의 역할을 열성적으로 수행한다. 요컨대 그녀는 "동과 서, 남과 북, 그리고 자연과 문명을 연결하는 신비스러운 지하 고리"[19]를 망가뜨리는 장본인이다. 그리하여 허버트 스텐설의 비.에 대한 정체탐구의 첫 단계에서 나타나는 바와 같이, "그녀는 아마 지엽적으로나마 제1차세계대전 전의 몇년 동안 모든 외교적 감각력들을 현혹시켰던 것처럼 보이는 국제적 대결전의 거대한 음모들이나 전조들 중의 하나와 관련되어 있었다"(206, 198, 155).

14장에서 스텐설의 비.에 대한 정체탐구의 두번째 단계에서 나타나듯, 빅토리어 렌은 1913년에 서른세 살의 비. 여사로 둔갑하여 파리에 나타나서는, 자신이 후원하는 전위무용단의 창작무용 작품인 *성폭행 당한 중국처녀들*(*Rape of Chinese Girls*)에서 주연 여자무용수로 등장하는 열다섯 살의 멜러니(Mélanie)와 동성연애에 빠진다. 멜러니는 반유대주의자인 이타그가 감독하고 연출하는 이 창작무용에서 몽고침략군에 고문당해 죽으면서도 처녀성을 지킨 수펑(Su Feng)역을 한다. 그런데 이타그는 이렇게 황당한 주장을 한다: "퇴폐주의(특히 성적 도착)는 인간성으로부터 이탈하는 행위이다. 우리가 더욱 크게 이탈하면 이탈할수록 비인간화된다. 우리는 비인간화되기 때문에, 상실해버린 인간성을 무생물과 추상적 이론으로 교묘하게 대치한다." 비.도 그의 영향을 받아 자신의 동성연애 상대자인 멜러니를 인간으로서가 아닌 오로지 성적 감정을 촉발하는 사물로 간주하고 상대한다. 따라서 두 사람은 "사랑의 대상으로 사람 대신에 사물을 활용하려고"[20]하기 때문에, 그들의 사랑에는 상호관심, 배려, 존중, 그리고 희생을 바탕으로 하는 격정적 행위는 없고 오로지 다음과 같은 응시만 있을 뿐이다: "비.는 의자

---

19 Marcel Cornis-Pope, *Narrative Innovation and Cultural Rewriting in the Cold War and After* (New York: Palgrave, 2001), 116.

20 Catherine R. Stimpson, "Pre-Apocalyptic Atavism: Thomas Pynchon's Early Fiction," in *Mindful Pleasures: Essays on Thomas Pynchon,* Ed. George Levine and David Leverenz (Boston: Little, Brown, 1976), 37.

에 앉아 침대에 있는 멜러니를 바라본다. 멜러니는 거울에 비친 자신을 응시한다. 거울의 영상은 아마 때때로 비.를 바라본다. 움직임은 없고 최소의 마찰만 있다. [. . .] 셋의 방식은 공상적, 상호적이었다. 비.는 자신의 성적 감각 촉진제를, 멜러니는 거울과 일시적 평온, 즉 자기가 쾌락을 만끽하고 있음을 바라봐줄 다른 사람을 필요로 했다"(405, 409-10). 어느 날 멜러니의 공연 도중 그 작품에 구현된 동양주의에 대해 관객들이 격렬하게 항의하는 소란이 일어난다. 그녀는 이런 와중에서도 춤을 추다가 막대기의 날카로운 끝에 찔려 사망한다. 이 때 비.는 멜러니에 대한 인간으로서 느끼는 깊은 애정이 없기 때문에, 애도의 뜻을 표하는 한마디 말도 없이 실성한 이틀리의 인근지역 통합주의자 스게라치오우와 함께 파리에서 사라진다. 그 후 1919년에 그녀는 서른아홉 살의 버로니커 맹거니스로 변장하여 몰터에 거주하면서, 엔리코우 미지와 함께 이틀리의 국익을 도모하기 위해 "가장 무자비한 국제 외교 계략에 열중할" 뿐만 아니라 자기 신체의 특정 부위를 무생물로 대치시키고 장식하여 "스스로 무생물이 되려고 한다."[21] 예를 들면 한쪽 눈을 시계 모양의 홍채(虹彩)가 들어 있는 의안으로 바꾸고, 배꼽에 별 모양의 새파이어(sapphire)를 박는다. 또 1920년에는 퓨메에서 이틀리의 시인이자 투사형 군인인 더눈시오우와 교제한다. 그리고 1922년에는 뮤니크(Munich)에 거처를 정하고, 히틀러(Hitler)의 초기 지지자들과 의기투합하여 굳게 결속된 동지가 된다.

9장에서는 스텐설의 비.의 정체탐구의 세번째 단계가 그려진다. 커트 몬다우겐(Kurt Mondaugen)은 뮤니크공대를 막 졸업하자, 독일군부로부터 공전(空電)신호를 뜻이 통하는 암호로 해독하라는 임무를 맡고, 1922년에 서남 애프리커의 독일 보호령으로 간다. 그는 여기서 만나게 된 비.에 관한 이야기를 스텐설에게 반복하여 말한다. 몬다우겐은 반란을 일으킨 원주민들에게 포위당한 포플(Foppl)의 요새화된 농장에서 두 달 반 동안 갇혀 지내면서도 자신의 임무를 수행한다. 그는 히틀러 지

21 Charles B. Harris, *Contemporary American Novelists of the Absurd* (New Haven, CT: College & University Press, 1971), 83, 84.

지자인 바이스만중위와 함께 뮤니크에서 이곳에 온 비.가 극한상황에서 분출하는 광적 행동과 침략군이 흑인원주인들에게 저질렀던 만행들을 스텐설에게 설명한다. 스텐설이 각색한 이야기에 따르면, 그녀는 마흔두 살에 이름을 비러 메러빙(Vera Meroving)으로 개명하고, 자기를 더욱더 정교하게 무생물화하면서, 변태적 성행위에 탐닉한다. 그녀는 의안을 자유자재로 빼고 넣을 수 있는 눈알로 만들었는데, 그 표면은 극히 작은 금들의 섬세한 그물로 덮여 있고, 그 안에는 목에 걸고 있는 가는 쇠줄에 달린 황금 열쇠로 태엽을 감을 수 있는 매우 정교하게 제작된 시계가 들어 있다. 그녀의 이런 기계적 신체변형은 병적 쾌락추구와 정신적 타락을 예시한다. 그녀는 가학성 겸 피학대 변태성욕자로 돌변하여, 바이스만중위의 가슴을 승마용 채찍으로 힘차게 계속 때리는 쾌감을 즐기면서 동시에 중위가 장갑 낀 손으로 자기 머리칼을 비틀면서 퍼붓는 음탕한 욕설을 만끽한다. 게다가 그녀는 전에 스스로 배신하여 밀고했던 남자이지만, 지금은 포플의 초대를 받아 머물고 있는 고우돌핀을 성적 쾌감의 대상으로 원한다. 그렇지만 그녀의 욕망은 오로지 향수적 관능에서 비롯되고 있기 때문에 강한 힘과 열정도 없고, 감동도 일으키지 못하는 메마른 기억에서 솟아나오고 있을 뿐이다. 이제 그녀는 고우돌핀과 서로 옷을 바꿔 입는 성도착자가 되어, 그가 코뿔소 가죽채찍으로 두 손이 철사로 묶인 흑인원주민을 때릴 때, 그 흑인이 표출하는 극심한 고통을 보며 즐긴다.

몬다우겐은 전해들은 만행들의 실례를 계속하여 말한다. 로타르 폰 트로타(Lothar von Trotha)라는 독일장군은, 독일정부로부터 일찍이 중국과 동 애프리커에서 원주민을 섬멸하는데 발휘한 탁월한 재능을 인정받아, 독일통치에 반발하는 허레어로우(Herero)족을 진압하라는 지령을 받았다. 그 장군이 1904년 8월에 허레어로우족 소탕 명령을 내리자, 독일군은 모든 방법과 수단을 총동원하여 남녀노소를 구별하지 않고 8만명 원주민 중에서 6만명을 학살했다. 그 장군은 부하들이 이런 만행을 서슴없이 저지르게 하기 위해, 금지된 성행위를 하면 아주 큰 쾌감을 느끼는 것처럼 금지된 살인도 죄악이 아니고 지극한 즐거움이라고 그들을 세뇌시켰다. 포플은 몬다우겐에게 그 장군의 세뇌로 살인의 공포로부터 해방되었던 감미로움을 이렇게 설명했다: "장군은 우리를 [살인의]공포에 사로잡히지 않도록 교육시켰다. [살인의 공포로부터 벗어나는] 갑작스런 해방감, 편한 마음, 그리고 쾌락을 말로 다 표현할 수 없다. 네가 이런 해방감, 편한 마음, 그리고 쾌락을 이해하면, 너는 생명의 가치와 존엄성에 대해 배웠던 그 기계적 암기교훈들을 완전히 잊을 수 있었다"(253). 더욱이 이런 세뇌를 받아 선악을 구별할 능력을 상실해버린 어느 사병은 실존에서 자연스럽게 솟아나오는 쾌감의 순수성과 중요성을 이해하고 인정할 수 없었다. 그는 성적 쾌감과 살인할 때 느끼는 희열을 동일시했다. 그가 한 흑인처녀와 성관계를 끝내고 그녀를 권총과 총검 중 어느 것을 사용하여 살해할까를 두고 머뭇거리자, 그 처녀가 미소를 지으면서 그 두개를 다 가리키자, 그는 그 두 가지 도구를 사용하여 그녀를 살해한다. 또한 어떤 사병은 성욕을 충족시키기 위한 도구인 흑인처녀들이 부족하여 한 여자를 여러 사병들이 공유해야 하는 상황에서, 한 여자와 성관계를 끝내고도 그 여자를 독차지하려고 그녀에게 수갑을 채워 자기 침대에 묶어 두었다.

몬다우겐은 자신이 목격한 비.의 변태성욕과 정신적 타락, 그리고 침략군의 만행들에 관한 이야기로 인한 충격으로 건강이 악화되어 혼수상태에 빠졌다가 겨우 깨어나 공전신호를 암호로 해독하려고 버둥거린다. 이때 바이스만중위가 그에게 암호 내용이 "세계는 상황의 전부이다"임을 일러준다. 이 암호는 루트빅 비트건쉬타인(Ludwig Wittgenstein)의 *논리-철학 논고*(*Tractatus Logico-Philosophicus*)의 명제로서, 그것은 지금까지 당연시되어왔던 진리의 초월성, 절대성, 그리고 전체성을 부정하고, 진리는 모든 사실들의 총체로 정의되어야 한다[22]는 철학이다. 이 철학은 시드니 스텐설의 이런 주장과 일맥상통한다: "어떤 상황도 객관적 사실을 지니고 있지 않았다. 상황은 오로지 어느 특정한 순간에 거기에 관여하고 있던 사람들의 마음에 각인되어 있을 뿐이었다. 이런

22 J. Kerry Grant, *A Companion to V.* (Athens: University of Georgia Press, 2001), 139.

여러 마음들은 동종보다는 혼종의 총체나 복합체를 형성하는 경향이 있기 때문에, 상황은 필연적으로 세계를 오직 3차원으로만 보는데 익숙한 단 한명의 관찰자의 눈에는 4차원에서는 하나의 도표로 보였다." 따라서 이 주장은 몬다우겐의 마음에 각인된 변태성욕, 정신적 타락, 그리고 만행들은 어떤 객관적 사실들을 논리적으로 설명하는 인과관계나 추상개념, 혹은 역사발전법칙의 결과가 절대로 아님을 역설한다. 그의 마음에 엄청난 상처를 남긴 비인간적 행동들은 "인간성은 파괴의 대상"이라고 신봉하는 실존목적 왜곡자들의 반인륜적 의식의 산물이었다. 왜곡자들은 자아를 탐구하지 않기 때문에, "사랑과 자아는 하나이고, 두 가지 중 하나의 발견은 두 가지 모두의 실현이다"[23]라는 철학을 이해하고 수용할 수 없었다. 그래서 왜곡자들은 인간을 사랑할 의지와 능력이 없으므로 오히려 인간을 파괴의 대상인 무생물로 간주하는 비인간적 의식의 노예로 전락하여, 전 세계에 퇴폐주의가 만연케 하는 데 기여했다. 이러한 만연의 총체가 몬다우겐이 목격하고 들었으나 그대로 수용하기 어려운 인류의 비극적 상황이었다. 그는 이 상황은 퇴폐주의의 산물이라고 이렇게 정의했다: "퇴폐주의는 포플의 농장에 창궐했던 것처럼 유럽에도 틀림없이 창궐했던 정신우울증이었다"(278, 189, 277). 요컨대 이 정의는 독자에게 인간이 어느 순간에 직면하는 어떤 비극적 상황이나 극한상황은 객관적 현실, 인과관계, 역사발전법칙, 추상개념, 그리고 과학과 기술의 악용에 의해서 조성되기보다는 오히려 지배계층인사들이 허위의식의 포로로 전락하여 자행하고 있는 기행과 악행들의 총체임을 주지시켰다. 아울러 이 정의의 더욱 큰 의의는 퇴폐주의를 극복하는 첩경이 자아탐구, 불확실성, 그리고 미결정성을 바탕으로 실현되는 인간의 상호이해, 존중, 배려, 그리고 공동체의식의 확장에 있음을 예시했다는 데 있다고 하겠다.

스텐설의 비.에 대한 정체탐구의 마지막인 네번째 단계(11장)에서, 그는 파우스토의 원고를 읽고, "제1차세계대전과 같은 격변의 의인화

23 Leo Buscaglia, *Love* (New York: Fawcett, 1972), 96.

된 화신"[24]인 그녀가 몰터의 수도, 벌레터에 1939년에 다시 나타나 사악한 신부로 변장하여 거주하다가 1943년에 독일공군의 폭격으로 예순세 살에 사망했다는 사실을 인지한다. 이 원고는 파우스토가 자신의 실존에서 어떤 변화를 겪었는가를 고해(告解)하기 위해, 1937년부터 1943년까지의 일기를 편집하여 1956년에 완성한 회고록초안이다. 그는 아버지로서 자신의 심정을 토로한 회고록원고를 미국해군병사와 결혼하여 미국에서 살고 있는 딸 파올라에게 보냈는데, 스텐설은 어느 정신이상자 패거리들 모임에서 상면한 파올라로부터 이 원고를 입수하여 읽게 된다. 원고에 따르면, 그 사악한 신부는 바닷가에 있는 한 별장에 거주하고 있는데, 아무도 그의 이름과 교구를 모르고 있다. 그 신부는 거리에서 아이들에게 교리와 실존에 어긋나는 설교를 한다. 그 신부는 혼전에 파올라를 임신한 엘러너 젬지(Elena Xemxi)에게 낙태를 권유한 적이 있음에도 불구하고, 여자아이들에게는 수녀가 되어 "관능의 양극단, 다시 말하면 성교의 쾌락과 분만의 고통을 멀리하라고 충고한다." 그리고 남자아이들에게는 "몰터의 바위에서 정신력을 찾고 바위처럼 되라고 말한다. 또 그는 . . . 남자의 존재목적은 수정(水晶)처럼 아름답지만 영혼이 없는 데 있다고 설교한다"(340). 이렇게 그 신부는 자신의 궤변으로 인간성을 부정하고 파괴하는 데에 열중한다. 파우스토는 엘러너가 공습으로 폭사했다는 비보를 접하고, 아무 의식 없이 어느 거리를 지나다가 아이들의 적의에 찬 외침을 듣고 한 파괴된 건물 지하실로 갔더니, 넘어진 기둥에 깔려 있는 그 사악한 신부 옆에 아이들이 모여 있는 것을 보게 된다. 한 여자아이가 모자를 벗기더니, 그 신부가 여자라고 말한다. 한 남자아이가 여자는 신부가 될 수 없다고 소리 지르면서, 머리에서 상아 빗을 빼서 파올라에게 준다. 그 신부는 아이들에게 기둥을 들어 올려주거나 혹은 들어올릴 수 없으면 사람들을 불러달라고 부탁한다. 아이들은 그 부탁은 아랑곳하지 않고, 돈이 될 만한 그녀의 신발과 옷들을 마구 벗긴다. 한 소년이 그녀의 배꼽에 박혀있는 별 모양

24 Shawn Smith, *Pynchon and History: Metahistorical Rhetoric and Postmodern Narrative Form in the Novels of Thomas Pynchon* (New York: Routledge, 2005), 33.

의 새파이어를 주머니칼로 빼는데 실패한 나머지 그것을 총검으로 파내자, 그 자리에 피가 고이기 시작한다. 또 다른 소녀는 의치 한 짝을 드러내고, 또 시계 모양의 홍채가 들어있는 의안을 빼낸다. 이렇게 사악한 그 신부의 신체 해체작업이 끝난다. 그러자 파우스토는 신부를 대신하여 기름 대신 그녀의 배꼽에서 흘러나온 피로 몸을 씻어주고, 그녀를 위해 기도한 다음에 자신의 죄를 속죄하기 위해 기도한다. 요컨대 그녀의 죽음은 "쇠퇴하는 유럽 지배계층의 [식민지] 통치력 종언의 상징"25이다.

스텐설은 원고를 읽고, 사실을 직접 확인하기 위해 파올라와 함께 찾아가기가 매우 두려운 벌레터로 출발하기로 한다. 그는 1945년부터 영국에서 시작한 비.의 정체탐구를 미국까지 와서 계속하지만 그녀와 둘이서만 벌레터에 갈 수가 없어, 그녀가 그 정신이상자 패거리들 모임을 통해 가까이 지내는 프러페인에게 통사정을 하여 간신히 동행 허락을 받아낸다. 힘든 여정 끝에 스텐설은 파우스토를 겨우 만났지만, 그에게서 오직 그녀가 사망했다는 말만 들을 수 있을 뿐이다. 파우스토는 그에게 이제는 그 건물 지하실을 찾을 수 없으며, 만약 찾을 수 있어도 거기에는 틀림없이 새 건물이 들어서 있을 것이라고 부언한다. 또 그 아이들의 얼굴을 전혀 기억할 수 없으며, 그녀에게서 나온 물건들의 행방을 알 수 없으니, 그에게 전당포나 골동품 상점을 뒤져보라고 조언한다. 그러면서도 파우스토는 그가 "훌륭한 교육을 받았고 특권계급에 속하면서도"26 다른 사람이나 사회현실, 그리고 세계변화를 전혀 의식하지 않으면서 오로지 비.의 종적 추적에 몰두하는 사람임을 보고서, 이런 평가를 내린다: "비.는 [그에게] 강박관념이고 . . . 그런 강박관념은 [언제나] 일정 온도이고 고요하면서 얼룩덜룩한 장난감들과 자연스럽지 않은 꽃들로 가득한 온실이다." 이 평가에 따르면, 스텐설은 자신의 독선과 편견의 포로로 전락하여 오로지 왜곡된 실존목적달성에 전념하면서, 다른 사람과 사회를 전혀 고려하지 않는 극단적 이기주의자

25 Brownlie, 35.

26 앞책, 18.

이다. 이러한 평가에 걸맞게도, 그는 해몽술사이고 최면술사인 바이얼러(Viola)부인이 1944년에 그 의안을 가지고 갔다는 말을 듣고, 그녀를 만나러 스톡호울름(Stockholm)으로 떠난다. 떠날 때 그는 파우스토에게 이런 쪽지를 남긴다: "스톡호울름도 또 하나의 실마리에 대한 성과 없는 끝맺음이 되기가 십상일 거요. [무일푼인] 프러페인을 보살펴주시오. 스텐설은 이제 당신들 중 누구도 필요로 하지 않아요"(448, 451-52). 요컨대 그는 자신의 왜곡된 실존목적 때문에 자기 외에는 아무도 그리고 아무 것도 볼 수도, 느낄 수도, 생각할 수도, 이해할 수도, 인정하고 수용할 수도, 존중할 수도 없는 극도의 폐쇄적 인간이다.

지금까지의 논의에 의하면, 제국주의 지지자이고 퇴폐주의 추종자인 비.와 그녀의 정체탐구에 전념하는 극단적 이기주의자인 허버트 스텐설은 실존목적을 왜곡한 대표적 지배계층인사들이다. 이들은 서민의 인권을 유린하고 자아탐구와 실현을 억압한다. 앞에서 이들이 인권을 유린하는 실례들은 이미 논의하였으므로, 서민을 무생물로 변태시켜 실존목적 상실자로 타락시키는 사례를 베니 프러페인을 중심으로 고찰한다. 그는 스스로 순진한 바보(schlemiel)라고 믿는 자의식과 끊임없이 자신을 무생물화하려는 세계의 피해자이다. 그는 독립심, 주체성, 타인과의 공감대, 그리고 자제력이 없으므로, 언제나 "자신의 실체, 무생물들(자명종시계, 구두끈, 원자탄 등)에 대한 굉장한 불안감, 그리고 다른 사람들과 어울리는 공포감 — 그의 생각에, 그들은 점점 자신들을 포위하고 있는 무생물들의 노예가 되어 오히려 그것들의 숭배자로 타락하는 것 같다 —의 함정에 빠져 있다."[27] 따라서 그는 무작정 여기저기 떠돌아다니며, 타인의 순수성과 진실성을 믿고 수용할 수 없으며, 더욱이 실존목적을 상실한 채 자신감과 도전정신이라고는 없는 "기계적 인간이다."[28] 이처럼 그는 목적의식과 성취의욕이 없기 때문에 해군에서 제대하고 1년 반 동안 도로보수 작업반 등을 전전하다가, 해직당하면

27 McConnell, 166.

28 Richard Lehan, *A Dangerous Crossing: French Literary Existentialism and the Modern American Novel* (Carbondale: Southern Illinois University Press, 1973), 159.

동부 해안을 오르내렸다. 그는 마침 1955년 성탄절 전야에 노퍽항구를 지나다가 과거의 단골술집에 들렀다가, 같은 전함에서 복무했으며 자신의 상관이었던 갑판장, 패피 호드(Pappy Hod)의 부인인 파올라와 해후한다. 호드는 벌레터의 술집에서 일하는 그녀와 만나 결혼한 후, 그녀를 큰돈을 들여 미국으로 이민시켰다. 제2차세계대전 직후 폐허가 된 벌레터태생 여자들은 엄청난 생활고에 시달렸으므로, 그들은 미국이민을 선망했고, 이 일은 파올라에게는 대단한 행운인 셈이었다.

이런 행운아인 파올라는 호드가 자기에게 무심하고 냉담하게 군다는 이유와 또 다른 사소한 이유로 호드를 버리고 집을 나와 한 술집에서 일하다가, 프러페인을 만나자 그에게 의존하려고 한다. 그녀는 그에게, “당신이 제가 가지고 있는 것의 전부예요. 저를 보살펴주세요”라며 하소연한다. 이렇게 그녀는 다른 사람에게 의존하려고 하면서도, 자기정체성 의식이 강해 그 술집에서 모든 다른 여종업원이 주인의 이름인 비어트리스(Beatrice)로 호명되는 상황에서도 자신의 고유명인 파올라를 고수한다. 더욱이 그녀는 인간이 무생물화되는 경향에 적극 반대하면서 인간성을 중요시하고, 자신의 지대한 관심을 인간, 주체성과 정체성, 그리고 삶의 터전에 쏟는다. 그녀는 다른 많은 사람들이 집착하는 재물에는 무관심한 편이다. 프러페인은 그녀를 부양할 수 없으므로 뉴욕(New York)으로 가서, 레이철 아울글래스(Rachel Owlglass)를 찾아가라고 타이른다. 그는 그녀와 헤어지면서, “그녀는 좋은 여자이다. 그녀는 너에게 직장을 구해주고 거처도 마련해줄 것이다. 나에게 우리(프러페인과 아울글래스)는 사랑하는 사이냐고 묻지 마라. 그 말은 무의미하다”(18, 36)고 말한다. 그리하여 그녀는 자신이 선택한 실존에 도전하기 위해 그와 작별한다.

프러페인은 해군에서 제대했던 1954년 여름에 교통사고로 인하여 아울글래스를 알게 되었다. 그가 길을 건너는데, 그녀의 승용차가 그를 뒤에서 가볍게 들이받아 넘어뜨린다. 그가 생명 없는 물체가 자기를 죽이려고 한다고 생각하고 있을 때, 그녀가 드라이브시켜주고 싶으니 차에 타라고 청한다. 그녀는 차를 채석장에 세우고, 차에 있는 맥주 한 상자를 그와 함께 다 마신다. 그녀는 술이 취하자, 자신의 부유한 가정과 동부의 명문대학들에 다니는 남자친구들에 관한 이야기를 지껄인다. 그러다가 그녀는 갑자기 이런 가정과 대학들은 모두 가짜이고 환상이라고 푸념하면서, 이 채석장의 돌만이 진짜라고 우긴다. 그러면서 그녀는 순진한 바보인 그에게 자신의 친구가 되어 주기를 부탁하며, 또 자기가 알지 못하는 길과 지역들을 알려주는 편지를 써서 보내달라고 부탁한다. 그가 그녀를 자주 만나면서 친해짐을 느끼고 마침내 그녀를 사랑하고 있다는 생각에 빠졌을 때, 그녀가 차에 대고 하는 이런 말을 듣게 된다: "난 널 만지기를 좋아해. [. . .] 넌 내가 너를 운전하고 도로를 달릴 때의 내 기분을 아니? 우리 단 둘이 [달릴 때의 내 기분을 아니]? [. . .] 난 너의 그 이상한 버릇들도 다 알고 있어. 브레이크를 약간 왼쪽으로 당기는 버릇. 네가 흥분하고 있을 때, 매분 5,000회전 하며 몸을 떨기 시작하는 버릇. 네가 나에게 미치면 기름이 다 타버린다. 그렇지?"(28). 더욱이 그는 그녀가 왼손으로 힘이 다 빠질 때까지 기어전환장치를 애무하는 행위를 목격한다. 그는 그녀가 그것을 어루만지는 모양새를 보고, 어떤 어루만짐인가를 바로 직감한다. 이제야 비로소 그는 많은 사람들이 인간보다도 특정 사물을 더욱더 사랑하고 있는 현실을 자기만 모르고 있었다는 걸 깨닫는다. 이렇게 깨닫는 순간부터, 그는 "자신을 모든 사람 그리고 모든 사물과 절연시키려고 한다."[29]

이러면서도 그는 아울글래스와 그녀의 동숙인인 파올라가 어울리는 "현대의 퇴폐주의와 순전한 용장(冗長)의 상징"[30]인 정신이상자들 패거리들과 교유한다. 이 패거리들도 그처럼 실존목적을 상실하고, "한 활기 없는 모임에서 또 다른 무기력한 모임으로 돌아다니고, 스스로 무생물로 탈바꿈하면서,"[31] 관능적 쾌락에 탐닉하는 자기중심적

---

29 Michael H. Begnal, "Thomas Pynchon's *V.*: In Defense of Benny Profane," *Journal of Narrative Technique* 9,2(1979): 64.

30 William M. Plater, *The Grim Phoenix: Reconstructing Thomas Pynchon* (Bloomington: Indiana University Press, 1978), 226.

31 Olderman, 135.

인간들이다. 특히 이들 중 몇 사람은 예술창작에서 자아탐구와 실현, 개인의 주체성과 독립성, 그리고 공동체의식을 확장하는 정신을 구현하려고 하지는 않고, 오로지 자아도취적이고 독선적이며 퇴폐적인 작품제작에 열중한다. 예를 들면 퍼거스(Fergus)는 뻔뻔스럽게도 펜 정거장(Penn Station)의 남자화장실에 있는 칸막이를 노련한 다다이스트들(Old Dadaists)이 명명한 기성품(ready-made)으로 미술전람회에 출품한다. 그의 또 하나의 취미는 이런 기묘한 재주를 유감없이 발휘한 티비(TV) 감상법이다: "그[퍼거스]는 자신의 팔뚝 안쪽 피부에 장치해둔 두 개의 전극에서 신호를 받아 교묘하게도 잠의 깊이를 측정할 수 있는 스위치를 고안했다. 퍼거스의 의식이 일정 수준 이하로 떨어지면, 피부저항이 증가하며, 미리 책정한 기준을 넘으면 스위치가 작동한다. 그러면 퍼거스 자신이 또 하나의 티비 수상기가 된다." 이처럼 그는 자신을 수상기로 탈바꿈시킨다. 또 다른 인물인 슬랩(Slab)은 이따금 폭발하는 충동으로 그림을 그리는데, 그는 자신을 긴장병적 표현주의자로 그리고 자기작품을 전달 불능의 결정판으로 정의한다. 그는 입체파, 야수파, 그리고 초현실주의파 화가들을 모방하여, 전달 불능의 수많은 취즈 데이니쉬 그림들을 그렸다. 그는 이들 중에서 *취즈 데이니쉬 35호(Cheese Danish #35)*를 스스로 평가하여, "이 작품은 긴장병적 표현주의에 대한 나의 반항이다: 내가 해결한 우주적 상징이 서구문명에 뿌리 깊이 구현되어 있는 십자가를 대신할 것이다"라고 호언한다. 이렇게 그는 자아도취에 빠져 예술의 전달과 공감기능을 부정하는 화가이다. 또한 마피어 윈섬(Mafia Winsome)은 소설가로 이런 특이한 창작철학 — "세상은 오로지 초인적 사랑에 의해서만 어떤 쇠퇴를 방지할 수 있다" —을 주장한다. 그런데 그녀의 초인적 사랑은 "하룻밤에, 아니 매일 밤 아주 많은 횟수의 격렬하지만 가학적이 아닌 포옹을 하면서 다섯번 내지 여섯번 하는 성교를 의미한다." 그녀의 5년 동안의 결혼생활 동안 그녀의 남편은 초인적 사랑이라는 면에서 그녀의 기대와 갈망을 절반도 충족시켜주지 못했고, 그리하여 그녀는 자신이 바라는 두 영혼의 융합이 이루어질 수 없어 매우 불행했다. 이처럼 그녀는 자신의 성욕과 성적 쾌감을 마음껏 충족시키기 위한 황당무계한 독선적 창작철학에 빠진 나머지 매우 불행하고 비참한 삶을 자초한다. 또한 이 패거리들과 일맥상통한 의식의 포로로 전락한 성형외과의사, 쇤메이커(Shoenmaker)는 "아름다움은 영혼에 있지 않고, 매입될 수 있는데, [. . .] 내가 아름다움을 팔고 있다"(56, 282, 125, 47)고 강변한다. 나아가 그는 자신의 성적 쾌감을 극대화하기 위해, 여자의 신체까지도 강제로 성형하려고 한다.

그러나 이 패거리들 가운데도 올바르고 이타적 정신으로 살려고 하는 선량한 사람들도 있다. 그중 하나인 아울글래스는 서슴없이 패거리들과 어울리지만, 가능한 한 그들과 멀리 하면서 자신의 인간성, 독립성, 그리고 자주성을 고수하려고 한다. 게다가 그녀는 궁지에 몰린 친지들을 정신적, 경제적으로 도와준다. 또한 파올라는 자립적 인간이 되기 위해, 아무도 눈치 채지 못하게 흑인으로 변장하여 며칠씩 할렘(Harlem)에 가서 루비(Ruby)라는 가명으로 창녀 노릇을 한다. 이런 자립정신 때문에, 그녀는 루니 윈섬(Roony Winsome, 마피어의 남편)과 흑인 재즈음악가인 머클린틱 스피어(Mclintic Sphere)에게 지대한 관심과 매력의 대상이 된다. 스피어는 그의 색서포운 연주를 통하여, "애프리카 민족주의의 정신과 반지성 그리고 상승세"를 구현하여, 음악의 "새로운 개념"을 정립했다는 그 패거리들의 절찬을 받는다. 그들은 그에게서 챨리 파커(Charlie Parker)의 화신을 보았고, 파커가 다시 살아났다고 열광한다. 그러나 그는 백인지배사회에서 소외감과 절망감을 뼈저리게 느껴 의기소침해질 때면 파올라를 찾고, 파올라와 성관계를 하고 나면 다시 활달하고 적극적인 남자로 돌변한다.[32] 따라서 그녀가 "창녀는 인간이 아니다"고 자신을 경멸하자, 그는 그녀를 위로하고 격려하고자, "너는 인간이다. 루비, 너는 나하고 있을 때 인간이다"고 말한다. 더욱이 그는 그녀가 흑인으로 변장한 파올라임을 알고, 그녀에게 인간적인 여자가 되는 첩경이 이런 실천 — "상대방을 입을 다물고 사랑하며, 지극정성을 다해 모르게 도와주고, 냉정하면서도 성심성의껏 보살핀

32 Seed, 81.

다'(60, 291, 365-66) —에 있다고 조언한다. 이처럼 그는 청중에게 깊은 공감과 감동을 불러일으키는 연주자이고, 상대방의 인품과 영혼을 있는 그대로 인정하며 존중하는 인격자이다.

프러페인이 파올라를 아울글래스 아파트로 보내고, 할 일이 없어 지하철을 타고 타임즈광장(Times Square)에서 그랜드 센트럴(Grand Central)까지 오가면서 시간을 낭비하고 있을 때, 프웨르터 리코우(Puerto Rico)출신 처녀 피나(Fina)가 그의 딱한 처지를 보고, 그를 도와주고 싶어 자기 집으로 가자고 울면서 청한다. 그녀의 아버지는 극빈자수당을 수령하는 궁핍한 가장이면서도 그를 기꺼이 동숙인으로 받아들이고, 빈 방이 없으므로 욕실을 거처로 내준다. 프러페인은 바로 돈벌이를 하려고 악어사냥 명수인 그녀의 오빠 에인졀(Angel)과 함께 하수구로 내려가서 악어를 사살하는 일을 시작한다. 뉴욕시의 수많은 아이들이 재미로 애완용 악어새끼를 사서 가지고 놀다가 싫증이 나자 변기에 버렸는데, 이 악어새끼들이 하수구에서 크게 자라더니 번식력이 강해 하수구 전역을 휩쓸고 다니는 무법자들로 돌변하자, 시당국은 악어들을 제거할 대원들을 모집한다. 그는 신입대원이 되어, 평생 처음 엽총을 발사하여 생명체를 죽이는 일을 한다. 또 그는 악어사냥을 하다가, 몰터에서 영국영사관의 하수인 역할을 하다가 1919년에 미국으로 온 영국인 신부, 페어링(Fairing)에 대한 희한한 이야기를 듣게 된다. 그 신부는 대공황기(大恐慌期)에 매일 18시간씩 급식소와 구제소를 오가면서 마음에 깊은 상처를 입고 절망에 빠진 사람들을 위로하다가, 어느 순간 쥐들이 뉴욕시를 지배할 거라는 생각에 빠진다. 그래서 그 신부는 볼터모교리문답책(Baltimore Catechism), 성무일도서, 그리고 나이트(Knight)의 *현대 선박조종술(Modern Seamanship)*을 가지고 하수구로 내려가서, 한쪽 둑에다 은신처를 짓고, 성의를 이불로 그리고 성무일도서를 베개로 삼고 지하생활을 시작한다. 그는 쥐들을 개종시켜, 자기가 지상의 후계자들의 정신적 지도자가 되려고 한다. 또 그는 하수구에 흐르는 물에 영원한 축복과 몇번의 불제(祓除)기도를 하여, 이 물을 세례할 때 성수(聖水)로 사용하려고 한다. 그는 매일 식량으로 쥐 세 마리를 잡아

먹는다. 그는 쥐들에게 설교하면서, 그 궁극적 목표는 평화라고 강조한다. 그러나 신부는 자기가 살기 위해 세례교인들, 즉 쥐들을 죽였으며, 수녀가 되고 싶다는 버로니커로 호칭되는 쥐와 성관계를 가졌다. 그는 하수구생활을 일기장에 남겼는데, 일기장은 배티컨 도서관(Vatican Library)의 접근 금지구역에 보관되어 있다. 뉴욕시 하수구과에 근무했던 옛 직원이 그 일기장을 읽고, "아마 일기들은 침몰하고 있는 배에서 탈출할 최선책을 연구하고 있다"(120)고 논평했다. 프러페인은 그 이야기를 듣고, 이야기가 굉장히 과장된 것 같지만, 이야기가 사실이냐 아니냐는 전혀 문제가 되지 않는다고 반응한다.

그가 악어사냥이 끝나버려 실직자가 되자, 피나는 그에게 새 직장을 구해주려고 한다. 그러나 그가 그녀의 호의를 받아들이지 않자, 그녀는 실망한다. 게다가 그는 그녀가 욕실에 발가벗고 누워서, "베니, 나는 처녀야. 난 베니가 내 첫 남자가 되어주기를 원해"(145)라고 하소연하지만, 그녀의 이런 간절한 소원을 들어주지 않는다. 이는 그가 언제나 자신을 과소평가하기 때문에, 그녀의 순수성과 진실성을 이해하고 수용하지 못하기 때문이다. 나아가 그가 그녀를 부양할 책임을 지게 될까 두렵기 때문이다. 그가 그녀의 뜻을 거절한 뒤에, 그녀가 불량배들에게 성폭행당하는 현장을 목격한다. 이제 그는 그녀 집에 갈 수가 없다.

그는 아울글래스의 소개로 인간연구협회(Anthroresearch Associates)의 야간수위로 취직한다. 그는 밤에 세번씩 연구실을 순찰하고, 실험장비들을 점검하는 일을 한다. 그는 여기서 현대인에게 가장 필요하고 유용하면서도 가장 큰 비극을 유발하는 방사능과 교통사고를 상징하는 두 개의 인조인간과 상면한다. 하나는 쉬라우드(shroud, synthetic human, radiation output determined의 두문자어)이고, 다른 하나는 쇼크(shock, synthetic human object, casualty kinematics의 두문자어)이다. 두 인조인간은 현대인들이 자신들을 정신적으로 승화시키려고 최선을 다하지 않으면서, 기계적으로 확장한 부정적이고도 비극적인 결과를 보고 인류 발전과 진보라고 착각하는 대표적 실례들이다.[33] 쉬라우드는 방사성 낙진결과와 영향을 측정할 목적으로 제작되었다. 오늘날 쉬라우드의 역할은 매우 중요하다. 인간이 18세기에는 시계와 같은 자동장치로서, 19세기에는 뉴튼(Newton) 물리학이 아무 이견 없이 수용되고 나서 열역학에 대한 연구가 활발하게 진행됨에 따라 열기관으로서, 20세기에는 "엑스선, 개머선, 그리고 중성자를 흡수하는 물체로서" 정의되기 때문이다. 쇼크는 자동차사고의 결과와 후유증을 알아보려고 제작한 인체해부 모형이지만, 정말로 살아 있는 사람 같다. 프러페인은 어느 날 밤에 순찰을 돌고 오다가 쉬라우드 앞에 멈추니까, 쉬라우드는 그가 이해할 수 없는 이런 이상한 말을 한다: "당신과 모든 사람들이 언젠가 나와 쇼크 같은 인간이 될 것이다." 이 말을 듣고, 프러페인은, "너는 영혼이 없다. 그런데도 너는 어떻게 말할 수가 있구나"(284, 286)라고 반박한다. 그러자 쉬라우드가 그에게 영혼을 가지고 있다고 자랑하는 인간들이지만, 히틀러(Hitler)와 아이크먼(Eichmann)은 유대인을 대량 학살한 만행을 자행했음을 상기시킨다. 이 상기는 프러페인의 실존의지, 인간성, 그리고 판단력이 약하고 의심스러움을 암시한다.

프러페인은 근무태만으로 인간연구협회에서 해고당한다. 그는 아울글래스의 적극적인 권유에도 새 직장을 구하려고 하지 않는다. 또 그는 다른 사람의 순수성과 진실성을 그대로 받아들이려고 하지 않을 뿐만 아니라 이타정신을 발휘하려고도 하지 않는다. 게다가 그는 강한 성적 욕망을 충족하고 싶어 안달하면서도, 여자가 자발적으로 성관계를 갖자고 하면 거절한다. 그는 자신의 오해와 오판 그리고 이기심 때문에 피나의 순수한 마음을 받아들이지 않아, 그녀의 삶에 큰 상처를 남겼다. 그가 파올라를 성폭행의 위기에서 구해주었을 때, 그녀가 감사하는 마음으로 자진해서 그에게 성관계를 갖고 싶다고 말하자, 그는 거절한다. 그는 누구든지 먼저 자기에게 호의를 보이고 의존하려고 하면 무조건 거부한다. 그러나 그도 아울글래스가 울먹이면서 간청을 할 때 부득불 그녀의 뜻에 따른다. 그녀가 침대에 누워서, "[베니] 이리와. 이건 무료

33 Joseph W. Slade, *Thomas Pynchon* (New York: Peter Lang, 1990), 99.

야. 해주기만 하면 돼. 올라와. 내 것은 아주 좋아. 공짜야"라고 하소연하자, 그는 마지못해 올라간다. 그가 적극적으로 여자의 순수하고 진정한 마음을 받아들이지 못하는 까닭은 자신을 언제나 순진한 바보라고 믿는 자기부정에 있다. 구체적 실례를 들면, "사람들은 변신, 성숙할 수 있다. 너는 그렇게 하려고 노력할 수 없었느냐?"라고 아울글래스가 말하자, 그는 이 말을 듣고 반박하기를, "나는 변하지 않는다. 순진한 바보들은 언제나 똑같다"(384, 383)고 말한다. 이처럼 그는 자신을 성숙시키려고도, 자신과 다른 사람을 사랑하려고도 하지 않는다. 그는 이런 의지가 없기 때문에 자신의 가능성과 잠재력을 계발하고 발휘할 수가 없다. 그러므로 그는 매사에 자신감을 가질 수 없어, 언제나 소극적이고 부정적 사고와 행동을 한다. 요컨대 그는 실존목적을 상실한 게으르고 메마른 이기적 인간이다. 동시에 그는 실존목적을 왜곡하는 가진 자들의 이기심, 농간, 횡포, 그리고 인권 유린의 피해자이다.

그러나 그는 마침내 자신의 이런 제약과 한계를 극복한다. 그는 허버트 스텐설과 파올라에게 속아 벌레터에 왔다가, 스텐설이 아무런 예고도 없이 떠나버리자 사고무친의 처지에 봉착한다. 이때 그는 친구들과 관광하러 왔다가 돈이 거의 다 떨어진 상태에서 혼자가 된 대학생이자 시인인 앵글로우색선계 백인신교도 브렌더 위걸즈워스를 만난다. 두 사람은 어떻게 여기까지 왔으며, 이제 어디로 갈 것인가에 대해 서로 의견을 나눈다. 그리고 두 사람은, "여기는 미지의 장소이다. 우리는 아무 데도 가지 않으면서, 자신을 속여 어디로 가고 있다고 믿는다. 이런 믿음은 하나의 재주이고, 그 믿음에 반대하기는 쉽지 않아 반대란 거의 없으며, 반대한다 해도 그 반대는 억지 쓰기이다"라고 동의한다. 그리고 그녀가 그에게 경험을 통하여 많은 것을 배웠냐고 묻자, 그는 오래 생각하지도 않고 대꾸하기를, "나는 아무것도 배우지 않았다"고 답한다. 이제 그는 스스로 바보라고 맹신한 자아에 유폐된 나머지, 자신을 변신시켜 성숙하려고 노력하지 안했음을 깨닫는다. 그는 비로소 자신의 실존이 전적으로 편견과 독선, 나태, 충동, 이기심, 그리고 다른 사람의 순수성과 진실성의 거부에 의존했다는 부끄러운 자화상을 발견한다. 그는 이런 자아성찰을 통해 인간성을 회복한다.[34] 그리하여 그는 브렌더의 손을 꽉 잡고 갑자기 모든 불이 꺼진 벌레터의 밤거리를 함께 달린다. 프러페인과 브렌더는 "갑자기 완전한 밤으로 변한 거리를 계속 달렸다. [그들의] 활력이 그들을 몰터의 경계를 넘고, 지중해까지도 뛰어넘게 할 것이다"(453, 454, 455). 그에게 밤은 새벽이 다가온다는 광명을, 그리고 지중해를 뛰어넘음은 사고와 행동의 제약과 한계를 초월하는 자아성찰을 통한 변신과 성숙을 상징한다. 요컨대 그는 미미하지만 실존목적 왜곡과 상실을 극복한다.

실존목적 왜곡과 상실을 극복하는 최선책인 자아성찰은 파우스토를 통해 더욱 구체화된다. 그는 회고록에서 자아를 네 단계의 개인적, 사회적 상황변화를 바탕으로 분석하고 검토한다. 그는 첫 단계에서 장차 정치가와 기술자가 되고 싶어하는 두 친구와 함께 '37세대라는 앵글로우-몰티 시학파(Grand School of Anglo-Maltese Poetry - the Generation of '37)의 열성 회원이면서 동시에 큰 포부와 야망에 도취한 탁월한 대학생으로서 장차 신부가 되기를 꿈꾸고 있다고 자기를 소개한다. 그는 두번째 단계에서는 자기가 혼전에 본의 아니게 엘러너 젬지와 가졌던 성관계에서 전혀 예기하지 못했던 딸 파올라가 탄생함과, 제2차세계대전이 발발함과, 그리고 독일과 이틀리공군이 대대적인 공습을 감행함을 기술한다. 세번째 단계에서 엘러너가 공습으로 사망했다는 비보를 들은 일과, 사악한 신부의 비극적 영면 현장의 목격한 일, 그리고 무자비한 폭격으로 폐허가 된 도시와 그 황량한 잔해들로 인해 울분과 비통함을 느낀 일들을 설명한다. 네번째 단계에서는 스스로를 '37세대의 유일한 잔존 시인이라고 여기며 인간성 회복을 강조한다. 그의 네 단계의 자아는 분리되어 있지 않고, 서로 밀접하게 관련되어 있다. 이렇게 그는 자아를 분석적으로 검토한다. 그는 이 검토를 바탕으로 자기 자신, 그리고 자기를 압도하려는 사악한 인간, 사회조직, 그리고 퇴폐주의를 심오하게 인식하려고 한다. 따라서 그는 진실한 주체적 자아를 탐구하

34 앞책, 105.

기 위해, 퇴폐주의를 극복할 인간성회복의 방안을 강구하려고 한다.

그의 처음 세 단계의 자아는 인간을 타도의 대상으로 간주하는 제국주의와 그 추종자들이 일으킨 전쟁에 의해 그 존립이 철두철미하게 부정된다. 전쟁 중에 진리, 형이상학, 그리고 종교는 인간실존에 아무런 의미가 없고, 오로지 사고, 사건, 그리고 상황들이 그것에 결정적인 역할을 한다. 공습 중에는 인간은 아무런 존재 의의가 없고, 나무, 건물, 교회, 그리고 동상들과 전혀 다를 바가 없다. 왜냐하면 이 모두가 폭격에 의해 순식간에 파괴되어버리기 때문이다. 파우스토는 이런 파괴력을 퇴폐주의로 이렇게 정의한다: "퇴폐주의, 퇴폐주의, 퇴폐주의가 무엇이냐? 오직 죽음을 향한, 차라리 인간성 부정을 향한 힘찬 전진이다." 따라서 그는 주장하기를, 우리가 일단 퇴폐주의의 함정에 빠지면, 거기서 빠져나오기가 무척 어렵다. 그래서 우리가 퇴폐주의의 포로로 전락하지 않으려면, 인간성을 회복해야 한다. 우리가 인간성을 회복하려면, 인도주의를 신봉하고 수호해야 한다. 그는 시인으로서 자신의 처음 세 단계의 부정적 자아를 극복할 수 있는 인도주의 수호의 최선책을 시와 시인의 정의에서 찾는다. 그는 시란 극한상황에서는 인간실존에 무력하고 무능한 진리와 형이상학에 불과한 것이 아니라 오히려 인간의 생명 지탱력이고 본능임을 이렇게 정의한다: "시는 천사들, 혹은 '잠재의식'과의 소통이 아니다. 시는 지구력, 생식기, 그리고 오감의 관문과의 소통이다. 시는 이 이상이 아니다." 시인은 "꿈에 매달려 생존한다." 그는 자신의 이런 시와 시인의 정의를 확신하기 때문에, 퇴폐주의가 만연한 상황에서도 파올라가 "단 하나의 주어진 심장과 편안하고 온전한 마음"(321, 318, 325, 314)을 가지고 실존하기를 갈망한다.

파올라는 자신의 의지와 아버지의 뜻에 따라 "편안하고 온전한 마음"을 가지고 살아가려고 결심한다. 그녀는 허버트 스텐설과 프러페인과 함께 벌레터에 왔을 때, 자기가 버렸던 남편, 패피의 전함이 기관고장을 수리하려고 항구에 정박하고 있다는 소문을 듣는다. 패피는 자신이 자나 깨나 정성을 다해 사랑했던 파올라의 버림을 받고, 거의 폐인이 되기 일보직전에 있다. 그때 그녀가 전함 옆에서 그를 기다리고 있다가 만난다. 그녀는 그에게 잘 있었느냐고 인사하며, 그보다 먼저 미국에 돌아가서 "나는 노펵의 집에 앉아 정숙하게 있으면서 물레질을 하고 있을 것이오. 당신의 귀가 선물로 뜨개실을 뽑고 있을 것이오"라고 말한다. 이 뜻밖의 선언을 듣고, 그가 생각해낼 수 있는 전부는 "나는 당신을 사랑한다"는 말 뿐이다. 그녀는 그의 입맞춤과 포옹을 거절하고 헤어질 때 그에게 말로 하는 약속보다도 더욱 강한 불가사의한 힘을 지닌[35] 상아 빗을 주면서, "포우커 놀음에서 이걸 잃지 말아요. 내가 오랫동안 가지고 있었으니까"(443)라고 말한다. 이제 그녀는 패피를 "입을 다물고 사랑하며, 지극정성을 다해 모르게 도와주고, 냉정하면서도 성심성의껏 보살피려고"한다. 요컨대 그녀는 퇴폐주의가 창궐하는 비인간화된 사회에서 "구세주가 있다면, 그녀가 바로 구세주이다." 더욱이 그녀는 "황무지에 새 활력을 불어넣을 여신의 강력한 후보자"[36]로 각광받을 인물이다.

III

지금까지 필자의 반응 논지 — 실존목적 왜곡과 상실의 극복 —를 바탕으로 비.를 분석하고 고찰하였다. 이 소설의 시대적 배경은 제국주의국가들의 식민지 쟁탈전이 치열했던 19세기 말부터 제2차세계대전이 종전되고 미국사회가 번영과 풍요를 구가하는 1950년대 중반까지이다. 제국주의국가의 지배계층인사들은 식민지 원주민들의 인권을 유린하고, 더욱이 살육까지 자행하면서 경제적 착취와 관능적 쾌락을 극대화하기에 혈안이 되었었다. 제국주의국가의 지배자들과 그 하수인들의 실천철학 — "인간성은 타도의 대상" —을 구체화한 대표적 인물이 비.이다. 그녀는 자아탐구를 철저히 포기하고, 오로지 자신의 이기적 욕구와 필요에 따라 실존하고 행동한 제국주의의 상징적 인물로서, 그리고

35 Plater, 180.

36 Slade, 91, 80.

성도착상태에 빠진 남장 신부로서 자신의 생을 비극적으로 마감한다. 허버트 스텐설은 선친이 비.를 언급한 일기를 읽고, 바로 자신의 삶의 목적을 그녀의 정체 탐구에 두고서, 그녀의 추악한 과거 추적에 전념한다. 자아탐구를 포기한 채, 삶의 목적을 정치적 패권, 경제적 착취, 과학과 기술의 악용, 그리고 사리사욕과 쾌락의 극대화에 두고 있는 지배계층인사들은 우리를 실존목적 상실자로 전락시킨다. 실존목적 상실자들은 자아와 존재 의의를 완전히 망각하고 생존하기 때문에, 그들의 인간성은 메마르고, 자립의지는 약하다. 게다가 이들은 매우 이기적이며 독선적이고, 동시에 관능적 쾌락을 탐닉하면서, 다른 사람을 전혀 존중하거나 배려하지 않는다. 베니 프러페인과 정신이상자 패거리들은 이들의 대표적 인물들이다. 또 이들 중 몇 예술가들은 가짜 예술을 진짜로 착각하고 창작에 열중한다. 그러나 프러페인은 스스로 바보라고 맹신하는 자아에 유폐된 채, 외적 요인과 작용에 의해 본의 아니게 실존목적을 상실했다가, 자기는 삶에서 아무것도 배우지 못했다는 순간적인 깨달음으로써 자아를 성찰하고 인간성을 회복한다. 그가 이루려는 인간성회복은 파우스토의 자아분석과 검토 그리고 인도주의 신봉과 수호의지에 의해 더욱더 구체화된다. 그는 인도주의를 수호하는 최선책을, 극한상황에서 인간실존에 아무런 희망과 용기를 불러일으킬 수 없는 무력하고 공허한 진리와 종교에서가 아니고, 인간의 생명력을 지탱하고 본능을 충족시키는데 크게 도움이 되는 시의 정의에서 모색한다. 그리하여 그는 시를 "생명 지탱력, 생식기, 그리고 오감의 관문과의 소통이다"고 정의한다. 또 그는 이 시의 정의를 바탕으로 딸 파올라가 비인간화된 사회에서도 "단 하나의 주어진 심장과 편안하고 온전한 마음"을 가지고 긍정적이며 낙관적이고도 창조적 삶을 살아가기를 갈망한다. 파올라는 아버지의 이런 바람에 따라 자기에게 무관심하고 냉담하다는 이유로 스스로 버렸던 남편, 패피 호드를 다시 맞이하여 지극히 성심성의껏 보살피려고 한다. 요컨대 그녀는 인간성을 회복함으로써 다른 사람을 존중하고 배려하며 헌신적으로 사랑하는 여자로 변신한다. 그녀의 이런 변신은 "황무지에 새 활력을 불어넣을 여신"이 도래할 수 있음을 상징한다.

이처럼 실존목적을 왜곡한 지배계층인사들이 자신들의 이기적 목적을 달성하기 위해, 우리를 인간성이 메마른 실존목적 상실자로 전락시키려고 해도, 무위로 끝난다. 그들은 이런 목적을 달성하려고 우리를 세뇌시켜 자기들이 조작한 모형 안에 구속시켜 생존하도록 한다. 때로는 우리도 스스로 이런 제약과 한계를 극복할 수 없는 무능력자라고 맹신하고 자포자기상태의 자아에 유폐된다. 그러나 우리는 자아유폐와 구속에서 벗어날 계기만 마련되면, 바로 자아를 성찰하고 인간성을 회복할 가능성이 있다. 따라서 우리는 아무리 엄청난 실존목적 왜곡과 상실의 소용돌이에 휘말려도, 프러페인, 파우스토, 그리고 파올라처럼 그 왜곡과 상실을 극복할 수 있다는 자신감과 용기를 스스로 고취시키려고 최선을 다해야 한다. 요컨대 필자의 반응 논지 — 실존목적 왜곡과 상실의 극복 —는 핀천에 대한 이런 긍정적 평가와 일맥상통한다: "핀천은 희망이란 황무지를 보고 가능성을 상상할 수 있는 능력에 있다고 암시한다."[37] 이 암시가 필자와 논문이 역설하려는 결론이다.

---

37 Peter L. Cooper, *Signs and Symptoms: Thomas Pynchon and the Contemporary World* (Berkeley: University of California Press, 1983), 87.

8

존 엎다이크: 영혼과 육체는 하나

I

존 엎다이크(John Updike, 1932-2009)의 인간과 예술에 대한 정의는 무엇인가? 그의 이런 정의의 바탕은 무엇인가? 이런 정의가 소설가로서의 그의 사명을 어떻게 규명하고 있는가? 그는 이 정의를 바탕으로 자신이 "종교적 양심, 그 양심의 가책, 그리고 그 가책의 극심한 고통을 [탁월하게] 다룬 우리의 고전소설"[1]이라고 격찬한 *주홍 글자*(*The Scarlet Letter,* 1850)에 반영되어 있는 기존의 인간과 종교, 종교와 예술, 종교와 성(性), 그리고 성과 죄(간음)의 관계를 어떻게 평가하는가? 그는 이 평가에 상응하는 예술과 종교 그리고 성에 대한 어떤 새로운 철학을 주장하는가? 그의 주장은 이런 문제에 대한 동료소설가들의 진보적인 견해와 어떤 관계가 있는가? 그가 자신의 새로운 철학을 탁월하게 구현한 그의 일곱번째 소설, *일요일만 있는 한 달*(*A Month of Sundays,* 1975)은 어떤 소설인가? 이 소설의 주인공 토머스 마쉬필드(Thomas Marshfield)

---

[1] John Updike, *Hugging the Shore: Essays and Criticism* (New York: Knopf, 1983), 73.

목사는 어떤 인간인가? 우리는 성직자임에도 불구하고 간음을 자행하는 그를 어떻게 받아들여야 할까? 이 논문에서 이런 문제들을 논의해 본다.

엎다이크는 그의 첫 소설 *양로원 바자회*(*The Poorhouse Fair,* 1959)에서 예술과 인간의 정의 그리고 이 정의의 괄목할만한 역할을 이렇게 천명했다: "예술은 이제는 대립과 갈등을 표현하지 않고 자아탐구와 실현을 반영한다. 모든 인간은 망상과 혼란에 사로잡히지 않은 채로 자신을 알 것이며, 그 자기앎을 바탕으로 건전하고 유익한 생활을 영위할 것이다. [. . .] 오랫동안 인간정신을 왜곡시켰을 뿐 아니라 인간신체의 성장을 방해했던 요인들은 곧 제거될 것이다. 모든 인간은 들판의 나무처럼 성장할 것이다. 앞으로 삶의 낭비와 황폐는 없을 것이다. 삶의 고통, 더구나 삶의 위축은 없을 것이다. 이런 기적이 이 땅에 일어날 것이다. 곧 일어날 것이다."[2]

엎다이크는 인간과 예술에 대한 정의의 바탕을 삶에 두고 있다. 그는 삶 그 자체가 소중하고 성스러우며 절대적이라고 확신한다. 그는 두번째 소설 *도망가라, 토끼야*(*Rabbit, Run,* 1960)에서 스미스(Smith) 할머니를 통해 주인공 해리 앵스트롬(Harry Angstrom)에게 삶의 중요성과 절대성을 이렇게 역설한다: "해리, 삶 — 그것이야말로 네가 가지고 있는 전부이다. 삶은 [조물주의] 신비스러운 선물이다. 나는 어떻게 우리가 이 선물을 활용해야 하는지를 알지 못한다. 그러나 나는 삶이 우리가 [조물주로부터] 얻은 유일한 선물이라고 확신한다. 나는 또한 삶이 [가장] 좋은 선물이라고 굳게 믿는다."[3] 엎다이크는 이 가장 좋은 선물이 절대로 더러워지거나 파손되어서는 안된다고 주창한다. 그는 또한 이 선물이 있는 그대로 있어야지 절대로 어떤 형태로든 변형되어서도 안된다고 역설한다. 덧붙여 그는 누구든지 이 선물을 절대로 인위적으로 파멸시켜서도 안된다고 갈파한다.

엎다이크는 소설만이 자신의 이런 목적을 달성하기 위한 삶의 유

---

2 John Updike, *The Poorhouse Fair* (New York: Knopf, 1977), 107.

3 John Updike, *Rabbit, Run* (New York: Knopf, 1960). 223.

일한 길잡이라고 역설한다. 그는 소설을 "우리의 가능성과 자유의 개념을 확장하려는 시도"[4]라고 정의한다. 따라서 그는 소설가의 사명은 삶(존재)의 탐구에 있을 뿐이라고 주장한다. 그의 주장은 밀란 쿤더러(Milan Kundera)의 이런 소설창작철학과 일치한다: "소설창작에서 존재는 이미 일어났던 사건이 아니고 인간의 가능성의 영역이다. 다시 말하면 인간이 될 수 있는 모든 것 또는 인간이 할 수 있는 모든 것이다. 소설가들은 인간의 이런저런 가능성을 발견함으로써 존재의 좌표를 설계한다. 그러나 다시 한 번 말하지만, 존재함은 '사회 속에 있음'을 의미한다. 따라서 [소설의] 주인공과 그의 세계는 하나의 가능성으로 이해되지 않으면 안된다."[5]

그러면 어떤 경우에도 소설의 주인공과 그의 세계가 하나의 가능성임을 구현하고 있는 소설인 *일요일만 있는 한 달*에서, 간음을 자행한 토머스 마쉬필드목사의 삶이 있을 수 있음과 그 있음의 의의를 규명해 보자. 이 규명은 토머스 마쉬필드목사를 노먼 메일러(Norman Mailer)가 새로운 인간으로 창조하고 찬양한 하얀 검둥이(White Negro)로 간주함을 전제로 할 때 가능하다.[6] 마쉬필드목사의 삶을 더욱 깊이 이해하기 위해서는, 엎다이크의 예술과 종교 그리고 성에 대한 철학 — 예술이 종교보다 우위에 있어야 하며 성이 종교라는 사상 —을 지실하는 것이 필수적이다. 아울러 그의 철학을 가장 정확하게 파악하는 길은 *주홍 글자*를 더 철저하게 음미하는 데에 있다.

그러기 위해 너새널 호손(Nathaniel Hawthorne)이 *주홍 글자*를 집필할 때 작가 자신을 압도해버렸을 뿐 아니라, 이 소설의 주인공 아서 딤즈데일(Arthur Dimmesdale)목사의 삶을 왜곡하고 파멸시켜버린 청교도의 완고한 교리를 우선 알아보자. 청교도들은 인간과 우주를 오로지

---

4 John Updike, *Odd Jobs: Essays and Criticism* (New York: Knopf, 1991), 87.

5 Milan Kundera, *The Art of the Novel*, tr. Linda Asher (New York: Harper, 1988), 42-43.

6 미국소설비평에서 *The Scarlet Letter*의 여자주인공 Hester Prynne을 White Negro로 인정하는 데는 아무런 이의가 없으나, Thomas Marshfield는 아직까지 White Negro로 논의되지는 않았다.

이원론의 입장에서만 보기 때문에, 인간과 우주에는 항상 영혼과 육체, 정신과 물질, 이성과 감정, 인간과 세계, 선과 악, 그리고 광명과 암흑의 끊임없는 싸움이 있을 뿐이라고 굳게 믿는다. 게다가 그들은 이 싸움에서 언제나 나쁜 쪽으로 간주되는 후자가 좋은 쪽인 전자를 무찌르고 있다고 확신한다. 덧붙여 그들은 우주를 악마가 지배하는 감옥이라고 단정한다. 그들은 인간을 그 감옥 속에 갇힌 무력한 존재라고 믿기 때문에, 인간은 결국 자신의 육체와 욕망의 포로로 전락해버린다고 단언한다. 따라서 그들은 비극적이고 악마적인 이야기들을 더욱더 좋아한다.

> 마니교적[이원론적] 정신의 소유자에게 이 세상은 하나님 아닌 누구인가, 즉 암흑 속에서 솟아난 어떤 조물주나 사악한 여호와에 의해 악마의 우주 안에 세워진 감옥이다. 그 감옥 안에서 자신의 육체와 욕망의 포로인 인간은 신음하고 있다. 그는 자주 다른 사람들에 의해, 자기가 만들지 않은 어떤 어두운 운명에 의해 사로잡혀 있는 것처럼 보인다. 그의 정신 속에 어떤 영혼이 서성이며 깜박거리고 있다 할지라도, 그 영혼은 자기를 둘러싸고 있는 모든 것들로부터 극단적으로 분리되어 있으므로 오로지 그 자체만을 볼 수 있을 뿐이다. 감각이 그를 속이고, 세상의 암흑이 그를 함정에 빠뜨리며, 언어가 그를 압도한다. 구제의 유일한 희망은 어떤 "신비적 직관," 즉 우주 안에 깊숙이 파묻힌 채 영혼 속에 머물면서 해방을 갈구하는 어떤 예지에 있다. 기독교인들과는 달리, 대부분의 마니교도들은 그들 자신의 파괴적인 우화들을 즐겼다. 그 우화들에서 이든동산의 뱀과 케인의 낙인은 그들의 영웅들을 상징화했는데, 이 영웅들은 기독교 신과 유대교 여호와의 지옥으로부터 추방된 자들이었다. 역사가들은 마니교가 너무나 수동적이고 반사회적이기 때문에 종교로서 실패했다고 시사한다. 이런 시사는 곧 우리가 호손의 예술과 인물에 대해 쉽게 내릴 수 있었던 판단이다.[7]

To the Manichean mind the world remains a prison, created in a demonic

7 Samuel Chase Coale, *In Hawthorne's Shadow: American Romance from Melville to Mailer* (Lexington: University Press of Kentucky, 1985), 4.

> cosmos by someone other than God, some Demiurge or evil Jehovah sprung from the hosts of darkness. In that prison man languishes, a prisoner of his own flesh and desires. He often seems possessed by others, by some dark fate not of his making, and whatever spirit lingers and flickers within him, it can only view itself as violently separated from all that surrounds it. The senses lie; the darkness of the world entraps; language kills. The only hope of rescue is in some "gnosis," some wisdom buried deep within the cosmos that resides in the spirit and seeks deliverance. Most Manicheans, in contrast to Christians, took delight in their own subversive allegories, in which the snake in Eden and the mark of Cain symbolized their heroes, the outcasts from the Christian God's and the Jewish Jehovah's infernal constructs. Historians suggest that Manicheism failed as a religion because it was too passive and too antisocial, judgments one could easily make about Hawthorne's art and person.

청교도들의 이런 교리가 호손의 삶과 예술을 압도해버렸다. 그가 자기를 이렇게 지배했던 삶과 예술에 대한 사상으로부터 불가피한 영향을 받아 쓴 소설이 *주홍 글자*이다. 그는 우주를 악마가 창궐하는 암흑세계로, 그리고 인간을 사악한 존재이자 그 암흑세계에 갇힌 무력하고 외로운 영혼의 포로로 확신했다. 그의 확신에 따르면 암흑세계가 인간을 가차 없이 억압하며, 이렇게 억압받은 인간은 자신의 영혼을 무참하게 학대한다. 이처럼 영혼을 학대하는 고독한 인간은 자신의 비극적이고 파괴적인 강박관념에 사로잡혀 있다. 이런 강박관념에 사로잡혀 옴짝달싹 못하게 되어 자멸을 초래한 대표적인 인간이 그 소설주인공 딤즈데일목사이다.

딤즈데일목사는 17세기의 미국 청교도사회에서 그 완고하고 가혹한 교리를 삶의 전부라고 믿는 독신의 성직자였다. 이런 성직자가 자기 교회의 매우 매력적인 젊은 여신도 헤스터 프린(Hester Prynne)과 불미스러운 성관계를 가졌다. 헤스터는 자신이 열렬히 사랑하는 목사와의 비행으로 말미암아 사생아를 가졌다. 따라서 그녀는 간음을 저지른 여자로 낙인이 찍혀 그 죄의 엄청난 대가를 치르지 않으면 안되었다.

계속적으로 그리고 무수한 방식으로, 그녀는 끝날 날이 없으며 언제나 효력 있는 청교도 재판의 선고에 의해, 자기에게 아주 간교히 가해졌던 고통의 무수한 진동을 느꼈다. 성직자들이 [그녀에게] 훈계의 설교를 하려고 거리에 한동안 멈추면, 히죽거리며 얼굴을 찡그린 군중이 이 불쌍하고 죄 많은 여인 주위에 모여들었다. 그녀는 만인의 아버지(하나님)의 안식일 미소를 나누리라 믿으며 교회에 들어서면, 자신이 설교의 화제임을 발견하는 난처함에 빠졌다. 그녀는 점차 어린이들이 두려워졌다. 왜냐하면 어떤 친구도 없이 오직 한 어린이만 데리고 남의 눈을 피해 살그머니 마을을 지나는 이 불쌍한 여인에 대한 무시무시한 어떤 일의 막연한 견해를 어린이들마저도 그들의 부모로부터 들어 알고 있었기 때문이다. 그러므로 그들은 먼저 그녀를 지나가게 한 다음, 멀리서 소름끼치는 고함을 지르며 그들 마음속에 분명한 목적은 없지만 그래도 그녀에게는 무섭기 만한 말들을 무의식적으로 계속 지껄이면서 멀리서 그녀의 뒤를 따랐다. 그녀의 수치가 너무나 널리 확산되어, 삼라만상이 그것을 알고 있음을 입증하는 듯이 보였다. 나뭇잎들이 서로 그 어두운 이야기를 속삭임도, 여름철 산들바람이 그것에 대해 중얼거림도, 겨울철 돌풍이 그것을 큰 소리로 비명지름도, 그녀에게 더 쓰라린 고통을 가하지는 못했을 테다. 또 다른 특이한 고통은 처음 보는 사람의 눈초리에서 느껴졌다. 낯선 사람들이 주홍글자를 신기한 듯이 바라보았을 때 — 그렇게 하지 않는 사람은 아무도 없었다 — 그들은 헤스터의 영혼 속에 그 글자를 새롭게 새겨 넣었다. 그래서 그녀는 자주 그 글자를 자기 손으로 감추려는 충동을 억제할 수 없었지만, 언제나 자제했다. 그러나 또 다시 친숙한 눈길도 마찬가지로 고통을 더해주었다. 그 친근한 차가운 눈초리는 견디기 어려웠다. 요컨대 헤스터 프린은 처음부터 끝까지 그 글자에 쏟아지는 사람들의 눈길을 느끼면서 언제나 이 무서운 고통을 감수했다. 그 수치심은 결코 무감각해지지 않았다. 오히려 그것은 나날의 고통으로 더욱더 예민해지는 것 같았다.[8]

---

8 Nathaniel Hawthorne, *The Scarlet Letter*, Ed. Ross C. Murfin (Boston: Bedford Books of St. Martin's Press, 1991), 79-80. 앞으로 이 작품에서의 인용문은 괄호 안에 쪽수만 표시함.

Continually, and in a thousand other ways, did she feel the innumerable throbs of anguish that had been so cunningly contrived for her by the undying, the ever-active sentence of the Puritan tribunal. Clergymen paused in the street to address words of exhortation, that brought a crowd, with its mingled grin and frown, around the poor, sinful woman. If she entered a church, trusting to share the Sabbath smile of the Universal Father, it was often her mishap to find herself the text of the discourse. She grew to have a dread of children; for they had imbibed from their parents a vague idea of something horrible in this dreary woman, gliding silently through the town, with never any companion but one only child. Therefore, first allowing her to pass, they pursued her at a distance with shrill cries, and the utterance of a word that had no distinct purport to their own minds, but was none the less terrible to her, as proceeding from lips that babbled it unconsciously. It seemed to argue so wide a diffusion of her shame, that all nature knew of it; it could have caused her no deeper pang, had the leaves of the trees whispered the dark story among themselves, — had the summer breeze murmured about it, — had the wintry blast shrieked it aloud！ Another peculiar torture was felt in the gaze of a new eye. When strangers looked curiously at the scarlet letter, — and none ever failed to do so, — they branded it afresh into Hester's soul; so that, oftentimes, she could scarcely refrain, yet always did refrain, from covering the symbol with her hand. But then, again, an accustomed eye had likewise its own anguish to inflict. Its cool stare of familiarity was intolerable. From first to last, in short, Hester Prynne had always this dreadful agony in feeling a human eye upon the token; the spot never grew callous; it seemed, on the contrary, to grow more sensitive with daily torture.

이런 끔찍한 고통을 당하면서도, 그녀는 어린애의 아빠를 밝히라는 끈질긴 요구를 단호하게 거절해버렸다. 이런 헤스터와는 대조적으로, 딤즈데일목사는 기만과 위선의 삶을 살면서 종교적 양심의 가책과 그 가책의 고통에 극도로 시달렸기 때문에, 점점 아주 초췌한 인간으로 전락해 갔다.

헤스터는 딤즈데일과 떳떳하지 못한 성관계를 갖고 어린애를 출산했기 때문에, 청교도들의 욕설과 저주의 대상이 되었으며, 딤즈데일 목사는 스스로 종교적 양심의 가책에 시달렸다. 이 두 사람이 이처럼 사회의 가혹한 비난과 개인적 양심의 무서운 고통을 받고 있지만, 하나님은 이 두사람에게 어린애를 갖게 해줌으로써 그들을 축복했다. 이 두 사람의 불미스러운 관계가 청교도사회에서는 엄청난 죄가 되어, 혹독한 형벌과 양심적 가책의 대상이 되고 있지만, 하나님에게는 죄가 아닌 축복이었다.

> 사람들은 이 여인의 죄를 주홍색 글자로 표시했다. 이 글자는 그처럼 강력하고 파괴적인 효력을 가졌기 때문에, 그녀처럼 사악한 것이 아닌 그 어떤 인간적인 연민도 그녀에게 다다를 수 없었다. 하나님은 사람들이 이처럼 처벌한 죄의 직접적인 결과로서 그녀에게 사랑스러운 어린애를 낳게 해주었다. 그 어린애의 터가 똑같은 치욕스러운 가슴에 있었지만, 그 애는 그녀의 부모를 영원히 인간의 종족과 혈통과 결합시켜주어 마침내 하늘에서 축복받을 사람이 되도록 해 줄 것이었다. 그러나 이런 생각들도 헤스터 프린을 희망보다는 오히려 불안감에 휩싸이게 했다. 그녀는 자기 행동이 사악했었다고 믿었다. 그러므로 그녀는 그 결과가 좋을 것이라는 믿음을 가질 수 없었다. (81)
>
> Man had marked this woman's sin by a scarlet letter, which had such potent and disastrous efficacy that no human sympathy could reach her, save it were sinful like herself. God, as a direct consequence of the sin which man thus punished, had given her a lovely child, whose place was on that same dishonored bosom, to connect her parent for ever with the race and descent of mortals, and to be finally a blessed soul in heaven! Yet these thoughts affected Hester Prynne less with hope than apprehension. She knew that her deed had been evil; she could have no faith, therefore, that its result would be for good.

그럼에도 불구하고 철두철미하게 청교도교리를 신봉하는 딤즈데일목사는 헤스터와의 성관계와 그 관계의 은폐로부터 치솟는 종교적 양심의 가책과 죄의식에 사로잡혀버렸다. 그의 종교는 그가 헤스터와 가졌던 성행위를 도저히 용서받지 못할 죄로 단정함으로써, 그의 생활과 사고를 송두리째 죄의식 속에 유폐시켜버렸기 때문이다. 이제 그는 그 죄의식 때문에 자신의 영혼의 가증스러운 번뇌를 삶의 전부로 받아들일 뿐이었다. 7년 전 헤스터가 형벌을 받았던 그 처형대 위에서, 그는 간음의 죄와 그 은폐의 무서운 고통 속에 한밤중에 이렇게 울부짖었다.

> 그리고 이렇게 속죄의 헛된 겉치레로 처형대 위에 서 있는 동안, 딤즈데일목사는 마치 전 우주가 바로 자기 심장 위의 발가벗은 가슴에 있는 주홍표시를 응시하고 있는 듯 마음의 엄청난 두려움에 압도당했다. 사실대로 말하면 그 표시에 육체적 고통의 매우 불쾌하고 격렬한 맹위가 있으며, 오랫동안 있어 왔다. 자신의 자제력이나 의지의 어떤 노력의 보람도 없이, 그는 큰소리로 비명을 질렀다. 이 비명은 밤새껏 울려 퍼지면서, 이 집에서 저 집으로 울려 퍼져가, 뒷동산에서 메아리쳤다. 마치 일단의 악마들이 그 비명에서 그처럼 커다란 불행과 공포를 탐지하고, 그 비명을 장난감으로 만들어 그 장난감을 앞뒤로 치고받고 있는 것처럼.
>
> "끝났다"라고 목사는 얼굴을 손으로 가리며 중얼거렸다. "모든 마을 사람들이 깨어나, 앞으로 달려와, 여기 있는 나를 보겠지." (122)

> And thus, while standing on the scaffold, in this vain show of expiation, Mr. Dimmesdale was overcome with a great horror of mind, as if the universe were gazing at a scarlet token on his naked breast, right over his heart. On that spot, in very truth, there was, and there had long been, the gnawing and poisonous tooth of bodily pain. Without any effort of his will, or power to restrain himself, he shrieked aloud; an outcry that went pealing through the night, and was beaten back from one house to another, and reverberated from the hills in the background; as if a company of devils, detecting so much misery and terror in it, had made a plaything of the sound, and were bandying it to and fro.

"It is done!" muttered the minister, covering his face with his hands. "The whole town will awake, and hurry forth, and find me here!"

이처럼 엄청난 죄의식에 옴짝달싹 못하게 된 딤즈데일목사의 건강은 극도로 악화되었고, 삶의 의욕마저도 상실되었다. 자신의 유아론적 죄의식에 유폐되어버린 목사에게는 헤스터의 이런 위로와 격려의 조언도 아무런 쓸모가 없었다: "우리가 했던 성행위는 그 자체가 성스러운 일이었습니다. 우리 둘은 서로 그렇게 느꼈고 또 서로에게 그렇게 말했었잖아요. 목사님은 그 말을 벌써 잊어버렸어요?" 그녀는 또한 그에게 이렇게 충고했다: "목사님은 이 완고한 청교도들과 그들의 고지식한 교리에서 어떻게 하든지 탈피해야만 합니다. 그들과 그 교리가 이미 오랫동안 목사님을 속박했습니다." 나아가, 그녀는 그에게 그 속박에서 벗어나 주체적인 자아를 회복하라고 이렇게 격려했다: "[목사님], 누워서 쓰러지려고만 하지 말고, 설교하십시오! 설교문을 쓰십시오! 행동하십시오! [아니] 어떤 일이든 하십시오!"(154, 156, 157). 그러나 그녀의 이런 위로와 격려도 딤즈데일목사를 구원할 수 없었다. 탁월한 설교가의 자질과 능력 그리고 해박한 지식의 소유자였지만, 딤즈데일목사는 완고한 청교도교리의 제물이 되어 쓰러져버렸다.

엎다이크는 "딤즈데일목사가 저지른 간음의 비극에 대한 반응"[9]으로 *일요일만 있는 한 달*을 썼다. 그는 딤즈데일목사의 비극은 호손의 영혼과 육체를 분리하는 이원론에서 비롯된다고 주장한다. 그는 딤즈데일목사의 영혼은 그가 저지른 간음 그리고 종교적 양심의 가책과 죄의식이라는 이원론 때문에 "왜곡되고, 손상을 입어, 파멸되었다"[10]고 한다. 그는 호손의 소설에 구현되어 있는 인간존재에 치명적인 "정신 대 물질"이라는 이원론과 그 이원론의 끊임없는 갈등을 이렇게 지적한다.

---

[9] Coale, 123.

[10] Updike, *Hugging the Shore*, 80.

호손은 기독교로부터 이원론을 받아들여, 이 이원론을 더욱더 극단화했다. 정통교리는 물질과 정신을 예수라는 수치스러운 화신으로 메운다. 호손에게 물질은 악과 인접하고 있으며, 덕은 비현실적이다. [. . .] 유령이 나타남은 신성한 것의 타락한 모습이다. [. . .] 지상-육체-피 대 하늘-정신-영혼의 좌표는 약간 회전하여 세계 대 자아의 좌표가 된다. 이 대립에서 자아는 침몰과 싸우고 있다. [. . .] *블라이스데일의 로우맨스*는 . . . 물질과 정신은 필연적으로 서로 용납되지 않는다는 호손의 본능적인 신념을 매우 상세하게 전달하고 있다.[11]

From Christianity Hawthorne accepted the dualism, and made it more radical still. Orthodox doctrine bridges matter and spirit with a scandalous Incarnation, Jesus Christ. In Hawthorne, matter verges upon being evil; virtue, upon being insubstantial. [. . .] The haunted is a degenerate form of the sacred. [. . .] The axis of Earth-flesh-blood versus Heaven-mind-spirit with a little rotation becomes that of the world versus the self. In this opposition the self fights submergence. [. . .] *The Blithedale Romance* . . . in its smallest details conveys Hawthorne's instinctive tenet that matter and spirit are inevitably at war.

업다이크는 영혼과 육체가 분리된 청교도교리로 말미암아 인간존재에 필연적으로 초래되는 비극을 직시하고, 그 비극을 극복하는 하나의 길을 *일요일만 있는 한 달*에서 암시해보려고 한다. 그의 암시에 따르면, 그 길은 우리가 마쉬필드목사 — 쇠런 킬키가드(Sören Kierkegaard)와 칼 바스(Karl Barth)의 보수주의신학을 철저히 신봉하면서도, 진보주의신학 또한 비판적으로 인정하고 수용하려 하는 성향의 소유자 —의 불미스러운 여자관계를 종교와 성 그리고 죄의식이라는 기존의 삼각관계의 시각에서만 보려고 하지 않는 데에 있다. 우리는 그 관계를 "성과 종교의 자발적인 결합"[12]으로 받아들일 수도 있다. 그렇

11 앞책, 76-77.

12 Donald J. Greiner, "Body and Soul: John Updike and *The Scarlet Letter,*" *Journal of Modern Literature* 15. 4 (1989): 480.

게 받아들이느냐 않느냐에 따라, 우리는 인간실존에서 똑같이 간음을 저지른 딤즈데일목사와 마쉬필드목사 사이의 종교와 삶에 대한 차이점을 알 수 있다. 두 목사의 성과 종교 그리고 삶에 대한 구체적 차이점은 다음과 같다.

> 딤즈데일목사처럼, 마쉬필드목사도 엄격한 신념과 끈질긴 육욕의 분명히 상반되는 강요 사이에 사로잡혀 있다. 그렇지만 마쉬필드목사는 바스 신학의 실천주의로 무장하여 이 갈등을 극복하고 살아가는 예지를 배운다. 반면에 딤즈데일목사는 그 분리를 받아들여 죽음을 선택한다. 바꿔 말하면 마쉬필드목사는 자신의 신념을 확신하고 물질과 정신을 통합하여 자신의 호손적인 오점을 세정한다.[13]
>
> Like Dimmesdale, Marshfield is caught between the apparently conflicting demands of stern faith and insistent eroticism; but armed with Barthian rigor, Marshfield resists the conflict and learns to live, while Dimmesdale accepts the gap and chooses to die. In other words, confident of his belief, Marshfield unifies the material and the spiritual and scrubs off his Hawthornian stain.

이처럼 우리가 성문제와 관련하여 삶과 종교 중 양자택일에 직면했을 때, 어느 한쪽을 택하지 않으면 안된다. 어느 한쪽을 더 소중하고 성스러우며 절대적인 것으로 판단하고 결정하느냐에 따라, 우리는 왜 한 목사는 파멸로 치달았으나 다른 목사는 건재할 수 있는가를 이해할 수 있다. 엎다이크는 *일요일만 있는 한 달*에서 이런 과거의 성과 종교를 분리시키는 이원론 그리고 이 이원론에서 필연적으로 파생되었던 죄의식과 죽음을 극복하려고 한다. 그는 이 소설에서 "육체와 영혼, 성과 종교는 하나가 될 수 있다"[14]고 주장한다. 그러면 먼저 엎

---

13 앞책, 482.

14 Donald J. Greiner, *Adultery in the American Novel: Updike, James, and Hawthorne* (Columbia: U of South Carolina P, 1985), 59.

다이크가 오늘날 이런 주장을 할 수 있는 사상적 배경이 어떻게 형성되었는가를 알아보고, 그 다음으로 이 소설과 주인공을 분석해보기로 한다.

II

업다이크의 이런 주장은 종교와 성에 대한 기존의 고정관념이 송두리째 깨뜨려짐으로써 가능하게 되었다. 오늘날 우리는 삶의 모든 분야 — 학문, 예술, 종교, 오락, 의복, 식생활, 주거, 그리고 자연환경 등 —에서 급격한 변화의 소용돌이 속에서 살고 있다. 그러므로 우리의 삶은 변화를 전제로 한 새로운 철학, 새로운 개념, 새로운 사고를 필요로 한다. 따라서 과거에 서구사회를 지배했던 학문과 종교의 고정관념과 절대성은 필연적으로 뿌리째 붕괴될 수밖에 없다. 기독교의 교리에도 우리의 삶의 변화에 걸맞은 새로운 위상과 해석이 일어나기 마련이다. 왜냐하면 우리는 새로운 종교, 새로운 교회, 새로운 신앙을 필요로 하기 때문이다.

> 인간은 현대적 종교를 필요로 한다. 지적인 현대인에게는 경외심을 요구하는 하나님이라는 개념만이 유익할 것이다. 인간이 삶 자체의 신비들을 정복하고 있는 세상에서, 과거의 종교적 신념의 미신적 행위들과 무의미(과거의 기독교교회)란 무익할 것이다. 교회는 구식 매체이다. 한때 영감과 신념의 온상이었던 교회는 이제 더 이상 유용하지 않다. 인간은 우주, 지구, 그리고 영원한 우주궤도들 중 한 궤도를 돌고 있는 인공위성들 사이에 존재하는 상황에 대처할 수 있는 새로운 종교, 새로운 교회, 새로운 신념을 필요로 한다. 변화란 우주와 모든 사물들이 변화함에 따라 변화하는 인간의 질서이다. 인간이 변화함에 따라 인간의 하나님에 대한 개념도 바뀐다. 5세기 전이나 50년 전 제한된 소수의 욕구를 충족시켰던 기독교교회란 현대사회에는 적합하지 않다. 종교는 완벽해야 하면서도, 또한 현대인의 욕구를 충족시키고자 한다면 끊임없는 변화를

포용하지 않으면 안된다. 종교 — 인간이 하나님에게 이르는 길 —는 변화로 인해 쉽게 무너지지 않아야 하면서도 또한 변화를 수용해야만 한다.[15]

man needs a modern religion. Only a concept of God which demands the awe of sophisticated modern man will do. In a world where man is conquering the mysteries of life itself, the superstitions and nonsense of religious belief of the past (the Christian Church of the past) will not do. The Church is an outmoded vehicle; once a medium of inspiration and faith, it is no longer useful. Man needs a new religion, a new Church, a new faith which can cope with man in space, earth and satellites in orbit among orbits among orbits of the eternal universe. Change is the order of the universe and of man who changes as all things change. Man's concept of God changes as man changes. The Christian Church which met the needs of a limited number of men five centuries ago or fifty years ago is not adequate for modern society. Religion must be infallible and yet must encompass perpetual change if it is to meet the needs of modern man. Religion — man's way to God — must accommodate change and yet be impervious to change.

호손의 소설창작에서는 청교도의 교리가 가장 우위에 있었다. 그 교리가 *주홍 글자*의 등장인물들의 창조에 결정적인 역할을 했다. 딤즈데일목사는 그 교리에 옴짝달싹 못했기 때문에, 그의 영혼은 "왜곡되고, 손상 입고, 파멸되었다." 그러나 오늘날 우리의 삶에는 소설이 종교보다 더욱더 중요하다는 주장이 우세하다. 예를 들면 노먼 메일러는 인간의 삶에 절대적으로 필요한 것은 소설이지 교회가 아니라고 갈파한다. 그의 주장에 따르면, 예술의 궁극적 목적은 삶의 참된 의미와 가치를 가장 분명하게 밝혀주는 도덕의식의 고양이다. 특히 "단 하나의 진실한 체험"[16]을 언어로 표현하는 소설은 도덕의식을 가장 효과적으로

15 Rachael C. Burchard, *John Updike: Yea Sayings* (Carbondale: Southern Illinois University Press, 1971), 110.

순화하고 고취시킬 수 있다. 언어에는 도덕의식을 고양시키는 의미가 내재해 있기 때문이다. 소설의 언어는 소설이 스스로 성장되고 확장되어가게 함으로써 도덕규범의 가장 적절한 의미를 창출하고 전달한다. 더욱이 그 언어는 삶의 가장 본질적 바탕인 느낌을 더욱 숭고하게 심화시킨다. 따라서 사람들은 이런 의미와 느낌에 직접적인 영향을 받아, 편견과 아집에서 해방된 삶을 살면서 자아를 성숙시킨다. 반면에 개인주의보다는 전체주의를 더욱 중요시하는 조직화된 종교(교회)는 개개인의 의미와 느낌을 억압하고 마비시키면서 왜곡된 삶을 주입시키고 있기 때문에, 진실한 삶과 자아탐구에 가장 치명적인 방해물이다. 이런 교회들이 인간의 영혼을 왜곡시켰다.

> 나는 예술의 궁극적 목적은 인간의 도덕의식의 강화, 필요하다면 격화라고 생각한다. 특히 나는 소설은 가장 직접적이고 가장 압도적이라고 할 수 있으므로, 모든 예술 중 가장 도덕적이라고 주장한다. 소설은 가장 불가피한 것이다. 우리는 추상적인 그림이나 음악 혹은 어떤 다른 예술의 의미에 대해 훨씬 더 확실한 주장을 펼 수 있다. 그러나 소설의 의미는 바로 그 안에 있다. 소설은 훨씬 더 친밀하다. 우리는 [소설의] 애매모호성을 논할 수 있으나, 언어를 사용하는 까닭에 소설은 도덕률이나 도덕적 비난의 의미에 훨씬 더 가깝다. 우리는 아주 흥미 있는 어떤 특별한 일에 열중하게 된다. 그러면 당신은 도덕적 반응의 공간들을 탐구하기 시작하는데, 그 도덕적 반응은 특히 조직화된 종교가 도덕적 체험의 거대하고 가공할 복잡성을 다루지 못하기 때문에, 대부분의 우리에게는 종교적 체험의 첫번째 단계이다. 여러 종교 분야에서 일하는 특별한 사람들은 그들의 교구나 다른 곳의 특이한 사람들과 개별적으로 일하면서 엄청난 해악과 함께 약간의 선을 가져올 수도 있을 것이다. 그러나 제도적 측면에서 조직화된 종교는 도덕적으로 무기력하며, 이런 종교의 진정한 효과가 꺼림칙하거나 소름끼치지는 않는다 할지라도 해롭다고 나는 믿는다. 조직화된 종교는 아마 우리 시대의 가장 무서운 적

16 *Esquire*, "Novels Are Easy," in *Conversations with Norman Mailer*, Ed. J. Michael Lennon (Jackson: University Press of Mississippi, 1988), 19.

들 중의 하나가 되어가고 있다. [. . .] (생각해 보면) 그런 적들은 우리 감각의 마비자이며 파괴자들이다.[17]

I feel that the final purpose of art is to intensify, even, if necessary, to exacerbate, the moral consciousness of people. In particular, I think the novel is at its best the most moral of the art forms because it's the most immediate, the most overbearing, if you will. It is the most inescapable. One could argue much more easily about the meaning of a nonobjective painting or of music, or whatever. But in the novel, the meaning is there. It's much closer; one could argue about ambiguities, but, because one is using words, it's much closer to the sense of moral commandments, moral strictures. And one gets into a particular thing which is terribly interesting, you begin to explore the interstices of moral reaction — which is the first approach to religious experience for many of us, especially since the organized religions don't begin to cover the enormous and terrible complexities of moral experience. It may be that particular people, working in various religions, individually working with particular people in their parish or whatever may bring some good along with a great deal of harm. But institutionally I believe that the organized religions are morally dead, that their net effect is deleterious, if not hideous and horrible. Organized religion is probably becoming one of the great enemies of our time . . . (*reflectively*) They're murderers of the senses.

이처럼 기독교는 한때 인간의 삶에 절대적이면서도 매우 부정적인 역할을 했다. 특히 이원론을 바탕으로 한 청교도교리는 인간의 성적 본능을 철저히 억압했다. 그 교리는 육체가 영혼을 타락시킨다고 믿었을 뿐 아니라 인간을 육체의 암흑 속에 갇혀 있는 존재로 이해했다. 따라서 그 교리는 육체를 저주와 학대의 대상으로만 보아 육체의 의미와 중요성을 부인할 수밖에 없었다. 나아가 그 교리는 육체의 유혹으로부터 영혼을 극기하는 길은 금욕주의에 있을 뿐이라고 주장하고, 이 주장

17 Richard G. Stern and Robert F. Lucid, "Hip, Hell, and the Navigator," in *Conversations with Norman Mailer*, 36-37.

만을 무조건 강요했다.

> 신의 우주창조와 화신을 말하는 기독교교리를 부정하는 마니교는 정신과 물질의 영역을 근본적으로 대비시켰다. 물질세계는 악이다. 인간은 육체의 암흑 속에 갇힌 영혼이다. 그의 탈출은 고행과 신비적인 "앎"을 통해서만 가능하다. 여자들은 영혼을 육체 속으로 끌어들이려고 만들어진 악마의 유혹물들이다. 반면에 모든 남자는 물질의 지옥으로부터 멀리 떨어져 천국에 거주하고 있는 *자신의 진실한 영혼*인 빛의 여성적 형태를 열망한다.[18]

> Manichaeanism, denying the Christian doctrines of the Divine Creation and the Incarnation, radically opposes the realms of spirit and matter. The material world is evil. Man is a spirit imprisoned in the darkness of the flesh. His only escape is through asceticism and mystical "knowing." Women are Devil's lures designed to draw souls down into bodies; on the other hand, each man aspires toward a female Form of Light who is *his own true spirit*, resident in Heaven, aloof from the Hell of matter.

청교도의 철두철미한 육체 부정이 영혼의 타락을 방지하는 데에 크게 공헌했을지도 모른다. 그러나 이런 지나친 육체 부정이 사람들에게 간음이라는 비행을 조장하기도 했으며, 이 비행을 저지른 사람들 가운데 몇명은 종교적 양심의 가책과 그로 인한 고통에 극도로 시달렸다. 그런 시달림이 그들의 정상적인 사고를 위축시키고 마비시켰다. 더욱이 그들은 이런 사고의 마비 때문에 삶이 가장 소중하고 성스러우며 절대적이라는 진리를 깨닫지 못하고 그저 자멸의 길만을 걸어갔다. 그 대표적인 인물이 바로 딤즈데일목사이다.

그러나 앞에서 이미 언급한 것처럼, 오늘날 우리의 삶의 개념과 태도에는 급진적인 변화가 일어났다. 이런 변화가 성을 종교적 억압의 대상으로부터 해방시켰을 뿐 아니라 성에 대한 새로운 개념을 정립했

18 John Updike, *Assorted Prose* (New York: Knopf, 1974), 284.

다. 힙스터(Hipster, 즉 White Negro)가 이런 참신하면서도 놀랄만한 개념을 정립하는 데에 지대한 공헌을 했다. 힙스터는 "자신의 정신보다는 육체에 더욱 많은 관심을 쏟는 인간이다."[19] 힙스터는 갑자기 등장한 전혀 새로운 인간이 아니고, 헤스터 프린처럼 한때 미국사회에서 버림받았던 사람이다. 그는 미국사회에서 움츠리고 살면서 자기에게 가장 솔직하고 적나라한 희열을 갈구했던 인간이다. 그는 한때 미국사회의 억압과 저주의 대상이었으나 지금은 각광과 찬양을 받고 있다. 요컨대 그는 영혼과 교리보다는 육체와 본능을 더욱더 찬미하는 미국적 실존주의자이다.

> 히프[히피를 의미함]는 인간의 본성에 대한 탐구자이며, 사회보다는 오히려 자아[개인]를 강조한다. 히프의 궁극적 목적은 20세기의 고뇌가 태동시키고 있는 새로운 중세철학의 하나로서, 인간을 19세기로부터 물려받은 이성적, 물질적 우주의 보잘것없는 한 구석에 놓인 생화학적 조직 속으로 계속 축소시키기보다는 오히려 인간을 우주의 중심으로 복귀시키려는 시도이다. 더욱이 히프는 프랑스의 실존주의와는 전적으로 상이한 미국의 실존주의이다. 왜냐하면 히프는 육체의 신비주의에 그 바탕을 두며, 미국생활의 모든 암류와 하층사회, [구체적으로], 흑인, 군인, 범죄성 정신병자, 마약상용자, 재즈음악가, 창녀, 배우, 창녀와 정신분석학자의 결혼 — 우리가 그런 가능성을 가시화할 수 있다면 —에서 발견되는 삶의 본능적 이해와 음미로 그 근원을 거슬러 올라갈 수 있는 까닭이다. 사르트러의 작품에서 그 시발점을 갖는 프랑스 실존주의의 합리성과는 달리, 히프는 미국적 현상으로 지적[정신적] 지도자 없이 태어났다. 히프는 아직도 자신의 철학적 사전 없이 존재의 상태를 기술하는 언어이다.[20]
>
> Hip is an exploration into the nature of man, and its emphasis is on the Self rather than Society. As one of the neo-Medieval philosophies which the

---

[19] Eve Authinclose and Nancy Lynch, "An Interview with Norman Mailer," in *Conversations with Norman Mailer*, 44.

[20] Norman Mailer, *Advertisements for Myself* (New York: Putnam's, 1959), 314.

> agony of the twentieth century is bringing to birth, the ultimate tendency of Hip is to return man to the center of the universe rather than to continue his reduction into less and less of a biochemical mechanism placed in some insignificant corner of the rational and material universe which we have inherited from the nineteenth century. Moreover, Hip is an American existentialism, profoundly different from French existentialism because Hip is based on a mysticism of the flesh, and its origins can be traced back into all the undercurrents and underworlds of American life, back into the instinctive apprehension and appreciation of existence which one finds in the Negro and the soldier, in the criminal psychopath and the dope addict and jazz musician, in the prostitute, in the actor, in the — if one can visualize such a possibility — in the marriage of the call-girl and the psychoanalyst. Unlike the rationality of French existentialism, which has its point of inauguration in the work of Sartre, Hip is an American phenomenon, and it has come into being without an intellectual mentor. It is a language to descri.be states of being which is as yet without its philosophical dictionary.

더욱이 힙스터는 하나님이 "자신의 육체의 감각 속에 존재한다고 확신한다."[21] 그리하여 힙스터는 교회의 하나님을 부정하고, 성행위에서의 신비스러운 소리를 찬미한다. 그는 "성행위에서 그저 발작적인 쾌락을 추구하지 않고, 두 영혼의 성스러운 결합을 갈망하기"[22] 때문이다. 그는 기존의 종교와 성의 고정관념에서 비롯된 자기편견과 아집에 사로잡힌 일방적인 삶을 살려고 하지 않고, 다른 사람들과 자연스럽게 이루어지는 공동체생활의 밑바탕인 자기 앎을 끊임없이 탐구하는 삶을 살고 있다.

그러므로 오늘날 "문명사회에서 모든 인간이 적어도 조금씩은 성

---

21 앞책, 351.

22 Ralph C. Wood, *The Comedy of Redemption: Christian Faith and Comic Vision in Four American Novelists* (Notre Dame: University of Notre Dame Press, 1988), 211.

적 불구자라고 한다면, 힠스터만은 자신이 얼마나 성적 불구자이고 어디에 성적 민감성과 활력이 있는가를 자각하면서 사는 사람이다."[23] 그렇게 살면서 힠스터는 "성행위와 하나님, 다시 말하면 성적 체험과 종교적 체험을 굳게 결합시켜 하나의 통합체로 만든다." 그러기 때문에 힠스터에게 성행위는 "정신적 활력을 증폭하는 은유이다."[24]

이미 앞에서 마쉬필드목사는 힠스터라고 언급했다. 그는 "그의 신학에 있어서는 딤즈데일목사처럼 보수주의자이다." 그러나 그는 딤즈데일목사와는 달리, "하나님 뿐 아니라 육체의 정신적 가치를 믿는다."[25] 따라서 마쉬필드목사에게 성은 이처럼 중요하다: "그것(성)은 우리에게 종교처럼 절대적으로 필요하다. 성은 예술처럼 풍부한 의미를 나타내면서도 예술보다 더욱더 창조적이다. 성은 우리가 그 일부분인 우주의 활력에 그대로 합류되는 인간의 창조력이다."[26] 따라서 그는 동양의 이런 이상적인 성철학의 실천가라고 일컬어질 수 있다.

> 동양의 신비주의자들에게, 삶의 궁극적 목적은 초절적 지식을 터득함이다. 서양에서 이런 목적을 달성하는 데에 방해물로 이해되었던 육체가 동양에서는 이 목적을 성취하는 수단 혹은 도구로 인식되었다. 성욕(에로티시즘)은 개인적 존재와 우주적 존재나 우주아(宇宙我) 혹은 생명의 활력과의 통합의 상징이었다. 극도의 육체적 쾌락은 완벽한 행복의 반영(우리는 플레이토우와 그의 원형들의 세계를 상기하게 되는데)과 같았다. 그러므로 쾌락을 추구하는 조직적 체계의 필요성이 부각된다. 육체는 감각적 쾌락을 강화하고 연장하는 방법들을 익히지 않으면 안된다. 따라서 성애(性愛)를 다룬 논문들을 써야 한다. 이 논문들의 목적은 시시함이나 흥을 돋움이 아니라 초보자들이 스스로 자신들의 개인적 존재의 한계를 뛰어넘을 수 있도록 해주는 초절적 체험을 진지하게 준비

---

23 Mailer, 349.

24 Helen Weinberg, *The New Novel in America: The Kafkan Mode in Contemporary Fiction* (Ithaca: Cornell University Press, 1970), 128.

25 Greiner, *Adultery in the American Novel*, 110.

26 Burchard, 124.

하는 과업이다.[27]

> For oriental mystics, the ultimate goal of life is to achieve a transcendental knowledge. The body, seen as an obstacle to this end in the West, was seen as the instrument, or the means to achieve this goal in the East. Eroticism was the image of the union of the individual being with the universal Being, or Atman, the Spirit of Life. Extreme physical pleasure was like a reflection (and we are reminded of Plato and his world of archetypes) of the perfect happiness. Hence the need for methodical organization in the search for pleasure. The body must be schooled in the ways that intensify and prolong the pleasures of the senses. Hence the writing of erotic treatises: Their aim was not frivolity or titillation, but the earnest preparation of the initiates for a transcending experience that was to carry them beyond the confines of their individual existence.

이처럼 종교와 성을 어떻게 받아들였느냐에 따라서 딤즈데일과 마쉬필드 두 목사의 삶은 매우 대조적이 되었다. 아무리 시공간의 차이가 크다 할지라도, 그들은 똑같이 간음을 저질렀음에도 불구하고, 한 목사는 자멸의 외길로만 치달은데 반해 다른 목사는 "두 영혼의 성스러운 결합을 갈망"할 수 있었다. 두 목사의 삶이 이처럼 판이한 결말에 이르게 되는 것은 인간을 어떻게 이해하느냐에도 달려 있었다. 딤즈데일목사가 지녔던 하나님과의 관계를 통한 인간 이해방법은 다음과 같다: "지존한 하나님, 인간이 도저히 상상하지 못하는 하나님은 전혀 다른 세계입니다. 우리는 하나님의 경지에 이를 수 없습니다. 하나님만이 우리에게(를) 이를(가르칠) 수 있습니다."[28] 그런데 딤즈데일목사는 자기를 절대적 존재로 믿고, 인간으로서는 도저히 이를 수 없는 하나님의 경지를 꿈꾸다가 실패한 완벽주의자였다. 반면에 마쉬필드목사는 그때그때 자아성숙의 의지에 합치되는 하나님의 가르침을 받아들이는 상대

27 F. Gonzalez-Crussi, *On the Nature of Things Erotic* (New York: Harcourt Brace Jovanovich, 1988), 149-50.

28 Updike, *Assorted Prose*, 273-74.

주의자이다. 따라서 두 목사의 삶의 그처럼 엄청난 차이는, 그들이 저지른 간음을 어떻게 해석하느냐, 다시 말하면 절대적으로 있어서는 안될 무서운 죄로 여기느냐 아니면 인간이기 때문에 범할 수 있는 비행으로 보느냐에 따라 생겨난 것이다.

이처럼 마쉬필드목사는 상대적인 삶을 살고 있다. 그러나 딤즈데일목사는 그런 삶을 살 수 없었다. 두 목사의 이런 상이한 삶이 바로 엎다이크와 호손의 소설세계의 본질적 차이를 이루고 있다. 호손은 인간존재와 우주를 무조건 선과 악, 광명과 암흑, 영혼과 육체로 양분하여, 선과 광명 그리고 영혼만을 찬미했다. 그는 악과 암흑 그리고 육체를 전적으로 적대시함으로써, 이것들이 인간의 삶에서 가질 수 있는 의미를 부정해버렸다. 반면에 엎다이크는 인간과 우주를 이원론에 입각해서 보긴 하지만, 악과 암흑 그리고 육체의 상대적 의미와 필요성을 적극적으로 인정하고 있다. 그는 악은 하나님의 선의 그림자이기 때문에, 이 둘은 상대적으로 존재할 수밖에 없다고 주장한다. 그는 그 둘 중 어느 한쪽을 배제해버리면, 다른 쪽도 있을 수 없다고 역설한다. 그러므로 그는 호손과는 달리 자기소설에서 간음을 이것이냐 저것이냐의 문제로 단정해버리지 않고, 이것도 저것도 아니게 다루고 있다. 그는 이런 문제에 아주 분명한 절대적인 해답은 있을 수 없다고 갈파한다.

> 마쉬필드목사는 상대적인 인생관을 가지고 살 수 있지만, 딤즈데일목사는 그럴 수 없다. 여기에 엎다이크의 세계와 호손의 세계 사이의 주요한 차이가 있다. 이런 의미에서 엎다이크는 선악의 입장에서만 계약위반을 따지기를 거부한 제임즈를 반영한다. 도덕적 논의는 선의 이해를 지향할지 모르지만, 정의란 결코 단정적이지 않다. 엎다이크의 논평을 상기해보자: "나의 소설들은 독자와의 도덕적 논의들로 의도되어 있다. [. . .] 그 질문은 언제나 '선한 사람은 무엇인가?' 또는 '선은 무엇인가?'이다." 그의 선악의 상대성에 관한 주장은 아마 그 근원을 바스의 이런 설명 — 악이란 창조를 위한 하나님의 적극적인 계획의 일부가 아니기 때문에 오로지 상대적인 존재일 뿐이다 —에 둔다. 헌트의 은유가 교훈적이다. 악은 하나님의 빛의 그림자이므로, 빛이 없다면 악은 존재할

수 없다. 존 가드너와 같은 소설가들이 단순한 도덕을 고취하는 소설의 주장을 확산하면서 불만을 토로하고 있다 할지라도, 엎다이크는 철저하게 선량하거나 사악한 주인공들의 창조를 대체로 거부하는 창작을 하면서 제임즈와 뜻을 같이하고 있다. 그는 간음을 다룬 소설을 쓰려고 호손의 종교적 감각과 제임즈의 사회적 관심을 결합시킨다. 이런 소설에서 도덕적 판단의 흑백은 불분명한 회색이 되어버린다.[29]

Marshfield . . . can live with the relative; Dimmesdale cannot — and therein lies a key difference between Updike's world and Hawthorne's. In this sense Updike reflects James's refusal to evaluate violation of contract in terms of right and wrong. The moral debate may move toward an understanding of the good, but the definition is never definite. Recall Updike's comment: "My books are meant to be moral debates with the reader. [. . .] The question is usually, 'What is a good man?' or 'What is goodness?'" His insistence on the relativity of good and evil likely has its genesis in Barth's explanation that evil can have only a relative existence because it is not part of God's positive plan for creation. Hunt's metaphor is instructive: evil is the shadow to God's light; without the latter the former cannot exist. Although such commentators as John Gardner may complain when they forward the claims of a simplistic moral fiction, Updike joins James in generally refusing to create throughly good or evil characters. He combines Hawthorne's religious sensibility and James's social concerns to write a fiction of adultery in which the black and white of moral judgments are rendered an ambiguous gray.

이렇게 삶에 대한 애매모호한(일차원적이 아닌 다차원적인) 판단과 결정을 하느냐 않느냐가 엎다이크와 호손, 다시 말하면 두 목사 마쉬필드와 딤즈데일의 성격과 기질의 판이한 차이를 자아낸다. 마쉬필드목사가 인간의 삶에 얼마든지 있을 수 있는 애매모호성과 불확실성을 긍정적으로 받아들이고 있는데 반해, 딤즈데일목사는 그렇게 할 수

[29] Greiner, *Adultery in the American Novel*, 111.

없었다. 당연하게도 딤즈데일목사는 간음이라는 도덕적 비행과 종교적 양심을 양립시키고서 서로를 화해시킬 수 없었기 때문에, 탁월한 능력과 자질의 소유자이면서도 아무것도 할 수 없는 무능력자로 전락했을 뿐 아니라 자멸의 외길만을 걸어갔다. 그러나 마쉬필드목사는 애매모호성과 불확실성을 바탕으로 살기 때문에, 간음을 저지르고도 도덕적 비행과 종교적 양심을 자아성숙의 의지로 조화시킬 수 있으므로, 설교하고 설교문도 쓰면서, 성직자로서 활동을 할 수 있다. 그는 간음이 도덕적 비행이라는 일방적인 사고와 비난에 사로잡히지 않고, 성행위가 하나님과 이즈리얼과의 사랑(예수님과 교회가 하나라는 뜻과 같음)의 성서적 은유라는 대전제를 먼저 믿기 때문이다. 더욱이 그는 그 성행위가 간음이던 아니던 간에 바로 신앙심의 발로라고 자신의 사고를 비약시킬 수 있기 때문이다.

> 엎다이크가 *일요일만 있는 한 달*의 제사로서 시편 45장의 시구인 "나의 말은 재치 있는 작가의 펜이다"를 선정한 의도는 언어적 혼란이라는 문제에 의해 명확히 밝혀진다. 여기에는 종교, 성, 그리고 예술이 딤즈데일목사를 소름끼치게 할 방식으로 익살스럽게 융합되어 있다. 왜냐하면 그는 설교하거나, 글 쓰거나, 또한 행동함이 불가능한 까닭이다. 반면 마쉬필드목사에게는 이 세 가지 일이 모두 가능하다. 그는 엎다이크가 (폴 틸리크로부터 인용한) 두번째 제사 — "이런 영혼의 본질이란 보편적으로 그리고 개인적으로 애매모호성의 원리이다" —를 음미할 것이다. 틸리크는 사람들이 하늘과 땅의 상반된 영역을 긍정토록 요구받는 상황 가운데에 처해 있음을 지적하면서, 인간의 극한상황의 불확실성을 설명한다. 엎다이크의 목사와 호손의 목사 사이의 차이점은 전자는 애매모호성을 바탕으로 살 수 있으나 후자는 절망할 뿐이다. 성욕이 두 사람을 간음을 저지르도록 유혹한다. 그러나 딤즈데일목사와는 달리, 마쉬필드목사는 성교는 하나님과 이즈리얼 사이의 사랑의 성서적 은유라는 옛날의 관념에 따라 당당하게 행동한다. 딤즈데일목사처럼 육체를 억압하는 사람들은, 마쉬필드목사가 그의 마지막 설교에서도 강조한 바 있듯이, 예수가 무덤으로부터 육체적으로 부활했다는 폴(바울)의 계시적인 가르

침을 거부한다. 언어구사에서 재치 있는 마쉬필드목사는 성교는 간음이든 아니든 신념의 행동이라고 판단한다. 청교도교리에 사로잡힌 호손과 그의 주인공들은 이런 판단을 수용할 수 없다. 왜냐하면 이런 판단은 윤리적 동기와 종교적 신념의 상치를 초래하기 때문이다. 그러나 마쉬필드목사는 틸리크의 애매모호성의 원리를 수용하고, 영원과 순간 둘을 다 찬미하면서, 프린 아가씨를 그의 침대로 기꺼이 맞이한다.[30]

The issue of linguistic confusion explains Updike's selection of a verse from Psalm 45 as an epigraph to *A Month of Sundays:* "My tongue is the pen of a ready writer." Religion, sex, and art comically merge here in a manner that would appall Dimmesdale, for he cannot preach, write, or act. Marshfield, on the other hand, can do all three. He would appreciate Updike's second epigraph (from Paul Tillich): "This principle of soul, universally, and individually, is the principle of ambiguity." Pointing out that human beings are caught in a situation that requires them to affirm the opposed realms of heaven and earth, Tillich glosses the uncertainty of the human predicament. The difference between Updike's minister and Hawthorne's is that the former can live with the ambiguity. The latter only despairs. Sex entices both men to adultery, but unlike Dimmesdale, Marshfield also acts on the ancient notion that sex is a Biblical metaphor for the love between God and Israel. Those — like Dimmesdale — who chastise the body reject Paul's message, preached in Marshfield's final sermon, that Christ rose bodily from the grave. Thus, reasons the linguistically nimble Marshfield, sex, be it adultery or not, is an act of faith. Puritan-haunted Hawthorne and his characters cannot accommodate such a position because it forces ethical considerations to clash with religious belief. But Marshfield embraces Tillich's principle of ambiguity, celebrates both transcendence and temporality, and welcomes Nurse Prynne to his bed.

지금까지 논의한 것을 바탕으로 마쉬필드목사가 어떤 인간인가를

30 Greiner, "Body and Soul: John Updike and *the Scarlet Letter*," 486-87.

다음 제3장에서 구체적으로 알아본다. 요컨대 그가 중서부에 있는 자기 교파의 요양소에 수용되었다가 퇴원하는 과정의 기록이 *일요일만 있는 한 달*의 시작과 끝이다. 이 소설구성의 시작과 끝이 그의 지금까지의 삶의 전부이다.

III

한 성직자의 불미스러운 여자관계를 다룬 *일요일만 있는 한 달*은 우리의 육체와 성에 대한 기존의 고정관념에 일대혁명을 일으킨 소설이다. 이 소설은 대부분의 사회와 종교에서 지나치게 무시당했던 육체의 중요성을 종교적 차원에서 이렇듯 새롭게 강조할 뿐 아니라 예찬한다: "진실한 신앙은 정열적인 행위이기 때문에, 육체가 진실한 신앙심에서 비롯되는 모든 행위의 근원이 된다."[31] 나아가 이 소설은 지금까지 언급이나 논의까지도 금기시되었던 "[인간의] 성적 욕망과 신앙심은 바로 실존적 활력의 표출양식"[32]이라고 주장한다.

따라서 이처럼 우리를 경악시키는 이 소설을 읽기 위해서, 우리는 소설의 두 가지 기능을 전제로 하지 않으면 안된다. 그 한 가지 기능은 우리를 전혀 예기치 못했던 기상천외의 세계로 끌고 가는 소설의 힘이다. 우리는 소설을 읽음으로써 매우 엉뚱한 체험을 할 수 있음을 마거리트 앨우드(Margaret Atwood)는 이렇게 지적한다: "당신이 소설을 계속 읽어 가면, 소설은 당신이 결코 가려고 하지 않았던 곳으로 당신을 데려갈 것이다. 더욱이 소설은 당신이 소설을 읽지 않았으면, 결코 목격하지 못했을 사실들을 당신에게 보여준다."[33] 또 한 가지 기능은 소설의 허구성이다. 우리는 소설 속에 표현된 사실과 주장들을 허구로 받아들여야지, 현실로 인식하여 거부하거나 반항할 필요가 조금도 없다.

---

31 Paul Tillich, *Dynamics of Faith* (New York: Harper, 1957), 106.

32 John Updike, *S.* (New York: Knopf, 1988), 60.

33 Margaret Atwood, *Second Words* (Boston: Beacon, 1984), 15.

그러기 위해 우리는 엎다이크의 이런 주장을 경청하지 않으면 안된다: "소설은 [독자를 크게 깨우쳐] 사실을 새롭게 인식하도록 해주는 문자로 표현된 거짓말의 연속이다."[34]

이 소설의 주인공 마쉬필드목사는 빈번히 자기 교회의 유부녀 신도들과 불미스러운 관계를 가졌기 때문에 목사직에서 면직당하고, 중서부의 사막 한가운데에 있는 비행을 저지른 성직자들을 수용하는 요양소로 쫓겨난다. 그는 어떤 남자보다도 더욱더 자신을 사랑할 뿐 아니라 혐오하기 때문에, 많은 여성들에게 매력의 대상이 되었다고 믿고 있는 마흔한 살의 성직자이다. 그가 이 요양소에 신경쇠약환자로 수용되었다가 퇴원할 때까지가 한 달, 즉 31일 동안이다. 그가 그 31일 동안 매일 쓴 일기가 이 소설이다. 엎다이크가 이렇게 일기형식을 빌려 소설을 쓴 까닭은 "소설은 인간이 지금까지 창안해낸 자아성찰과 그 표현에 가장 정교한 수단"[35]이라고 여기기 때문이며, 주인공은 일기를 씀으로써 자신을 알고, 자기 삶의 가장 절대적 의의와 가치를 규명해보려고 한다. 그가 도착한 날의 일기는 이렇게 시작된다.

> 나의 종파와 마을을 용서해주소서. 나는 기독교목사이며 미국사람이다. 나는 리처드 닉선 대통령의 워터게이트사건의 진상이 규명되는 시기의 어느 시점에서 이 글을 쓰고 있다. 글은 내가 쓰고 있지만, 다른 사람들이 나로 하여금 글을 쓰도록 하고 있다. 나를 보살펴줄 사람들이 나에게 한 뭉치의 백지를 가져왔는데, 그들의 판단으로 한 달 분이다. 이 종이를 다 쓰는 것이 나의 독특한 치료법이 될 것이다.
>
> 나의 주교님은, 그의 주교관에 축복 있을 지니, 나를 이곳 사막으로 보내도록 명령했다(아니 오히려, 성직을 빼앗기보다는 명랑한 의식의 대안으로 제시되었다). 이곳은 내 교구가 위치해 있고, 프랑스사람들의 매우 세련된 표현처럼 사람들이 북적대고 푸르른 땅으로부터 멀리 떨어져 있다. 그 한 달이 나의 회복에 필요할 것이다. 나의 생각과 같이, 나

---

34 John Updike, *Picked-Up Pieces* (New York: Knopf, 1975), 17.

35 Updike, *Odd Jobs*, 86.

의 건강상태는 공식적으로 "정신착란"으로 진단되었기 때문에, 한 달 후에야 이 진단이 "철회"될 것이다.[36]

> FORGIVE ME my denomination and my town; I am a Christian minister, and an American. I write these pages at some point in the time of Richard Nixon's unravelling. Though the yielding is mine, the temptation belongs to others: my keepers have set before me a sheaf of blank sheets — a month's worth, in their estimation. Sullying them is to be my sole therapy.
>
> My bishop, bless his miter, has ordered (or, rather, offered as the alternative to the frolicsome rite of defrocking) me brought here to the desert, far from the green and crowded land where my parish, as the French so nicely put it, locates itself. The month is to be one of recuperation — as I think of it, "retraction," my condition being officially diagnosed as one of "distraction."

마쉬필드목사는 스스로 자기는 신경쇠약환자가 아니라고 단정하기 때문에, 자기가 머물고 있는 곳은 요양소나 수용소가 아닌 휴게소라고 항변한다. 그러나 여기서 그는 오전에는 자신의 가장 지대한 관심사인 성, 종교, 그리고 예술에 관한 일기를 쓰고, 오후에는 운동 삼아 골프를 치며, 밤에는 포커를 해야 한다. 그는 매일 일기를 써서 요양소 관리인인 프린(*주홍 글자*의 여성 주인공의 이름과 같음을 주목) 아가씨에게 제출하지 않으면 안된다. 그녀는 이런 요양소의 관리인으로 안성맞춤인 거북이 같이 생긴 밉살스런 얼굴에다가 아주 볼품없는 몸매를 가진 여자이다. 따라서 그는 자기 일기의 유일한 독자인 그녀에게서 조금도 성적 매력도 느낄 수 없다.

그는 규칙상 추리소설이나 해학소설을 읽을 수 있지만, 성경을 읽으면 안된다. 더욱이 그는 성경과 종교에 관한 이야기를 해서도 안된다. 그는 편지를 주고받을 수 없을 뿐 아니라 어떤 방문객도 맞이할 수 없다. 그는 인근 도시에 나다닐 수도 없다. 그가 매일매일 쓰는 일기는 요

---

36 John Updike, *A Month of Sundays* (Greenwich: Fawcett, 1976), 7. 앞으로 이 작품에서의 인용문은 괄호 안에 쪽수만 표시함.

양소의 건물형태와 밀접한 관련이 있다. 이 요양소는 "원형, 아니 더 정확하게 말하면 오메거형의 건물이다"(8). 이 오메거형이 일기에서 갖는 심층적 의미는 다음과 같다.

> 두개의 분리된 발을 가진 오메거형은 양극성, 즉 한 정점에서 다른 정점으로 움직이는 의미를 시사한다. 그 정점들은 서로 가까울지 모르나 동일하지는 않다. 더욱이 오메거는 그리스 문자의 끝 글자이다. 이 글자가 끝이라면, 무의미하게 되풀이되는 반복보다는 오히려 시작, 진행, 그리고 발전이 있었음에 틀림없다. 오메거는 또한 시작과 끝의 "앨퍼와 오메거"로서 계시록에 있는 하나님의 친숙한 명칭을 상기시킨다. 역사를 되풀이되고 있는 반복으로 보는 고전적인 그리스 사상과는 대조적으로, 히브루-기독교적 역사관은 언제나 주어진 시점에서 어떤 궁극적인 미래를 향해 움직이는 직선적 진보의 개념이었다. 엎다이크는 이런 변화와 발전의 의미에 공감한다.[37]
>
> The omega, with its two discrete feet, suggests a polarity, a sense of movement from one point to the other. The points may be close together, but they are not the same. Furthermore, the omega is the end point of the Greek alphabet. If it is the end, there must have been a beginning, a process, a development rather than a meaningless recurrent cycle. Also, omega brings to mind the familiar appellation of God, found in the Book of Revelation, as "Alpha and Omega," the beginning and the end. In contrast to the classical Greek idea of history as recurring cycles, the Hebrew-Christian view of history has always been one of linear progress, moving from a given point toward some ultimate future. Updike shares this sense of change and development.

게다가 이 건물의 한가운데에 있는 풀장이 창공을 비쳐주는 것처럼, 이 오메거형 건물 형태가 일기(소설)의 구성을 반영해주고 있다. 이

37 Jeff H. Campell, *Updike's Novels: Thorns Spell a Word* (Wichita Falls: Midwestern State University Press, 1987), 215.

건물은 주인공의 사고가 막혀 있는 원형으로부터 더 많이 열린 오메거형으로 바뀌어가는 일기의 우회적인 진전을 암시한다.[38] 이 오메거형 건물이 일기의 핵심주제인 성, 종교, 그리고 예술의 상호관계를 이렇게 구성한다.

> 더욱이 이 오메거형은 옆다이크가 세 개의 매우 신비스러운 일들 사이의 상호관계를 다루고 있음을 잘 특징짓고 있다. 예를 들면 우리가 종교적 주제는 오메거의 한쪽 끝에 그리고 성의 주제는 그 반대쪽 끝에 놓여 있는 것으로 구체화한다면, 사람들은 "자의식적인" 예술적 기법이, 말하자면 하나의 쐐기처럼, 이 상치되는 주제들을 통합시킬 뿐 아니라 양극의 긴장감 속에 유지시키는 역할을 함을 보게 된다. 마쉬필드가 이 세 가지 일에 대한 자신의 견해를 언급한 것은 — "[그것은] 오우버래핑 필름의 뒷 고리인 회고장면 속에 들어 있을지 모른다" — 오메거형처럼 소설을 폐쇄, 폭로, 그리고 연결로 구성하는 많은 예술적 "고리들"에 대한 적절한 묘사이다.[39]

> Furthermore, this omega-shape characterizes well Updike's handling of the interconnection among the "three great secret things." For example, if we visualize the Religious thematic concerns as situated upon one foot of the omega and the Sex themes as situated upon the opposite foot of the omega, one discovers that the "self-conscious" Artistic techniques act like a wedge, as it were, unifying as well as maintaining in polar tension these opposing themes. What Marshfield says of his interpretation of events — "[it] may be imposed in retrospect, a later loop of the film overlapping" — is an apt description of the many artistic "loops" which, omega-like, shape the novel by closure, disclosure, and connection.

더욱이 이 오메거형은 일기의 핵심주제인 성, 종교, 그리고 예술을

---

38 George W. Hunt, S. J., *John Updike and the Three Great Secret Things: Sex, Religion, and Art* (Grand Rapids: Eerdmans, 1980), 187.

39 앞책, 187.

하나로 통합한다. 이런 통합은 오메거형이 핵심이 되는 주제의 상징적 의미를 잘 반영해주기 때문에 가능하다. 오메거형이 일기에서 논의된 성, 종교, 그리고 예술의 상징적 의미를 이렇게 밝혀준다.

> 구조적 형태에다가, 오메거-주제는 상징적 단계에서 "세 개의 신비스러운 일들"을 통합한다. 1) 종교. 기독교적 전통에서 예수는 "앨퍼와 오메가"로 묘사되고 있는데, 이 글자의 되풀이가 계시록의 마지막 장에 기대되고 있다. 마쉬필드목사는 두 번이나 그 특별한 장의 마지막 말("그렇다 하더라도, 오라")을 인용한다. 겉으로는 프린 아가씨에게 향한 성적 하소연으로 쓰였다 할지라도, 그 장은 우리가 곧 알게 되듯 그 맥락에서 특별한 종교적 반향을 일으킨다. 2) 성. 글자 "0"이 여자의 외음부를 연상시키는 것은 모든 문학에 공통적일 뿐 아니라, "0"이 여자의 "수용력이 강한 자궁"을 반영하는 것은 엎다이크의 다른 소설에서도 발견된다. 특별히 이 오메거형의 소설은 마쉬필드목사의 "남근이 프린 아가씨의 자궁 속으로 들어갈 수 있도록 가장 이상적인 형태로 발기된 채" 끝나고 있다. 3) 예술. 문자의 한계이거나 끝인 "오메거" 글자는 마쉬필드목사가 체험하는 모든 글쓰기의 심술궂은 한계성을 시사할 뿐 아니라 "에이"의 정반대쪽에 위치한 오메거는 우리에게 이 소설의 *주홍 글자*에 대한 혹독한 비난, 즉 엎다이크가 즐기는 농담을 상기시켜준다.[40]

> In addition to structural shape, the omega-motif unites "the three secret things" on the symbolic level too. 1) *Religion*. In the Christian tradition Christ is described as the "Alpha and Omega" whose return is awaited in the last chapter of the Book of Revelation. Marshfield twice quotes the final words of that particular chapter ("Even so, come") and, although ostensibly written to Ms. Prynne as a sexual plea, it takes on an additional religious resonance in the context as we shall soon see. 2) *Sex*. The association of the letter "0" with a woman's pudendum is common throughout literature and found elsewhere in Updike's fiction where "0" reflects a woman's "receptive womb." Specifically, this omega-shaped novel ends with Marsh-

---

40 앞책, 187-88.

> field's "penis up into its ideal shape" entering Ms. Prynne's womb. 3) *Art*. Not only does the letter "omega," being the limit or end of the alphabet, suggest the perverse limitations of all letter-writing that Marshfield experiences; but Omega, being at the opposite end of A, reminds us of this novel's up-ending of *The Scarlet Letter*, the kind of joke in which Updike delights.

이 소설의 핵심주제인 성, 종교, 그리고 예술에 대한 주인공의 개념과 그 개념의 점진적 변화는 일기에 구체적으로 표현되어 있는 자아성찰과 그 성찰을 바탕으로 한 자기표현을 주축으로 이루어진다. 이 소설의 구성이 바로 자아성찰과 표현 과정의 기록이다. 주인공이 요양소에 도착한 다음날인 2일부터 26일까지에서 일요일인 6일, 13일, 그리고 20일을 제외한 날에는 자기의 과거에 대한 성찰을 기록하고 있으며, 일요일에는 경청자가 없는데도 설교를 함으로써 자기의 현재를 표현하고 있다. 그는 마지막 일요일인 27일 이후에는 3일 동안 떠날 준비를 하면서, 프린에게 그녀와 성관계를 갖고 싶다는 의사를 전달한다. 이렇게 그는 성에 대한 더욱 강한 자기표현을 함으로써 바로 떠나는 날에 그녀와 관계를 갖는데 성공한다. 그의 이런 뜻의 성취가 일기의 끝이다.

> 주인공(화자)은 갈등을 통해 새로운 자기 응집과 정체성에 이르는 길을 발견한다. 그는 스스로 폭로한 과거 삶의 "줄거리들"을 기술함으로써, 그리고 자아에 대한 새로운 의식을 확립하고 확인하기 위해 상상적이고 산만한 예술인 설교문 쓰기에 몰두함으로써 그 길을 발견한다. 그러나 그것이 이야기 전부는 아니다. 처음부터 끝까지 또 하나의 줄거리가 전개되는데, 마쉬필드목사가 그 요양소의 체격이 크고 당당한 관리인인 프린 아가씨를 유혹하려는 시도로 구성된다. 이런 행위가 이야기의 나머지 부분에 대한 대항책으로 표출되고 있다 할지라도, 성-종교-언어(예술)의 삼각관계를 또 활용하고 있다. 마쉬필드목사는 처음에는 분명히 프린 아가씨를 탐탐하지 않게 (그녀는 그에게 거북이를 상기시킨다) 여겼으나, 여자 없이 오래 지내면 지낼수록 그녀는 더욱더 매력적으로 보

인다. 드디어 그녀는 그의 일기를 읽는 독자로서 그의 성적 주목의 대상이 된다. 그는 그녀에게 거의 말을 걸지는 않지만, 자기의 고백하는 글을 통해 정열적으로 자기의사를 전한다. 그가 요양소에 머무를 시간이 막바지에 이르자, 그녀에게 점점 더 열렬하게 구애한다. [. . .] 그녀가 정말로 나타나 마지막 순간에 그와 관계를 갖는 것은 그의 의사전달에 대한 매우 적절한 끝마무리이다.[41]

The narrator finds his way through conflict to a certain kind of new self-coherence and identity, and he does so both by describing "plots" of his past life that he has unravelled and by engaging in an imaginative-discursive art, sermon writing, to establish and confirm the new sense of self. That is not, however, the whole story. All the while another plot is unfolding, consisting of Marshfield's attempt to seduce Ms. Prynne, the large and imposing manager of the sanitarium. Although this action emerges as a counter-plot to the rest of the narrative, it also takes advantage of the sex-religion-language triangle. Marshfield finds Ms. Prynne distinctly undesirable at first (she reminds him of a turtle), but the longer he is without women the more attractive she seems, and eventually, as the one who reads his daily production, she becomes the focus of his sexual attention. He speaks seldom to her but communicates passionately through his confessional pages. As his time at the rest home draws short he courts her with increasing fervor . . . That she does actually appear and make love to him at the last minute is an apt finish to his correspondence.

그러면 주인공의 성, 종교, 그리고 예술관에 대해 알아보기 위해 먼저 그의 삶의 기본철학이 무엇인가를 알아보자. 이 기본철학은 그의 자아성찰과 표현의 밑바탕이 되고 있다. 이 철학의 특징은 다음과 같은 열쇠의 논리로 비유될 수 있다: "열쇠는 . . . 그 모양의 논리가 없다. 열쇠의 유일한 논리는 열쇠가 자물쇠를 열어주는 일이다"(14). 이처럼 이 철학은 어떤 규정된 삶을 살아야만 하느냐가 아니고, 삶을 하나의

41 Robert Detweiler, *John Updike* (Boston: Twayne, 1984), 150-51.

가능성으로 믿고 그 가능성을 더욱더 확대하기 위해 산다는 신앙이다. 이 철학은 삶의 윤리보다는 그 가능성에 대한 신앙을 더욱 중요시한다.

그의 이런 철학의 바탕은 칼 바스 신학에 있다. 엎다이크는 제프 에이취. 캠벌(Jeff H. Campbell)과의 대담에서 "마쉬필드목사는 어떤 의미에서 나 자신을 대변하고 있다"[42]고 언급했다. 그러면 엎다이크의 바스 신학에 대한 견해를 알아보자. 그의 주장에 따르면 이 신학은 폴 틸리크(Paul Tillich)와 다른 진보주의신학자들의 학설과는 달리 초자연적인 힘을 지니고 있다고 한다. 그는 이런 힘이 바로 자기가 희구했던 것일 뿐 아니라 우리의 영혼을 깨우쳐주는 가장 가치 있는 것이라고 주장한다. 그는 우리는 이런 힘에 대한 신앙으로 살고 있다[43]고 갈파한다. 그는 바스 신학의 이런 힘과 특징은 진보주의신학이 주장하는 윤리, 실증주의, 인도주의 등을 단호하게 거부하고, 기독교전통신학에 대한 재긍정과 재수용에 있다고 주장한다.

> 그의 신학은 부정과 긍정의 양면성을 지닌다. 그의 신학은 독일의 신교가 19세기부터 이어받았던 기독교정신의 자연주의적, 인도주의적, 비신화적, 그리고 단순한 윤리적인 모든 것을 부정한다. 바스가 이해했던 것처럼, 진보적인 교회들은 신에게 헌신했던 바, "우리는 우리의 자만심에서 신을 향해 베이벌 탑을 세웠다가 절망감을 맛보았다. 한편 그 교회들은, 그 위대한 신을 인격적인, 비인격적인, 신비적인, 철학적인, 그리고 순수함의 바탕으로 [삼고서], 또한 우리의 인간적인 공정성, 도덕, 국가, 문명, 혹은 종교 [등 모든 것의] 수호신으로 [삼고서] 그에게 헌신했다. [. . .] 이 신은 정말로 사악한 신이다. [그러므로] 이제 우리가 스스로 이런 신에 대한 철저한 불신자, 회의론자, 조소자, 그리고 무신론자임을 선언해야 할 시기이다." 진정한 하나님, 즉 인간이 창조하지 않은 하나님은 전적으로 다른 존재이다. 우리는 하나님에게 이를 수 없고, 하나님만이 우리에게 이룰 수 있다. 하나님은 성서적 계시의 예수로서 우리에게 이르렀다. 바스의 신학의 긍정은 가끔은 본래의 용어들을 극단적으로

---

42 Campell, 300.

43 앞책, 301-2.

사용한 . . . 전통적인 기독교 정신의 재긍정이다. 바스는 비판적인 신학자로서는 킬키가드와 동격이며, 건설적인 신학자로서 어콰이너스와 캘빈과 동등하다.[44]

His theology has two faces — the No and the Yes. The No . . . is addressed to all that is naturalistic, humanistic, demythologized, and merely ethical in the Christianity that German Protestantism had inherited from the nineteenth century. The liberal churches, as Barth saw them, were dedicated to "the god to whom in our pride and despair we have erected the tower of Babel; to the great personal or impersonal, mystical, philosophical, or naive Background and Patron Saint of our human righteousness, morality, state, civilization, or religion. [. . .] This god is really an unrighteous god, and it is high time for us to declare ourselves thoroughgoing doubters, skeptics, scoffers, and atheists in regard to him." The real God, the God men do not invent, is *totaliter aliter* — Wholly Other. We cannot reach Him; only He can reach us. This He has done as the Christ of Biblical revelation, and the Yes of Barth's theology is the reaffirmation, sometimes in radically original terms . . . of the traditional Christian message. As a critical theologian, Barth ranks with Kierkegaard; as a constructive one, with Aquinas and Calvin.

업다이크는 20대 후반에 바스 신학을 탐독하고, 거기에 흠뻑 매료되었다고 고백한다. 그는 자신의 실존적 두려움을 바스의 도움으로 극복했을 때, 자신과 사회를 다시 긍정할 수 있게 되었다고 실토한다. 따라서 그는 바스를 이렇게 극찬한다 : "그는 확실히 세상을 적극적으로 긍정했다. 그는 한 인간으로서 놀랄 만큼 활기가 넘치면서도 [항시] 안정과 여유를 즐겼다." 그는 바스로부터 인간은 삶에서 어떤 비극도 극복할 수 있다는 신앙을 배움으로써, 세상사를 더욱더 영속의 시각에서 바라본다. 그러므로 그는 자기예술을 이렇게 정의한다: "나의 예술은 내가 아무리 고통스럽고 부자유스럽다 할지라도, 나의 신앙이 나로 하

44 Updike, *Assorted Prose,* 273-74.

여금 진리를 밝히라고 재촉하기만 한다면 기독교적이다. 나의 예술은 또한 진리는 [필요하고] 유익하다는 희망을 내포하고 있다."[45]

마쉬필드목사는 엎다이크의 이런 예술철학을 대변하기 때문에, 이렇게 도덕을 반박하는 주장을 한다: "윤리는 [삶에] 필요하지만 별로 효과 없는 역할을 하고 있다. 지나친 윤리적 주장은 경박하고 시시한 사람들의 도깨비이다. 우리의 지상과제는 착한 일을 하는 것이 아니라 신앙을 가지는 일이다. 더욱이 안락한 삶이 아닌 영원한 삶을 사는 태도이다." 따라서 그는 도덕이 아닌 신앙을 바탕으로 한 삶의 체험을 이렇게 실토한다: "나의 체험에 따르면, 틸리크와 [루돌프] 불트만(Rudolf Bultmann)은 나를 질식시킨다. 바스를 읽고 있으면 나는 활력이 넘친다"(228, 109). 도덕과 신앙의 이원론에 입각해서 엎다이크의 소설세계를 분석해보면, 신앙의 중요성과 절대성이 이처럼 부각되어 뚜렷해진다.

> 인간이 만든 도덕의 애매모호성과 비교해보면, 신념의 문제는 상대적으로 단순하다. 인간은 믿거나 믿지 않는다. 엎다이크의 소설세계는 언제나 도덕적으로 애매모호하므로, 이런 애매모호성의 수용이 문제가 되기도 하지만 해결[책]도 된다. 마쉬필드목사는 그의 도덕성이나 비도덕성이 결국에는 문제가 되지 않음을 신념으로 받아들이지 않으면 안된다. 믿음만이 문제가 된다. 엎다이크의 이 문제에 대한 견해는 명확하다: "모든 문제들은 원래 해결될 수 없으며, 신념만이 전적인 절망에서 뛰쳐나오는 도약이라고 나는 믿는다." 엎다이크의 이런 견해의 뒷받침에는 신학자 칼 바스가 있다. 버너드 쇼펜의 의견은 유익하다: "바스는 도덕적 기준과 교훈들이 본질적으로 해롭거나 불필요함을 시사하고 있지 않다. 그는 오히려 도덕주의, 인도주의적 도덕의 자기정당화, 도덕적 원칙들의 엄격한 고수가 인간 문제들을 해결할 거라는 가정을 공격하고 있다. 이런 요지는 어떤 윤리제도가 아무리 훌륭하다 할지라도 인간 삶의 애매모호성 앞에서는 너무나 무력하다는 주장이다. 마쉬필드목사는 자

45 Campell, 302, 304.

신과 자기 아내를 비교할 때, 의미심장하게 바스를 거명한다: "그녀는 온건했지만, 나는 과격했다. 그녀는 진보적이고 윤리적이고 부드러웠지만, 나는 바스적이고 오히려 강경했다." 그는 윤리가 나쁘다는 것이 아니라, 충분히 좋지는 않다고 주장한다.[46]

Compared with the ambiguity of morality, which is man-made, the question of faith is relatively simple. One either believes or does not believe. Updike's fictional worlds are always morally ambiguous, and thus acceptance of the dilemma becomes both the issue and the solution. Marshfield must accept on faith that his morality or immorality is finally not an issue. Only belief matters. Updike's perspective on this question is clear: "I believe that all problems are basically insoluable and that faith is a leap out of total despair." Behind Updike's comment stands the theologian Karl Barth. Bernard Schopen's observation is instructive: "Barth is not suggesting that moral standards and precepts are in themselves harmful or unnecessary. He is, rather, attacking moralism, or the self-righteousness of humanistic morality, as well as the assumption that a rigorous adherence to moral principles will solve human problems." The point is that any ethical system, no matter how fine, gives way before the ambiguities of human life. Marshfield significantly calls on Barth when he contrasts himself with his wife: "She was moderate, I extreme. She was liberal and ethical and soft, I Barthian and rather hard." He does not mean that ethics are bad; he means that they are not good enough.

이제 신앙을 가장 중요시했던 주인공의 어린 시절, 결혼생활, 불미스러운 여자관계, 자아를 성숙시키는 설교, 그리고 프린과의 성행위와 그 의의를 차례대로 고찰한다. 그는 찾아오는 친구가 거의 없는 한 목사 집안의 네 아이들 중 막내로 태어났다. 그가 아장아장 걸을 때부터 바로 위의 형은 학교에 가고 집에 없었기 때문에 그는 언제나 혼자 시간을 보냈다. 이처럼 형과의 나이 차이가 너무 컸으므로 그의 출생은

---

[46] Donald J. Greiner, *John Updike's Novels* (Athens: Ohio University Press, 1984), 169-70.

부모의 실수였다. 따라서 그의 존재 자체가 하나의 농담거리가 되었다. 그가 어릴 때, 아버지는 몇번이고 교회를 옮겼지만, 언제나 집안의 헌 가구들을 버리지 않고 그대로 가져갔다. 이 가구들이 그의 운명에 결정적인 역할을 했다.

그는 아버지는 목사가 아니고 박봉을 받는 교회의 고용인에 불과하다고 믿었다. 더욱이 그는 아버지가 하나님의 뜻을 제대로 이해하지 못한 목사라고 생각했다. 그는 아버지가 자신에게 끼친 부정적인 영향을 이렇게 말한다: "내 아버지가 나에게 하나님에 대한 믿음을 불러일으켰다. [그러나] 이런 믿음이 나의 삶을 하나의 부자유와 비합리로 가득 찬 길고 우스운 이야기로 만들어버렸다"(28). 그러므로 그는 아버지의 신학에 반기를 들고 바스 신학을 신봉하면서 무신론을 배격하는 목사가 되었다.

> 나는 아버지를 따라 목사가 될 수밖에 없었다. 내 집의 헌 가구들이 나를 목사로 만들어버렸다. 나는 아버지의 진보주의신학에 반발해서, 바스의 신봉자이자 또한 독일의 경건파의, 그리고 그 경건파를 모든 방법으로 이해해보려는 헤이걸과 쉴라이어마커 그리고 리췰의 복잡다단한 시도의, 그리고 브리타니카 백과사전에 신학 논문들을 기고하는 아직 나이 어린 영국국교의 경험주의자들의, 미소를 지으며 더듬거리는 그림자가 되었다. (킬키가드는 말할 것도 없다! 보우들레어르도! 종교재판소장도! 도약은 어디에 있는가! 심연은! 보이지 않는 신의 틀림없는 확실성은! 그 대신에, 구성에서 늪 생물 형태와 고분자들에 관한 피상적인 논문들과 구별할 수 없는 섬세한 손가락으로 정교하게 세공한 것). 나의 이런 사상은 지옥의 괴로움에 상관치 않고, 진화론을 부정하는 정통파 기독교도이며 무한정한 양의 술(폭음)의 수렁으로부터 회개하여 일어나게 된 요란하게 울부짖는 신앙부흥 운동가인 아버지에게 반발하면서 차례차례로 형성되었다. (31-32)

> I had no choice but to follow my father into the ministry; the furniture forced me to do it. I became a Barthian, in reaction against his liberalism, a smiling fumbling shadow of German Pietism, of Hegel's and Schleier-

> macher's and Ritschl's polywebbed attempt to have it all ways, of those doddering Anglican empiricists who contribute the theological articles to the Encyclopaedia Britannica (no mention of Kierkegaard! of Baudelaire! of the Grand Inquisitor! where is the leap! the abyss! the black credibility of the *deus absconditus*! instead, a fine-fingered finicking indistinguishable in texture from the flanking articles on pond biomorphs and macromolecules), which stance in turn had been taken, in defiance of hellfire, out of reaction to his own father, an anti-Darwinian fundamentalist, a barrel-thumping revivalist risen repentant from the swamps of pioneer booze.

그는 이 바스 신학의 영향으로, 스스로를 간음을 저지른 죄인이라고 자인하면서도 약간 마음이 가벼운 죄인이라고 억지를 부리면서 자신을 변호한다. 그가 이렇게 생존할 수 있는 까닭은 그가 간음을 저지르고도 자신을 파멸시켜버릴 수 있는 종교적 양심의 가책, 그 가책의 고통, 그리고 죄의식을 느끼지 않기 때문이다. 그는 자기가 저지른 하나의 비행 때문에 자신에게 파멸을 가져올 어떤 올가미도 결코 쓰려고 하지 않는다. 왜냐하면 그는 삶이 절대적 가치이며, 하나님만이 자기에게 이르러 자기 삶을 좌지우지할 수 있을 뿐이라고 믿기 때문이다.

주인공은 스물두 살이 되던 해의 4월에 그의 아내가 된 제인(Jane)을 정구장에서 만났다. 그녀는 미모에다가 매우 침착한 온건주의자이며 진보적이면서도 매우 온화한 윤리주의자였다. 반면에 그는 선동적이고 정력적인 극단주의자일 뿐 아니라 바스 신학의 강경파에 속했다. 두 사람은 이런 이질적인 기질 때문에 쉽게 친해졌다. 더욱이 그들은 1950년대에 미국사회의 기존가치와 제도를 부정함으로써 그 사회를 무질서와 혼란의 소용돌이 속으로 몰아넣었던 일부 과격주의자들의 주장에 동조했다. 과격주의자들은 히로우쉬마와 내거새키에 원자폭탄을 투하하라고 명령한 트르먼(Truman)대통령의 조치를 잔학행위라고 극렬하게 비난하면서, 그의 한국전쟁 개입정책에도 반대했다.

제인의 아버지는 주인공이 다니고 있는 신학대학의 윤리학교수 웨슬리 오거스터스 칠링워스(Wesley Augustus Chillingworth *주홍 글자*

의 여성주인공 헤스터 프린의 전 남편과 성이 같음에 주목)였다. 변화의 소용돌이 속에서 의식이 많이 바뀐 주인공에게 그의 강의는 매우 무미건조했다. 특히 "쾌락이 선이냐 아니면 악이냐?"(63)를 논증하는 그의 강의는 주인공의 종교철학과 매우 상반되기 때문에, 그에게 역겨움만을 불러일으켰다. 그 강의는 주인공의 학문세계를 확장시켜주지도 못했으며, 더군다나 그의 학습의욕을 조금도 불러일으키지 못했다. 오히려 그 강의는 그의 지적 욕망을 충족시켜주지 못하고, 그에게 제인의 육체에 대한 감각적 관심과 쾌락만을 고조시켰다. 그는 그 강의에 싫증이 나자 제인과 입을 맞추었다. 그 후로 그는 이런 싫증이 심해질 때마다 그녀를 더욱더 적극적으로 애무했다. 그는 옷 위에서 유방을 애무하다가, 손을 속옷 속으로 넣더니 드디어 다리를 어루만졌다.

> 현대윤리학에 대한 칠링워스교수의 중얼거리는 설명을 들으며, 마치 그에 따른 주석을 붙이듯, 나는 그에 상응하듯 그의 딸을 유혹하는 즐거움을 가졌다. 우리는 홉즈의 사실주의라는 서늘한 영국 햇빛 아래 만나, 방종한 이기주의로 서로에게 공을 던지다가, 짝을 이뤄 공놀이하기로 약속했다. 우리가 다시 만날 때까지 흄은 "당위성"과 "정당성"을 논파하고 있었고, 벤섬은 극대화공식으로 쾌락주의를 재해석함을 시도하고 있었다. 우리는 스피노우저가 강의되고 있을 때 유쾌하기보다는 간지로운 첫 입맞춤을 나눴다. 그러나 나는 감겨진 눈꺼풀의 어둠 속에서 그녀의 육체가 처음으로 내 몸에 닿았을 때, 횡경막으로부터 아름답게 열리는 자신의 어두운 중심 즉 충동을 느꼈다. 캔트가 정언적 명령과 존경(도덕적 감정으로 인간성 존중)으로 이성주의를 완화시킴을 시도했을 때, 제인은 내가 웃옷 속에 손을 넣어 그녀의 유방을 애무하는 것을 허락했다. 도덕과 국가의 요구사항들을 터무니없게도 동일시하는 헤이걸의 철학이 강의되고 있을 때, 나의 손은 그녀의 브라 안에서 뜨거웠고, 그녀의 허벅지까지 어루만짐이 일반화되었다. (64-65)

> as modern ethics unfolded under Chillingworth's muttering I had the parallel pleasure, as it were in running footnote, of seducing his daughter. We met in the cool British sunshine of Hobbesian realism, hit balls at each

other with unbridled egoism, and agreed to play again, as partners. By the time of our next date, Hume was exploding "ought" and "right" and Bentham was attempting to reconstruct hedonism with maximization formulas. Our first kiss came during Spinoza, more titillatio than hilaritas. Yet I felt my conatus, sombre center of my self, beautifully lift from my diaphragm as, in the darkness of my shut lids, her gravity for the first time impinged on mine. As Kant attempted to soften rationalism with categorical imperatives and Achtung, Jane let me caress her breast through her sweater. By the time of Hegel's monstrous identification of morality with the demands of the state, my hand was hot in her bra, and my access had been universalized to include her thighs.

두 사람은 어느 따스한 밤에 제인의 방에서 쇼우펀하우어(Schopenhauer)와 니체(Nietzsche)를 극찬하고, 과거의 윤리를 노예 도덕이라고 매도했다. 그러한 뒤에 제인은 그에게 자기 옷을 벗겨달라고 하더니, 아니 사실대로 말하면 스스로 옷을 벗었다. 그녀는 알몸이 되어, 손을 머리 뒤에 얹고는, 그에게 자기를 바라보라고 일렀다. 어떤 논리도 공리주의자나 이상주의자도 이처럼 신비스러운 여체를 제대로 정의하거나 평가할 수 없었다.

쇼우펀하우어는 의지를 높이 평가했으며, 니체는 잔인함, 교활, 강간, 그리고 전쟁을 찬미했다. 모든 이전의 윤리학은 "노예의 미덕"과 "평민의 미덕"으로 노출되어 있었다. 제인은 그녀의 아버지가 "서재"라고 일컫는 책과 학술지들이 쌓인 먼지 자욱한 천장이 둥근 커다란 방의 위에 있는 자기 방에서 나에게 자기 옷을 벗기라고 했다 — 아니, 솔직히 말해서 어떤 우아한 조바심을 지닌 채 스스로 벗었다. 나는 그녀의 옷들을 구김살지고 풀린 걸쇠들처럼 아무렇게나 어지럽혔다. 그녀는 마지막 속옷을 벗어 던지고, 그녀의 두 손을 졸고 있는 소풍객의 자세로 머리 뒤에 올리더니, 나더러 자기를 쳐다보라고 했다. [. . .] 어떤 공식, 공리주의자나 이상주의자도 그 여체의 생기가 넘치는 순수성을 만끽할 수 없었다. 여기서 5피트 7인치이고, 발목에서 둔부까지 그리고 허리에서 머리

까지 무한한 신비로 변화하고 있는 원주들로 이루어진 여체가 있다. (65)

> Schopenhauer exalted will and Nietzsche glorified brutality, cunning, rape, and war. All earlier ethics stood exposed as "slave virtues" and "herd virtues." Jane, in her room atop the great dusty vault of stacked books and learned journals her father called his "study," let me undress her — no, to be honest, undressed herself, with a certain graceful impatience, I having made of her clothing an asymmetric mess of rumples and undone snaps. She flicked away the last morsel of underwear and tucked her hands behind her head in the pose of a napping picnicker and let me look. [. . .] No formula, utilitarian or idealist, could quite do justice to the living absoluteness of it. Here was a fact, five foot seven inches long, and of circumferences varying with infinite subtlety from ankles to hips, from waist to skull.

두 사람은 성관계를 갖고 나서 결혼하여 부부가 되었다. 얼마 있다가 주인공은, "이 여자를 생각하고 있으면, 나는 글을 아주 아름답고 쉽게 쓴다. 나는 매우 편안하다. 그러나 속지 마시오. 이런 용이함과 안락함은 호사가 아니라 재난이다"(62)고 고백한다. 왜냐하면 거의 20년 동안 제인은 인격적으로 자신을 조금도 변화시키고 성숙시키지 않았기 때문이다. 그녀는 하나님은 믿지 않고 이원론적인 윤리만을 고집했다. 게다가 그녀는 교회는 교리공부와 사회봉사나 하는 하나의 부속기관이라는 어리석은 견해를 절대로 버리려고 하지 않는다. 더욱이 그녀는 성관계에서 언제나 전혀 타인으로 존재했다. 따라서 그는 그녀와의 관계에서 정신과 육체 둘 중 어느 하나도 만족하지 못했다.

그러므로 주인공은 아내에게 줄곧 성실했지만 자기교회의 오르간 연주자인 얼리쉬 크릭(Alicia Crick)에게 몹시 끌렸다. 그녀는 성적 매력이 있는 데다, 두 아이를 가진 갓 서른의 이혼녀였다. 그녀는 근시이고 키는 작지만 금발이며 토론을 좋아하는 매우 활달한 여성이었다. 어느 날 그녀가 교회에서 귀가하려고 하는데 차에 시동이 걸리지 않았다. 별 수 없이 그가 그녀를 집까지 데려다주었다.

그녀는 집에 도착하자 그를 이층에 있는 자기 침실로 맞아들였다. 그녀의 유방은 작지만 양 가슴에 예쁜 공처럼 우뚝이 솟아 있어 탐스러웠다. 허리는 알맞게 통통했으며 다리가 반듯하고 사랑스러웠다. 손의 근육과 뼈가 팔 힘이 강한 여자라는 인상을 풍겼다. 그녀의 은밀한 곳 주위를 수북하게 감싼 음모가 매우 선정적인데다 금발마저 매혹적이었다. 그가 그녀와 갖는 성관계는 제인과 1주일에 한번 하는 일상적인 의식과는 전혀 달랐다. 이 두 사람은 그들만의 세계에 들어서기만 하면 즉흥적으로 애정과 사랑이 넘쳐흘러 정신없이 서로 자석처럼 달라붙었다. 그는 그녀와의 관계에서 육체적으로 실컷 만족했다. 그러므로 이런 황홀한 성행위는 그에게 하나의 계시였다.

> 침대에 누운 얼리쉬는 하나의 계시였다. 드디어 나는 무아지경의 귀감에서처럼 나 자신의 성의 악마와 직면했다. 우리는 양말, 목걸이, 그리고 견장이나 치장물처럼 우리에게 매달려 있는 속옷들을 언제나 여유 있게 벗지는 못하고 급히 서두르는 편이었다.. 우리는 그저 그녀의 낮은 네모난 침대에 덜렁 누웠다 . . . 그러고 나면 그녀는 나를 밀어 눕힌 다음에, 그녀의 배에 비스듬하게 댄 오른 손으로 강한 흥분을 자아내기 위해 이미 흐려진 음모를 위로 끌어올리면서 손가락과 입술로 기력을 단단하게 하여 치솟게 한 나의 남근 위에 자기 육체를 덮더니, 흐느껴 울면서 성적 쾌감의 최고조에 달해 몸부림치다가 다시 쾌감의 최고조에 달한다. 그녀의 질 분비물이 아주 많이 흘러나왔으므로, 나의 아주 민감한 귀두는 물고기처럼 조용히 그 질 안으로 미끄러져 들어갔으나 정중하게 사정하기를 거절한다. 그래서 그녀는 한 번 더 쾌감의 최고조에 달했으며, 그녀의 확실하게 드러난 노골적인 쾌감이 내 가슴으로부터 웃음을 자아내게 했다. 그런 웃음은 나에게 처음 있는 일이었다. 나의 선량한 아내의 지배 아래서는 성행위란 신성하고, 1주일에 한번 치르는 행사이며, 의례적이고, 조용해서 지루했다. (43-44)

> ALICIA IN BED was a revelation. At last I confronted as in an ecstatic mirror my own sexual demon. In such a hurry we did not always take time to remove socks and necklaces and underthings that clung to us then like

shards or epaulettes, we would tumble upon her low square bed . . . and she would push me down and, her right hand splayed on her belly, tugging upward the tarnished gift of her pubic fur so as to make an unwispy fit, would seat herself upon my upraised phallus, whose mettle she had firmed with fingers and lips, and whimper, and come, and squirm, and come again, her vaginal secretions so copious my once-too-sensitive glans slid through its element calm as a fish, and politely declined to ejaculate, so that she came once more, and her naked joy, witnessed, forced a laugh from my chest. Such laughing was unprecedented for me; under my good wife's administration sex had been a solemn, once-a-week business, ritualized and worrisomely hushed.

얼리쉬는 그가 종교적 교리와 양심을 저버리고, 아내를 배신한 죄(간음)를 저지른 상대자이지만, 이런 계시 때문에 그의 새로운 세계의 중심부에 자리를 차지했다. 그가 이런 계시를 받고 있는 동안에 그녀는 그의 존재에서 침몰되어버린 대륙 가운데에 우뚝이 솟은 등대였다. 그러므로 그가 죄를 범했지만 그의 세계는 깨끗이 씻기어 반짝였다. 더욱이 그는 종교적 양심을 상실했지만, 그의 잃어버린 세계에도 또한 활기와 생기가 넘치는 것을 깨달았다. 왜냐하면 그는 성적 충동과 욕구를 자제할 수 없어 간음을 저질렀지만, 성행위가 하나님과 이즈리얼과의 사랑의 성서적 은유라고 확신했기 때문이다. 아무튼 지금까지 똑같이 이원화되어 있던 그의 존재가 한쪽으로 이렇게 약간 기울어지게 되었다.

나를 반은 희고 반은 검은, 반으로 나누어진 원으로 상상해보시오. 흰 쪽에는 내 아버지의 헌 가구들과 칼 바스의 산문, . . . 예배식과 성찬식에서의 활기에 찬 내 성직자의 지위, 그리고 나의 중류층 삶에서의 세속적인 계급의식과 같은 사실들이 있다. [. . .] 이것은 선이었다. 나는 하나님이 이쪽에 있다고 생각했다. 다른 쪽, 즉 악이라고 하기보다는 억압이라고 할 수 있는 검은 쪽에 인간 . . . 나의 더러운 육체가 있다. 얼리쉬는 선과 아름다움에 대한 인간의 쐐기를 개선함으로써, 분할컴퍼스의 축을 (어림잡아) 10정도 돌려 이제 기울어진 반쪽의 명칭을 새로 만들었다. 흰 쪽은 생명이고 검은 쪽 은 죽음이었다. 대부분의 요소들은 재편성의 영향을 받지 않았다. 승리자들 편에서는 하나님은 생명을 자기의 요소로 받아들여, 예전처럼 나의 기도를 감사하고 나의 이해를 감독했다. [. . .] 그러나 하나의 뜻하지 않은 사고가 있었다. 얼리쉬와 그녀의 아름다운 환성과 떨리고 있는 젖꼭지의 정반대쪽의 원의 쐐기에는 결혼 전 칠링워스란 성을 가졌던 내 아내 제인이 차지하고 있는 "아내"로 지칭되는 무풍지대가 있다. 이 쐐기는 다락방 창문처럼 어두워졌다. (50-51)

Imagine me as a circle divided in half, half white and half black. In the white side were such things as my father's furniture, Karl Barth's prose, . . . my own crisp hieratic place within the liturgy and sacraments, a secular sense of order within my middle-class life. [. . .]· This was the Good. I credited God with being on this side. On the other side, the black, which might be labelled the Depressing rather than Evil, lay Mankind, . . . my own rank body. [. . .] Alicia, by reclaiming a wedge of mankind for the Good and Beautiful, shifted the axis of the divider 10° (rough estimate) and caused a relabelling of the now-tilted halves: the white was the Live, the black was the Dead. Most of the ingredients were unaffected by the realignment. God, who has His way of siding with the winners, took Life as His element, and continued to audit my prayers and supervise my digestion as before. [. . .] But there was one casualty: in the wedge of the circle directly across from Alicia and her peachy cries and floating nipples was an innocuous sector labelled "*ux*.," inhabited by my wife Jane, née Chillingworth. This wedge went dark as an attic window.

그러나 그는 얼리쉬에게도 만족할 수 없음을 곧 알아차렸다. 그는 이런 이유 때문에 아내와 얼리쉬에게 실망한 나머지, "제인은 하나님을 믿지 않고 윤리만을 믿는다. 얼리쉬는 하나님을 더욱더 믿지 않는다. 그녀는 음악과 남자만을 좋아한다. 음악과 남자만이 그녀가 몹시 갈망하여 찾아 헤매는 전부이다"(182)고 말한다. 이제 그는 신앙을 가진 여자를 동경하게 된다. 그가 동경의 대상으로 만난 이상적인 여자가 미모의 프랭키 할로우(Frankie Harlow)였다.

그녀는 외롭지 않기 위해 결혼했는데, 남편과 함께 있으면 그의 무관심과 몰이해 때문에 오히려 더욱 외로웠다. 그의 이런 무관심과 몰이해가 그녀로 하여금 결혼과 사랑은 매우 어리석은 행위라고 확신하도록 만들어버렸다. 그녀의 이런 확신은 삶에서 이루 말할 수 없는 공허감을 불러일으켰다. 그녀는 이런 공허감으로 말미암아 삶을 허송하고 있다고 분개했다. 마침내 그녀는 주인공과 삶의 문제를 상담하고 싶다고 하면서, 자진해서 그를 자기 집으로 유혹했다. 그는 그녀가 제인과 얼리쉬와는 달리 신앙을 가진 여자이기 때문에 그녀에게 끌렸다. 그녀가 스스로 알몸이 되어 그의 옷을 벗겨주었다. 그러나 그녀의 돈독한 신앙심이 그를 흥분시킬 수 없었다. 그는 아무리 기를 써도 그녀와 관계를 가질 수 없는 성적 무능력자로 전락해버렸다.

> 사내다움이 나로부터 없어졌다. 우리는 이런 나에 대해 몹시 슬퍼했다. 그녀는 내가 성공하기를 바랐다가, 내가 실패하자 나를 더욱더 격정적으로 애무했다. 그녀의 이런 갈구는 내가 이 이상한 유혹에서 마주친 장벽을 더욱 단단하게 만들어버렸다.
>
> 그러나 내가 그녀를 만족시키지 못하도록 가로막는 장벽은 나의 정신착란의 말기 동안에 내 안에 존재하는 매우 강한 것이었다. 나는 빈 자궁이 울부짖고 있는 장벽이며, 용서하는 손이 나의 목덜미를 쓰다듬으려고 하는 그녀와 함께 울고 싶었다. 나는 나의 성교 불능을 내게 남은 신앙의 잔존물, 즉 모든 이런 상대론적인 욕정, 인공적인 현대성, 간음산업, 그리고 살아 있는 것 같은 죽음에 있는 한 조각의 순결로 한탄하고 싶다. (165-66)

> manliness went from me. We grieved for me, she wished me to succeed, she loved me the more wildly for my failure; and this wish of hers built firmer the barrier I met in this strange seduction.
>
> But that barrier barring my satisfying her was, for the terminal season of my distraction, the one living thing in me. I would weep with her, her unfucked belly became a wailing wall, her forgiving hands would stroke the

back of my neck, and I would greet my impotence as the survivor within me of faith, a piece of purity amid all this relativistic concupiscence, this plastic modernity, this adulterate industry, this animated death.

그 후에도 그는 그녀와 함께 누워 그녀를 마음껏 애무할 뿐 아니라 그녀의 적극적이고 자극적인 애무를 받았지만, 전과 다름없이 성관계를 가질 수 없었다. 그는 또다시 실패하자, 몹시 당황하고 절망하여 하나님에게 이렇게 기도했다: "나는 하나님에게 그녀와 성행위를 할 수 있는 힘을 주시라고 기도했다. 나는 하나님에게 나의 간음의 공범자가 되어주시라고 빌었다"(237). 이런 기도의 효험도 없자, 그는 그녀를 때리면서 그녀에게 하나님을 믿지 않는다고 공언하라고 요구했다. 그러나 그녀에게서 그럴 수 없다고 하는 답을 듣게 되자, 성적 무능력자인 그는 그녀로부터 더욱이 자기 자신으로부터 도망치고 싶었다.

나는 그녀를 때렸다. 처음에는 손을 오목하게 하여 가볍게 두드리다가, 손바닥을 펴고 손목에 힘을 주어 정말로 때렸다. 그 소리에 우리 방이 갈라졌으며, 그녀의 사랑이 짰던 모든 거미줄 같은 실들이 날아가버렸다. 나는 그녀를 이렇게 꾸짖었다: "너 바보 같은 계집, 너는 어떻게 그처럼 멍청하게 성부하나님, 성자하나님, 그리고 성령하나님을 믿을 수 있어? 내게 너는 정말로 믿지 않는다고 말해. 내게 그렇게 말해. 그래야 나는 너와 성공적인 성관계를 가질 수 있어. 내게 너는 신앙심이 없음을 잘 알고 있다고 말해. 프랭키, 죽은 사람들은 악취를 풍기지. 잠시 동안 그들은 악취를 풍기다가, 뼛조각이 되고 나면, 아무것도 없어. 영원히. 그렇지 않아? 그렇다고 말해."

"그럴 수 없어."

"당신, 왜 못하지? 왜 못하는 거야? 제발 말해봐." 나는 무릎을 꿇고 그녀 위로 몸을 구부렸다. 나는 그녀를 멀리, 안전한 곳으로, 나로부터 멀리 들어 올리고 싶었다. (185-86)

I hit her. First a tap with a cupped hand, then really a hit, with open palm and stiff wrist so our chamber split at the noise, and all the gossamer threads her love had spun were swept away. "You dumb cunt," I said, "how can you be so dumb as to believe in God the Father, God the Son, God the Holy Ghost? Tell me you really don't. Tell me, so I can fuck you. Tell me you know down deep there's nothing. The dead stink, Frankie; for a while they stink and then they're just bones and then there's not even that. Forever and ever. Isn't that so? Say it."

"I can't."

"Why not, sweet? Why not? Please." I got to my knees and crouched above her, I wanted to lift her away, to safety, away from myself.

이처럼 그가 몇번 시도했으나 그녀와 만족스러운 성행위를 할 수 없었던 것은 — 육체는 "영혼을 파멸시키는 늪"에 불과하다 — 는 그의 믿음 때문이었다. 그는 "청교도교리와 신앙을 상징하는"(57, 183) 프랭키 할로우의 육체를 더럽힐 수 없었다. 아직 그는 육체가 성스럽다고 생각할 수 없었을 뿐 아니라 영혼과 육체는 하나라고 믿을 수도 없었다.[47]

그는 얼리쉬를 자기와의 불륜관계 때문에 교회에서 해고했다. 그녀는 해고당한 앙심으로 프랭키 할로우의 부군을 찾아가 주인공과 그의 부인과의 관계를 고자질했다. 게다가 그녀는 주인공의 불미스러운 여자관계를 전부 폭로해버렸다. 제리 할로우(Jerry Harlow)는 장로회의 의장이었다. 그는 장로회를 소집하여, 그를 신경쇠약환자로 단정함으로써 목사직에서 면직시켜 요양소로 보낸다는 결정을 내렸다. 그리고 그는 이 사실을 목사 감독기관에 보고했다. 이래서 주인공은 이 오메거형 건물의 요양소로 쫓겨 왔다.

그러나 주인공은 삶에 매우 불만이 많은 여자들과 상담했을 때, 그들의 성문제를 이해하기 시작했다. 그들은 남자 위주의 사회에서 성에 대한 불만이 많았다. 그들의 이런 불만은 청교도적 편견 때문에 고조되었다. 다시 말하면 정신이 육체를 성스러운 대상으로 받아들임으

47 Suzanne Henning Uphaus, *John Updike* (New York: Frederick Ungar, 1980), 93.

로써 성적 본능을 영혼의 자연스러운 확장으로 마땅히 인정하여야 하는 데도, 흔쾌히 그렇게 하려고 하지 않는 청교도적 편견 때문에 그들의 불만은 쌓이고 쌓였다.[48] 그는 그들의 불만 해소는, "정신이 육체를 인정함으로써, [청교도들이 미국으로 건너올 때] 그리고 대서양 횡단에서 잃어버린 어떤 가방(기독교의 근본정신)을 재발견함으로써"(160)만 가능하다고 주장했다.

청교도의 엄격한 교리가 성을 철저히 억압했음에도 불구하고, 조금도 죄의식 없이 성생활을 구가한 여자들이 있었다. 그는 이 사실을 알고 매우 놀랐다. 그들은 종교적 양심의 가책을 조금도 느끼지 않고 성생활을 마음껏 즐겼다. 그는 교리와 현실 사이에 엄청난 괴리가 있음을 직시하고 경악했다.

> 나는 처음에 남자를 유혹하는 여자들이 얼마나 태연하게 성직에 숨겨진 음낭을 찾아냈는가와 그들의 성에 대한 견해는 그 경우가 경솔하고 즉흥적이기는 하지만 얼마나 직관적으로 종교적인가에 의해 충격을 받았다. 그들의 *죄의식*은 어디 있었는가? 그들은 다음 일요일에는 깨끗한 얼굴로 교회에 와서 성서의 뜻을 경청했다. 내가 무서운 단절을 느끼는 곳에서도 그들에게는 연속이 있을 뿐이었다. 그들 모두를 축복해주소서. 그들은 내가 우리의 모든 행위는 존경의 대상임을 몰랐던 황무지에서 나를 데리고 나왔다. (162-63)
>
> I was shocked, at first, by how unfussily these seducing women sought out the scrotal concealed in the sacerdotal, how intuitively religious was their view of sex, hasty and improvised though its occasion. Where was their *guilt*? They came to church the next Sunday with clean faces, and listened to the Word intent. There was a continuum for them, where I felt a horrific gap. Bless them all. They brought me out of the wilderness where I did not know that our acts, every one, are homage.

---

48 Greiner, *John Updike's Novels*, 180.

그는 청교도의 인위적인 교리가 인간의 본능을 계속 억압할 수 없으며, 자연스러운 성숙을 방해하거나 차단할 수 없음을 깨달았다. 그의 이런 깨달음이 자기의 과거를 성찰하도록 이끌었다. 이제 그는 이 자아 성찰을 바탕으로 자기와 종교를 새롭게 이해하려고 한다. 그러기 위해 그는 경청자가 한 명도 없는 데도 네 번의 설교를 한다. 그는 이 설교를 통해 기독교의 정체와 진수를 정확하게 이해하여 전파하려고 하면서 자기앎을 철저히 실현한다. 그러므로 그의 네 번의 설교는 소설구성에서 이렇게 중요한 역할을 한다.

> 그가 요양소에서 네 번의 일요일을 위해 준비한 네 개의 설교문은 언어가 정서와 영혼의 치료를 위해 어떻게 활용되고 있는가를 가장 잘 보여주고 있다. 자주 비뚤어진 설교의 연습이지만, 본질적으로 우수한 설교들은 점진적으로 마쉬필드목사의 마음의 상태를 개선시키는 수단으로서 그 역할을 하고 있다. 그 설교들은 (첫번째의) 간음의 병적인 옹호로부터 (두번째의) 기적에 대한 성급한 논의와 (세번째의) 격리치료에 대한 방종하지만 상당히 믿을 만한 명상을 거쳐 드디어 영원, 육체의 부활, 그리고 패스컬의 신념의 종개념에 관한 설교다운 네번째의 설교로 발전한다. 바꿔 말하면 네번째 일요일에 가서는, 마쉬필드목사는 자신에 대한 글을 다 써서 자신에 대한 새로운 통제력과 자신의 종교적 신념에 대한 개인적 위기가 해결된 것처럼 보이는 경지에 이르렀다.[49]
>
> the four sermons that he prepares for his four Sundays at the rest home are the best indication of how language is employed toward emotional and spiritual healing. The sermons, in themselves brilliant if often perverse homiletical exercises, serve as a gauge of Marshfield's gradually improving state of mind. They shift from a hysterical defense of adultery (the first) to a petulant treatise on miracles (the second) to a self-indulgent but fairly credible meditation on healing through isolation (the third) to a finally preachable fourth one on immortality, the resurrection of the body, and a Pascalian species of belief. By the fourth Sunday, in other words,

---

[49] Detweiler, 150.

Marshfield has written himself through to a new control over himself and to what looks like a resolution of his personal crisis of religious faith.

주인공의 매우 파격적이고 충격적인 설교를 글자 그대로의 사실로서가 아니라 상징적인 의미로 해석하기 위해서, 먼저 그 설교의 기본철학을 살펴보자. 그 철학은 언제나 불확실성과 애매모호성으로 가득차 있는 삶을 어떤 절대적 주장으로 단정해버림으로써, 삶을 왜곡시키거나 파멸시켜서는 절대로 안된다는 신앙이다. 지금까지 자기앎을 소홀히 하거나 무시한 채, 삶에 대한 단 하나의 절대적 주장이나 단정이 이루 말할 수 없는 엄청난 비극을 인류에게 초래했다. 이런 비극의 대표적 실례의 하나가 미국 청교도사회에서의 간음과 그 죄에 대한 사회의 혹독한 형벌 그리고 개인의 무서운 죄의식과 그 의식의 뼈아픈 가책이며, 이 가책 때문에 스스로 파멸한 사람이 딤즈데일목사이다. 주인공은 이런 비극을 방지하고 극복하는 길은, 지금까지 무수한 인간의 삶을 지배했던 응고되고 고착되어버린 비극적인 종교교리와 사회의 고정관념을 재검토하여 지양하는 데에 있을 뿐이라는 사실을 그의 설교의 상징적 의미를 통해 강조하고 있다.

그러므로 그는 이런 사실을 적극적으로 인정하고 수용하려고 최선을 다한다. 그가 최선을 다할 때, 그의 삶은 어떤 행위 때문에 빚어진 대립과 갈등에서 벗어나 자아탐구와 실현에 몰두할 수 있다. 그는 자아성찰을 한 연후에 삶에 대한 절대적 고정관념을 깨뜨리면서, 상대적 시각의 중요성을 강조하는 설교를 하려고 애쓴다. 그래서 그는 설교의 일상 관례를 무시하고 간음에 대한 설교를 이렇게 시작한다.

오늘은 일요일이다. 그들은 우리에게 이 사실을 감추려고 하지만, 나는 날짜를 계산할 수 있다. 나는 여기에 월요일 비행기 편으로 왔고, 오늘이 나의 여섯번째 아침이다. 나는 설교를 하지 않으면 안된다. 그러나 성경이나, 설교보조물이나 아람어의 어원 설명을 해주는 풍부하나 지루한 백과사전이나, 풍금연주자나, 신도도 없이 [설교를 해야만 한다.] 그래도 좋다. 나는 여전히 기억과 정신을 가지고 있다(우리는 이 두 단어가 결국 동의어로 입증되지 않도록 기도합시다).

우리의 성서구절은 요한복음, 8장 2절: "*나는 너를 책하지 않는다*"입니다. (52)

TODAY IS SUNDAY. Though they try to hide this from us, I can count; I came here on a Monday flight, and this is my sixth morning. I must preach. But without a Bible, without a copious and insipid encyclopedia of sermon aids and Aramaic etymologies, without an organist, without a congregation. So be it. I still have a memory, a soul (let us pray the two not prove at the end of time to be synonymous).

Our text is from the Gospel According to St. John, Chapter 8, verse *II: Neither do I condemn thee.*

그는 설교에서 먼저 간음은 누구나 범할 수 있는 죄이기 때문에, 형벌과 죄의식의 대상이 될 수 없다고 주장한다. 그는 간음은 인간이 가장 쉽고 자연스럽게 범하는 실수이거나 비행이라고 역설한다. 그 실례와 증거로, 그는 예수님이 간음한 여자를 용서해주었다는 사실을 상기시킨다. 게다가 그는 패리시 사람들 가운데 어느 누구도 자기들이 간음하는 현장에서 붙잡은 여자에게 돌을 던질 수 없었다는 사실을 강조한다. 그는 오히려 자기를 알려고 하지 않을 뿐 아니라, 자기 잘못을 반성하려고 하지 않으면서 다른 사람들의 비행만을 비난하고 싶어 안달하는 패리시 사람들을 힐난한다. 그는 자아탐구에 전혀 관심이 없는 사람들이 어떤 절대적이고 맹목적인 주장을 함으로써, 삶을 왜곡하고 파멸시킨 아주 잘못된 대표적 실례의 하나가 간음에 대한 혹평이고 혹독한 처벌이었다고 갈파한다.

왜냐하면 그는 간음이 역사적으로 언제나 혹평과 혹독한 처벌의 대상이 아니고 항시 있을 수 있는 일로 용인되었다는 사실을 잘 알기 때문이다. 그는 간음을 저지른 사람을 극형에 처한 것은 인도주의적 관용을 무시하고 부정해버린 유대인들의 폭거였다고 지적한다. 나아가 그는 주인과 성관계를 가졌던 하녀는 채찍질을 당했지만, 자유인이 아니라는 이유 때문에 극형을 받지 않았다고 주장한다. 더욱이 그는 간음이 반드시 나쁜 것만은 아니었다고 설교한다. 그 실례로 그는 배쉬버(Bathsheba)가 남편 유라이어(Uriah)를 배신하고 데이비드(David)와 간음함으로써 이즈리얼(Israel)의 왕비가 되어 솔러먼(Solomon)을 낳았다고 고증한다. 그는 이브가 뱀에게 유혹 당했기 때문에 인류의 어머니가 되었다고 역설한다. 그는 간음은 사회의 공적 문제가 아닌 개인적 문제로서 얼마든지 있을 수 있는 일이라고 이런 실례들을 열거한다.

> 자료에 의하면 예수는 성도덕이 세계적으로 문란할 때 설교했다. 정말로 유대인들은 엄격한 물신숭배자와는 분명하게 달리 어떤 인도주의적 관용의 잘못을 저질렀다. 레위기와 신명기는 뛰어나게도 일곱번째 계명을 어긴 사람에게 사형을 선고하고 있지만, 위대한 히브루 학자 죤 라이트푸트는 그의 명저 *히브루어와 탈무드의 시간*에서 집행되었어야 할 형벌의 단 하나의 실례도 열거할 수 없었다. 오히려 우리는 주인과 잠자리를 같이 한 여자노예에게 매질은 했지만 "자유인이 아니므로" 죽이지는 않았다는 이야기를 듣는다. 배쉬버는 데이비드와 간통함으로써 유라이어를 배신했지만, 이즈리얼의 왕비가 되어 솔러먼의 어머니가 되었다. 뱀의 유혹을 받은 이브는 인간의 어머니가 되었다. 호지어의 음탕한 아내, 고머는 신앙이 없는 이즈리얼에 대한 끊임없는 하나님의 사랑의 전형적인 실례로, 사랑을 받기 위해 그에게 반해버린다. 그리고 새로운 섭리에서 죠우저프는 메어리의 부정의 뚜렷한 증거에 직면했을 때, 스스로 그녀의 잘못을 사람들에게 널리 알리지도 않고 관대하게 "그녀와 남몰래 이혼하고자 했다." 우리가 알았던 것처럼, 예수가 복음서에서 마주친 두 명의 간음한 여자들 중에서, 한 여자는 칭찬을 받고 다른 여자도 비난을 받지 않는다. 사실 나중 여자는 보편적으로 불합리하다고 알려진 사형의 형벌을 집행하는 함정에 예수를 밀어 넣으려는 패리시 사람들에 의해 그에게 끌려왔다고 우리는 추측할 수 있다. 왜냐하면 예수가 반복해서 주장한 것처럼 지금은 "간음을 즐기는 세대"이기 때문이다. 제리마이어도 호지어도 그의 세대를 그런 세대로 이해했다. 왜냐하면 이즈리얼은 하나님과의 성약을 깨뜨렸지만, 하나님은 여전히 사랑하고

용서하기 때문이다. (55-56)

> Jesus preached, scholarship tells us, in a time of cosmopolitan laxity in sexual morals. The Jew, indeed, ever had this fault — in contrast to the rigorous fetishist — of a certain humanistic tolerance. Though Leviticus and Deuteronomy excellently specify death for those who break the Seventh Commandment, the great Hebraic scholar John Lightfoot, in his masterwork, *Horae Hebraicae et Talmudicae*, was unable to locate a single instance of the punishment being carried out. Rather, we are told of a bondmaid who, lying with her master, was scourged and not put to death, "because she was not free." Bathsheba, though she betrayed Uriah in adultery with David, became the Queen of Israel and the mother of Solomon. Eve, seduced by the serpent, yet was the mother of mankind. Gomer, the whorish wife of Hosea, is given to him to be loved, in paradigm of the Lord's continuing love of faithless Israel. And in the new dispensation: Joseph, confronted with swelling evidence of Mary's infidelity, found himself not even willing to make her a public example, and mildly was "minded to put her away privily." Of the two adulterous women Christ encounters in the Gospels, as we have seen, one is commended, and the other is not condemned. Indeed this latter woman was brought to Him, we may conjecture, by the Pharisees to trap Him into asking enforcement of a death penalty universally acknowledged to be absurd. For, as He repeatedly asserts, this is an "adulterous generation." So Jeremiah had found his generation, and Hosea his; for Israel ever breaks its covenant with the Lord, and yet the Lord ever loves, and ever forgives.

그러므로 그는 간음의 본질에 대한 정확한 이해의 필요성을 매우 강조한다. 그는 간음을 이렇게 이해하고 있다: 간음은 "우리의 천부적 조건"이므로 "취소할 수 있는 선택이 아니고 받아들이지 않으면 안되는 상황이다." 그는 간음에 대한 보편타당한 이해와 해석이 삶의 왜곡과 비극을 방지하는 가장 좋은 길일 뿐 아니라 사회질서와 안정을 유지하는 최선의 방법이라고 주장한다. 게다가 그는 간음은 얼마든지 있을 수 있는 일이기 때문에 "우리는 간음의 세대에 살고 있다"(56, 59)고 강조한다. 역설적으로 그는 우리가 간음을 즐기지 않으면 안된다고 설교한다. 왜냐하면 그는 우리 삶의 솔직함, 가치, 존엄성, 활력, 그리고 빛이 간음에 있다고 믿기 때문이다.

> 성서로부터 우리를 둘러싸고 있는 세계로 눈을 돌려보자. 오늘날 어디에서 미국남자가 집요하게 돈벌이하는 가장과 경제적 구성원으로서가 아닌 낭만적인 목사로서, 남근숭배의 기사로서, 명사로서, [살아있는] 화신으로서, 그리고 영웅으로서 그의 가치관을 재발견하고 있는가? [바로] 간음에서 [인 것이다]. 그리고 미국여자는 몹시 고된 집안일과 욕심 많은 어린애들의 바보스러운 친구가 되어주기 때문에 어리석음의 표본이 되어버렸는데, 어디에서 그녀의 결정권, 용기, 그리고 판별력 — 요컨대 그녀의 존엄성을 재발견하는가? [바로] 간음에서 [인 것이다]. 간음을 저지르는 남자와 여자는 사회가 그들에게 입혔던 모든 거짓 제복들을 벗어버리고 그들의 밀회장소에 나타난다. 그들은 그들 자신의 추천장 이외의 어떤 추천장에도 의존하지 않을 뿐 아니라 하나님이 준 신임장, 즉 만족할 줄 모르는 자아와 막강한 힘을 발휘할 수 있는 생식기 이외의 어떤 신임장도 가지고 있지 않다. 그들은 사랑 속에서, 사랑을 위해, 그리고 사랑을 가지고 만나, 이 세상의 지혜에 의해 오염되지 않은 대만족으로 전율한다. 그들은 정말로 빛의 어린이들이다. 여러분들 — 내가 이 가상의 설교단에서 몸부림치고 있을 때 나를 아무 말 없이 응시하고 있는 여러분들의 얼굴들 — 잠을 떨쳐버리고 간음을 저질렀던 여러분들은 마음속 깊이 나의 주장의 진의를 인정할 것이다. (57-58)

> Let us turn from Holy Writ to the world that surrounds us. Wherein does the modern American man recover his sense of worth, not as dogged breadwinner and economic integer, but as romantic minister and phallic knight, as personage, embodiment, and hero? In adultery. And wherein does the American woman, coded into mindlessness by household slavery and the stupefying companionship of greedy infants, recover her powers of decision, of daring, of discrimination — her dignity, in short? In adultery.

> The adulterous man and woman arrive at the place of their tryst stripped of all the false uniforms society has assigned them; they come on no recommendation but their own, possess no credentials but those God has bestowed, that is, insatiable egos and workable genitals. They meet in love, for love, with love; they tremble in a glory that is unpolluted by the wisdom of this world; they are, truly, children of light. Those of you — you whose faces stare mutely up at me as I writhe within this imaginary pulpit — those of you who have shaken off your sleep and committed adultery, will in your hearts acknowledge the truth of my characterization.

그의 두번째 설교는 예수님이 행한 기적들에 관한 이야기이다. 그는 이런 기적들을 하나님이 존재한다는 증거로 받아들이지 않으면 안 된다고 갈파한다. 그에게 하나님이 존재함은 어떤 역경과 비극 가운데도 있을 수 있는 삶의 무한한 가능성에 대한 믿음이다. 게다가 그는 그 가능성이 얼마든지 확장될 수 있다고 확신한다. 그는 이렇게 실례를 하나 든다. 질병이 만연하고 있었을 때, "예수님이 그 질병을 치료한 목적은 자비를 베풀기 위해서가 아니라 하나님의 존재를 입증하기 위한 것이었다."[50]

그럼에도 불구하고 그는 이런 기적들이 이처럼 제대로 이해되지 못하고, 멋대로 곡해되어 왔다는 사실을 지적하면서 분개한다. 그는 그렇게 곡해된 대표적 실례 두 개를 열거한다. 그 하나는 이런 기적들을 단순히 실리와 유용의 측면에서 탐욕스럽게 해석하여 과대평가한다. 반면에 다른 하나는 그 기적들을 다만 과학적 입장에서만 보고서 해석하려고 하기 때문에 그것들을 과소평가한다. 그는 그처럼 과소평가한 사례들을 또다시 열거한다.

> 그 비통하고 체계화 된 독일 땅에서 한때 모든 성서적인 기적들을 자연현상으로 축소시키려고 했던 성서 연구학파가 득세했다. 홍해가 갈라진 것은 썰물과 시간이 맞아떨어진 탓이었고, 5천명을 먹인 것 — 네 복음

---

50 Judie Newman, *John Updike* (New York: St. Martin's Press, 1988), 112.

서 전부에서 입증된 유일한 기적 —은 예수가 많은 사람들을 창피스럽게 하여 그들의 외투 밑으로부터 빈틈없이 비축해 둔 많은 점심 상자들을 내놓도록 한 때문이었다. 이 성서 해석학파는 우리 주님이 버세즈더의 장님을 치료하기 전에 그의 손에 침을 뱉었다고 주장한다. 마치 침이 녹내장의 입증된 약물인 것처럼. 이 학파는 또한 기만적인 눈짓을 하며, 사해의 염도는 매우 강한 탓에 누구라도 실제로 그 위를 "걸을 수 있다"고 언급한다. 이와 똑같은 일을 시도했던 피터가 물 밑으로 가라앉았다는 사실은 언급하지 않으면서. 이 학파는 불가사의한 "정신과 신체의" 라는 단어를 속삭인다. 마치 래즈러스는 그저 자기가 죽었다고 공상했고, 돼지가 자발적으로 수영하러 가기로 결심했으며, 그리고 무화과나무가 최면에 걸려 시들었던 것처럼. 이런 자연주의의 불합리들은 매도될 필요가 없다. (123)

There once thrived, in that pained and systematic land of Germany, a school of Biblical scholarship that sought to reduce all of the Biblical miracles to natural happenings. The Red Sea's parting was an opportune low tide, and the feeding of the five thousand — the only miracle attested to in each of the four Gospels — was Jesus shaming the multitude into bringing out from under its multitude of cloaks a multitude of box lunches hitherto jealously hoarded. This school of exegetical thought observes that our Lord, before healing the blind man of Bethsaida, spit upon his hands — as if saliva is an attested medication for glaucoma. It notes, with a collusive wink, that the saline density of the Dead Sea is so high that one can virtually "walk" upon it — without noting that Peter, attempting the same maneuver, sank. It whispers the magic word "psychosomatic" — as if Lazarus merely fancied he was dead, the swine spontaneously decided to go for a swim, and the fig tree withered under hypnosis. The absurdities of such naturalism need no belaboring.

그는 우리 삶의 가능성과 그 확장은 예수님이 행한 기적들을 그대로 믿고 받아들이려는 신앙에 있다고 설교한다. 따라서 그는 그 기적들을 왜곡하여 과소평가하거나 과대평가하는 데서 벗어나는 길은 예수님을 믿는 데에 있다고 주장한다. 그는 우리가 삶의 가능성을 확장하기 위해, 예수님을 믿고 예수님과 뜻을 통하려고 최선을 다하지 않으면 안 된다고 역설한다. 그는 우리의 최선은 먼저 예수님을 절대적으로 믿는 데에 있으며, 이런 믿음만이 삶의 모든 불가능을 없앨 수 있다고 갈파한다.

> 우리는 잠시 동안 예수가 됩시다. 하나님의 아들과 감정이입을 시도해 봅시다. 왜냐하면 그는 진실한 인간이었고, 불확실성과 공포감에 사로잡힌 채 십자가에 못 박힘의 고통을 참았기 때문입니다. 더욱이 그는 약간의 의구심을 가진 채 어떤 물고기의 입에서 돈을 찾는 무모한 장난을 생각해 냈음이 틀림없는 데도, 좋은 결과가 나타났기 때문입니다. 또는 당신 자신을 예수로 상상해보시오. 그의 위력이 아직 보잘것없고 입증되지 않았을 때, 첫 기적에서, 그가 하인들에게, 물독들에 물을 가득 채워 그 물독들을 향연을 베풀고 있는 총독에게 가져가라고 명령했을 때의 예수로. 그 물이 술로 변하지 않고 아직도 총독의 입에서 물로 밝혀졌다고 상상해보시오. 이것은 희극일 수 있지만, 다른 종류의, 즉 무시무시하고 실수투성이인 — 우리의 치명적인 종류의 희극일 겁니다.
>
> 우리가 이처럼 [예수와] 감정이입을 할 때, 우리는 무엇에 놀라는가요? [바로] 그의 용기. 그의 신념[인 것 입니다]. 예수는 피터가 파도 밑으로 가라앉을 때 "오 믿음이 없는 그대여"하고 피터에게 소리 지릅니다. 신약복음서의 저자, 매슈가 몇장 뒤에 우리에게 말하기를, 제자들이 "불 속으로 떨어지고 자주 물속에 빠지는" 미치광이를 치료할 수 없을 때, 예수는 "오 믿음이 없고 비뚤어진 세대여, 나는 너희들과 얼마나 오래 있어야 할까?"하고 그들을 호통 칩니다. 그는 그의 노여움을 가라앉히고 그들에게 말하기를, "너희가 겨자씨알 만한 믿음만 가지고 있다면, 너희는 산들을 움직일 것이고, 너희에게 불가능한 일이란 아무것도 없을 것이다." (126-27)

> Let us become Jesus for these moments. Let us seek empathy with the Son of God who, as He was truly man, and who underwent the crucifixion in uncertainty and dread, must have conceived this mad prank, of looking for

> money in the mouth of a random fish, with some dubiousness; yet it worked. Or imagine yourself Him when, in His first miracle, His powers green and unproven, He bid the servants fill the waterpots with water to the brim and bear them unto the governor of the feast. Suppose the water had not become wine but still proved, in the governor's mouth, water? This would be comedy too, but of another kind; a grim and pratfallen kind — our mortal kind.
>
> When we thus empathize, at what do we marvel? His daring. His faith. "O thou of little faith," He cries to Peter as Peter sinks beneath the waves, and when the disciples, the Evangelist Matthew tells us a few chapters later, could not cure the lunatic who "falleth into the fire, and oft into the water," Jesus thunders at them, "O faithless and perverse generation, how long shall I be with you?" and tells them, His anger cooled, that "If ye have faith as a grain of mustard seed, ye shall remove mountains; nothing shall be impossible unto you."

간음과 예수님의 기적들에 관한 설교를 끝마친 지금, 그는 자신의 지대한 관심을 개인적인 작은 문제에서 사회의 더 큰 문제로, 그리고 자기로부터 다른 사람에게 쏟는다. 그리하여 그는 세번째 설교에서 지금까지 불모지로 간주되어온 사막의 진가를 강조할 뿐 아니라 그런 사막 한가운데에 있는 요양소에서 그와 함께 머물고 있는 사회로부터 버림받은 과거 성직자들에게 용기와 희망을 불어넣고 있다. 그는 "하나님이 더 넓게 창조한 세계가 사막이다"고 설교한다. 그러나 매우 불행하게도, 우리는 사막을 죽음의 골짜기로 믿고 있다고 개탄한다. 그는 사막은 "하나님의 손바닥"(191, 194)이라고 갈파한다. 그는 하나님의 손바닥이 만물을 창조했으며, 그러기 때문에 사막에는 무한한 생명력이 용솟음치고 있다고 주장하면서 그 구체적인 실례들을 이렇게 하나하나 열거한다.

> 생명력은 얼마나 정교하고 강인한가! 돌 모양의 선인장들은 자기들이 그 사이로 뻗고 있는 돌들을 모방하고, 채찍 뱀들은 이 덤불에서 저 덤

불로 톡톡 뛰어다니며, 콩과의 관목식물은 원래 뿌리를 100피트까지 땅속으로 뻗을 수 있고, 오커텔요 나무는 잎사귀에 그늘을 드리워 수분의 증발을 최소화하고 나무껍질의 녹색을 통해 광합성작용을 계속한다. 새들은 가시나무에도 집을 짓는다. 일전의 거대한 호수들의 물고기로부터 변형된 작은 새끼 물고기는 지금도 소금기가 있는 연못에서 살고 있다. 더욱더 놀랍게도 올챙이 새우는 갑작스런 홍수로 웅덩이가 만들어지는 몇시간 동안에 부화되어 자라다가 짝을 이루고 죽으면서, 그들의 바싹 마른 시체들과 함께 수년 뒤에 그 장소에 다음 웅덩이가 만들어질 때 부화될 알들을 남겨 놓는다. 사막식물들의 씨앗은 교묘하게 기다린다. 그저 조금 내린 비로는 그들의 갑각을 깨뜨리지 못한다. 억수로 쏟아지는 홍수만이 갑각을 분해시킨다. 그러고 나면 사막은 앵초, 양귀비, 당아욱속, 그리고 백일초로 온통 덮이게 된다. 작은 땅데이지, 사막의 다섯 개의 반점이 있는 식물, 모래잡초, 그리고 바위 길리어는 그들의 작은 꽃잎을 태양의 눈부신 빛에 맡긴다. 매리포우서 백합은 자신을 기억한다. 달라붙는 실난초 꽃은 실난초 나방을, 그리고 밤에 꽃피우는 손가락 선인장은 그것의 달 형제를 불러들인다. 작은 클래러트 컵 모양의 선인장은 물을 마시기 위해 컵을 들어올린다. 그리고 사막의 왕인 서과로우 선인장이 죽을 때, 이 선인장은 사람처럼 해골을 남긴다 — 그것의 부드러운 살은 그것의 15톤 나가는 고결함을 지탱했던 나무 뼈대로부터 떨어진다. (195-96)

How ingenious and penetrant is life! Living-stone cactuses mimic the stones they push between, whip snakes toss themselves from bush to bush, the mesquite plant can send taproots down a hundred feet, the ocotillo tree sheds its leaves to minimize evaporation and continues photosynthesis through the green of its bark. Birds nest in thorns. Tiny pupfish, transformed from the piscine inhabitants of the once-vast lakes, survive in the salt-saturated pools that remain. More wondrous still, tadpole shrimp hatch, grow, mate, and die all in the few hours of a flash-flood puddle's duration, and with their dried corpses leave eggs to hatch when the next puddle appears in that place many years in the future. The seeds of desert plants wait cunningly; a mere sprinkling does not tempt them to breach their carapaces; only an acid-stirring deluge dissolves. And then the desert is carpeted with primroses and poppies and mallows and zinnias, and the tiny ground daisy and the desert five-spot and sand mat and rock gilia entrust their miniature petals to the glare of the sun, and the Mariposa lily remembers itself, and the sticky yucca blossom invites the yucca moth, and the night-blooming cereus its lunar brother, and the tiny claret-cup cactus holds up its cup to drink. And when the king of the desert dies — when dies the great saguaro cactus — it leaves like a man a skeleton, its soft flesh falling from the woody ribs that held erect its fifteen tons of nobility.

불행하게도 그가 지적한 것처럼 우리는 사막의 진가를 전혀 모르고 있다. 더욱이 우리는 생명력의 보고를 죽음의 골짜기로 착각하고 있다. 이런 착각이 우리로 하여금 죽음의 골짜기가 되어서는 절대로 안될 생활환경을 사막으로 만들고 있을 뿐 아니라 정직의 상징을 거짓과 위선으로 대치해버린다. 우리 주위에 사막이 굉장히 빠르게 확산되어 가고 있다. 더군다나 많은 도심지들은 공포와 불안에 휩싸여 있고 또한 불결하기 때문에 사람들의 버림을 받아 삭막해지고 있다. 우리의 많은 휴식처는 쓰레기와 공해로 시달리고 있다. 더욱 마음 아프게도, 국민의 뜻에 따라 "성실의 핵이고 정직의 상징으로 세워진 백악관이 지금은 동굴로 보인다. 그 동굴로부터 위선의 전갈(절지동물)이 독침을 찌르기 위해, 재삼재사 찌르기 위해 나왔다가 다시 [동굴 속으로 숨어버린다]"(193).

그러나 그는 이런 비극적인 환경 속에 갇혀 있지만 낙관적이다. 더욱이 그는 간음을 저지르고 쫓겨 왔지만, 양심의 가책이나 죄의식에 시달리지 않는다. 왜냐하면 그는 스스로 삶만이 절대적 가치이고 전부라고 믿기 때문이다. 그는 지금 사막의 왕성한 생명력으로부터 힘찬 고무를 받고 있다. 그는 자기처럼 요양소로 쫓겨 온 과거 성직자들을 이렇게 격려한다: "[힘차게] 사시오. 형제들이여, 당신들의 생애가 치욕과 실패로 얼룩졌다 할지라도 [힘차게] 사시오. 생활터전을 잃어버린 당신들에게, 나는 꼬마올빼미도 선인장 잎에 집을 짓는다고 말하고 싶소. 아주 근래에 불미스러운 일들로 엄청난 치욕을 당한 사람들에게, 나는 대초원의 이리도 그늘에서 해가 지기를 기다리고 있다는 사실을 알려주고 싶소. 스스로 신앙을 상실해버린 사람들에게, 나는 어떤 씨앗도 새순이 싹틀 수 없을 정도로 말라버릴 수는 없다고 말하고 싶소"(196). 그는 우리 모두가 옴짝달싹할 수 없는 곳에 와 있지만, 큰 도마뱀(chuckwalla)이 아주 비좁은 곳에서도 자기 몸을 키울 수 있는 것처럼 스스로 성숙하자고 설교한다. 그러면서 그는 우리 모두가 여기 와 있는 것에 감사하면서 유익한 시간을 보내자고 이렇게 과거 성직자들을 설득한다.

> 형제들이여, 우리는 비좁은 곳에 왔다. 그러니 우리는 큰 도마뱀처럼 되자. 이 도마뱀은 위험에 직면하면 비좁은 곳, 즉 사막의 타오르는 바위에 난 틈바구니로 달려간다. 일단 거기로 달려가면, 이 도마뱀은 창피해서 몸을 움츠리는가? 아니다! 이 도마뱀은 자신을 부풀려, 즉 자신을 정상적인 크기의 절반보다 더 크게 부풀려서, 살아 있는 영혼이 살아 있는 육체를 채우듯 그 틈바구니를 메꾸므로, 어떤 적의 발톱이나 송곳니에 의해서도 격퇴당할 수 없다.
>
> 우리는 사막에 있다.
> 우리는 하나님의 손바닥 안에 있다.
> 우리는 하나님 눈의 사과이다.
> 우리는 여기서 감사하고 기뻐하자. (196-97)

> Brothers, we have come to a tight place. Let us be, then, as the chuckwalla, who, when threatened, *runs* to a tight place, to a crevice in the burning rock of the desert. Once there, does he shrink in shame? No! He puffs himself up, inflates his self to more than half its normal size, and fills that crevice as the living soul fills the living body, and cannot be dislodged by the talon or fang of any enemy.
>
> We *are* found in a desert place.
> We *are* in God's palm.
> We *are* the apple of His eye.

Let us be grateful *here*, and here rejoice.

이처럼 그는 자신의 지대한 관심을 다른 사람에게 쏟기 시작하자, 얼리쉬를 참으로 이해할 수 있다. 과거에 그는 그녀를 남자와 음악만을 좋아하는 여자라고 비난했지만, 지금은 그녀가 그처럼 많은 연인들과 염문을 가질 수밖에 없었던 그녀의 딱한 처지를 충분히 이해한다. 왜냐하면 그는 이혼녀가 많은 남자들에게 둘러싸여 있으면 자연히 성적 충동과 유혹을 받지 않을 수 없는 현실을 인정하게 되었기 때문이다. 나아가 그는 프로이드(Freud)의 가장 애매모호한 이런 주장을 깨닫는다: "양극은 하나이다. 빛은 그 자체에 암흑의 가능성을 내포하고 있다. 하나님은 악마이다"(224).

이제 그는 얼리쉬의 딱한 처지와 프로이드의 애매모호한 주장을 깨달았다. 이런 깨달음에 이르자, 그는 프랭키와 제인 그리고 자신을 새롭게 조명해본다. 그는 제인을 윤리만을 아는 여자로 그리고 프랭키를 신앙심이 가장 돈독한 여자로 단정하면서, 자기를 그 중간에 있는 인간이라고 정의한다. 그러나 그는 이런 단정과 정의를 곧 부정한다. 왜냐하면 그는 삶을 어떤 공식으로 단정하거나 정의할 수 없다고 믿기 때문이다. 그리하여 그는 이렇게 쓴다: "어떤 공식도 삶을 훼손시킬 뿐이다. 우리의 삶에는 우리 사고의 이원론적 공식을 교묘하게 피해 도망쳐버리는 어떤 것이 있다. 그것은 실용적이고 기능적이면서도 양극단을 연결해주는 대담한 어떤 것이다. 그것은 [또한] 냄새는 있으나 말이 없는 어떤 것이다"(241). 그의 이런 믿음이 그로 하여금 이렇게 신비스러움을 느끼도록 해준다.

> 나는 나의 임박한 자유를 음미하면서 이 오메거형의 요양소 건물에서 나와, 이 대기 속에서 매우 가깝고 따스하게 푸르면서도 밤하늘에 전혀 변함없이 고정되어 있는 별들을 쳐다보았다. 나는 한순간 — 한순간 지구의 자전이 감지되었던 것처럼 — 나를 여기 이 우주의 이방인으로 만드는, 알 수 없는 내 자신 안에서 꿈틀거리는 입자나 양감을 느꼈다. 원

호의 1도의 양보다도 크지 않은 양감이지만, 생생하고 나의 것이고, 나의 보배인 양감[을 느꼈다. (242)

I stepped out of this omega-shaped shelter, testing my impending freedom, and looked up at the stars, so close and warmly blue in this atmosphere, yet so immutably fixed in their dome of night; and I felt, for an instant — as if for an instant the earth's revolution had become palpable — that particle or quantity within myself, beyond mind, that makes me a stranger here, in this universe. A quantity no greater than a degree's amount of arc, yet vivid and mine, my treasure.

마지막 설교에서 그는 "육체와 영혼을 하나로 통합시키려고 한다"[51]고 하면서, 그러기 위해서는 우리는 육체의 부활을 믿지 않으면 안된다고 갈파한다. 계속하여 그는 "예수님이 부활하지 않으셨다면, [더욱이] '죽은 사람의 부활이 없다면' 우리는 매우 보잘것없는 존재이다"(247)는 폴(Paul)의 설교를 인용한다. 그는 육체의 부활을 역설함으로써 육체의 중요성과 성스러움을 강조한다. 육체가 부활한다면 육체와 영혼은 똑같기 때문이다. 우리가 육체와 영혼을 동일시한다면, 삶과 죽음을 구분할 수 없으므로 우리는 구태여 낙원에서 천사로 살고 싶어할 필요가 없다. 따라서 그는 육체의 중요성과 성스러움을 아는 사람들은 이 순간 여기서 보람 있는 삶을 열심히 살고 싶어한다고 주장한다. 그는 그들이 그렇게 하고 싶어할 때 지상이 유일한 낙원이 될 뿐 아니라 지금까지 철저하게 무시당했던 세속적인 것도 성스러워진다고 다음과 같이 설교한다.

왜냐하면 우리는 영기 속의 천사들로서 살고 싶지 않기 때문이다. 우리의 육체가 우리, 우리이다. 우리의 불사에 대한 갈망은 죽음의 위대한 철학자 미겔 데 우너무노우가 매우 정확하고 권위 있게 언급했듯이, 상상을 초월하는 삶으로의 변형에 대한 갈구가 아니라 우리의 일상적인

51 Uphaus, 96.

삶, 즉 우리가 그처럼 표류하면서 무감각하게 살지만 영원히 계속되는 세속적인 생활에 대한 열망이다. 우리가 상상할 수 있는 유일한 낙원은 이 지상이다. 우리가 갈구하는 유일한 삶은 이런 삶이다. 폴은 그의 잔인한 희망에서 옳다. 그 대신에 어떤 개인적인 실체에 대한 공허한 존속, 어린이들이나 선행 혹은 예술의 걸작들을 통한 인간의 영구화, 인류와의 동일시, 혹은 궁극적이고 절대적인 영면의 축복을 제의하는 모든 사람들은 주님의 유혹자이고 배신자들이다. 우리 교회들의 상황이란 게, 정말로 우리가 설교단에서 우리의 호의와 장황한 인도주의로 우리의 불쌍한 양들을 화석 속에 있는 금룡의 발자국처럼 강령 속에 보존된 야만적인 교리의 쓰레기들로부터 유혹하려 하고 있음이 아닌가? 이런 쓰레기들만이 일요일 아침에 불쌍한 양들을 달콤한 잠자리로부터 몰아내고 있지 않는가? (243)

For we do not want to live as angels in ether; our bodies are us, us; and our craving for immortality is, as Death's great philosopher Miguel de Unamuno so correctly and devastatingly remarks, a craving not for transformation into a life beyond imagining but for our ordinary life, the mundane life we so driftingly and numbly live, to go on forever and forever. The only Paradise we can imagine is this Earth. The only life we desire is this one. Paul is right in his ghoulish hope, and all those who offer instead some gaseous survival of a personal essence, or one's perpetuation through children or good deeds or masterworks of art, or identification with the race of Man, or the blessedness of final and absolute rest, are tempters and betrayers of the Lord. Is not the situation in our churches indeed that from the pulpit we with our good will and wordy humanism lean out to tempt our poor sheep from those scraps of barbaric doctrine, preserved in the creed like iguanodon footprints in limestone, that alone propel them up from their pleasant beds on a Sunday morning?

그러나 그는 많은 사람들이 육체의 부활은 불가능하다고 믿고 있다는 사실을 잘 알고 있다. 그는 이 사실을 몹시 개탄한다. 왜냐하면 그는 삶의 불가능 가운데도 언제나 가능성이 있다고 확신하기 때문이다.

따라서 그는 우리가 편견과 아집 그리고 어떤 절대적 주장 때문에 삶에서 가능성을 부정해버리는 것은 가장 큰 죄악이라고 갈파한다. 그러나 현실의 우리는 그 가능성을 부정하고 있다. 그는 이런 부정의 실례를 이렇게 지적한다: "우리는 스스로 창조하지 않고, 다른 사람들에게 우리가 할 일을 찾아줄 것을 부탁한다. 그러면 그들이 우리에게 할 일을 만들어주면서, 그 일을 완수하라고 명령한다"(250).

그는 우리가 이처럼 부정적이고 피동적인 삶의 굴레에 매여 있지만 그 굴레에서 벗어날 수 있다고 주장한다. 그는 우리가 거기서 벗어나는 길이 우리의 이런 확고한 믿음 — 삶의 불가능 가운데도 가능성이 있다 —에 있다고 역설한다. 우리는 적어도 그 믿음을 공언할 수 있다. 우리의 이런 공언이 불가능성을 가능성으로 만드는 필요, 충분조건이다. 왜냐하면 우리의 이런 공언이 "다른 사람들에게 그들의 삶을 가능성으로 만드는 불가능성을 증언할 기회를 마련해[줄 수 있기 때문이다]"(249). 그는 우리가 그런 불가능성을 가능성으로 만들기 위해 존재에 대한 과거의 절대적 주장을 버리고 삶의 신비스러운 힘을 깨닫지 않으면 안된다고 우리를 깨우친다. 그는 과거 성직자들에게 그들이 비행을 저질렀기 때문에 요양소로 쫓겨 온 것이 아니라, 여기서 살고 있을 뿐이라고 타이른다. 따라서 그는 그들이 제대로 살 수 있음을 각별히 강조하면서 이렇게 설교를 끝마친다.

> *누가 나를 여기에 있게 하는가?* 우리 존재의 무섭고 놀라운 신비가 더욱 분명하게 밝혀질 수 있을까? 옛 신비들은 부식되고 있다. 우리의 미완성 신념의 기품 있는 동조자인 안리 버르그선은 유물론의 연속에서, 즉 무와 유, 물질과 생명, 그리고 생명과 정신 사이의 세 개의 삐걱거리는 돌쩌귀들 또는 설명할 수 없는 괴리들에 관해 말했다. 마지막 두 가지가 그 후 줄곧 아주 작은 정보의 진창으로 막혀버렸으며, 위세 당당한 첫번째는 결국 해부적 검토를 계시할지 모른다. 방사성 망원경은 이미 분명히 시간의 바로 가장자리에서 시작되는 우주의 윙윙대는 소리를 포착했다.

그러나 무엇이 내가 스스로 저기가 아닌 여기에서 그리고 과거나 미래보다는 오히려 현재에서 발견할 수 있는 가장 심오하면서도 가장 단순한 신비를 설명하고 진부하게 할 수 있을까? 왜라는 이유는 조금도 없다. 그래서 불합리로 살아가는 우리는 우리의 수치를 완화시킬 수 있다. 누가 우리를 여기에 이 소명으로 제때가 지난 이 늦은 날짜에 붙잡아 놓았는가? 이런 질문은 그 답을 함축하고 있다. [우리를] 붙잡아 놓은 누구, 누군가가 있다. 우리는 우연히 떨어지지 않고, 자리를 지정받았다. 물론 우리가 이미 우리의 정수에서 알고 있는 것처럼. (250-51)

Qui m'y a mis? Can the mystery, frightening and astonishing, of our existence be more clearly posed? The old mysteries erode; Henri Bergson, that graceful fellow-traveler of our rough faith, spoke of the three creaky hinges, or inexplicable gaps, in the continuum of materialism: between nothing and something, between matter and life, between life and mind. The last two have since silted in with a sludge of atomic information, and even the imposing first may, eventually, reveal an anatomy: already radio telescopes have picked up a cosmic hum that apparently originates at the very rim of time.

But what could explicate and trivialize the deepest and simplest mystery, that I find myself here and not there, in the present rather than the past or future? *Il n'y a point de raison pourquoi;* there is not a particle of reason why. So those of us who live by the irrational may moderate our shame. Who has set us here, in this vocation, at this late date, out of due time? To ask this question is to imply an answer; there is a *qui,* a Who, who has set; we have not accidentally fallen, we have been placed. As of course we already know in our marrow.

주인공은 자기의 마지막 설교문 끝에다 프린 아가씨가 "그렇습니다. 드디어 설교다운 설교문이 되었습니다"라고 적어놓은 논평을 발견한다. 그는 그녀가 자기 일기의 성실한 독자였음을 알고 나자, 그녀가 자기에게 처음에는 볼품없고 대수롭지 않은 여자였으나 이제 "쓰다듬을 수 있고, 꼭 껴안을 수 있으며, 애무할 수도, 그리고 입 맞출 수도 있는"(251, 255) 매우 매력 있는 여자로 바뀌었음을 깨닫는다. 게다가 그는 그녀가 인솔하는 사막답사여행을 따라 갔다가, 그녀가 매우 더럽고 술 취한 한 인디언에게 친절한 보살핌을 베푸는 모습을 보고 깊은 감명을 받는다. 그녀는 그 시꺼먼 인디언을 깔보고 피하기보다는, 그의 입술 가까이에 귀를 대고 그가 중얼거리는 말을 주의 깊게 들으면서, 그의 질문에 답해주고 있다. 그녀의 이런 따뜻한 보살핌을 보자, 그는 그녀를 진정으로 이해하게 된다. 더욱이 그녀가 그의 자존심을 건드리지 않으면서, 자기 돈으로 그를 버스에 태워주는 지극한 봉사정신을 보고 깊은 감동을 받는다. 그녀의 이런 따뜻한 보살핌이 그 인디언으로 하여금 제정신을 차리고 자기를 깨닫게 하는 계기가 된다. 주인공은 이제 그녀의 봉사정신과 인디언의 자아회복을 보고 사랑을 새롭게 정의한다. 그는 사랑은 하나의 감정이 아니며, 감정의 독단적인 표현이나 발로는 더욱 아니라고 한다. 그는 덧붙여, 사랑은 자연스러운 감정의 전이이며, 이런 전이를 통해 일어나는 자발적인 공감이고 몰입이라고 한다.

> 그 인디언은 이해하고, 하늘을 쳐다보면서, 웃다가, 그의 무릎을 갑자기 굽혔다. 그래서 당신은 그의 팔꿈치 밑에 손을 받쳐주려고 앞으로 손을 뻗었다. 그리고 나는 면밀히 관찰하면서 당신과 함께 당신의 번득이는 예감, 즉 당신이 요금을 지불해서 그를 버스에 태워 보내려고 하는 소망, 즉 당신의 서부친구인 이 인디언에게 어떤 존엄성을 남기려고 하는 욕구를 알아차렸다. 오, 나는 이 일 뿐 아니라 그 이상까지도 이해하며, 당신을 통해 감동을 받았다. 따라서 나는 사랑은 하나의 감정이나 독단적인 표출이 아닌 감정의 전이, 즉 자발적인 공감임을 깨달았다. (217)

> The Indian understood; he looked up at the sky; he laughed, and his knees suddenly bent, and you reached forward to put a hand beneath his elbow. And I, watching closely, felt with you your flicker of anticipation, your wish to move him aside so your charges could board the bus, your desire to leave this Indian — your fellow-Westerner — some dignity. Oh, I moved through you, understanding all this and more, and it came to me that love

is not an e-motion, and assertive putting out, but a *trans*-motion, a compliant moving *through*.

이제 주인공은 그녀가 자기 일기를 읽고 격찬한 논평과 그녀의 지극한 봉사정신으로 받은 깊은 감명으로 말미암아, 자기와 그녀 사이에 자연스러운 감정의 전이 뿐 아니라 자발적인 공감이 일어났음을 깨닫는다. 그는 별똥돌은 지구로, 살별은 태양으로 떨어지는 것처럼, 자기도 모르게 스스로 프린에게로 끌려가고 있음을 느낀다. 그러면서 그는 그녀가 그 술 취한 인디언에게 친절했던 것만큼 자기에게도 친절해주기를 바란다. 나아가 성행위를 "정신적 아름다움의 외적 표현"(258)으로 믿고 있는 그는, 그녀와 성관계를 갖고 싶다고 그녀에게 자기의사를 표시한다. 그는 "자기와 프린 아가씨와의 정신적 결합을 육체적으로 확인해보고 싶기"[52] 때문이다.

그러나 하루가 지났는데도 그녀는 아무런 반응을 보이지 않는다. 그는 매우 초조한 끝에 날짜를 계산해 보니, 오늘이 화요일이고 목요일에는 그가 떠나야 한다. 그래서 그는 그녀에게, "내가 일기를 쓰고 있는 한 당신은 아직도 나의 존재목적이요. 나에게 당신의 육체를 주시오. 그렇지 않으면 나는 영원히 공간 속으로 사라져버릴 것이오. 나를 붙잡아주시오"(261)라고 사정한다. 그러고 나서 그는 악몽에 시달린다.

수요일에도 그녀는 나타나지 않는다. 따라서 그는 일기를 거의 한 쪽도 쓸 수 없다. 더군다나 그는 잠까지 설쳤기 때문에, 정신이 착란 상태이다. 더욱이 그는 새로운 인간으로 재생하는 것을 때론 두려워했다가, 또 때론 두려워하지 않았다가, 또다시 두려워하면서 정신을 가다듬을 수 없다. 이런 불확실성 가운데서도 그는 이렇게 삶에 직면하려고 한다.

떠남의 내재성은 내가 이 방에 들어왔을 때처럼 이 따스한 방을 낯설게 만든다. 나는 아무런 흔적, 아무런 자국도 남기지 않는다. 내가 이것을

52 Campbell, 231.

꿈꾸었던가? 내가 기억하기로, 마이스터 에크아트는 "평범한 땅, 고요한 사막"으로서의 신성, 하나님이 영혼 속에서 태어날 수 있는 과정, 그리고 되는 것, 즉 자신으로부터 멀리 여행하는 것의 반대에 관해 이야기한다. 내가 여기 온지 한 달이 되는 모레는 하나의 은유이고 내가 그처럼 비난하면서 방해했던 얼리샤의 휴식보다도 더 짧은 [일시적] 중지처럼 보일지도 모른다.

어젯밤 포커를 하고 나서, 나는 사막의 별들이 반짝이는 하늘을 보러 나갔다가, 재생을 두려워하다가, 두려워하지 않다가, 두려워했다.

그렇다 하더라도, 오시오. (269)

The immanence of departure renders this bland room as strange as when I entered it. I leave no trace, no scar. Did I dream this? Meister Eckhardt, if I remember, talks of divinity as "the simple ground, the quiet desert" and of a process, so God can be born in the soul, of *entwerden*, the opposite of becoming, of travelling away from oneself. The day after tomorrow my month may seem a metaphor, a pause briefer than that rest of Alicia's I so reprehensibly interrupted.

Last night after poker I went out under the dome of desert stars and was afraid, not afraid, afraid to be born again.

Even so, come.

이처럼 그는 지금 "자기 입장의 불확실성과 애매모호성을 시인하면서도 합리성과 의지를 초월하는 초자연적 힘의 도움을 받아 재생을 기대한다. 여기서 "그렇다 하더라도 오시오'라는 말은 틀림없이 그가 프린 아가씨에게 자기에게 오라고 애원하는 직접적인 간청이다."[53]

드디어 그가 떠나기 바로 전에, 그녀는 그의 방에 오더니 아무런 말없이 자진해서 옷을 벗고 그를 침대로 데려간다. 그녀의 유방이 마치 성형수술을 몇번이나 한 것처럼 너무 예뻐 그는 매우 놀란다. 유방은 작지만 탄탄하며, 젖꼭지 또한 꼿꼿이 세울 수 있는 더 많은 세포조직으로 쌓아올린 것처럼 우뚝하다. 그녀는 깊은 사색에 잠겨 있는지, 손

53 앞책, 226.

으로만 이야기하면서 그를 만족시켜준다. 그래서 그는 "한 여자가 지닌 [따뜻한] 마음의 신비스러운 힘과 순수성"(255)을 피부로 느낀 나머지, 너무 황홀해서 제정신이 아니다. 이처럼 그녀가 그를 지극한 황홀의 경지 속으로 끌고 갔고, 그는 황홀 속으로 몰입한다. 그는 이렇게 환성을 올리는데, 이것이 소설의 끝이다.

> 우리가 서로를 위해 하는 이 인간 접촉, 즉 이 공허한 표정의 실재는 무엇인가? 내가 당신에게 들어가자 커졌고, 당신은 이미 젖어 있었던 순간이 있었다. 그 순간에 당신은 당신의 눈이 완전히 다른 사람의 눈을 응시하려고, 들어옴과 놀람 그리고 인사의 이상야릇한 표정으로 나의 눈을 바라보았을 때, 당신 자신을 볼 수 없었을 것이다. 나는 나에게도 이방인인 나 자신의 얼굴이 교대로 인사하기를 기원한다. (271)
>
> What is it, this human contact, this blank-browed thing we do for one another? There was a moment, when I entered you, and was big, and you were already wet, when you could not have seen yourself, when your eyes were all for another, looking up into mine, with an expression without a name, of entry and alarm, and of salutation. I pray my own face, a stranger to me, saluted in turn.

이 소설의 서두는 "나를 용서해주시오"이고, 마지막 일기가 "당신에게 진심으로 감사합니다"로 시작하더니 나와 당신의 굳은 결합체인 우리로 끝을 맺는다. 마쉬필드목사는 간음을 저질렀지만, 그 비행 때문에 자기 삶을 어떤 절대적 주장의 굴레에 얽어매는 자멸 행위를 결코 하지 않고, 오히려 오로지 자아탐구에 전심전력을 다함으로써, 자기를 다른 사람에게 자연스럽게 전이시켜 그 사람의 자발적인 공감을 불러일으켜서, 그 사람의 영혼 뿐 아니라 육체와 합일을 이룩하는 데에 성공한다. 그가 이런 성공을 거두는 데에 결정적인 역할을 한 사람이 바로 프린 아가씨이다.

어떻게 그녀는 그런 역할을 할 수 있었을까? 그 대답을 얻기 위해, 마쉬필드목사가 먼저 상대했던 세 여자, 얼리쉬, 제인, 그리고 프랭키가 어떤 인간인가를 살펴보는 것이 중요하다. 얼리쉬는 그저 육체적인 쾌락과 욕구만을 충족시키려고 안달하는 여자이다. 제인은 무조건 이원론적인 윤리학으로 모든 사물을 선악으로 구분하고 판별하여, 자기가 선하다고 판단한 것만을 관철시키려고 동분서주한다. 프랭키는 지나치게 독실한 신앙심 때문에 영혼만을 중요시하면서 육체와 육체적 욕구를 무시하고 부정한다. 따라서 마쉬필드목사가 이 세 여자들과 성관계를 가질 때 그의 정신은 분열된다. 그러나 그는 프린 아가씨와 성관계를 가질 때는 이런 분열을 극복하고 그녀와 하나가 될 수 있다. 왜냐하면 그와 그녀 사이에는 그들의 자아탐구와 육체를 신성시하는 정신이 자연스럽게 전이되어 자발적인 공감이 일어나 확산되기 때문이다. 그들의 이런 공감의 확산이 그들을 지극한 황홀의 경지 속으로 빠져들게 하여 하나의 공동체로 굳게 결합시켜준다.

마쉬필드목사가 간음을 저지르고도, 양심의 가책과 죄의식을 느끼지 않으면서, 자기앎을 바탕으로 자아를 성숙시켜, 프린 아가씨와 정신적으로 그리고 육체적으로 하나가 되었다는 가장 중요한 의의는 무엇일까? 그 의의는 엎다이크가 *주홍 글자*를 격렬하게 반박하는 데에 있다. 그의 이런 반박은 미국사회의 종교적 전통과 그 해악을 적나라하게 폭로함으로써, 미국인들의 의식을 올바르게 개혁해보려는 시도이다. 그 종교적 전통은 영혼과 육체를 구분함으로써, 미국인들이 죄를 범하지 않았는데도 그들로 하여금 죄의식에 극도로 시달리게 했을 뿐 아니라, 그 그릇된 죄의식으로 말미암아 스스로 자멸의 길로 치닫게 했다. 이런 죄의식 때문에, 스스로 자멸의 길로 뛰어든 대표적인 인물이 딤즈데일목사이다. 더 이상 딤즈데일목사의 비극이 되풀이되지 않도록 하기 위해, 그는 영혼과 육체의 분리를 부정하고, 자아탐구를 삶의 목적으로 삼아 그 합일을 실현시킨 주인공을 창조했다. 이 실현의 구체적 과정이, 주인공 일기의 첫마디인 "나를 용서해주시오"에 나타나듯 자기중심으로부터 시작하여, 자아성숙을 통해 "당신에게 진심으로 감사합니다"라는 말에서 보이듯이 이타심으로 변화되고, 마침내 다른 사람과 하나가 되는 "우리"로 끝나는 데서 나타나고 있다.

미국사람들로서 우리는 모두 헤스터 프린과 그녀의 주홍 글자가 대변하는 육체와 영혼의 분리에 의해 영향을 받았다. 나는 프린 아가씨와 마쉬필드목사와의 결합은 헤스터 프린의 죄의식과 그 의식을 상징하는 주홍 글자의 상징적 거부임을 주장했다. *주홍 글자*에서 딤즈데일목사는 육체와 영혼의 분리와 이 분리에 수반하는 죄의식을 강화한다. 마쉬필드는 우리의 종교적 유산인 이 분리된 견해를 통합시키려고 하는 오늘날의 미국목사이다. 그는 자기가 "대서양을 횡단하면서 잃어버렸던 어떤 가방," 즉 "영혼에 의해 육체가 수용되는 것"과 관계가 있어야만 하는 가방을 재발견하려는 시도를 하는 중이라고 말한다. 이것은 *주홍 글자*가 그렇듯, "미국적 신비"이다. 업다이크는 프린 아가씨와 칠링워스 교수의 이름과 함께 *주홍 글자*를 언급하면서, 우리에게 우리의 유산이고 그 소설 속에 가장 일반적으로 그리고 영향력 있게 영원히 남겨진 육체와 영혼 그리고 선한 일에서 믿음의 분리를 거부하는 그의 의도를 주지시키고 있다.[54]

As Americans, we have all been influenced by Hester Prynne and the separation of body and soul that her scarlet letter represents. I have said that Ms. Prynne's union with Marshfield is a symbolic rejection of Hester Prynne's guilt and the scarlet letter that symbolizes it. In *The Scarlet Letter* the preacher Dimmesdale reinforces the body-soul division and the guilt which accompanies it. Marshfield is the contemporary American preacher, trying to unite these separated aspects of our religious heritage. He writes that he is trying to recover "some baggage lost in the Atlantic crossing," having to do with "the acceptance of body by soul." It is "an American mystery," as is *The Scarlet Letter*. In referring to *The Scarlet Letter* with the names of both Ms. Prynne and Professor Chillingworth, Updike makes us aware of his purpose — to reject that separation of body and soul, of faith from good works, which is our heritage, and which was most popularly and influentially perpetuated in the novel.

이 소설은 미국의 종교적 전통이 악의 근원이라고 하여 부정해버

54 Uphaus, 99-100.

렸던 육체의 중요성을 강조할 뿐 아니라 육체와 영혼은 구분될 수 없다고 주장한다. 이에 대해 업다이크는, "종교적 열정과 성적 욕구 사이에는 깊은 관련성이 있다. 종교적 열정과 성적 욕구는 우리의 육체적 한계성을 극복하면서 우리 삶을 영원하게 하는 원동력이다"[55]고 주장한다. 덧붙여 이 소설은 나와 네가 자아탐구를 삶의 목적으로 삼을 때, 우리 둘은 쉽사리 하나가 될 수 있음을 각별히 강조한다. 이 소설은 "나와 너는 또한 작가와 독자인 나와 너임을 의미한다."[56] 이제 업다이크는 작가의 사명은 대립과 갈등의 문제제기가 아니고 자아탐구를 바탕으로 한 공동체의식의 확산에 있어야만 한다고 갈파한다. 이 소설에서 그는 예술, 성, 그리고 종교를 융합하여 하나의 결정체를 창조하는 데에 성공했다.[57]

Ⅳ

우리는 마쉬필드목사를 어떻게 받아들여야 할까? 우리는 각자의 철학에 따라 그를 비난하거나 옹호하거나 그렇지 않으면 무시해버린다. 우리는 각자에 따라 그를 비난하거나 옹호하는 정도에도 현격한 차이를 보인다. 우리의 마쉬필드목사에 대한 평가는 헤스터 프린의 웃옷 가슴 부분에 새겨진 에이(A)자를 어떻게 보느냐에 다양성이 있었던 것만큼 각자에 따라 천차만별일 것이다. 에이자를 보는 시각은 각자의 인생관에 따라 이처럼 엄청난 차이를 나타냈다.

> 주홍 "에이자"가 한가운데서 희미하게 비치고 있다. 이 글자는 적어도 "세관"에서 창조되었던 것처럼 과거로부터 내려온 역사적으로 확실한 대상이면서, 문자로서는 사회적 횡포와 억압 뿐 아니라 개인적인 열정

55 Richard Burgin, "A Conversation with John Updike," *The John Updike Newsletter* 10 & 11 (1979): 7.

56 Campbell, 297.

57 Greiner, *John Updike's Novels*, 182.

과 예술적인 표현까지도 상징하는 세계이며 글자이다. 이 글자의 의미는 변화하고 있지만, 글자는 불변이다. 청교도들은 이 글자를 간음에 대한 사회적 치욕으로 간주한다. 이 글자는 헤스터를 후회하지 않는 예술가로 대변해준다. 마을사람들은 헤스터에 대한 그들의 견해가 바뀜에 따라, 이 글자의 의미를 간음으로부터 천사로 그리고 나서는 가능성으로 변화시키고 있다. "에이자"는 딤즈데일목사의 감추어진 수치를 나타낸다. [그러나] 헤스터에게처럼 뜨거운 "신비적 상징"으로 타오르고 있는 호손에게 이 글자는 그의 낭만, 그 자신의 설계, 그리고 그 자신의 예술적 의식을 의미한다. "에이자"는 우화, 즉 세계와 글자는 거의 하나, 다시 말하면 따로따로이지만 같다는 인간심리학과 상상력의 실제 현상을 암시하고 있다.[58]

At the center stands and shimmers the scarlet "A," both a historically authentic object from the past, at least as created in "The Custom-House," and as a letter of language, the world and the word together, symbolizing social outrage and repression as well as personal passion and artistic expression. It remains a constant, though its meanings shift and change. The Puritans view it as a social stigma for adultery; to Hester it represents herself as unrepentent artist; the townspeople shift its significance from adultery to angel to able, as their view of Hester changes. The "A" represents Dimmesdale's secret shame, and to Hawthorne, for whom it burns as hot a "mystic symbol" as it does for Hester, it stands for his romance, his own design, his own artistic consciousness. The "A" suggests allegory, that actual phenomenon of human psychology and imagination in which the world and the word are nearly one, separate but equal.

그러나 오늘날 우리는 에이자에 대한 시각들 중에서 가장 바람직한 해석인 아트(Art(예술))로 받아들인다. 이와 마찬가지로 우리의 마쉬필드목사에 대한 다양하고 무수한 평가들 가운데도 가장 이상적이고 타당한 판단이 있을 것이다. 우리는 그런 판단을 선택하여 수용하지 않

---

58 Coale, 16.

으면 안된다. 왜냐하면 이런 판단의 선택과 수용이 우리의 인간적이고 창조적인 삶에 가장 결정적인 역할을 하기 때문이다.

앞으로 우리는 인간적이고 창조적인 삶을 살기 위해, 서구의 예술, 종교, 그리고 학문을 어떻게 판단하고 선택하여 수용해야 할까? 21세기에 우리가 더욱 인간적이고 창조적인 삶을 살기 위해, 우리의 20세기를 깊이 음미해보지 않으면 안된다. 20세기에 우리는 나라를 빼앗기는 수모와 비극을 겪었고, 외부로부터 들어온 관념과 체제의 차이로 말미암아 스스로 일으킨 남북의 상쟁과 그 피해를 맛보았다. 그리고 간신히 수립한 민주정부를 수호하지 못함으로써 야기된 체제와 반체제의 대립으로 인한 후유증으로 시달릴 대로 시달렸다. 20세기에 우리는 이처럼 본의 아니게 예속, 압박, 좌절, 실의, 비정, 잔인, 허탈, 반목, 그리고 탄압 속의 삶을 살 수밖에 없었다. 따라서 우리 삶은 오로지 대립과 갈등으로 가득 찼다. 이런 대립과 갈등은 우리의 존재를 유린하고 부정하며 파괴했을 뿐이다.

그러므로 우리는 하루빨리 이런 대립과 갈등으로부터 벗어나야만 한다. 따라서 우리는 우리 삶의 대립과 갈등을 증폭하는 서구의 예술, 종교, 그리고 학문을 절대로 받아들여서는 안된다. 이를 위해 우리는 먼저 그 예술, 종교, 그리고 학문을 선택하고 천착하여 대립과 갈등의 증폭 여부를 판단하지 않으면 안된다. 지금 우리에게 이런 판단이 지상과제이다. 우리의 지상과제를 가장 합리적이고 타당하게 해결하기 위해, 우리는 엎다이크의 이런 주장 — "예술은 이제는 대립과 갈등을 표현하지 않고 자아탐구와 실현을 반영한다" —에 귀를 기울여야만 한다. 우리는 대립과 갈등을 조장하는 서구예술을 단호하게 거부하고, 자아탐구와 실현을 반영하는 서구예술만을 수용하지 않으면 안된다. 이런 예술만을 수용하면서, 우리도 자아탐구와 실현을 최대로 확장하여, 그 확장을 바탕으로 우리는 하나라는 공동체의식을 고취시킬 수 있는 우리의 예술, 종교, 그리고 학문을 창조하려고 최선을 다하지 않으면 안된다. 우리의 이런 최선의 노력만이 우리가 이 부정적이고 파괴적인 대립과 갈등에서 하루빨리 벗어날 수 있는 가장 바람직하고 확실한 첩경이다.

찾아보기

A

Aquinas, Saint Thomas __320
Aristotle __28, 29, 30, 34, 36, 199, 200, 201, 223
Armstrong, Louis __112
Margaret Atwood __311

B

Bach, Johann Sebastian __106
Barth, Karl __296, 307, 319, 321, 322, 323, 324, 329
Bartlett, Lee __118, 119
Basho __119
Baudelaire, Charles Pierre __110, 323
Beckett, Samuel __208
Molloy __208
Watt __208
Beethoven, Ludwig von __106
Beiles, Sinclair __209
Bellow, Saul __256
Bentham, Jeremy __325
Bergson, Henri __350
Berry Chu __112
Blake, William __58
"The Sick Rose" __58
Boone, Daniel __138
Botticelli, Sandro __263
Birth of Venus __263
Brahms Clarinet Quintet __17
Bultmann, Rudolf __321
Bunyan, Paul __174
Burroughs, John __174
Burroughs, William S. __5, 6, 7, 15, 16, 17, 18, 19, 20, 28-36, 43, 44, 54, 64, 66, 121, 193, 196-225, 226
Naked Lunch __193, 196, 197, 198, 205, 206-23, 224, 225

C

Calvin, John __320
Campbell, Jeff H. __319
Cannastra, Bill __44
Carr, Lucien __17, 18, 19
Cassady, Neal __20, 21, 22, 23, 24, 44, 121
Corso, Gregory __109, 124, 193

D

Dangerfield, Sebastian __121
D'annunzio, Gabriele __264, 266
Delillo, Don __256
Descartes, Rene' __201
Dickens, Charles __22
Dickinson, Emily __105
Dionysus __115, 117, 118

Donleavy, J. P. __208
Ginger Man, The __208
Doren, Mark Van __104
Dostoevsky, Fyodor Mikhaillovich __22, 102, 116
Durrell, Lawrence __203

E

Eckhardt, Meister __355
Eichmann, Adolf __279
Einstein, Albert __171, 193
Eisenhower, Dwight D. __100
Eliot, T. S. __9
Waste Land, The __9, 193, 194
Ellison, Ralph __256
Emerson, Ralph Waldo __8, 43

F

Federman, Raymond __37, 38
Ferlinghetti, Lawrence __193
Franklin, Benjamin __138
Freud, Sigmund __348

G

Gardner, John__308
Gillespie, Dizzie __112, 362
Ginsberg, Allen __15, 17, 18, 19, 20, 21, 22, 23, 43, 44, 169, 171, 192, 193, 207, 208
Howl and Other Poems __193, 208
Girodios, Maurice __207
Goethe, Johann Wolfgang von __102, 116
Faust __102, 116
Gordon, Dexter __40, 71, 141
Graham, Bill __100
Gray, Wardell __141
Gysin, Brion __34, 203, 209

H

Han Shan __169, 174, 176, 188
Hardy, Thomas __104, 105
Hawkes, John __38
Hawthorne, Nathaniel __288, 289, 290, 295, 296, 299, 307, 308, 309, 310, 360
Scarlet Letter, The __286, 288, 290, 299, 313, 316, 357, 358
Hegel, G. W. F. __323, 325
Heisenberg, Werner __193
Hindemith, Paul __105
Hitler, Adolf __266, 279
Holmes, John Clellon __6, 22, 24, 25, 42-66, 115, 117, 226
Go __6, 7, 24, 25, 42, 43, 44, 45, 46-63, 64, 65, 66
"This Is the Beat Generation" __115
"The Philosophy of the Beat Generation" __117
Huckleberry Finn __193
Hume, David __325
Huncke, Herbert __20, 21, 24, 44, 99, 112, 115

I

Issa __119
Ives, Charles __105

J

Job __102
Jones, James __256

K

Kant, Immanuel __22, 325
Keats, John __118
Kerouac, Jack __6, 15, 18, 19, 20, 21, 22, 23, 24, 43, 44, 98-195, 207, 226, 256
Dharma Bums, The __98, 122, 168-90
Doctor Sax __116
"Essentials of Spontneous Prose, The" __117
On the Road __7, 15, 21, 23, 98, 103, 115, 116, 120, 122, 123-68, 169, 190, 226-54, 193, 194
Kesey, Ken __6, 226-54
One Flew Over the Cuckoo's Nest __6, 226, 229-53
Kierkegaard, Sören __296, 320, 323
Korzybski __18, 28, 29, 201
Kropotkin, Peter __174
Kundera, Milan __253, 288

L

Lightfoot, John __338
Horae Hebraicae et Talmudicae __338
Li Po __174
London, Jack __105
Lothar von Trotha __267

M

Mailer, Norman __6, 8, 10, 11, 15, 16, 23, 24, 26, 27, 28, 67-97, 113, 114, 197, 256, 299, 300, 303, 305
Deer Park, The __6, 68, 69, 73-96, 97
Mann, Horace __106, 107
Melville, Herman __43, 192
Men and Angels __40
Milhaud, Darius __105
Miller, Henry __208
Tropic of Cancer __208
Tropic of Capricon __208
Mizzie, Enrico __264, 266
Mona Lisa __222
Muir, John __174, 191
Mussoline, Benito __259, 264

N

Nabokov, Vladimir __208
Lolita __208
Napoleon, Bonaparte __263
Newton, Isaac __279
Nietzsche, Friedrich Wilhelm __22, 110, 131, 326, 327
Nixon, Richard __312

P

Parker, Bird __112
Parker, Charlie __100, 112, 113, 276
Pound, Ezra __104, 168, 169
Powers, Richard __256

Pynchon, Thomas __5, 6, 7, 15, 39, 43, 255-85
Crying of Lot 49, The __5
Mason & Dixon __5, 39
Slow Learner __5, 15
V. __5, 256, 257, 260-83

R

Reich, Wilhelm __148
Rimbaud, Arthur __110, 126
Ritschl, Albrecht __323
Roth, Philip __8

S

Salinger, J. D. __256
Sampas, Sammy __323, 324
Sartre, Jean-Paul __303
Schleiermacher, Friedrich Ernst Daniel __323
Schopen, Bernard __321
Schopenhauer, Arthur __326
Shearing, George __143, 144
Shiki __119, 177
Shih-te __174
Smith, Bessie __106
Snyder, Gary __169, 193
Spengler, Oswald __9
Decline of the West __9
Stephenson, Neal __256
Stravinsky, Igor __105
Sun Also Rises, The __193, 194

T

Tanner, Tony __209
Thoreau, Henry David __43, 104, 105 170, 191, 192
Tillich, Paul __309, 310, 320
Trilling, Lionel __104
Truman, Harry __145, 146, 324

U

Unamuno, Miguel de __349
Updike, John __6, 7, 57, 58, 71, 286-361
Month of Sundays, A __286, 288, 295, 296, 297, 309, 311-59
Poorhouse Fair, The __287
Rabbit, Run __287

W

Wallace, David Foster __256
Washington, George __138, 145, 146
Weaver, Raymond __104
White, Ed __122
Whitman, Walt __8, 43, 104, 105, 180, 191, 192
Leaves of Grass __104, 105
Williams, William Carlos __104
Wittgenstein, Ludwig __268
Tractatus Logico-Philosophicus __268
Wolfe, Thomas __109

Y

Yeats, William Butler __110

저자 **고지문**

전남대학교 영문학과 학사(1955-1962)
서울대학교 영문학과 석사(1962-1964)
University of Hawaii 미국학과 석사(1971-1972)
제주대학교 영문학과 전임강사(1964-1969)
전남대학교 영문학과 교수(1969-2002)
University of Wisconsin, Milwaukee ACLS-Fulbright 교환교수(1981-1982)
University of South Carolina 방문교수(1990-1992)
University of Texas at Austin 방문교수(1996-1997)

현재: 전남대학교 영문학과 명예교수

저서

Major Themes in the Contemporary American Novel
(서울: 진명문화사, 1984; 신아사, 1999)

최근미국여성소설론과 작품세계: 굴레에서 자유로
(서울: 신아사, 1999)

최근미국소설론과 작품세계: 삶 예술 자아실현
(서울: 동인, 1994; 신아사, 2000)

최근미국소설의 핵심주제: 사랑 자유 정의
(서울: 신아사, 2001)

포우스트모던 미국소설론과 작품세계: 언어 상상력 자아창조
(서울: 신아사, 2005)

최근미국소설 연구방법: 주체적 자아, 자유스런 삶,
그리고 열린사회의 창조를 바탕으로 [증보판]
(광주: 전남대학교출판부, 2011)

포우스트모던 미국소설론과 작품세계 2: 언어 상상력 자아창조
(광주: 전남대학교출판부, 2013)

행복을 추구한 세대
Beat Generation
철학 업적 유산

인쇄 | 2015년 8월 1일
발행 | 2015년 8월 5일

저자 | 고지문
발행인 | 지병문
발행처 | 전남대학교출판부

등록 | 1981. 5. 21. 제53호
주소 | 61186 광주광역시 북구 용봉로 77
전화 | (062) 530-0571~2 **마케팅** 530-0573
팩스 | (062) 530-0579
홈페이지 | http://www.cnup.co.kr
이메일 | cnup0571@hanmail.net

값 17,000원

ISBN 978-89-6849-233-4 (93840)

이 도서의 국립중앙도서관 출판예정도서목록(CIP)은 서지정보유통지원시스템 홈페이지(http://seoji.nl.go.kr)와 국가자료공동목록시스템(http://www.nl.go.kr/kolisnet)에서 이용하실 수 있습니다.
(CIP제어번호 : CIP2015021241)